특수교육학개론

| 임경옥 · 박경화 · 조현정 공저 |

학지사

머리말

특수교육학개론은 특수교육을 전공하는 예비특수교사들의 전유물이었지만 이제는 예비특수교사뿐만 아니라 교사가 되기 위한 과정에서 모든 예비교사가 필수로 이수하게 되어 있다. 그러므로 대학 강단에 설 때마다 다양한 예비교사에게 특수교육학개론을 좀 더 쉽게 전달할 수 있는 방법에 대해 끊임없이 고민했다. 이 책에는 이러한 고민을 함께 한 세 명의 저자가 만들어 낸 노력이 고스란히 담겨져 있다.

저자들은 인간의 존엄성에 대한 생각을 바탕으로 아동의 약점보다는 강점을 먼저 볼 줄 아는 마음을 가지고 장애아동에 대한 시각을 '개성이 좀 강한 아이'로 바꿀 수 있는 계기를 꿈꾸어 왔다. 이러한 저자들의 생각이 책에 녹아 있기를 염원하면서 특수교육에 대한 이론적인 기초와 실제적인 부분으로 나누어 집필하였다.

그리고 각 장마다 마인드맵을 통해 전반적인 내용을 숙지할 수 있도록 하였다. 더불어 학습목표, 주요용어에 대한 설명, 각 장의 내용을 보다 쉽게 이해할 수 있도록 도와줄 수 있는 사례, 본문, 요약정리, 도움이 되는 사이트로 구성하였다. 그러므로 이 책을 접하는 학생들은 마인드맵을 활용하여 내용에 대한 개요를 숙지하고 주요용어 및 요약정리를 읽은 후 사례와 본문을 읽으면 각 장의 내용을 보다 쉽게 파악할 수 있을 것으로 사료된다.

이 책은 특히 유아교육 현장에서 근무하게 될 장애영유아를 위한 보육교사뿐만 아니라 교직을 전공하는 예비교사들이 이수해야 할 특수교육학개론 교과목을 좀 더 이해하기 쉽도록 염두에 두고 편찬하였다. 이 저서가 특수교육 입문서로서 적절하다고 판단되는 이유는 다음과 같다. 첫째, 가능한 한 어려운 용어를 이해하기 쉬운 용어로 바꾸었다. 둘째, 저자들이 유아교육 및 특수교육 현장에 오랫동안 근무한 경험을 바탕으로 집필하였다. 그러므로 장애아동에 대한 이해가 좀 더 폭넓을 수 있다는 부분과 편견 없는 시각으로 장애아동을 들여다볼 수 있다는 강점을 지니고 있다. 셋째, 저자들이 모두 강의를 하면서 고민했던 부분들이 잘 전달될 수 있도록 각 장을 구성했다. 넷째, 「장애인 등에 대한 특수교육법」에 명시되어 있는 장애유형뿐만 아니라, 통합교육이 요구되는 현장에서 기본적으로 알고 있어야 할 실제적인 면을 현장 경험과 지식을 갖춘 전문가들이 각자의 역량에 따라 최고의 시너지 효과를 낼 수 있도록 다음과 같이 각 장을 분담하였다.

먼저 임경옥은 1장 '특수아동과 특수교육의 이론적 기초', 2장 '통합교육', 3장 '지적장애', 4장 '학습장애', 11장 '장애가족과 가족지원', 12장 '장애 영유아 선별 및 진단 · 평가', 13장 '개별화교육 프로그램'을 집필하였다. 박경화는 5장 '정서 · 행동장애', 9장 '청각장애', 10장 '자폐스펙트럼장애', 조현정은 6장 '의사소통장애', 7장 '지체장애 및 건강장애', 8장 '시각장애'를 집필하였다.

대표저자는 무지개 특수교육원을 운영하면서 특수교육 현장에서 22년이라는 세월을 장애아동 및 그 가족과 함께하였다. 그러므로 무지개 특수교육원은 이 책이 출판될 수 있는 밑거름이 되어 주었기에 오랫동안 함께했던 부모님들께 먼저 감사드린다. 이

분들이 없었더라면 경험을 바탕으로 한『특수교육학개론』을 출판하는 것이 결코 쉽지 않았을 것으로 사료된다.

　더불어 이 책의 출판을 허락해 주신 학지사의 김진환 사장님을 비롯하여 좋은 책이 출판될 수 있도록 힘든 편집과 교정을 도와주신 편집부 직원 여러분에게도 감사를 표한다. 그리고 이 책이 나오기까지 물심양면 도와준 가족들에게도 감사를 드린다. 끝으로 이 책이 특수교육 현장에 대해 소통하고 공감하는 계기가 되길 바라며, 이 책을 접하는 모든 분들에게 하늘의 평화와 축복이 함께하길 기원한다.

2017년
저자 일동

차 례

제1부 특수교육의 기초와 이해

제2부 특수아동의 장애유형별 이해

제3부 특수아동 지도의 실제

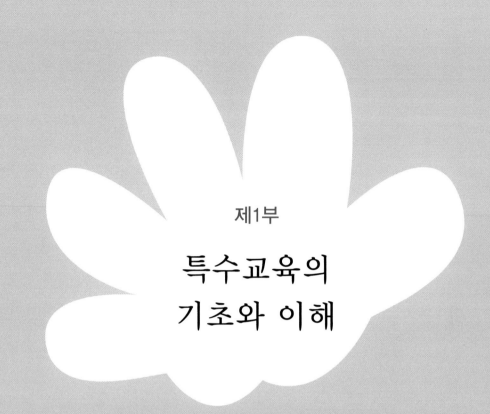

제1부

특수교육의
기초와 이해

제1장

특수아동과 특수교육의
이론적 기초

　　모든 아동은 각각의 다양성과 다름을 가지고 있다. 즉, 모든 아동은 서로 다른 정신적 · 사회적 · 신체적 특성을 지니고 있다고 할 수 있다. 특수아동에 대한 이해의 출발도 여기서부터 이루어져야한다. 우리 주변에 있는 모든 사람이 각기 개성을 가지고 있듯이, 특수아동 역시 서로가 가지고 있는 다양성과 다름을 인정하고 그 부분을 차별이 아닌 차이로 인식해야 한다. 이러한 측면에서 특수아동이란 명칭을 사용하는 것도 어떤 면에서는 차별이라고 할 수 있다. 그러므로 우리가 편의상 특수아동이란 명칭을 사용하지만 이 명칭이 일반아동과 부분적인 차이성을 나타내고자 이름을 붙인 하나의 용어라는 점에 먼저 유의해야 한다. 이러한 인식을 바탕으로 이 장에서는 특수아동에 대한 이해, 특수아동에 대한 분류, 특수교육의 이해, 조기특수교육, 특수학교의 학급 및 각급학교의 특수학급 설치 기준과 교사자격 및 배치에 대해 살펴봄으로써 특수교육과 관련된 기초적인 이해를 돕고자 한다.

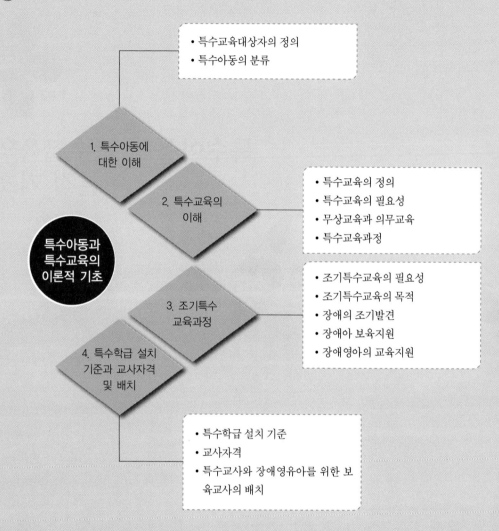

마인드 맵

• 특수교육대상자의 정의
• 특수아동의 분류

1. 특수아동에 대한 이해

2. 특수교육의 이해

• 특수교육의 정의
• 특수교육의 필요성
• 무상교육과 의무교육
• 특수교육과정

특수아동과 특수교육의 이론적 기초

3. 조기특수 교육과정

• 조기특수교육의 필요성
• 조기특수교육의 목적
• 장애의 조기발견
• 장애아 보육지원
• 장애영아의 교육지원

4. 특수학급 설치 기준과 교사자격 및 배치

• 특수학급 설치 기준
• 교사자격
• 특수교사와 장애영유아를 위한 보육교사의 배치

⚽ 학습목표

1. 특수아동 및 장애아동의 개념을 정의할 수 있다.
2. 특수교육의 정의를 설명할 수 있다.
3. 특수교육의 목적을 제시할 수 있다.

⚽ 주요 용어

특수교육: 특수교육대상자의 교육적 요구를 충족시키기 위하여 특성에 적합한 교육과정 및 특수교육 관련서비스 제공을 통하여 이루어지는 교육

특수교육대상자: 시각장애, 청각장애, 지적장애, 지체장애, 정서·행동장애, 자폐성장애(이와 관련된 장애를 포함), 의사소통장애, 학습장애, 건강장애, 발달지체 및 그 밖에 대통령령으로 정하는 장애로 인하여 특수교육을 필요로 하는 사람으로 선정된 사람

특수교육 관련서비스: 특수교육대상자의 교육을 효율적으로 실시하기 위하여 필요한 인적·물적 자원을 제공하는 서비스로서 상담지원, 가족지원, 치료지원, 보조인력 지원, 보조공학기기 지원, 학습보조기기 지원, 통학지원 및 정보접근 지원 등

순회교육: 특수교육교원 및 특수교육 관련서비스 담당 인력이 각급학교나 의료기관, 가정 또는 복지시설(장애인복지시설, 아동복지시설 등)에 있는 특수교육대상자를 직접 방문하여 실시하는 교육

장애아전문 어린이집: 「장애아동복지지원법」 제32조에 따라 요건을 갖추고, 상시 12명 이상의 장애아(단, 미취학장애아 9명 이상 포함)를 보육하는 시설 중 시장·군수·구청장이 장애아전문 어린이집으로 지정한 시설로서 시·도지사를 거쳐 보건복지부 장관이 인건비 지원을 승인한 시설

장애아통합 어린이집: 정원의 20% 이내에서 장애아종일반을 편성 운영하거나 장애아종일반을 별도로 편성하지 않은 채 미취학장애아를 3명 이상 통합보육하고 있는 어린이집

사례

아직 어린 나이라 발달지체로 진단을 받은 관희(가명)는 일곱 살이다. 관희는 잠시도 가만있지 못하고 여기저기를 돌아다닌다. 그리고 아직 나이 어린 유아들과도 상호작용이 안 된다. 장애아를 통합하는 시립어린이집에 보내려고 했지만 대기자가 많아 보낼 수가 없었다. 그래서 여러 곳의 유치원과 어린이집에도 보냈지만 적응을 못하고 쫓겨나기 일쑤다. 어쩔 수 없이 집에서 데리고 있었는데 운 좋게 시립어린이집에서 연락이 와서 보낼 수 있었다. 시립어린이집에서도 다른 장애아이들과 달리 너무 산만하여 경력 1년인 담임교사도 관희에 대해서 힘들어했다. 학교에서 특수교육을 전공한 것이 아니라 보육교사2급 자격증을 소지하고 학교에서 특수교육 학점을 이수한 후 장애영유아를 위한 보육교사 자격증을 취득하였기 때문에 특수교육에 대한 부분이 쉽지 않았다. 그렇지만 관희의 교사는 경력이 많은 유아특수교사의 도움을 받아 관희의 특성을 전반적으로 파악한 후, 이를 기초로 관희에게 적합한 맞춤교육인 개별화교육 프로그램을 계획하고, 계획에 맞추어 하나씩 실행하였다. 그리고 관희가 다른 영역에 비해 언어가 많이 지체되어 있으므로 바우처 제도를 이용하여 언어치료를 받을 수 있도록 조치를 취해 주었다. 또한 관희 아버지가 관희에 대해서 부정적이라는 사실을 알고, 관희를 집에서 좀 더 적절하게 보살펴 줄 수 있도록 관희의 부모가 가족상담을 받을 수 있도록 연결해 주었다.

1. 특수아동에 대한 이해

1) 특수교육대상자의 정의

시대의 흐름에 따라 특수아동에 대한 용어는 변화되어 왔다. 즉, 특수아동에 대한 개념은 장애아동(handicapped children)에서 특수아동(exceptional children)으로 그리고 장애가 있는 아동(children with disability)으로의 변화를 겪어 왔다. 최근에는 특수교육요구아동(children with special educational need)이라는 용어를 사용하고자 하는 움직임이 일어나고 있다. 이러한 호칭 변화의 특징은 장애 우선에서 사람 우선주의(people first)의 철학이 반영된 것으로 특수교육 대상 아동이란 장애의 문제가 아니라 어떤 특별한 교육적 배려가 있어야 하는가에 의하여 결정됨을 의미한다(윤광보, 2010). 따라서 특수아동 외에 장애가 될 가능성이 있는 아동도 특수교육대상자로 인정하는 교육적 배려가 있어야 한다. 장애가 될 가능성이 있는 장애위험 아동(at-risk children)이란 현재는 장애를 가진 것으로 진단되지 않았지만 차후에 학교에서의 성취를 제한받거나, 장애가 나타나게 될 수 있는 요소를 가지고 있는 아동을 말한다(Spodek & Saracho, 1994). 실제로 미국의 경우에는 주에 따라서 다르지만 이러한 아동을 장애위험 아동으로 분류하여 특수교육대상자로서 적합성을 인정하고 제도적으로 지원을 제공하기도 한다(Shackelford, 2006). 이는 아직 나이가 어린 영유아의 경우 환경적으로 열악하거나 위험한 경우 외에도 여러 가지 요인에 의해 발달상의 문제를 보일 수 있는 가변성이 많기 때문에 이러한 요소로부터 사전에 장애에 대한 예방 혹은 완화하고자 하는 취지이기도 하다.

우리나라의 「장애인 등에 대한 특수교육법」(2016)에 따르면, "'특수교육대상자'란 특수교육을 필요로 하는 사람으로 선정된 사람을 말한다." 즉, "시각장애, 청각장애, 지적장애, 지체장애, 정서·행동장애, 자폐성장애(이와 관련된 장애를 포함한다), 의사소통장애, 학습장애, 건강장애, 발달지체 및 그 밖에 대통령령으로 정하는 장애"를 의미한다. 그리고 국립특수교육원(2009)에서 발간한 「특수교육학 용어사전」에는 "특별한 교육적 지원을 필요로 하는 장애아동이다."라고 명시되어 있다. 이와 관련하여 특수교육 요구 아동을 학교에서 제공하는 일반적인 교육과정·교수 및 조직의 수정을 요구하고 효과적·효율적인 학습을 위해 부가적인 인적 및 물적 자원을 요구하는 아동이라고 정의하였다. 이 개념 정의에 따르면, 장애아동이지만 특별한 교육지원이 필요하지 않을 경우에는 특수교육 요구 아동이라고 하지 않는다고 하는 것을 알 수 있다.

우리나라 「장애인복지법」(2012)에서는 "'장애인'이란 신체적·정신적 장애로 오랫동안 일상생활이나 사회생활에서 상당한 제약을 받는 자"를 말한다. 「장애인복지법」에서 말하는 '신체적 장애'란 주요 외부 신체 기능의 장애, 내부기관의 장애 등을 말하고, '정신적 장애'란 발달장애 또는 정신 질환으로 발생하는 장애를 말한다.

특수아동(exceptional children)의 정의와 관련하여 여러 학자들의 정의를 살펴보면, Kirk와 Gallagher(1979)는 "특수아동이란 지적 특성, 감각 능력, 신경 근육이나 신체적인 특성, 사회혹은 정서적 행동, 의사소통 능력, 복합적인 장애 등에서 평균이나 전형성에서 벗어남으로써 자신의 잠재력을 개발하기 위하여 특수교육 및 그와 관련된 서비스를 필요로 하는 아동이다."라고 하였다. 그리고 Kauffman과 Hallahan(2005)은 "특수학습자란 타고난 인간 잠재 능력을 충분히 실현하려면 특수교육과 관련 서비스를 필요로 하는 아동"이라고 정의하였다. 즉, 특수아동 또는 특별한 요구를 지닌 아동이란 "학습적 요구나 특성이 대부분의 아동들과는 현저히 달라서 그들의 잠재능력을 충분히 계발하기 위해 교육과정 및 교수의 수정이나 특별 교육을 필요로 하는 장애나 영재성을 지닌 아동"(정대영, 2011)을 말한다.

지금까지 살펴본 내용을 종합하면, 특수아동은 일반적으로 필요한 영역에서 특수교육 및 특수교육과 관련되어 있는 다양한 서비스를 받아야 하는 아동이라고 할 수 있다.

2) 특수아동의 분류

(1) 특수아동의 범위

일반적으로 특수아동과 장애아동을 혼용해서 사용하고 있는 경우가 많다. 미국에서는 특수아동에 장애아와 영재아를 포함하고 있으며, 최근 동향도 특수아동 범주에 영재아나 특수 재능아를 포함시키는 것이 일반화되고 있다. 그러나 우리나라와 영국, 독일, 일본 등 대다수의 국가에서는 특수아동이 장애아동만을 지칭하는 개념으로 일반적으로 통용되고 있다. 즉, 특수아동이란 영재아 및 특수재능아를 포함하는 포괄적인 개념이지만 장애아동은 영재아 및 특수재능아를 제외시키고 있다.

(2) 일반적인 분류

① 지적 차이: 지적으로 뛰어나거나 학습이 느린 아동(예: 영재아와 지적장애아) 포함

② 의사소통 차이: 학습장애아와 언어·말장애아 포함

③ 감각적 차이: 청각장애아와 시각장애아 포함

④ 중증·중복장애: 여러 장애가 복합된 아동(예: 뇌성마비와 지적장애, 농과 맹) 포함

⑤ 행동적 차이: 정서·행동장애아와 사회부적응아 포함

⑥ 신체적 차이: 이동 능력과 신체적 움직임을 방해하는 감각 장애 외의 아동 포함

(3) 장애유형 및 선정 기준

우리나라에서는 장애의 유형과 선정기준이「장애인 등에 대한 특수교육법 시행령」과「장애인복지법 시행령」에 각 각 명시되어 있어 장애유형을 분류하는 데 있어 많은 혼란을 가져오고 있다. 이는 두 법의 최종 목적은 같지만 출발점이 다른 데서 그 이유를 찾을 수 있다.「장애인 등에 대한 특수교육법」의 목적은 장애유형·장애정도의 특성을 고려한 교육에 초점을 맞추고 있는 반면,「장애인복지법」은 복지적인 차원에서 장애발생 예방 및 장애인 복지대책을 종합적으로 포괄하여 장애인의 복지와 사회활동 참여 증진을 통하여 사회통합에 이바지함을 목적으로 하고 있기 때문이다. 이에「장애인 등에 대한 특수교육법 시행령」과「장애인복지법 시행령」의 장애유형 및 선정 기준을 비교하면 다음과 같다.

첫째, 정서·행동장애, 학습장애, 발달지체는「장애인 등에 대한 특수교육법 시행령」에만 명시되어 있다.

둘째, 정신장애는「장애인복지법 시행령」에만 명시되어있다. 다만 정신장애 내용 중 일부는「장애인 등에 대한 특수교육법」에 명시되어 있는 정서·행동장애를 포함한다.

셋째, 같은 장애영역임에도 불구하고「장애인 등에 대한 특수교육법 시행령」에 명시되어 있는 의사소통장애를「장애인복지법 시행령」에서는 언어장애로 사용하고 있다.

넷째,「장애인 등에 대한 특수교육법 시행령」에서는 뇌성마비와 뇌병변 장애가 지체장애에 포함되어 있지만,「장애인복지법 시행령」에서는 지체장애와 뇌병변 장애를

분류하여 뇌성마비를 뇌병변장애에 포함시키고 있다.

다섯째, 「장애인 등에 대한 특수교육법 시행령」에서는 건강장애를 학교생활 및 학업 수행에 어려움이 있는 사람으로 제한하고 있지만, 「장애인복지법 시행령」에서는 건강장애를 구체적으로 신장장애, 심장장애, 호흡기장애, 간장애, 안면장애, 장루 · 요루장애, 뇌전증장애로 분류하여 일상생활에 상당한 제약을 받는 사람으로 규정함으로 전 생애로 범위를 확대하고 있다. 이를 정리하면 〈표 1-1〉과 같다.

표 1-1 「장애인 등에 대한 특수교육법 시행령」과 「장애인복지법 시행령」의 장애유형 및 선정 기준 비교

장애유형	선정 기준	
	「장애인 등에 대한 특수교육법 시행령」(2016)	「장애인복지법 시행령」(2014)
시각장애 (시각장애인)	시각계의 손상이 심하여 시각기능을 전혀 이용하지 못하거나 보조공학기기의 지원을 받아야 시각적 과제를 수행할 수 있는 사람으로서 시각에 의한 학습이 곤란하여 특정의 광학기구 · 학습매체 등을 통하여 학습하거나 촉각 또는 청각을 학습의 주요 수단으로 사용하는 사람	가. 나쁜 눈의 시력(만국식시력에 따라 측정된 교정시력을 말한다. 이하 같다)이 0.02 이하인 사람 나. 좋은 눈의 시력이 0.2 이하인 사람 다. 두 눈의 시야가 각각 주시점에서 10도 이하로 남은 사람 라. 두 눈의 시야 2분의 1 이상을 잃은 사람
청각장애 (청각장애인)	청력 손실이 심하여 보청기를 착용해도 청각을 통한 의사소통이 불가능 또는 곤란한 상태이거나, 청력이 남아 있어도 보청기를 착용해야 청각을 통한 의사소통이 가능하여 청각에 의한 교육적 성취가 어려운 사람	가. 두 귀의 청력 손실이 각각 60데시벨(dB) 이상인 사람 나. 한 귀의 청력 손실이 80데시벨 이상, 다른 귀의 청력 손실이 40데시벨 이상인 사람 다. 두 귀에 들리는 보통 말소리의 명료도가 50퍼센트 이하인 사람 라. 평형 기능에 상당한 장애가 있는 사람
지적장애 (지적장애인)	지적 기능과 적응행동상의 어려움이 함께 존재하여 교육적 성취에 어려움이 있는 사람	정신 발육이 항구적으로 지체되어 지적 능력의 발달이 불충분하거나 불완전하고 자신의 일을 처리하는 것과 사회생활에 적응하는 것이 상당히 곤란한 사람

지체장애 (지체장애인)	기능·형태상 장애를 가지고 있거나 몸통을 지탱하거나 팔다리의 움직임 등에 어려움을 겪는 신체적 조건이나 상태로 인해 교육적 성취에 어려움이 있는 사람	가. 한 팔, 한 다리 또는 몸통의 기능에 영속적인 장애가 있는 사람 나. 한 손의 엄지손가락을 지골(指骨: 손가락 뼈) 관절 이상의 부위에서 잃은 사람 또는 한 손의 둘째 손가락을 포함한 두 개 이상의 손가락을 모두 제1지골 관절 이상의 부위에서 잃은 사람 다. 한 다리를 리스프랑(Lisfranc: 발등뼈와 발목을 이어주는 관절) 이상의 부위에서 잃은 사람 라. 두 발의 발가락을 모두 잃은 사람 마. 한 손의 엄지손가락 기능을 잃은 사람 또는 한 손의 둘째 손가락을 포함한 손가락 두 개 이상의 기능을 잃은 사람 바. 왜소증으로 키가 심하게 작거나 척추에 현저한 변형 또는 기형이 있는 사람 사. 지체(肢體)에 위 각 목의 어느 하나에 해당하는 장애 정도 이상의 장애가 있다고 인정되는 사람
정서·행동 장애 (정신장애인)	장기간에 걸쳐 다음 각 목의 어느 하나에 해당하여, 특별한 교육적 조치가 필요한 사람 가. 지적·감각적·건강상의 이유로 설명할 수 없는 학습상의 어려움을 지닌 사람 나. 또래나 교사와의 대인관계에 어려움이 있어 학습에 어려움을 겪는 사람 다. 일반적인 상황에서 부적절한 행동이나 감정을 나타내어 학습에 어려움이 있는 사람 라. 전반적인 불행감이나 우울증을 나타내어 학습에 어려움이 있는 사람 마. 학교나 개인 문제에 관련된 신체적인 통증이나 공포를 나타내어 학습에 어려움이 있는 사람	지속적인 정신분열병, 분열형 정동장애(情動障碍: 여러 현실 상황에서 부적절한 정서 반응을 보이는 장애), 양극성 정동장애 및 반복성 우울장애에 따른 감정조절·행동·사고 기능 및 능력의 장애로 인하여 일상생활이나 사회생활에 상당한 제약을 받아 다른 사람의 도움이 필요한 사람 *「장애인복지법 시행령」에서는 정서·행동장애의 일부만 포함하고 있음 *정신분열병은 현재 조현병으로 명칭이 변경됨

자폐성장애 (자폐성 장애인)	사회적 상호작용과 의사소통에 결함이 있고, 제한적이고 반복적인 관심과 활동을 보임으로써 교육적 성취 및 일상생활 적응에 도움이 필요한 사람	소아기 자폐증, 비전형적 자폐증에 따른 언어ㆍ신체표현ㆍ자기조절ㆍ사회적응 기능 및 능력의 장애로 인하여 일상생활이나 사회생활에 상당한 제약을 받아 다른 사람의 도움이 필요한 사람
의사소통장애 (언어장애인)	다음 각 목의 어느 하나에 해당하여 특별한 교육적 조치가 필요한 사람 가. 언어의 수용 및 표현 능력이 인지 능력에 비하여 현저하게 부족한 사람 나. 조음능력이 현저히 부족하여 의사 소통이 어려운 사람 다. 말 유창성이 현저히 부족하여 의사소통이 어려운 사람 라. 기능적 음성장애가 있어 의사소통이 어려운 사람	음성 기능이나 언어 기능에 영속적으로 상당한 장애가 있는 사람
학습장애	개인의 내적 요인으로 인하여 듣기, 말하기, 주의집중, 지각(知覺), 기억, 문제 해결 등의 학습기능이나 읽기, 쓰기, 수학 등 학업 성취 영역에서 현저하게 어려움이 있는 사람	
건강장애	만성질환으로 인하여 3개월 이상의 장기입원 또는 통원치료 등 계속적인 의료적 지원이 필요하여 학교생활 및 학업 수행에 어려움이 있는 사람	
발달지체	신체, 인지, 의사소통, 사회ㆍ정서, 적응행동 중 하나 이상의 발달이 또래에 비하여 현저하게 지체되어 특별한 교육적 조치가 필요한 영아 및 9세 미만의 아동	
뇌병변장애인	*「장애인 등에 대한 특수교육법 시행령」에서는 지체장애에 포함됨	뇌성마비, 외상성 뇌손상, 뇌졸중(腦卒中) 등 뇌의 기질적 병변으로 인하여 발생한 신체적 장애로 보행이나 일상생활의 동작 등에 상당한 제약을 받는 사람

정신장애인		지속적인 정신분열병, 분열형 정동장애(情動障碍: 여러 현실 상황에서 부적절한 정서 반응을 보이는 장애), 양극성 정동장애 및 반복성 우울장애에 따른 감정조절·행동·사고 기능 및 능력의 장애로 인하여 일상생활이나 사회생활에 상당한 제약을 받아 다른 사람의 도움이 필요한 사람
신장장애인		신장의 기능부전(機能不全)으로 인하여 혈액투석이나 복막투석을 지속적으로 받아야 하거나 신장기능의 영속적인 장애로 인하여 일상생활에 상당한 제약을 받는 사람
심장장애인		심장의 기능부전으로 인한 호흡곤란 등의 장애로 일상생활에 상당한 제약을 받는 사람
호흡기장애인		폐나 기관지 등 호흡기관의 만성적 기능부전으로 인한 호흡기능의 장애로 일상생활에 상당한 제약을 받는 사람
간장애인		간의 만성적 기능부전과 그에 따른 합병증 등으로 인한 간기능의 장애로 일상생활에 상당한 제약을 받는 사람
안면장애인		안면 부위의 변형이나 기형으로 사회생활에 상당한 제약을 받는 사람
장루·요루 장애인		배변기능이나 배뇨기능의 장애로 인하여 장루(腸瘻) 또는 요루(尿瘻)를 시술하여 일상생활에 상당한 제약을 받는 사람
뇌전증장애인		뇌전증에 의한 뇌신경세포의 장애로 인하여 일상생활이나 사회생활에 상당한 제약을 받아 다른 사람의 도움이 필요한 사람
합계	10	15

참고: 미국 「장애인 교육 향상법(IDEIA)」에서는 장애의 분류를 ① 자폐, ② 농-맹, ③ 농, ④ 시각장애, ⑤ 청각손상, ⑥ 정신지체, ⑦ 지체장애, ⑧ 중복장애, ⑨ 중증 정서장애, ⑩ 특정학습장애, ⑪ 말·언어장애, ⑫ 외상성 뇌손상, ⑬ 기타 건강장애로 분류하고 있다.

2. 특수교육의 이해

1) 특수교육의 정의

특수교육(special education)이란 일반적으로 특별한 요구를 지닌 장애아동을 대상으로 하는 교육이라고 할 수 있다. 즉, 특별한 배려가 필요한 장애아동이 가지고 있는 교육적인 욕구를 일반적인 교육으로는 충족시켜 줄 수 없기 때문에 이들의 욕구를 충족시켜 줄 수 있는 교육을 의미한다. 하지만 그 대상이나 의미는 학자나 국가에 따라 조금씩 다르게 규정하고 있다. 즉, 특수교육을 어떻게 정의하느냐는 국가의 상황이나 학자들의 관점에 따라 다양하다고 할 수 있다. 특수교육에 대한 학자들의 정의를 살펴보면, "특수아동의 잠재력을 개발하고 장애를 교정하기 위해서 제공되는 일반학교 프로그램 이상의 보충적인 서비스"(Kirk & Gallagher, 1979), "특별한 욕구를 지닌 개별 아동에게 적합한 맞춤식 개별화된 교육을 제공하는 것"(Smith, 2004)이라고 하였다. 그리고 최근에는 "개별적으로 계획하고 특별히 고안하고 집중적으로 제공하는 목표 지향적인 성격을 지닌 교수"(Heward, 2009), "특별한 요구를 지닌 아동의 좀 더 나은 삶의 성과를 위해서 개별화된 교수와 지원을 제공하는 것"(Rosenberg, Westling, & McLeskey, 2011)이라고 정의하였다.

각 국가에서 정의하고 있는 특수교육의 정의와 관련하여 미국의 경우를 살펴보면, 1975년 「전(全)장애아동교육법(Education for All Handicapped Children Act: EHA)」 제정을 시작으로 몇 번의 재·개정을 거쳐 2004년 「장애인 교육 향상법(Individuals with Disabilities Education Enhancement Act: IDEIA)」으로 개정되었다. 「장애인 교육 향상법」에서는 특수교육의 정의를 "교실수업, 체육수업, 재택수업, 병원 및 시설에서의 수업을 포함하는 것으로 부모의 추가 비용 없이 장애아동의 독특한 요구를 충족시켜 주기 위해 특별히 설계된 교수"로 명시하고 있다.

우리나라에서는 1977년 「특수교육진흥법」이 제정되었고, 1994년 전면개정을 거쳐

2007년 「교육기본법」 제18조에 따라 국가 및 지방자치단체가 장애인 및 특별한 교육적 요구가 있는 사람에게 통합된 교육환경을 제공하고 생애주기에 따라 장애유형·장애 정도의 특성을 고려한 교육을 실시하여 이들이 자아실현과 사회통합을 하는 데 기여함을 목적으로 「장애인 등에 대한 특수교육법」이 제정되었다. 이 법의 2조 1항에서는 "특수교육이란 특수교육대상자의 교육적 요구를 충족시키기 위하여 특성에 적합한 교육과정 및 특수교육 관련서비스 제공을 통하여 이루어지는 교육"으로 정의하고 있다. 그리고 "특수교육 관련서비스란 특수교육대상자의 교육을 효율적으로 실시하기 위하여 필요한 인적·물적 자원을 제공하는 서비스로서 상담지원·가족지원·치료지원·보조인력 지원·보조공학기기지원·학습보조기기지원·통학지원 및 정보접근지원 등"을 의미한다. 「장애인 등에 대한 특수교육법」 제28조에 명시된 '특수교육 관련서비스'는 다음과 같다.

① 교육감은 특수교육대상자와 그 가족에 대하여 가족상담 등 가족지원을 제공하여야 한다.

② 교육감은 특수교육대상자가 필요로 하는 경우에는 물리치료, 작업치료 등 치료지원을 제공하여야 한다.

③ 각급학교의 장은 특수교육대상자를 위하여 보조인력을 제공하여야 한다.

④ 각급학교의 장은 특수교육대상자의 교육을 위하여 필요한 장애인용 각종 교구, 각종 학습보조기, 보조공학기기 등의 설비를 제공하여야 한다.

⑤ 각급학교의 장은 특수교육대상자의 취학 편의를 위하여 통학차량 지원, 통학비 지원, 통학 보조인력의 지원 등 통학지원 대책을 마련하여야 한다.

⑥ 각급학교의 장은 특수교육대상자의 생활지도 및 보호를 위하여 기숙사를 설치·운영할 수 있다. 기숙사를 설치·운영하는 특수학교에는 특수교육대상자의 생활지도 및 보호를 위하여 교육부령으로 정하는 자격이 있는 생활지도원을 두는 외에 간호사 또는 간호조무사를 두어야 한다.

⑦ 제6항의 생활지도원과 간호사 또는 간호조무사의 배치기준은 국립학교의 경우

교육부령으로, 공립 및 사립 학교의 경우에는 시·도 교육규칙으로 각각 정한다.

⑧ 각급학교의 장은 각급학교에서 제공하는 각종 정보(교육기관에서 운영하는 인터넷 홈페이지를 포함한다)를 특수교육대상자에게 제공하는 경우 특수교육대상자의 장애유형에 적합한 방식으로 제공하여야 한다.

⑨ 제1항부터 제8항까지의 규정에 따른 특수교육 관련서비스의 제공을 위하여 필요한 사항은 대통령령으로 정한다.

이와 같은 정의 등을 종합해 보면, 특수교육은 특수교육을 담당하는 교사가 뚜렷한 목적의식을 가지고 특수아동의 잠재력과 개인적인 독특한 요구를 충족시켜 주기 위해서 특수교육 관련서비스 제공 및 특별한 방법으로 실행하는 맞춤교육을 의미한다고 할 수 있다.

2) 특수교육의 필요성

특수교육은 특수아동이 일반적으로 필요한 영역에서 특수교육 및 특수교육과 관련되어 있는 다양한 서비스를 받음으로써 자신의 잠재력 개발뿐만 아니라 장애를 완화시키고 스스로 자립생활을 영위할 수 있도록 도와주는 것이 궁극적인 교육의 목표이다. 더 나아가 인간이라면 누구나 가져야 할 교육적 권리이기도 하다. 과거에는 특수교육의 성과를 기준으로 특수교육의 필요성을 논의하였다. 그러나 현재는 성과에 대한 기준보다 특수교육을 받는 아동의 삶에 대한 질과 관련하여 특수교육의 필요성을 제시하고 있다. 이러한 현상은 특수교육 관련 법 규정에도 영향을 끼치게 되었다. 이와 관련하여 신현기 등(2010)은 특수교육의 성과를 평가하는 기준을 다음과 같이 제시하고 있다.

- 독립된 삶을 살 수 있도록 한다. 즉, 장애를 가진 사람들도 자신의 생활을 선택하고 조절할 수 있어야 한다는 것이다.

- 생산적인 삶을 살 수 있도록 한다. 즉, 장애를 가진 사람들도 수입을 가질 수 있는 생산적인 일을 할 수 있게 하여 그들의 가계 생활이나 지역사회에 기여할 수 있도록 하여야 한다는 것이다.
- 통합된 생활을 할 수 있도록 한다. 즉, 장애를 가진 사람들도 지역사회의 일원으로서 지역사회 주민과 일상적인 접촉을 할 수 있도록 하여야 한다는 것이다.

그러므로 특수교육은 특수아동이 인간으로서 독립된 삶, 생산적인 삶, 통합된 생활을 영위할 수 있도록 지원하기 위한 필수불가결 요소임을 알 수 있다.

3) 무상교육과 의무교육

「장애인 등에 대한 특수교육법」 제3조에서는 무상교육 및 의무교육 등과 관련하여 다음과 같이 규정하고 있다.

① 특수교육대상자에 대하여는 「교육기본법」 제8조에도 불구하고 유치원·초등학교·중학교 및 고등학교 과정의 교육은 의무교육으로 하고, 제24조에 따른 전공과와 만 3세 미만의 장애영아교육은 무상으로 한다.
② 만 3세부터 만 17세까지의 특수교육대상자는 제1항에 따른 의무교육을 받을 권리를 가진다. 다만, 출석일수의 부족 등으로 인하여 진급 또는 졸업을 하지 못하거나, 제19조제3항에 따라 취학의무를 유예하거나 면제받은 자가 다시 취학할 때의 그 학년이 취학의무를 면제 또는 유예 받지 아니하고 계속 취학하였을 때의 학년과 차이가 있는 경우에는 그 해당 연수(年數)를 더한 연령까지 의무교육을 받을 권리를 가진다.
③ 제1항에 따른 의무교육 및 무상교육에 드는 비용은 대통령령으로 정하는 바에 따라 국가 또는 지방자치단체가 부담한다. 이를 정리하면 〈표 1-2〉와 같다.

표 1-2   의무교육 및 무상교육

대상	영아 (0~2세)	유치원 (3~5세)	초등학교 (6~11세)	중학교 (12~14세)	고등학교 (15~17세)	전공과 (1년 이상)
	무상교육	의무교육	의무교육	의무교육	의무교육	무상교육

「장애인 등에 대한 특수교육법 시행령」 제3조에는 의무 비용과 관련하여 다음과 같이 명시되어 있다.

① 법 제3조제3항에 따라 국가 또는 지방자치단체가 부담하여야 하는 비용은 입학금, 수업료, 교과용 도서대금 및 학교급식비로 한다.
② 국가 및 지방자치단체는 제1항의 비용 외에 학교운영 지원비, 통학비, 현장 · 체험학습비 등을 예산의 범위에서 부담하거나 보조할 수 있다.

이러한 법령에 의하여 장애아동은 영아부터 전공과를 졸업할 때까지 실제적으로 무상으로 교육받고 있음을 알 수 있다. 그러나 조기교육의 중요성을 감안할 때 영아기부터 의무교육이 이루어지는 것이 좀 더 바람직하다고 할 수 있다.

4) 특수교육과정

장애아동이 가진 다양한 특성으로 인하여 일반교육과정을 장애아동에게 적용하기에는 무리가 있다. 그러므로 장애아동의 특성에 적합한 교육과정을 적용해야 한다. 특수교육 교육과정과 관련된 대안으로 Schultz와 Carpenter(1995)는 일반교육과정의 교과 교육과정을 수정하는 방법, 단순화하는 방법, 다른 교육과정으로 대체하는 방법 등을 제시하고 있다. 「장애인 등을 위한 특수교육법」 제3조의2에서는 특수교육과정과 관련하여 다음과 같이 명시하고 있다.

① 법 제20조제1항에 따른 특수교육기관의 교육과정은 유치원 교육과정, 공통 교

육과정, 선택 교육과정 및 기본 교육과정으로 구분한다.

② 제1항에 따른 교육과정의 대상 및 내용은 다음 각 호와 같다.

　1. 유치원 교육과정: 만 3세부터 초등학교 취학 전까지의 어린이를 대상으로 하고,「유아교육법」제13조제2항에 따라 교육부장관이 정하는 유치원 교육과정에 준하여 편성된 과정

　2. 공통 교육과정: 초등학생 및 중학생을 대상으로 하고,「초ㆍ중등교육법」제23조제2항에 따라 교육부장관이 정하는 초등학교 및 중학교 교육과정에 준하여 편성된 과정

　3. 선택 교육과정: 고등학생을 대상으로 하고,「초ㆍ중등교육법」제23조제2항에 따라 교육부장관이 정하는 고등학교 교육과정에 준하여 편성된 과정

　4. 기본 교육과정: 특수교육대상자의 장애 종별 및 정도를 고려하여 제2호 및 제3호의 교육과정을 적용하기 어려운 학생을 대상으로 하고, 대상자의 능력에 따라 학년의 구분 없이 다음 각 목의 어느 하나에 해당하는 교과의 수준을 다르게 적용할 수 있도록 편성된 과정

　　가. 국어, 사회, 수학, 과학, 실과, 체육, 음악, 미술 및 교육부장관이 필요하다고 인정하는 교과

　　나. 특수교육대상자의 진로 및 직업에 관한 교과

③ 제1항 및 제2항에서 규정된 사항 외에 교육과정의 내용 및 기준에 관하여 필요한 세부사항은 교육부장관이 정하여 고시한다.

3. 조기특수교육

1) 조기특수교육의 필요성

장애가 있는 영유아를 조기에 발견하여 영유아의 장애 유형 및 특성에 적합한 조기

교육이 이루어지면 2차적인 장애예방의 효과뿐만 아니라 장애 영유아의 발달을 촉진할 수 있다. 그리고 장애 영유아에 대한 조기교육은 장애 영유아의 성장과 발달에 대한 촉진과 특수아동을 기르는 가족과 그 환경에 미치는 영향을 고려해 볼 때 매우 절실하고 필요한 서비스로 강조되고 있다. 또한 보육을 통한 특수아동에 대한 조기 중재는 영유아의 발달에 있어서 장애의 영향을 줄일 수 있을 뿐 아니라 가정의 기능을 정상화하고 가정이 장기적으로 장애아를 양육하고 지원하는 데 매우 효과적이고 적절한 조치로 입증되고 있다(Bruder & Brand, 1995: Fewell, 1993: 서문희, 2001, 재인용).

우리나라의 「장애인 등에 대한 특수교육법」에서도 신체, 인지, 의사소통, 사회·정서, 적응행동 중 하나 이상의 발달이 또래에 비하여 현저하게 지체되어 특별한 교육적 조치가 필요한 영아 및 9세 미만의 아동을 '발달지체'라는 범주에 법적으로 규정함으로서 조기교육을 강조하고 있다. 이는 생애 초기에 이루어진 적절한 조기교육이 영유아의 잠재력을 개발하여 장애를 예방하고 최소화할 수 있을 뿐만 아니라 성인이 된 후에도 독립성을 촉진하여 사회의 적응도를 높여 줄 수 있기 때문이다.

2) 조기특수교육의 목적

「교육기본법(2007)」제2조에 따르면, 우리나라 교육은 "홍익인간(弘益人間)의 이념 아래 모든 국민으로 하여금 인격을 도야(陶冶)하고 자주적 생활능력과 민주시민으로서 필요한 자질을 갖추게 함으로써 인간다운 삶을 영위하게 하고 민주국가의 발전과 인류공영(人類共榮)의 이상을 실현하는 데에 이바지하게 함을 목적으로 한다."고 명시되어 있다. 특수교육의 목적도 기본적으로는 일반교육의 목적과 같다고 할 수 있다. 그러나 조기특수교육은 일반교육이 갖는 목적 외에도 장애 영유아를 위한 특별한 목적을 가지고 있다. 즉, 조기특수교육은 장애 영유아의 발달 촉진 및 장애예방을 최소화하는 데 중점을 두지만 조기특수교육은 다음의 가족지원에 중요한 목적을 두고 있다(이소현 역, 2003).

첫째, 조기특수교육은 발달과정에 있는 영유아기의 장애자녀를 어떻게 기를 것인지에 대한 방법을 안내해 주고 가족이 다양한 영역에서의 자원을 확인하여 양육지원에 대한 능력을 강화받도록 하여야 한다. 가족이 그들의 목적을 성취하도록 돕는 것이 조기특수교육의 가장 중요한 목적이다.

둘째, 조기특수교육은 특수아동의 참여, 독립성, 새로운 기술의 습득을 촉진하여야 한다. 특수아동이 그들이 접하는 환경 안에서 다양한 상호작용을 하고 환경에 적응하는 것을 목적으로 진행되어야 한다. 자연스럽고 다양한 환경에의 참여를 기반으로 하여 최대한의 독립성을 기를 수 있도록 개별적으로 적합한 방법을 통하여 새로운 기술의 습득을 촉진하여야 한다. 장애가 없었다면 만나게 될 다양한 환경에 대한 참여를 보장하며 그 안에서 적응하기 위한 기술들을 형성시켜 주어 독립성을 기르게 하는 것이 중요한 목적이 된다.

셋째, 조기특수교육은 결함을 보이는 지체된 발달 영역만을 교정하는 차원이 아니라 전인적 발달을 촉진하는 목적을 가져야 한다. 대근육·소근육의 신체 발달 영역과 정서 및 사회성 발달, 의사소통 영역과 인지 영역의 발달은 물로 신변처리 영역 등의 주요 발달 영역의 촉진을 도모하여야 한다.

넷째, 조기특수교육은 특별히 사회성 발달을 지원하여야 한다. 다른 발달 영역에 비하여 사회적 기술이 요구되는 상황이나 사람을 접하지 않은 경우에는 사회적 기술의 습득은 매우 어렵게 된다. 사회적 기술은 전 생애에 걸쳐 중요한 기술이므로 영유아기부터 사회적 기술 습득에 목적을 두고 조기특수교육이 진행되어야 한다. 사회적 기술의 결손은 장기적으로 지속되며 일생 동안 필요한 기능적인 기술들로 구성된다.

다섯째, 조기특수교육은 습득된 기술의 일반화를 촉진하는 목적을 가진다. 습득된 기술은 실제 상황에서 유용하게 사용되어야 한다. 일반화를 촉진하기 위해서는 실제 상황에서 반복적으로 다양한 상황, 사람, 시간을 통해 계획되고 지도되어야 한다.

여섯째, 조기특수교육은 정상화된 생활 경험을 제공하고 준비시키는 목적을 가진다. 이는 통합된 환경에서의 적응 능력을 기르기 위한 목적으로 기능적인 교육과정을 통하여 실제 환경에서 요구되는 기술들을 지도하는 것을 의미한다. 일반 환경과 유사한 환경을 최대한 제공하며, 통합 환경으로의 전이를 구체적으로 계획하여야 한다.

일곱째, 조기특수교육은 장래의 문제나 장애 발생을 예방하는 목적을 가진다. 기술 습득이 되지 않았을 때 발생하게 될 미래 생활의 요구 기술들을 지도하여 다른 장애 요인의 발생을 예방하는 것이 중요하다.

3) 장애의 조기발견

영유아가 가진 장애를 조기에 발견하는 것은 중재의 효과가 조기에 시행될수록 효과적이기 때문이다. 그리고 가족의 부담을 경감시킬 수 있을 뿐만 아니라, 향후 국가적으로도 여러 가지 측면에서 효율적이다. 이와 관련하여「장애인 등에 대한 특수교육법」제14조에서는 다음과 같이 장애의 조기발견 등에 대한 내용을 명시하고 있다.

① 교육장 또는 교육감은 영유아의 장애 및 장애 가능성을 조기에 발견하기 위하여 지역주민과 관련 기관을 대상으로 홍보를 실시하고, 해당 지역 내 보건소와 병원 또는 의원(醫院)에서 선별검사를 무상으로 실시하여야 한다.

② 교육장 또는 교육감은 제1항에 따른 선별검사를 효율적으로 실시하기 위하여 지방자치단체 및 보건소와 병·의원 간에 긴밀한 협조체제를 구축하여야 한다.

③ 보호자 또는 각급학교의 장은 제15조제1항 각 호에 따른 장애를 가지고 있거나 장애를 가지고 있다고 의심되는 영유아 및 학생을 발견한 때에는 교육장 또는 교육감에게 진단·평가를 의뢰하여야 한다. 다만, 각급학교의 장이 진단·평가를 의뢰하는 경우에는 보호자의 사전 동의를 받아야 한다.

④ 교육장 또는 교육감은 제3항에 따라 진단·평가를 의뢰받은 경우 즉시 특수교육지원센터에 회부하여 진단·평가를 실시하고, 그 진단·평가의 결과를 해당 영유아 및 학생의 보호자에게 통보하여야 한다.

⑤ 제1항의 선별검사의 절차와 내용, 그 밖에 검사에 필요한 사항과 제3항의 사전 동의 절차 및 제4항에 따른 통보 절차에 필요한 사항은 대통령령으로 정한다.

4) 장애아 보육지원

장애 영유아의 보육을 위해서 보건복지부(2015)는 장애아보육료 지원뿐만 아니라 장애 영유아를 보육하고 있는 장애아 전문 어린이집 및 장애아통합 어린이집에 대하여 원장 및 특수교사, 보육교사, 치료사들의 인건비를 지원하므로 장애아동을 위한 보육을 지원하고 있다.

① 장애아 보육료 지원
- 장애아 보육료 지원대상은 원칙적으로 장애인복지카드(등록증)를 소지한 만 12세 이하의 미취학 장애아동으로 하되, 예외적으로 다음의 아동에 대해서는 지원할 수 있음
  - 「장애인 등에 대한 특수교육법」 제15조에 따라 특수교육대상자로 선정된 만 3~5세 아동이 특수교육대상자 진단·평가 결과 통지서를 제출한 경우
  - 취학연령이 되었음에도 부득이하게 질병 등의 사유로 일반 초등학교 및 특수학교에 취학하지 못한 경우
- 질병 등의 사유로 부득이하게 교육부로부터 순회교육을 받는 장애아동이 어린이집을 이용하는 경우 보육료를 지원할 수 있음, 이 경우 순회교육 장소를 어린이집으로 할 수 있도록 조치
  - 장애인복지카드 또는 특수교육대상자 진단·평가 결과 통지서를 미소지한 만 5세 이하 영유아가 장애소견이 있는 의사진단서를 제출할 경우
  - 장애아가 부득이하게 휴학한 경우에도 보육료를 지원할 수 있으며, 이 경우 장애인복지카드 소지자는 만 6세 이상 만 12세까지 지원할 수 있고, 특수교육대상자 진단·평가 결과통지서를 제출한 경우 만 6세 이상 만 8세까지 지원할 수 있음
  - 장애아동이 정부지원을 받는 특수학교(유치부 또는 초등학교 과정)를 이용할 경우에는 장애아 보육료 지원이 불가하나, 초등학교 취학 아동은 장애아 방과 후 보육료 지원이 가능

② 장애아전문 어린이집 지원

• 인건비 지원 기준

– 원장: 월 지급액의 80%를 지원한다.

– 보육교사 · 특수교사: 월 지급액의 80%를 지원한다. 단, 특수교사(장애인을 위한 보육교사 포함) 자격을 가진 자에게는 월 수당 20만 원을 지원한다.

– 치료사: 정규 인력으로 채용된 경우에 한해, 장애아동 9명당 1명의 치료사에 대하여 월 지급액의 100%를 지원하고 월 수당 20만 원을 지원한다.

③ 장애아통합 어린이집 지원

• 전담교사 인건비 지원 기준 및 지원액

– 장애아종일반을 편성 · 운영하거나 미취학장애아 3명 이상을 통합 보육하는 경우 장애아동 보육 전담교사 1인당 인건비를 지원

– 정부지원시설은 장애아전담교사 월 지급액의 80%를 지원하고, 민간지정 시설인 경우 장애아전담교사 1인당 월 133.9만 원 지원

5) 장애영아의 교육지원

장애영아의 교육지원과 관련하여 「장애인 등에 대한 특수교육법」 제18조에서는 장애영아의 교육지원과 관련하여 다음과 같이 명시하고 있다.

① 만 3세 미만의 장애영아의 보호자는 조기교육이 필요한 경우 교육장에게 교육을 요구할 수 있다.

② 제1항에 따른 요구를 받은 교육장은 특수교육지원센터의 진단 · 평가결과를 기초로 만 3세 미만의 장애영아를 특수학교의 유치원과정, 영아학급 또는 특수교육지원센터에 배치할 수 있다.

③ 제2항에 따라 배치된 장애영아가 의료기관, 복지시설 또는 가정 등에 있을 경우

에는 특수교육교원 및 특수교육 관련서비스 담당 인력 등으로 하여금 순회교육을 제공하도록 할 수 있다.

④ 국가 및 지방자치단체는 장애영아를 위한 교육 여건을 개선하고 설비를 정비하기 위하여 노력하여야 한다.

⑤ 그 밖에 장애영아의 교육지원에 필요한 사항은 대통령령으로 정한다.

4. 특수학급 설치 기준과 교사자격 및 배치

1) 특수학급 설치 기준

「장애인 등에 대한 특수교육법」 제27조에서는 다음과 같이 특수학교의 학급 및 각급학교의 특수학급 설치 기준을 명시하고 있다.

① 특수학교와 각급학교의 장은 다음 각 호의 기준에 따라 학급 및 특수학급을 설치하여야 한다.

1. 유치원 과정의 경우: 특수교육대상자가 1인 이상 4인 이하인 경우 1학급을 설치하고, 4인을 초과하는 경우 2개 이상의 학급을 설치한다.

2. 초등학교 · 중학교 과정의 경우: 특수교육대상자가 1인 이상 6인 이하인 경우 1학급을 설치하고, 6인을 초과하는 경우 2개 이상의 학급을 설치한다.

3. 고등학교 과정의 경우: 특수교육대상자가 1인 이상 7인 이하인 경우 1학급을 설치하고, 7인을 초과하는 경우 2개 이상의 학급을 설치한다.

② 교육감은 제1항에도 불구하고 순회교육의 경우 장애의 정도와 유형에 따라 학급 설치 기준을 하향 조정할 수 있다.

③ 특수학교와 특수학급에 두는 특수교육교원의 배치 기준은 대통령령으로 정한다.

2) 교사자격

「장애아동복지지원법 시행령」 제5조에서는 특수교사와 장애 영유아를 위한 보육교사의 자격을 다음과 같이 규정하고 있다.

① 법 제22조제3항에 따른 특수교사의 자격 기준은 「초ㆍ중등교육법」 제21조제2항에 따른 특수학교 정교사 2급 이상의 자격증(유치원 과정만 해당한다)을 소지한 사람으로 한다.

② 법 제22조제3항에 따른 장애 영유아(「영유아보육법」 제27조에 따른 어린이집 이용대상이 되는 장애아동을 말한다. 이하 같다)를 위한 보육교사의 자격 기준은 다음 각 호의 자격을 모두 갖춘 사람으로 한다.

　1. 「영유아보육법」 제21조제3항에 따른 보육교사 2급 이상의 자격증을 소지한 사람

　2. 「고등교육법」 제2조에 따른 학교에서 보건복지부령으로 정하는 특수교육 또는 재활 관련 교과목 및 학점을 이수한 사람

3) 특수교사와 장애 영유아를 위한 보육교사의 배치

「장애아동복지지원법 시행령」 제6조에서는 특수교사와 장애 영유아를 위한 보육교사의 배치를 다음과 같이 명시되어 있다. 이 법에 명시되어 있는 것처럼 장애 영유아를 위한 어린이집은 순차적으로 특수교사 및 장애 영유아를 위한 보육교사를 배치하여 2018년 3월부터 만 3세까지의 장애 영유아를 위해 특수교사 및 장애 영유아를 위한 보육교사 배치가 완료되어야 한다.

① 법 제22조제4항에 따라 법 제32조에 따른 장애 영유아를 위한 어린이집에 배치하는 특수교사 및 장애 영유아를 위한 보육교사의 수는 장애 영유아 수의 3분의

1 이상이어야 한다. 이 경우 배치된 특수교사 및 장애 영유아를 위한 보육교사 2명당 1명 이상은 특수교사여야 한다.

② 제1항에도 불구하고 장애 영유아 수가 2명 이하인 경우에는 특수교사 및 장애 영유아를 위한 보육교사를 배치하지 아니할 수 있다.

③ 제1항 및 제2항에 따른 배치는 다음 각 호의 기준에 따라 순차적으로 실시한다.

　　1. 만 5세 이상의 장애 영유아: 2016년 3월 1일부터

　　2. 만 4세의 장애 영유아: 2017년 3월 1일부터

　　3. 만 3세의 장애 영유아: 2018년 3월 1일부터

요 점정리

1. 특수아동에 대한 이해

1) 특수교육대상자의 정의

「장애인 등에 대한 특수교육법」(2016): '특수교육대상자'란 특수교육을 필요로 하는 사람으로 선정된 사람, 즉 시각장애, 청각장애, 지적장애, 지체장애, 정서ㆍ행동장애, 자폐성장애(이와 관련된 장애 포함), 의사소통장애, 학습장애, 건강장애, 발달지체 및 그 밖에 대통령령으로 정하는 장애

2) 특수아동의 분류 – 특수아동이란 영재아 및 특수재능아를 포함하는 포괄적인 개념이지만 장애아동은 영재아동 및 특수재능아동 제외

2. 특수교육의 이해

1) 특수교육의 정의

•「장애인 등에 대한 특수교육법」(2007): 특수교육이란 특수교육대상자의 교육적 요구를 충족시키기 위하여 특성에 적합한 교육과정 및 특수교육 관련서비스 제공을 통하여 이루어지는 교육

2) 특수교육의 필요성 – 독립된 삶과 생산적인 삶 및 통합된 생활을 할 수 있도록 함

3) 무상교육과 의무교육 – 영아와 전공과는 무상교육, 유치원에서 고등학교까지는 의무교육

3. 조기특수교육

1) 조기특수교육의 필요성 – 영유아의 발달에 있어서 장애의 영향을 줄일 수 있을 뿐 아니라

가정의 기능 정상화

2) 조기특수교육의 목적 – 발달과정에 있는 영유아기의 장애 자녀를 어떻게 기를 것인지에 대한 방법을 안내해 주고 가족이 그들의 목적을 성취하도록 돕는 것

3) 장애의 조기발견 – 중재의 효과가 조기에 시행될수록 효과적이고, 가족의 부담을 경감시킬 수 있을 뿐만 아니라 국가적으로도 효율적

4. 특수학급 설치 기준과 교사자격 및 배치

1) 특수학급 설치 기준
- 유치원 과정: 특수교육대상자가 1인 이상 4인 이하인 경우 1학급 설치 및 4인 초과 시 2개 이상의 학급 설치
- 초 · 중학교 과정: 1인 이상 6인 이하인 경우 1학급 설치 및 6인 초과 시 2개 이상의 학급 설치
- 고등학교 과정: 1인 이상 7인 이하인 경우 1학급 설치 및 7인 초과 시 2개 이상의 학급 설치

2) 교사자격 – 특수교사의 자격은 특수학교 정교사 2급 이상의 자격증(유치원 과정만 해당)을 소지한 사람으로 하며, 장애 영유아를 위한 보육교사의 자격은 보육교사 2급 이상의 자격증을 소지한 사람으로 학교에서 보건복지부령으로 정하는 특수교육 또는 재활 관련 교과목 및 학점을 이수한 사람

 생각 나누기

1. 장애아동을 만났던 경험, 혹은 장애아동에 대해서 내가 가지고 있는 생각을 나누어 봅시다.
2. 특수교육이 왜 필요한지를 여러 측면에서 생각해 보고 토의해 봅시다.
3. 장애 영유아를 위한 교사로서 내가 가지고 있는 자질을 토의해 봅시다.
4. 특수교육 관련서비스에 대해서 설명해 봅시다.

추천자료

- 국립특수교육원(http://www.knise.kr): 특수교육에 관한 전반적인 정보, 특수교육과정 및 교수-학습 자료, 특수교육 정보화에 관한 정보 제공 등
- 「장애인 등에 대한 특수교육법」
- 서울특별시교육청 특수교육지원센터(http://sedu.go.kr): 지역 특수교육지원센터, 특수교육서비스 지원, 장애이해 교육, 장애등록 방법, 선정 및 배치 절차 등 제공

 참고문헌

교육부(2007). 교육기본법.

교육부(2007). 장애인 등에 대한 특수교육법.

교육부(2016). 장애인 등에 대한 특수교육법 시행령.

국립특수교육원(2009). 특수교육학 용어사전. 서울: 도서출판 하우.

보건복지부(2012). 장애인복지법.

보건복지부(2014). 장애인복지법 시행령.

보건복지부(2015). 보육사업 안내.

서문희(2001). 특수보육의 현황과 활성화 방안. 서울: 한국보건사회연구원.

신현기, 변호걸, 김호연, 정인호, 전병운, 정해동, 강영택, 성수국, 마주리, 유재연(2010). 특수교육의 이해. 경기: 교육과학사.

윤광보(2010). 특수교육 교과 교재연구 및 지도법. 경기: 양서원.

이소연 역(2003). 장애 영유아 교육. 서울: 이화여대 출판부.

정대영(2011). 특수교육학. 서울: 도서출판 창지사.

Bruder, M. B., & Brand, M. (1995). A comparison of two types of early intervention environments serving toddler-age children with disabilities. *Infant-Toddler Intervention: The Transdisciplinary Journal*, 5, 207-217.

Fewell, R. R. (1993). Child care for children with special needs. *Pediatrics, 91*, 193-198.

Heward, W. L. (2009). *Exceptional children: An introduction to special education* (9th ed.). Upper Saddle River, NJ: Merrill/Prentice-Hall.

Kauffman, J. M., & Hallahan, D. P. (2005). *Special education: What it is and why we need it.* Boston: Allyn and Bacon.

Kirk, S., & Gallagher, J. J.(1979). *Eduacting exceptional children* (3rd ed.). Boston: Houghton Mifflin.

Rosenberg, M. S., Westling, D. L., & McLeskey, J. (2011). *Special education for today's teachers: An introduction.* Boston: Pearson.

Schultz, J. B., & Carpenter, C. D. (1995). *Main streaming Exceptional students: A guide for classroom teacher* (4th ed.) Boston: Allyn and Bacon.

Shackelford, J. (2006). *State and Jurisdictional eligibility definitions for infants and toddlers with disabilities under IDEA.*(NECTAC Notes, 21. 1-16). Chapel Hill: The University of North Carolina, FPG Child Development Institute, National Early Childhood Technical Assistance Center.

Smith, D. D. (2004). *Introduction to special education: Teaching in an age ofopportunity* (5th ed.). Boston: Allyn and Bacon.

Spodek, B., & Saracho, O. (1994). *Dealing with individual differences in the early childhood classroom.* White Plains, NY: Longman.

제2장

통합교육

1970년대 들어 초등학교에 특수학급이 설치되면서 시작된 우리나라의 통합교육은 통합교육과 분리교육 중 실제 어떤 교육이 특수아동에게 더 효과적인가에 대해 계속 논쟁을 불러일으켰다. 이는 다수의 부모들은 통합교육을 원하지만 일반교육 환경이 통합에 대한 준비가 완전히 되어 있지 않은 실정으로 인해 그 논쟁을 더 가속화시키기도 하였다.

특수교육 프로그램의 가장 중요한 목표는 정상적인 환경에서 적절하게 행동하고 적응하는 것으로서 독립적인 삶을 살 수 있도록 하는 것이다. 그러므로 통합교육은 교육적인 의미에서뿐만 아니라 인간존중을 위해 누구나 가져야 하는 권리 중에 하나임을 인식하는 데서부터 출발되어야 한다.

이 장에서는 통합교육의 정의와 목적, 배경, 통합교육의 형태와 유형, 통합교육의 당위성, 통합교육의 영향, 성공적인 통합교육 실행을 위한 협력에 대해 전반적인 부분을 살펴보고자 한다.

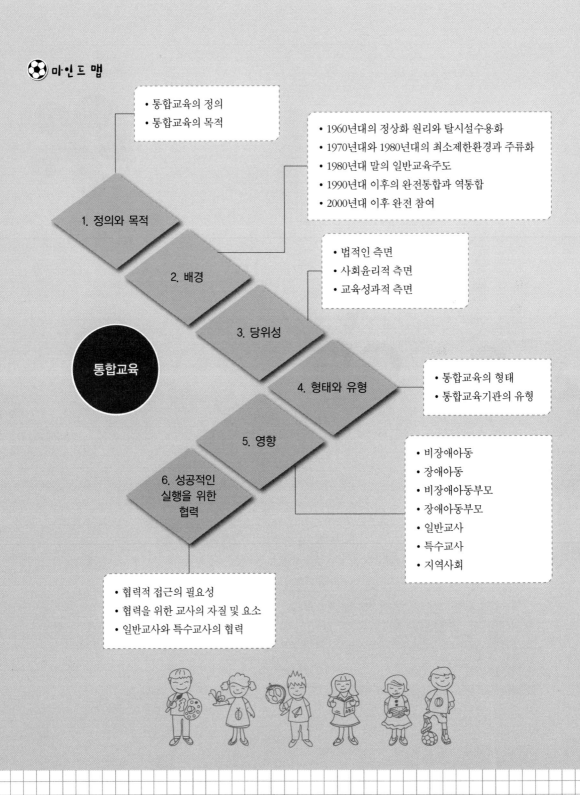

⚽ 마인드 맵

- 통합교육의 정의
- 통합교육의 목적

- 1960년대의 정상화 원리와 탈시설수용화
- 1970년대와 1980년대의 최소제한환경과 주류화
- 1980년대 말의 일반교육주도
- 1990년대 이후의 완전통합과 역통합
- 2000년대 이후 완전 참여

1. 정의와 목적

2. 배경

- 법적인 측면
- 사회윤리적 측면
- 교육성과적 측면

3. 당위성

통합교육

4. 형태와 유형

- 통합교육의 형태
- 통합교육기관의 유형

5. 영향

- 비장애아동
- 장애아동
- 비장애아동부모
- 장애아동부모
- 일반교사
- 특수교사
- 지역사회

6. 성공적인 실행을 위한 협력

- 협력적 접근의 필요성
- 협력을 위한 교사의 자질 및 요소
- 일반교사와 특수교사의 협력

⚽ 학습목표

1. 통합교육의 개념을 정의할 수 있다.
2. 통합교육의 배경과 관련된 주요 용어를 숙지할 수 있다.
3. 통합교육의 당위성을 설명할 수 있다.
4. 통합교육의 효과를 제시할 수 있다.

⚽ 주요 용어

통합교육: 특수교육대상자가 일반학교에서 장애 유형, 장애 정도에 따라 차별을 받지 않고 또래와 함께 개개인의 교육적 요구에 적합한 교육을 받는 것

정상화 원리: 문화적으로 정상적인 개인의 행동 및 특성을 형성하고 유지하기 위해서는 가능한 한 문화적으로 정상적인 수단을 사용해야 한다는 철학적인 믿음

탈시설수용화: 1960년대와 1970년대를 거쳐 일어난 사회운동의 일환으로 장애인을 분리된 시설에서 지역사회로 이동시킴

최소제한환경: 장애아동을 비장애 또래, 가정, 지역사회로부터 가능한 한 최소한으로 분리시켜야 한다는 개념

일반교육주도: 일반교육과 특수교육의 이중적 구조형태를 하나의 교육체계로 통합하고자 하는 움직임

완전통합: 장애아동을 완전히 통합하기 위해 일반교육과 특수교육을 완전히 통합함

당위성: 마땅히 그렇게 하거나 되어야 할 성질

사례

영이(가명)는 지적장애아동이다. 어릴 때부터 특수교육을 받았지만 고집이 세고 아직 간단한 단어 이외에는 표현하지 못하며, 신변처리도 적절하게 하지 못한다. 그렇지만 애교 많고 붙임성이 좋다. 영이가 다섯 살이 되자 영이의 어머니는 장애 전문 어린이집보다 일반 어린이집에 영이를 보내고 싶어서 집 가까이에 있는 어린이집을 방문했지만 거절당했다.

원장은 영이를 받아 주고 싶지만 특수교사가 배치되어 있지 않기 때문에, 아이를 위해서 특수교사가 있는 전문적인 어린이집을 권유하였다. 그러나 영이 어머니는 초등학교도 일반학교로 보내려고 준비하고 있기 때문에 일반 어린이집에서 교육을 시키고 싶어 했다. 집에서 멀리 떨어진 곳이긴 하나 영이를 받아 주겠다는 어린이집이 있어 그곳에 보내기로 했다. 영이를 담당할 교사도 장애아이는 처음이지만 영이를 맡아서 해 보겠다고 하여 매일 데려다주고 데려와야 하지만 흡족한 마음으로 입학시켰다. 그리고 원장은 만약 문제가 생기면 영이를 내보내는 조건으로 영이가 들어갈 반 아동의 어머니들을 설득하셨다. 영이를 맡은 교사는 처음에는 어떻게 해야 할지 몰라 같은 반 또래들에게 무조건 도와주라고만 하였다. 그렇게 시간이 지나면서 영이의 담당교사도 영이에 대해 관심을 가지고 특수 관련 서적이나 사이트를 통해 공부를 했고, 무조건 도와주는 것이 영이를 위하는 것이 아니라는 것을 알게 되었다. 그래서 사회성과 관련된 부분을 집중적으로 도와주기 위해 영이와 함께 놀아 주고 싶은 또래들의 의사를 물어 결정했다. 그리고 또래들이 영이와 어떻게 놀아 주어야 하는지 알기 쉽게 설명해 주었다. 이 또래들이 영이와 집중적으로 상호작용을 하고 같이 놀아 주었다. 그 결과 6개월이 지난 후 영이는 언어뿐만 아니라 사회성도 향상되었으며, 무엇보다도 고집부리는 행동이 많이 줄었다. 이는 또래들의 행동을 보고 배운 결과이며, 또래들을 통해 자연스럽게 언어를 습득할 수 있게 된 것이다. 무엇보다 효과적인 것은, 우리가 생각하는 것과 달리, 같은 반 또래들이 영이를 장애아이로 보지 않고 함께 자연스럽게 어울리면서 남을 위한 배려를 배웠다는 것이다. 영이의 교사도 그동안 가지고 있던 장애아동에 대한 편견을 버리고 영이와 또래들의 변화를 보면서 다음에도 다른 장애아동이 오면 맡아서 보육을 하고 싶다고 했다. 영이 반의 어머니들도 아이들이 집에 오면 예전과 달리 동생들을 잘 이끌면서 더 잘 놀아 주고 배려해 주는 것 같다고 흡족해 했다.

1. 통합교육의 정의와 목적

1) 통합교육의 정의

(1) 법적 정의

통합교육은 우리 사회뿐만 아니라 특수교육에 있어서 중요한 화두이며, 당위성과 필요성으로 인해 지속적인 관심을 받아 왔다. 그러므로 통합교육의 당위성에 대해 강영심과 정정련(2002)에 따르면, 통합교육은 장애아의 독립적인 삶의 성취와 정상적인 환경에서의 성공적인 행동과 적응을 가장 중요한 목표로 하는 특수교육의 중심 철학이며, 수단으로서 특수교육이 나아가야 할 방향일 뿐만 아니라 교육이 지향해야 할 기본적인 신념이다.

장애아동을 가진 부모는 대부분 통합교육을 원하지만 일반교육현장은 장애아동의 요구를 충족시켜 줄 수 있는 준비가 아직은 부족한 상황이고, 사회의 인식 또한 일정 부분 부정적이다. 그러나 시대적 분위기가 통합교육의 필요성을 강조하는 방향으로 움직이고 있으며, 다양성의 수용 및 공동체 의식의 실천 차원에서도 통합교육은 시행되어야 한다.

통합교육은 기존에 장애아동들만 모아서 교육하던 분리교육에서 다시 장애아동이 일반교육이라는 주류 속에 포함되어 학습의 공동체 안에서 이들의 교육적 요구를 충족시켜야 한다는 교육의 재구조화 측면에서 대두된 개념이다(한국통합교육학회 편, 2009). 장애아동과 비장애아동이 함께 하는 통합의 개념에 대해 구체적으로 살펴보면, 「장애인 등에 대한 특수교육법」(교육부, 2012) 제2조에서는 "통합교육이란 특수교육대상자가 일반학교에서 장애유형 및 장애정도에 따라 차별을 받지 않고 또래와 함께 개개인의 교육적 요구에 적합한 교육을 받는 것을 말한다."라고 명시하고 있다. 이와 관련하여 같은 법 제21조에는 통합교육에 대하여 다음과 같이 구체적인 사안을 규정하고 있다.

① 각급학교의 장은 교육에 관한 각종 시책을 시행함에 있어서 통합교육의 이념을 실현하기 위하여 노력하여야 한다.

② 제17조에 따라 특수교육대상자를 배치받은 일반학교의 장은 교육과정의 조정, 보조인력의 지원, 학습보조기기의 지원, 교원연수 등을 포함한 통합교육계획을 수립·시행하여야 한다.

③ 일반학교의 장은 제2항에 따라 통합교육을 실시하는 경우에는 제27조의 기준에 따라 특수학급을 설치·운영하고, 대통령령으로 정하는 시설·설비 및 교재·교구를 갖추어야 한다.

(2) 학문적 정의

통합교육에 대한 정의는 법적으로 규정되어 있을 뿐 아니라 여러 학자들에 의해서도 정의되고 있다. 그러나 공통적인 핵심은 모든 일반교육 과정에 장애아동을 포함시키는 것을 전제로 하고 있다는 것이다. 이를 구체적으로 살펴보면, Richey와 Wheeler(2000)는 분리(segregation)교육과 반대되는 개념으로서, 통합교육은 장애가 있는 아동과 장애가 없는 아동을 같은 학급에 함께 있게 하기 위한 체계적이고도 주의 깊은 노력을 의미한다고 하였다. Hallahan과 Kauffman(2000)은 하루 전체나 일정 시간 동안 학급 활동 전체나 부분적으로 일반 학급에 장애아동을 배치하는 것을 의미한다고 하였다. 이때 특수교사가 장애아동의 교육에 주요 책임을 져야 한다고 말했다. Kauffman 등(1975)은 "통합이란 장애아동을 일반학급에 물리적·학문적·사회적으로 통합하는 것"으로 정의하고 있다. Kerzner-Lipsky와 Gartner(1994)는 중도 장애를 포함하는 모든 장애아동이 거주 지역 학교의 나이에 맞는 일반학급에서 아동과 교사 모두에게 필요한 적절한 서비스 및 보조를 통해서 교육받는 것을 말한다고 하였다. 그리고 이소현과 박은혜(2011)는 통합교육은 "다양한 교육적 필요와 능력을 지닌 학생들이 함께 교육받는 것으로 장애아동과 일반아동이 사회적 활동이나 교수 활동에서 의미 있는 상호작용을 하는 것으로 특징지어진다."라고 하였다.

특히 장애 영유아를 위한 교육에 있어서의 통합교육은 "장애가 있는 영유아와 장애가 없는 영유아들이 함께 배우고 노는 것"(Abraham, Morris, & Wald, 1993), 또는 "중도 장애를 포함하는 모든 장애아동이 장애가 없는 아동들과 같은 교실에서 서비스를 제공받는 것"(Bowe, 1995) 등으로 정의되기도 하였다. 즉, 통합은 장애아동과 비장애아동이 단지 함께 있다는 물리적인 여건이 아니라 다양한 능력을 가진 아동들이 모든 상황 속에서 의미 있는 상호작용을 하는 것이라고 할 수 있다.

(3) 통합교육 정의의 구성요소

통합에 대한 정의를 법적 혹은 학문적으로 규정하더라도 Sailor와 Skrtic(1995)에 따르면 공통적으로 다음과 같은 몇 가지 공통 요소를 포함하고 있다.

① 모든 아동은 장애의 유형과 정도에 상관없이 일반학교에서 교육을 받는다. 분리교육은 아동의 교육권에 대한 침해이며, 학교교육 이후의 사회 통합에도 바람직하지 못하다.
② 통합 학교 및 학급의 구성은 사회의 자연적인 인적 분포를 고려해야 한다. 즉, 각 학교와 학급에 통합된 장애를 가진 아동의 비율은 지역사회 전체 인구 중 장애를 가진 사람의 비율에 따라 결정되어야 한다. 이는 어느 한 학교나 학급에 집중적으로 배치되지 않아야 한다는 의미다.
③ 어느 누구도 장애를 이유로 입학이나 배치를 거부하지 않아야 한다. 학교는 해당 지역에 거주하는 모든 아동에게 교육 서비스를 제공해야 한다.
④ 장애를 가진 아동을 학급에 배치할 때는 생활연령과 학년에 맞게 배치해야 한다. 지적 능력이 낮다고 해서 낮은 연령의 집단이나 학년에 배치하는 것은 적절하지 못하다. 이때 발생되는 수업에서의 어려움은 수업 환경에 대한 적절한 수정이나 협력수업 등을 통해 해결하여야 한다.
⑤ 전통적 수업을 지양하고 다양한 수업 모델을 활용해야 한다. 예를 들어, 통합학급에서 효과적인 직접교수, 다수준교수, 협력학습, 또래교수 등을 활용해야 하며, 특수교육 관련 서비스와 인적·물적 지원은 특수교육대상자가 아니더라도

필요한 모든 아동에게 제공되어야 한다.

2) 통합교육의 목적

통합교육의 목적은 장애아동이 가지고 있는 장애의 유형이나 장애의 정도에 관계 없이 장애아동을 둘러싸고 있는 사회의 구성원으로서 수용되는 것이며, 더불어 살아 가는 것이다. 즉, 통합교육은 장애아동이 가진 장애의 유형과 정도에 상관없이 가능한 한 자신이 속한 지역사회에서 구성원으로 인정받고 그 사회에 기여할 수 있도록 하는 데 목적이 있다(이미숙 외, 2013). 이와 관련하여 정대영(2009)은 통합교육의 목적은 장 애인이 개인차의 유형과 정도에 관계없이 가능한 한 사회의 주류에 완전히 포함되어 살아갈 수 있도록 학습자의 다양성을 인정하고, 교육의 평등성과 수월성을 추구하며, 구성원들 간의 조화를 극대화함으로써 더불어 잘 사는 사회 또는 공동체 사회의 실현 을 지향하는 데 있다고 하였다. 좀 더 궁극적인 목적은 더불어 잘 사는 사회 또는 공동 체 사회의 실현을 지향하고 있으며, 네 가지 교육목표, 즉 교육의 평등성과 수월성의 보장, 학습자의 다양성의 인정과 수용, 구성원들 간의 조화의 극대화를 포함한다(정대 영, 2004). 그러므로 통합교육의 목적은 공동체적 삶의 방식을 습득하고 공동체 사회 를 실현하는 것이며, 장애아동과 비장애아동이 학습 및 활동을 가능한 한 함께 함으로 써 더불어 살아갈 수 있는 능력을 기르는 데 그 목적이 있다고 할 수 있다. 〈표 2-1〉 은 통합교육의 목적과 그 내용을 정리한 것이다.

표 2-1   통합교육의 목적 및 내용

목 적	내 용
교육의 평등성 추구	개인이 지닌 학습 능력과 요구에 적합한 교육 서비스 제공 및 이 서비스가 양적 및 질적으로 보장되어야 함
교육의 수월성 추구	수월성은 영재교육 또는 우수학생 교육으로 인식되고 있지만, 모든 학습자 개개인의 잠재력을 최대한 계발시켜 주는 것이 수월성을 보장해 주는 것임

다양성의 인정 및 수용	다양성은 차이를 인정하고 수용하며 존중하는 것이 필수적 요소이므로, 개인의 다양한 능력 수준을 차별로 보지 않고 각 개인차와 독특한 교육적 요구로 인정
공동체 사회 구현	공동체 사회에서는 능력, 성별, 종교, 인종, 빈부, 문화 등의 조건에 따라 편견과 차별이 없으므로, 모든 구성원들이 각자의 역할과 기능을 발휘하여 집단의 공동의 이익을 위해 기여하고 조화를 이루며, 더불어 살아감으로 공동체 사회 구현

출처: 정대영(2005), p. 25를 수정함.

더불어 통합교육의 목적을 달성하기 위해서는 Janney와 Snell(2000)이 제안한 다음과 같은 통합실행 지침을 참고해야 한다.

① 장애의 정도와 관계없이 모든 특수아동은 일반교육기관에서 교육한다.

② 특수아동은 장애가 없었다면 입학했을 학교나 교육기관에 입학한다.

③ 일반교육기관에서 특수교육 서비스를 제공한다.

④ 특수아동의 통합이 원활하도록 교육행정기관은 일반교사와 행정가들을 지원한다.

⑤ 특수아동은 일반아동과 동일한 시간표에 따라서 교육받는다.

⑥ 특수아동은 가능한 한 많은 학과목 수업과 기타 활동(예: 음악, 미술, 체육, 현장견학, 졸업식)에 참여한다.

⑦ 특수아동은 일반아동과 같은 시간에 식당, 도서관, 운동장, 기타 시설을 사용한다.

⑧ 특수아동과 일반아동 간의 보조자나 친구의 관계가 형성되도록 촉진한다.

⑨ 적절한 경우에는 특수아동은 일반 지역사회 환경에서 교육받을 수 있다.

⑩ 모든 아동이 인간의 차이점을 이해하고 수용하도록 가르친다.

⑪ 부모의 관심을 진지하게 수용한다.

⑫ 적절하고도 개별화된 교육 프로그램을 제공한다.

2. 통합교육의 배경

1) 1960년대의 정상화 원리와 탈시설수용화

(1) 정상화 원리

통합교육의 역사는 길지 않지만 그동안 질적·양적으로 성장하여 왔다. 특히, 통합교육의 배경에는 정상화 원리(principle of normalization)와 같은 철학적 믿음이 지대한 영향을 미쳤다. 정상화 원리는 1960년 중반에 스칸디나비아 반도를 중심으로 처음으로 주창되었다. 이는 문화적으로 정상적인 개인의 행동 및 특성을 형성하고 유지하기 위해서는 가능한 한 문화적으로 정상적인 수단을 사용해야 한다는 철학적 믿음이다. 즉, 장애인도 가능한 한 비장애인의 교육과 유사하게 이루어져야 한다는 것으로 '완전참여와 평등'을 강조한다(강대옥 외, 2012). 이는 장애인을 위한 교육의 목적이나 수단이 일반인과 동일해야 한다는 것을 의미하며, 인간으로서 평등한 인권을 가져야 함을 강조하고 있는 것으로, 장애인도 정상적인 사회로 통합되어야 한다는 이념을 제공하는 기본 바탕이 되었다.

이러한 이념을 바탕으로 스웨덴에서는 다음과 같은 기본 사상을 바탕으로 장애인의 사회참여를 목적으로 하는 운동이 일어났다(박화문 역, 1999).

① 비장애인과 같은 동일 조건과 기회를 주는 생활을 영위하는 것
② 신뢰할 만한 개인적 서비스를 받기 안전한 환경 속에서 생활을 영위하는 것
③ 자신이 좋아하는 지역에 거주할 수 있는 것
④ 자신에 적합한 직업을 선택할 수 있는 것
⑤ 만족할 수 있는 여가활동이 영위될 것

(2) 탈시설수용화

1960년대와 1970년대에 사이에 일어난 사회운동의 일환으로 장애인을 분리된 시설에서 지역사회로 이동시키기 시작한 것이 탈시설수용화(deinstitutionalization)다. 이러한 움직임이 일어나게 된 원인은 대부분의 장애인들이 많은 수용 시설에서 생활하고 있었으며, 시설에 수용된 장애인이 적절한 교육이나 양육을 제공받지 못한다는 사회적인 인식이 널리 확산되었기 때문이다. 이러한 인식은 장애인을 지역사회로 이동시키는 계기가 되었으며, 이로 인해 지역사회 안에서 장애인을 수용하기 위한 작은 규모의 시설이나 그룹홈(group home)이 보편화되기 시작하였다. 이러한 사회적 움직임으로 장애아동은 가정에서 양육되고, 지역사회 내 학교에 다닐 수 있게 되었다. 그러므로 탈시설수용화는 장애인의 사회통합에 주요한 계기가 되었다고 할 수 있다.

2) 1970년대와 1980년대의 최소제한환경과 주류화

(1) 최소제한환경

최소제한환경(Least Restrictive Environment: LRE)은 미국의 「전장애아교육법」에서 처음으로 사용한 법적 용어로서 장애아동을 장애가 없는 또래, 가정, 지역사회로부터 가능한 한 최소한으로 분리시켜야 한다는 개념이다(국립특수교육원 편, 2009). 예를 들어, 일반학급에 통합이 가능한 장애아동을 특수학급에 배치해서는 안 된다는 것이다. 이는 장애아동이 최대한 자신의 거주지와 인접한 학교에서 장애를 가지지 않은 또래와 함께 교육을 받아야 하며, 일반교육과정과 학교 내·외 활동에 적극적으로 참여할 수 있어야 한다는 의미다(박현옥, 이정은, 노진아, 2010). 그러므로 최소제한환경을 아동이 가장 잘할 수 있는 환경(most enabling environment)으로 이해하는 것이 더 긍정적인 방식으로 개념화하는 것이라는 관점도 있다(서선진, 안재정, 이금자 공역, 2010). 이러한 법적 명시와 관점은 장애아동의 통합교육에 가속화를 가져왔다.

이와 관련하여 Yell(1995)은 환경을 최소한으로 제한하는 데 도움을 줄 수 있는 다섯 가지 지침을 다음과 같이 제시하였다.

첫째, 최소제한환경은 개별 아동의 필요를 바탕으로 결정되어야 한다. 즉, 모든 장애아동에게 동일한 기준을 적용하는 것이 아니라 장애아동의 개별적인 요구나 상황에 따라서 통합의 형태나 유형도 결정되어야 한다는 의미다.

둘째, 장애아동을 일반학급에서 분리하기 전에 통합 환경에 배치하기 위한 모든 노력이 선행되어야 한다. 이는 통합 환경에서 최대한 장애아동에게 적절한 교육적인 혜택을 받을 수 있도록 노력을 기울인 다음 차선책으로 장애아동에 대한 분리교육이 이루어져야 한다는 것이다.

셋째, 장애아동을 위하여 각 아동에게 적절한 특수교육 서비스를 받을 수 있는 연계적인 특수교육 서비스 체계가 운영되어야 한다. 통합교육이 모든 장애아동에게 반드시 최선이라고는 할 수 없으므로 통합교육이 유일한 선택이 되어서는 안 되며, 장애아동의 요구에 따라서 특수학급이나 특수학교 등도 선택될 수 있어야 한다는 것을 의미한다고 할 수 있다.

넷째, 대상 아동의 또래들도 함께 고려되어야 한다. 대체로 우리는 통합을 할 때 장애아동을 우선시하는 경우가 많고, 교사의 관심도 장애아동에게 집중되어 또 다른 문제를 야기하기도 한다. 그러므로 반드시 비장애아동의 상황이나 요구도 함께 고려해 주는 것이 바람직하다고 할 수 있다.

다섯째, 장애아동을 좀 더 제한된 환경에 배치해야 할 때에는 가능한 한 통합교육을 최대한으로 제공해야 된다. 이는 분리교육에 배치되어 있더라도 장애아동을 위해서, 예를 들면 체육이나 음악 시간, 점심시간 등에 장애아동을 부분적으로 통합하려는 노력을 기울여야 한다는 것을 의미한다.

(2) 주류화

주류화(mainstreaming)는 최소제한환경에 기초한 개념으로서 장애아동을 가능한 한 비장애아동들과 함께 학교의 학업시간 외에도 학업 외적인 부분(예: 점심시간) 등에도 통합하자는 것으로서 장애아동에게 가장 적절한 교육환경을 제공하자는 것을 의미한다.

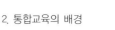

3) 1980년대 말의 일반교육주도

미국에서 1980년대 중반에 Will에 의해 처음으로 주창되어 통합교육의 움직임을 가속화하는 데 영향을 미친 일반교육주도(Regular Education Initiative: REI)는 일반교육과 특수교육의 이중적 구조 형태를 하나의 교육체계로 통합하고자 하는 움직임이다. 즉, 일반교육주도는 장애아 및 특수한 요구를 필요로 하는 아동을 일반교육환경으로 통합하고자 하는 것이다. 이러한 움직임이 일어나게 된 계기는 일반교육과 특수교육의 이중체계가 장애아동발달을 저해한다는 비판이 고조됨으로써 일반교사가 장애아동을 일차적으로 책임져야 한다는 인식이 확산되었기 때문이다. 특히 일반교육주도를 옹호하는 사람들은 이전의 시도들이 장애아동을 통합하는 데 불충분하다고 비판함으로써 일반교육주도의 새로운 통합을 제기하였다. 그러나 일반교육주도의 긍정적인 혜택과 부정적인 부분에 대한 논란은 지속되고 있다.

4) 1990년대 이후의 완전통합과 역통합

(1) 완전통합

완전통합(full inclusion)에 대한 움직임은 일반교육주도 옹호자들에 의해 제기된 문제점들이 장애아동의 배치에 영향을 끼치게 됨으로써 이루어졌다. 완전통합은 장애아동을 장애의 유형이나 장애정도에 관계없이 일반교육환경에 종일 배치하는 것으로서 일반교육과 특수교육을 완전히 통합한다는 것을 의미한다.

완전통합이 전제하고 있는 일반적 요소는 다음과 같다(Hallahan & Kauffman, 2003).

첫째, 장애의 유형이나 정도에 상관없이 모든 장애아동은 일반학급의 모든 수업에 참여한다.

둘째, 모든 장애아동은 장애가 없었더라면 정상적으로 다닐 자신이 속한 지역사회 학교에 다닌다.

셋째, 특수교육이 아닌 일반교육이 장애아동에 대한 주된 책임을 진다.

그러나 일반교육과 특수교육을 완전히 통합하기 위해서는 교육현장의 현실적인 여건이나 여러 가지 상황을 고려해야 하므로 아직까지는 시기적으로 적절하지 않다고 지적하는 특수교육전문가들이 많다.

(2) 역통합

역통합(reversed inclusion)은 장애아동의 학급에 비장애아동들이 함께 참여하는 형태로 장애 전문어린이집을 중심으로 활성화되고 있다. 역통합은 장애아동이 자신이 속한 안정된 환경에서 비장애아동과 함께 상호작용을 경험할 수 있다. 이는 장애아동에게는 비장애아동의 행동을 모방할 기회를 제공해 줄 수 있고, 비장애아동에게는 장애에 대한 인식을 어려서부터 개선시켜 줄 수 있을 뿐만 아니라, 사회적 통합을 이루는 기초가 될 수 있다.

5) 2000년대 이후 완전참여

통합에 대한 흐름은 2000년대에 이르러 장애아동이 일반교육환경에 완전히 통합되어야 한다는 인식을 넘어서서 사회적으로도 통합되어야 함을 강조하고 있다. 그러므로 모든 아동과 교사를 위한 보편적인 교육환경을 만들고, 모든 아동의 다양성에 맞추어 참여할 수 있는 보편적인 교육과정이 운영되어 완전참여를 유도하는 것이다(Pugach & Johnson, 2002).

이러한 통합교육에 대한 인식의 변화는 우리나라에도 영향을 미치고 있지만, 선진국에 비해 여러 가지 지원이나 제도가 미비하여 아직까지는 양적·질적으로 낮은 수준에 머무르고 있다. 현재 우리나라의 경우 통합교육의 형태는 특수교육과 일반교육이 이원화되어 있다. 그러므로 장애아동은 특수학교에서 이루어지는 수업이나 시간제 형태의 통합교육을 대부분 받고 있다. 완전참여를 위해서는 사회적으로나 교육적으로 통합교육에 대한 인식이 먼저 개선되어야 하며, 장애아동이 일반교육현장에서 적절한 서비스를 받을 수 있는 여러 가지 지원이 제도적으로 선행되어야 할 것이다.

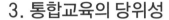

3. 통합교육의 당위성

1) 법적 측면

미국의「전장애아교육법」이 최소제한환경을 처음으로 명시함으로써 법적으로 통합교육의 당위성을 뒷받침하기 시작하였다. 우리나라에서도「장애인 등에 대한 특수교육법」(2007) 제1조 목적에서 "이 법은「교육기본법」제18조에 따라 국가 및 지방자치단체가 장애인 및 특별한 교육적 요구가 있는 사람에게 통합된 교육환경을 제공하고 생애주기에 따라 장애유형·장애정도의 특성을 고려한 교육을 실시하여 이들이 자아실현과 사회통합을 하는 데 기여함을 목적으로 한다."라고 명시하고 있다. 이 외에도「초·중등 교육법」(2012) 제59조에 통합교육과 관련하여 "국가와 지방자치단체는 특수교육이 필요한 사람이 초등학교·중학교 및 고등학교와 이에 준하는 각종 학교에서 교육을 받으려는 경우에는 따로 입학절차, 교육과정 등을 마련하는 등 통합교육을 하는 데에 필요한 시책을 마련하여야 한다."고 규정함으로써 법적으로 통합교육에 대한 당위성을 지지하고 있다. 또한「장애인차별금지 및 권리구제 등에 관한 법률」(2008)에서 장애아동에 관해 학업을 포함한 모든 부분에서 전반적으로 차별을 금지함으로써 통합교육의 당위성에 대한 근거를 법적으로 제시하고 있다(임경옥, 2016).

2) 사회윤리적 측면

더불어 살아가는 사회에서 장애아동의 통합교육은 사회윤리적 측면에서도 그 당위성을 찾아볼 수 있다. Bricker(1978)는 사회윤리적인 측면에서의 당위성을 다음과 같은 세 가지 견해를 제시하였다.

첫째, 통합교육을 통해서 장애아동에 대한 사회적 태도를 긍정적으로 변화시킬 수 있다.

둘째, 분리교육이 장애아동에게 미칠 수 있는 부정적인 영향을 막을 수 있다.

셋째, 통합교육은 기존의 교육시설을 이용할 수 있다.

이와 같은 견해는 먼저 통합교육에 의한 상호작용을 통해서 비장애아동이 장애아동을 같은 또래로 인정해 줄 수 있는 인식을 개선할 수 있는 기회가 되므로 자연스럽게 장애아동을 긍정적으로 바라볼 수 있는 태도를 길러 줄 수 있다. 더불어 장애아동도 분리로 인한 제한된 환경에서 접하지 못하는 다양한 부분들을 통합을 통해 새로운 인적 · 물적 환경을 경험함으로써 보다 긍정적인 발달이 촉진될 수 있다. 그리고 마지막으로 부족한 시설 때문에 적절한 교육을 받지 못하고 있는 장애아동이 아직도 많이 있는 사회적 현실을 고려한다면 기존의 교육시설을 이용함으로써 보다 많은 장애아동들이 적절한 교육을 받을 수 있는 환경이 조성될 수 있기 때문에 통합교육은 사회적 · 윤리적인 측면에서도 그 당위성을 인정받고 있다고 할 수 있다(임경옥, 2016). 그렇기 때문에 통합교육이 추구하는 철학적 근거나 사회적 · 윤리적 요구를 충족하면서 모든 아동의 교육의 질을 높일 수 있는 방식의 채택은 통합교육의 성과를 결정하는 가장 중요한 조건이 된다(이미숙 외, 2013).

3) 교육성과적 측면

통합교육에 대하여 교육성과적인 측면에서 살펴보면, 많은 연구결과들이 당위성을 인정받을 수 있는 요인들을 입증해 주고 있다. 특히 교육성과적인 측면에서 통합교육을 통해 장애아동은 비장애아동의 행동을 관찰 및 모방함으로써 인지 및 언어 발달이 촉진될 수 있고, 비장애아동에게도 사회적인 태도에서나 또래교수를 통한 학습 능력의 향상 효과를 볼 수 있다(임경옥, 2016). 통합을 경험한 장애아동의 교육성과를 종합적으로 검토한 연구결과를 보면, 통합교육을 받은 장애아동들의 교육성과는 실제 분리교육에서 얻은 성과와 같거나 더 큰 성과를 얻은 것으로 나타났다(Wolery et al., 1993). 즉, 통합교육은 장애아동과 비장애아동 모두에게 여러 가지 다양한 면에서 도움이 된다고 할 수 있다. 그렇기 때문에 통합교육의 교육적 성과를 한마디로 요약하는 것은 결코 쉬운 일은 아니지만, 통합교육이 장애아동과 비장애아동 모두에게 사회적 · 정서적 · 학업적으로 도움이 된다고 요약할 수 있다(이미숙 외, 2013).

이처럼 통합교육은 오래전부터 여러 가지 측면에서 그 당위성이 제기되어 왔다. 특히, 특수교육의 최종 목적이 공동체 속에서 함께 살아가면서 독립적인 삶을 성취하는 것으로 비추어 볼 때 통합교육은 강조될 수밖에 없다.

4. 통합교육의 형태와 유형

1) 통합교육의 형태

통합교육은 부분적인 통합부터 보다 고차원적인 완전통합에 이르기까지 그 형태가 매우 다양하다. 현재 우리나라에서 이루어지고 있는 통합의 형태는 대부분 일정 시간 장애아동과 비장애아동이 동일한 환경에 같이 있거나, 좀 더 나아가 사회적 상호작용을 통해 일정 활동에 참여하는 수준이다. 그러므로 보다 완전한 통합이 이루어지려면 통합되는 환경에서 평등하게 수용되어야 하는 과제를 안고 있다. 즉, 상호 간의 만남 속에서 다양성이 공존할 수 있도록 상대의 이질성을 수용하고 존중하며 인정하고 배려할 수 있어야 한다. 그러므로 통합의 형태와 관련하여 우리가 먼저 고려해야 할 부분은 장애아동의 교육적 요구가 최소제한환경의 원칙에 따라서 장애아동의 욕구나 개별성을 최대한 고려해서 이루어져야 한다는 것이다. 그러기 때문에 통합교육의 형태를 결정하기 전에 각 장애아동이 가지고 있는 특성이나 요구를 파악하여 최대한 장애아동의 발달을 촉진할 수 있는 방향으로 이루어지는 것이 선행되어야 할 것이다.

(1) Kauffman 등(1975)이 제시한 통합 형태
① 물리적 통합(temporal integration): 일정 시간 동안 정상아동과 동일한 교육환경에 배치되는 것

② 학문적 통합(instructional integration): 일반학급의 활동에 의미 있게 참여하는 것

③ 사회적 통합(social integration): 통합되는 학급의 교사와 또래로부터 학급의 구성 원으로 수용되는 것

(2) 정대영(2009)의 통합교육의 수준에 따른 분류

① 물리적 통합: 건축의 구조를 정비하여 장애아동과 일반아동의 접촉을 촉진하고 조장한다.

② 용어적 통합: 장애를 의미하는 명칭과 차별적 표현을 사용하지 않는다.

③ 행정적 통합: 장애아동과 일반아동을 법적으로 구분하지 않는다.

④ 사회적 통합: 장애아동과 일반아동 간의 사회적 상호작용의 빈도와 강도를 높 인다.

⑤ 교육과정 통합: 장애아동과 일반아동에게 동일한 교육과정 구조와 장기 목표를 적용한다.

⑥ 심리적 통합: 모든 아동이 한 교실에서, 동시에 같은 프로그램으로 수업을 받 는다.

2) 통합교육기관의 유형

장애 영유아를 위한 교육기관은 특수학교 유치부, 유아특수학교, 통합유치원, 일반 유치원, 장애전담 어린이집 및 국공립 어린이집, 일반 어린이집을 비롯하여 개인이 운 영하는 사설교육기관, 즉 언어치료실, 놀이치료실, 미술치료센터, 음악치료센터, 조기 특수교육기관 등 매우 다양하다. 그러나 통합을 실시하고 있는 교육기관은 대표적으 로 통합유치원과 통합어린이집이라고 할 수 있다. 그리고 경우에 따라서 장애전담 어 린이집과 일반유치원 및 일반어린이집에서도 통합교육이 이루어지고 있다.

(1) 장애아통합 어린이집

장애아통합 어린이집은 장애 영유아 자녀를 키우고 있는 부모들이 대체로 가장 선호하는 교육기관이다.

- 정의: 장애아통합 어린이집은 정원의 20% 이내에서 장애아종일반을 편성·운영하거나 장애아종일반을 별도로 편성하지 않은 채 미취학장애아를 3명 이상 통합보육하고 있는 어린이집(종일반 기준임)이다. 즉, 미취학장애아 3명 이상을 보육하는 시설로 장애아 보육을 위한 장애아전담 교사를 채용한 시설을 말한다.
- 반 편성 기준: 보건복지부(2015)의 보육사업안내에서는 통합시설의 장애아동(미취학, 취학 장애아 포함)은 시설 정원의 20% 이내여야 한다고 명시되어 있다. 특히 국공립·법인 등 정부지원 어린이집의 경우 우선적으로 장애아 통합반을 구성하여 운영하여야 한다. 그리고 장애아통합보육 실시를 전제로 위탁을 받은 어린이집은 장애아 종일반·통합반을 1개 이상 개설하는 것을 원칙으로 규정하고 있다.
- 보육교사 배치 기준: 통합교육을 하기 위해 장애아와 비장애아를 통합하여 보육하되 교사는 장애전담교사, 일반 보육교사를 각각 1인씩 배치(예: 장애아 3명 + 비장애아 20명)하고, 장애아 통합을 위한 장애아 전담교사 또는 특수교사를 별도로 채용하는 경우에만 인건비를 지원하고 있다. 또한 일반 보육교사는 반드시 장애아보육 보수교육 과정을 이수한 자여야 하며, 부득이한 경우 6개월 이내에 보수교육과정 이수를 전제로 지원을 받고 있다.

(2) 일반 어린이집

장애 영유아를 양육하고 있는 부모는 집 가까이에 있는 일반 어린이집에 자녀를 보내고 싶어도 쉽지 않은 상황이다. 장애 영유아에 대한 원장의 인식 및 교사의 인식에 따라 통합이 가능하기도 하고, 불가능하기도 하다. 실제 일반 어린이집에서는 장애가 심하지 않은 영유아를 제외하고는 일반적으로 장애 영유아에 대한 통합이 대부분 이루어지지 않고 있다.

- 정의: 장애아통합 어린이집과 장애아 전문 어린이집을 제외한 모든 어린이집을 말한다.
- 반편성 기준: 일반 어린이집이 장애아를 보육할 경우, 장애아 수(미취학, 취학장애 아 포함)는 통합보육 상한이 정원의 20% 이내여야 하고, 반 편성 기준은 장애아를 지닌 아동이 편성된 반을 기준으로 지원을 한다. 그러나 일반 어린이집은 정부지원시설일 경우, 일정 부분 교사의 인건비에 대한 지원이 이루어지지만, 민간보육 시설에 대한 인건비지원은 없다.

  ※일반 시설에서 장애아종일반을 별도 편성하여 전담교사를 배치하여 1:3으로 보육하는 경우에는 모두 장애아통합 어린이집으로 지정하여 인건비를 지원할 수 있다.

(3) 장애아전문 어린이집

- 정의:「장애아동복지지원법」제32조에 따라 요건을 갖추고, 상시 12명 이상의 장애아(단, 미취학장애아 9명 이상 포함)를 보육하는 시설 중 시장·군수·구청장이 장애아전문 어린이집으로 지정한 시설로서 시·도지사를 거쳐 보건복지부 장관이 인건비지원을 승인한 시설이다.
- 반편성 기준: 장애아의 연령, 장애의 종류 및 정도를 함께 고려하여 반을 편성·운영하고, 12세까지 입소가 가능하다. 통합보육을 위하여 정원 범위 내에서 40%까지 비장애아를 보육할 수 있다. 장애아전문 어린이집에서 비장애아를 보육하는 경우에 비장애아 유아 보육현원이 9명 미만으로서 시장·군수·구청장이 지역 내 수급 상황(인근 지역 여유 정원이 없는 경우 등), 학부모의 요구(형제 등 동반 입소) 등 불가피한 사유가 있다고 인정하여 승인한 경우에는 예외적으로 2세반과 유아반 혼합 보육이 가능(이 경우, 교사 대 아동 비율은 2세반 기준으로 적용하고 누리과정을 적용해야 함)하다.

• 보육교사 등 배치: 장애아 3인당 1인이며, 3인을 초과할 때마다 1인씩 증원(교사 3인 중 1명은 특수교사로 배치해야 함)해야 한다. 그리고 교사 3인 중 1명은 반드시 특수교사 자격소지자로 배치하되, 장애아 전담보육교사 대신 특수교사로도 배치가 가능하다.

방과 후 장애아의 교사 대 아동 비율도 1:3이 원칙이며, 장애아의 교사 대 아동 비율은 1:3이 원칙이나, 장애아동의 빈번한 입소·퇴소 등을 감안하여 3개 반당 1개 반에서 반당 1인의 초과보육이 가능(단, 종일반과 방과후반은 분리하여 적용)하다.

5. 통합교육의 영향

통합교육은 특수교육이 풀어야 할 당면과제 중에 하나이기에 지속적인 관심을 받아 오면서 정착되고 있는 단계다. 이 과정에서 가장 논란이 되었던 부분은 통합교육이 장애아동에게는 효과적이지만 비장애아동의 학업적 성취에는 부정적인 영향을 미치지 않을까 하는 우려일 것이다. 이는 장애아동이 가지고 있는 문제행동들이 학습을 방해할 것이라고 추측하기 때문이다. 왜냐하면 모든 아동은 관찰과 모방을 통해 부모가 바라는 바람직한 행동뿐만 아니라 부정적인 행동들도 함께 배우기 때문이다(임경옥, 2016). 실제 일반아동의 부모들은 자녀가 장애아동과 한 학급에 배치됨으로써 교사의 관심과 교수의 노력이 장애아동에게 집중되는 것은 아닌지, 또는 장애아동의 행동 문제가 자녀에게 부정적인 영향을 미치게 되지는 않을지, 이로 인하여 자녀의 학업 성취가 저하되지는 않을지에 대한 염려를 나타낸다(Peck et al., 2004). 그렇기 때문에 이러한 우려는 통합교육을 방해하는 가장 큰 요인 중 하나라고 할 수 있다.

그러나 많은 연구들이 장애아동의 존재가 비장애아동의 학업 성취를 방해하거나, 수업시간에 영향을 미치지 않았으며, 장애아동을 통해 오히려 다양성을 이해하고 정서적 능력도 강화되는 모습을 보였다는 결과를 보여 주었다(Peterson & Hittie, 2003; Salend, 2001). 즉, 비장애아동에게 부정적 영향보다는 오히려 교육과정과 교수방법에 대한 배려로 발달의 다양한 측면에서 혜택을 받고 있음이 드러났다(Odom & McEvoy, 1988). 그리고 통합교육이 진행되면서 비장애아동은 장애가 있는 아동과 같이 학습에 참여하는 것을 오히려 긍정적으로 생각하게 되었으며(Pugach & Wesson, 1995), 인간의 다양성에 대한 이해와 수용의 정도가 증가하였다(Fisher, Pumpin, & Sax, 1998). 더불어 장애가 있는 아동과 함께 생활하고 학습하기 위해 필요한 다양한 문제해결 기술이 발달하였고(Salisbury, Palombaro, & Hollowood, 1993), 자존감의 향상과 함께 바람직한 행동도 증가하였다(Staub et al., 1996).

반면, 통합교육은 비장애아동보다 장애아동에게 더 효과적이기 때문에 비장애아동 어머니들보다 장애아동 어머니들이 통합교육을 더 선호한다(임경옥, 1997). 이러한 이유는 장애아동에 대한 통합교육의 효과가 여러 측면에서 다양하게 입증되었기 때문이다. 대표적으로, Odom과 McEvoy(1990)는 장애아동이 정상정인 발달을 보이는 아동들과 함께 교육받음으로써 나이에 적절한 행동을 관찰할 수 있으며, 또한 그러한 행동을 자연스럽게 수행하는 또래들과 상호작용할 수 있다고 하였다. 그리고 Odom 등(1994)은 통합된 장애아동의 75%가 통합을 통하여 나이에 적절한 사회적 기술들을 좀 더 잘 배우고 있는 것으로 보고하였다. 즉, 효과적인 통합교육은 장애학생의 사회적 관계를 향상시킬 뿐 아니라 학업성취에도 긍정적인 영향을 미친다고 보고되고 있다(Rea, McLaughlin, & Walther-Thomas, 2002). 아울러 행동적인 측면에서도 중도 장애아동이 일반아동과 통합되었을 때 부적절한 놀이행동을 보이는 빈도가 감소되었다(Guralnick, 1980).

통합교육에 장애부모와 비장애부모의 인식은 서로 다를 수 있다. 장애아동의 부모는 통합환경 속에서 또래에게 거부당하거나 적절한 서비스를 받을 수 있을지에 대한 우려를 하는 반면, 비장애아동의 부모은 장애아동의 부적절한 행동을 모방하거나 학업에 부정적인 영향을 받지 않을까 염려한다. 그러나 많은 연구결과에 따르면, 장애아동의 부모들은 통합교육을 통해 자녀에 대한 긍정적인 태도, 학교에서 보이는 성취를 현실 속에서 파악, 정상아동의 발달과정에 대한 정보로 장애자녀의 나이에 맞는 적절한 행동 발달촉진, 부모들 자신의 긍정적인 자아 인식에 도움, 일반유아의 부모들과 접촉함으로 고립감 해소 등의 효과가 있는 것으로 나타났다(Miller et al., 1992). 그리고 비장애아동의 부모들은 장애아동에 대한 이해 증가, 장애아 가족의 요구에 대한 관심 증가, 장애아동의 부모들과 접촉함으로써 자녀양육과 관련된 문제해결에 대한 긍정적인 자극을 받게 된다고 하였다(Bailey & Winton, 1987).

통합교육이 교사들에게 미치는 영향을 연구한 구본권(1999)은 일반교사는 교사 역할 확립과 교사 간 협조, 장애 이해 및 아동중심 교육을 하여 직무 능력이 향상되었으며, 특수교사는 자부심, 자문 역할과 전문성이 향상되었다고 하였다. 또한 통합교육은 기존의 교육 프로그램 내에서 운영되기 때문에 경제적인 것으로 평가되고 있어 지역사회에까지 영향을 끼칠 수 있다(Salisbury & Chambers, 1994). 이러한 다양한 통합교육의 영향을 종합적으로 정리하면 〈표 2-2〉와 같다.

표 2-2　통합교육의 영향

대 상	영 향
비장애아동	• 장애또래에 대한 긍정적인 태도 형성, 즉 다름에 대한 수용 • 타인을 배려하는 태도 형성 • 문제해결력 증가 • 정서적 성숙 • 이타심 형성 • 리더십 증가 • 또래교수로 인한 학습 능력 증가
장애아동	• 분리교육으로 인한 부정적인 영향 방지(예: 표찰의 부정적인 영향 및 상호작용 부족으로 인한 부정적인 태도 형성) • 또래와 상호작용을 할 수 있는 사회적 기술 향상 • 의사소통 능력 발달 • 인지 발달 촉진 • 운동 능력 발달 • 새로운 적응기술 습득 • 문제행동 감소 및 바람직한 행동 모방 • 또래 주도 놀이 증가 • 또래와 우정을 형성할 기회 • 지역사회 적응의 기반 형성

비장애아동 부모	• 장애에 대한 인식 개선 • 장애아 가족의 요구에 대한 관심 증가 • 다름에 대한 수용을 자녀에게 가르칠 기회 제공 • 장애아동의 가족과 관계 형성으로 인한 공동체적인 삶에 대한 인식
장애아동 부모	• 정상적인 발달에 대한 지식 습득으로 장애자녀의 나이에 맞는 적절한 행동 발달 촉진 • 장애자녀에 대한 긍정적인 태도 • 부모 자신의 긍정적인 자아 인식에 도움 • 사회로부터의 소외감 감소 • 비장애아동의 가족과 관계 형성 및 정서적 지지 • 다양한 지원망 형성
일반교사	• 통합교육에 대한 인식 개선 • 장애에 대한 이해 증진 • 교사 역할 확립과 교사 간 협력 확대 • 장애아동에 대한 교육효과를 경험함으로써 성취감 및 자부심 증진 • 다양한 아동들을 만남으로써 전문성 향상 • 장애아동에 대한 새로운 교수방법 개발의 노력으로 직무 능력 향상
특수교사	• 특수교사로서의 자부심 증가 • 교사 역할 정립 • 자문 역할로 인한 전문성 함양
지역사회	• 더불어 살아가는 공동체적 삶 실현 • 통합교육에 대한 철학 실현 • 다양한 인적 자원 확보 • 교육비용 절감으로 인한 경제적 이득, 즉 통합된 장애아동이 향후 특수교육이 아닌 통합교육 환경에 계속 배치된다면 교육자원 보존 가능

6. 성공적인 통합교육 실행을 위한 협력

1) 협력적 접근의 필요성

협력의 정의는 두 명 이상의 사람이 상대방의 전문직에 대한 자율성과 다양성을 인정하고, 나아가 서로의 흥미나 의견을 존중하며 함께 공동의 목표를 이루어 나가는 것이다(Snell & Janney, 2005). 즉, 통합교육에서의 협력은 일반교사와 특수교사를 포함하는 다양한 전문가가 장애아동에 대한 진단부터 교수 실행에 이르기까지 장애아동의 교육과 관련된 모든 업무를 수행하는 것으로서, 정기적이고 긍정적인 상호작용을 통해 정보를 교환하고 문제를 해결하여 교육의 목적을 달성하는 것을 말한다(이미숙 외, 2013). 그러므로 장애아동의 성공적인 통합교육이 이루어지기 위해서는 협력적 접근이 중요하다. 이와 관련하여 이숙향(1999)은 협력적 접근의 필요성에 대해 다음과 같이 제시하였다.

첫째, 장애아동은 주의집중이 짧고, 다른 상황으로 일반화가 잘 되지 않는다는 특징이 있기 때문에 장애아동의 행동문제를 예방하고 통제하기 위한 체계적이며 일관성 있는 체계가 필요하고, 배운 내용을 반복해서 연습할 수 있는 기회가 중요하다. 따라서 일관성 있는 교수를 위해 교사 간 협력이 필요하다.

둘째, 특수교사와 일반교사의 역할 및 책임 구분이 모호하여 서로에게 책임을 전가하기 쉽고, 쌍방 간 협력적인 의사소통이 어려운 현실을 고려할 때, 서로 협력하면서 각자의 어려움을 이해하고 각자의 책임과 역할에 대한 자리매김하는 것이 중요하기 때문에 교사들 간의 협력적 상호 이해가 필요하다.

셋째, 통합 환경에서 잘 적응하기 위해 적합한 교수방법을 결정하고, 교사 간 전문성을 존중하고, 지식과 정보를 교환하여 아동에게 가장 적합한 교수방법의 논의 및 창출이 필요하다.

넷째, 교사 간 협력을 통해 장애아동뿐 아니라 일반학급에 있는 경계선급의 학생이나 장애위험학생에 대한 교육적 접근이 필요하다.

2) 협력을 위한 교사의 자질 및 요소

(1) 교사의 자질

일반적으로 교사는 성공적인 통합교육의 여부 및 질을 가늠하는 가장 중요한 요인 중 하나라고 할 수 있다. 왜냐하면 교사가 어떠한 자질과 가치관을 가지고 장애아동을 대하느냐가 같은 또래들에게 절대적으로 영향을 미치기 때문이다. 특히 통합 환경에서의 교사는 신체적·정신적 장애를 겪고 있는 아동에게 효과적으로 장애를 극복하고 사회 구성원으로서 살아갈 수 있도록 지식 및 기능뿐만 아니라 기본적인 생활지도, 인성지도 등 다양한 영역을 습득할 수 있도록 지도해야 한다. 교육대상자의 장애 상태와 정도가 다양하고, 개별 아동에 대한 교육의 목표, 내용, 방법 또한 여러 가지 형태로 시도되어야 한다. 그러기 때문에 대체로 통합 환경에서의 교사는 일반 환경에 있는 교사보다 더 많은 책무를 감당해야 하는 자질을 갖추고 있어야 한다. 일반적으로 교사가 갖추어야 할 개인적인 자질에 대하여 이은상 등(2013)은 신체적·정서적 건강, 온정적인 성품, 열정과 성실의 태도, 원만한 대인관계, 풍부한 교양과 봉사적 사명의식, 민감성을 제시하였다. 그리고 Berthelsen과 Brownlee(2007)는 영유아의 기본 요구에 대한 지식을 토대로 영유아의 발달을 위한 교수기술과 전문성을 함양해야 한다고 지적하였다. 이러한 자질 이외에도 통합 환경에서는 더 많은 자질이 요구된다. 교사가 갖추어야 할 자질을 개인적 자질과 전문적 자질로 나누어 살펴보면 〈표 2-3〉과 같다.

표 2-3 통합교사가 갖추어야 할 자질

개인적 자질	전문적 자질
• 특수교육에 대한 뚜렷한 신념 및 사명감 • 다름에 대한 차이를 수용할 수 있는 가치관 정립 • 교사에게 신체적인 움직임이 많이 요구되므로 건강한 체력 • 온화한 성품 및 융통성 • 인간애와 이타심 • 긍정적인 마인드 • 장애아동의 발달을 촉진하기 위한 꾸준한 노력과 인내심 및 열정 • 각각의 고유 영역을 인정하고, 협력하는 교사들을 존중할 수 있는 남에 대한 배려심	• 장애아동의 장애유형, 장애정도 및 발달 상황 등과 관련하여 특수교육에 대한 전반적인 지식 • 개별화교육 프로그램을 계획하고 실행한 후 평가할 수 있는 능력 • 각 장애영역의 특성을 고려하여 학습전략을 설계할 수 있는 전문지식과 교수 능력, 즉 학습전달 능력 • 장애아동은 상황에 따라 문제행동을 많이 일으키므로 어떤 상황에서도 침착하게 자기를 통제할 수 있는 능력과 문제를 해결할 수 있는 문제해결 능력 • 통합학급 교사 및 일반교사와의 협력관계를 구축하는 역할 수행 • 장애아동부모와 상담할 수 있는 기본적인 상담 능력

(2) 교사가 갖추어야 할 요소

Cole과 Chan(1990)은 성공적인 통합을 위해 교사가 갖추어야 할 요소를 다음과 같이 제시하고 있다.

첫째, 장애아동을 위한 구체적인 교수목표를 정해야 한다.

둘째, 현실적인 기준을 세우고, 초기단계에서는 교과기술을 습득하는 수준이 낮다는 것을 수용해야 한다.

셋째, 구체적으로 구조화된 프로그램을 마련해야 한다.

넷째, 교육을 지원해 주는 여러 인사들과 원만한 관계를 가질 수 있어야 한다.

다섯째, 특수교육 연수과정에 적극적으로 참여해야 한다.

여섯째, 장애아동의 행동은 또래의 비장애아동과 질적으로 다름을 인정하고 장애아동과 더욱 긍정적인 관계를 발달시킬 수 있어야 한다.

일곱째, 장애아동과 비장애아동이 함께 통합과정을 경험하도록 교육과정을 조직할 수 있어야 한다.

여덟째, 장애아동을 새로 전학 온 아동 정도로 생각하거나, 교사의 도움을 필요로 하는 비장애아동 중 한 명이라고 생각해야 한다.

3) 일반교사와 특수교사의 협력

통합교육이 효과적으로 실행되기 위해서는 특히 일반교사와 특수교사의 협조 및 협력적인 관계가 이루어져야 한다. 왜냐하면 통합 환경에서 일반교사와 특수교사는 장애아동을 각각 개별적으로 지도하기보다는 정상아동의 집단 내에서 장애아동을 적응시키기 위한 다각적인 방법을 모색해야 할 필요성이 있기 때문이다. 일반교사는 장애아동을 포함하여 모든 일반아동을 위한 교수를 실행하여야 하고, 특수교사는 장애아동의 개별화된 프로그램을 계획하고 평가하는 역할을 담당해야 한다. 그러므로 성공적인 장애아동의 통합교육을 위해서는 일반교사와 특수교사가 각자의 역할을 적절하게 수행해야 하며, 서로 각 영역의 역할을 존중해 주어야 한다.

최근에는 통합 환경 내에서 장애아동에게 질적인 교육 제공을 위한 실제적인 방안을 제시하고, 아울러 개별화되고 기능적인 교육 프로그램을 제공하기 위하여 일반교육과 특수교육의 실제들을 접목할 수 있는 협력방안들이 모색되고 있다(조윤경, 김수진, 2008). 이에 따라 Pugach와 Johnson(1995)은 일반교육과 특수교육 간의 협력적인 관계가 발달되는 모형을 다음과 같이 4단계로 제시하고 있다.

- 1단계: 익숙히 알아야 하는 기본 절차들을 정의하는 단계
- 2단계: 서로 간의 상호관계성을 인정하고 신뢰관계를 구축하는 단계
- 3단계: 각 영역의 역할을 구분하여 책임을 분담하는 단계
- 4단계: 책임의식을 가지고 다른 전문가와 협력적으로 각기 맡은 책임을 수행하는 단계

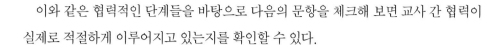

이와 같은 협력적인 단계들을 바탕으로 다음의 문항을 체크해 보면 교사 간 협력이 실제로 적절하게 이루어지고 있는지를 확인할 수 있다.

교사 간 협력 관련 평가 항목

- 교사들은 자유롭게 생각을 나누고, 관찰 내용에 대한 의견을 교환하며 새로운 전략에 대한 지속적인 의사소통을 하고 있다.
- 일과 가운데 자연스러운 역할 분담과 책무성이 포함되어 있다.
- 일과 운영과 교육계획 전반에 관해 계획하고 평가하는 것을 함께 한다.
- 통합에 대한 목표를 공유한다.
- 통합교육 관련 사항에 대한 정기적인 회의 체계가 있다.
- 통합 지도에 대한 일관성을 가진다(예: 긍정적 행동 지원전략).
- 자원봉사자나 실습생 등 교사 외 다른 조력자들에 대한 역할을 분명하게 제시하고 있다.
- 전문가의 참관 결과를 수용하여 바람직한 변화를 모색하고 있다.
- 회의록은 기록 보관되며, 반 운영에 참고자료가 되고 있다.

출처: Sandall & Ostrosky(1999): 조윤경, 김수진(2008), p. 282 재인용.

 점정리

1. 통합교육의 정의와 목적
1) 정의 – 특수교육대상자가 일반학교에서 장애유형, 장애정도에 따라 차별을 받지 않고 또래와 함께 개개인의 교육적 요구에 적합한 교육을 받는 것(「장애인 등에 대한 특수교육법」, 2007)
2) 목적 – 통합교육은 장애아동이 가진 장애의 유형과 정도에 상관없이 가능한 한 자신이 속한 지역사회에서 구성원으로 인정받고 그 사회에 기여할 수 있도록 하는 것

2. 통합교육의 배경
1) 1960년대의 정상화 원리와 탈시설수용화 – 가능한 한 문화적으로 정상적인 수단을 사용해

야 한다는 정상화 원리와 장애인을 분리된 시설에서 지역사회로 이동시키기 시작한 탈시설수용화

2) 1970년대와 1980년대의 최소제한환경과 주류화 – 장애아동을 장애가 없는 또래, 가정, 지역사회로부터 가능한 한 최소한으로 분리시켜야 한다는 최소제한환경과 장애아동을 가능한 한 비장애아동들과 함께 학업 외적인 부분(예: 점심시간) 등에도 통합하자는 주류화

3) 1980년대 말의 일반교육주도 – 일반교육과 특수교육의 이중적 구조형태를 하나의 교육체계로 통합하고자 하는 움직임

4) 1990년대 이후의 완전통합과 역통합 – 장애아동을 장애의 유형이나 장애정도에 관계없이 일반교육환경에 종일 배치하고자 하는 완전통합과 장애아동의 학급에 비장애아동이 함께 참여하는 형태인 역통합

5) 2000년대 이후 완전 참여 – 장애아동이 사회적으로도 통합되어야 함을 강조

3. 통합교육의 당위성
법적 측면, 사회적·윤리적 측면 및 교육성과적인 측면에서 당위성이 확보됨

4. 통합교육의 형태와 유형
1) 통합교육의 형태
(1) Kauffman 등(1975)이 제시한 통합 형태
• 물리적 통합: 일정 시간 동안 정상아동과 동일한 교육환경에 배치되는 것
• 학문적 통합: 일반학급의 활동에 의미 있게 참여하는 것
• 사회적 통합: 통합되는 학급의 교사와 또래로부터 학급의 구성원으로 수용되는 것
2) 통합교육기관의 유형 – 장애아통합 어린이집, 일반 어린이집, 장애아전문 어린이집

5. 통합교육의 영향 – 〈표 2-2〉 통합교육의 영향 참조

6. 성공적인 통합교육 실행을 위한 협력
1) 협력적 접근의 필요성 – 일관성 있는 교수와 교사들 간의 상호 이해 및 아동에게 가장 적합한 교수방법, 경계선급의 학생이나 장애위험학생에 대한 교육적 접근을 위해 교사 간 협력 필요
2) 협력을 위한 교사의 자질 및 요소 – 〈표 2-3〉 통합교사가 갖추어야 할 자질 참조
3) 일반교사와 특수교사의 협력 – 정상아동의 집단 내에서 장애아동을 적응시키기 위한 다각적인 방법 모색 필요

 생각 나누기

1. 통합교육에 대해 내가 가지고 있는 생각(찬성과 반대)을 나누어 봅시다.
2. 통합교육이 장애아동과 비장애아동에게 미치는 영향에 대해서 정리해 봅시다.
3. 성공적인 통합교육이 이루어지기 위해서 어떻게 해야 하는지 토의해 봅시다.
4. 성공적인 통합교육 실행을 위한 협력적 필요성에 대하여 설명해 봅시다.

추천자료

- 국립특수교육원(http://www.knise.kr): 특수교육에 관한 전반적인 정보, 특수교육과정 및 교수-학습 자료, 특수교육 정보화에 관한 정보 제공
- 에이블뉴스(http://www.ablenews.co.kr): 장애인 관련 정보 및 기사 제공
- 「장애인 등에 대한 특수교육법」

 참고문헌

강대옥, 강병일, 김기주, 김남진, 김창평(2012). 특수교육학개론. 서울: 학지사.

강영심, 정정련(2002). 초등학교 통합학급에서의 협력교수에 대한 특수교사와 통합학급 교사의 인식. 정서 · 학습장애연구, 17(3), 107-130.

교육부(2007). 장애인 등에 대한 특수교육법.

교육부(2012). 장애인 등에 대한 특수교육법.

교육부(2012). 초 · 중등교육법.

구본권(1999). 장애유아 통합효과에 관한 고찰. 논문집, 26. 경기: 강남대학교 출판부.

국립특수교육원(2009). 특수교육학 용어사전. 서울: 도서출판 하우.

박현옥, 이정은, 노진아(2010). 특수교육개론. 서울: 학지사.

박화문 역(1999). 세계특수교육의 신동향-통합교육의 실천-. 서울: 학지사.

보건복지부(2008). 장애인차별금지 및 권리구제 등에 관한 법률.

보건복지부(2015). 보육사업 안내.

서선진, 안재정, 이금자 공역(2010). 학습 문제가 있는 학생들을 위한 특수교육 교수방법. 서울: 학지사.

이미숙, 구신실, 노진아, 박경옥, 서선진(2013). 예비교사를 위한 특수교육학 개론. 서울: 학지사.

이소현, 박은혜(2011). 특수아동교육. 서울: 학지사.

이숙향(1999). 학교에서의 통합교육 협력체제 제6회 국제세미나: 장애학생의 통합을 위한 최상의 실제(pp. 55-86). 경기: 국립특수교육원.

이은상, 김명희, 김보현, 민광미, 배정호, 성호영, 이소정, 이완희, 홍자영(2013). 보육교사론. 서울: 공동체.

임경옥(1997). 장애아동의 통합 교육에 대한 어머니의 태도. 경기대학교 석사학위논문.

임경옥(2016). 장애통합보육실제. 보육교사일반직무교육(한국보육교사교육연합회 편). 경기: 양성원.

정대영(2004). 영재장애학생의 이해와 지도: 숨겨진 잠재력의 개발. 경남: 창원대출판부.

정대영(2005). 통합교육에서의 주요 쟁점과 실천과제 고찰. 특수아동교육연구, 7(1), 21-45.

정대영(2009). 한국통합교육학회편, 교사를 위한 특수교육입문: 통합교육. 서울: 학지사.

조윤경, 김수진(2008). 유아교사를 위한 특수아동지도. 경기: 공동체.

한국통합교육학회 편(2009). 통합교육: 교사를 위한 특수교육 입문(2판). 서울: 학지사.

Abraham, M. R., Morris, L. M., & Wald, P. J. (1993). *Inclusivie early childhoodeducation*. Tucson, AZ: Communicaion Skill Builders.

Bailey, D. B., & Winton, P. J. (1987). Stability and change in parents expectations about mainstreaming. *Topics in Early Childhood Special Eudcation, 7*(1), 61-72.

Berthelsen, D., & Brownlee, J. (2007). Working with toddlers in child care Practitioner's beliefs about their role. *Early Chlidhood Research Quarterly, 22*(3), 347-362.

Bowe, F. G. (1995). *Birtb to five: Early childhood special deucation*. Albany, NY: Delmar Pulbishers.

Bricker, D. D. (1978). A rationale for the integration of handicapped and nonhandicapped preschool children. In M. Guralnick (Ed.), *Early intervention and the integration of handicapped and nonhandicapped children*(3-26). Baltimore: University Park Press.

Cole, P. G., & Chan, L. K. S. (1990). *Methods and strategies for special education*. New York: Prentice Hall.

Fisher, D., Pumpin, I., & Sax, C. (1998). High school student's about and recommendations for their Peers with significant disabilities. *Journal of the Association for Persons with Severe Handicaps, 23*, 272-280.

Fisher, D., Pumpin, I., & Sax, C. (1998). High school student's about andrecommendations for their peers with significant disabilities. *Journal of the Association for Persons with Severe Handicaps, 23*, 272-280.

Guralnick, M. J. (1980). Social interaction among preschool handicapped children. *Exceptional Child Psychologogy, 31*, 115-130.

Hallahan, D. P., & Kauffman, J. M. (2000). *Exceptional children: Introduction to special education* (8th ed.). Boston: Allyn & Bacon.

Hallahan, D. P., & Kauffman, J. M. (2003). *Exceptional children: Introduction to special education* (9th ed.). Boston: Allyn & Bacon.

Janney, R., & Snell, M. E. (2000). *Modifying schoolwork*. Baltimore: Brookes.

Kauffman, M., Gottleib, J., Agard, J. A., & Kukic, M. B.(1975). Mainstreaming: Toward and explication of the construct. In E. L. Meyer, G. A. Vergason, & R. J. Whelan (Eds.), *Alternative for teaching exceptional children*. Denver: Love Publishing.

Kerzner-Lipsky, D., & Gartner, A. (1994). Inclusion: What it is, what is it not and why it matters. *Exceptional Parent, 24*(10), 36-38.

Miller, L. J., Strain, P. S., Boyd, K., Hunsicker, S., McKinley, J., & Wu, A. (1992). Parental attitudes toward integration. *Topics in Early Childhood Special Education, 12*, 230-246.

Odom, S. L., & McEvoy, M. A. (1988). Integration of young children with handicaps and normally developing children. In S. L. Odom & M. B. Kames (Eds.), *Early intervention for infants and children with handicaps: An empirical base* (pp. 241-267). Baltimore: Paul H. Brookes Publishing Co.

Odom, S. L., & McEvoy, M. A. (1990). Mainstreaming at the preschool level: Potential barriers and tasks for the field. *Topics in Early Childhood Special Education, 10*(2), 48-61.

Odom, S. L., McConnell, S. R., & Chandier, L. K. (1994). Accptability and feasibility of classroom-based social interaction interventions for young children with disabilities. *Exceptional children, 60,* 226-236.

Peck, C. A., Staub, D., Gallucci, C., & Schwartz, I. (2004). Parent perception of the impacts if inclusion on their nondisabled child. *Research and Practice for Persons with Severe Disabilities, 29,* 135-143.

Peterson, J. M., & Hittie, M. M. (2003). *Inclusive teaching: Creating effective schools for all learners.* Boston: Allyn & Bacon.

Pugach, M. C., & Johnson, L. J. (1995). *Collaborative practitioners, collaborative schools.* Denver: Love. Publishing Co.

Pugach, M. C., & Johnson, L. J. (2002). *Collaborative practitioners, collaborative schools* (2nd ed.). Denver: Love.

Pugach, M. C., & Wesson, C. (1995). Teacher's and students' views of etam teaching of general education and learning disabled students in two fifth-grade classes. *Elementary School Journal, 95,* 279-295.

Rea, P. J., McLaughlin, V. L., & Walther-Thomas, C. (2002). Outcomes for students with learning disabilities in inclusive and pullout programs. *Exceptional Children, 68,* 203-222.

Richey, D. D., & Wheeler, J. J. (2000). *Inclusive early childhood education.* Albany, NY: Delmar Thompson Learning.

Sailor, W., & Skrtic, T. M. (1995). American education in the postmodern era. In L. Paul, D. Evans & H. Rosselli (Eds.), *Integrating school restructuring and special education reform*(vol. 1. 214-236). Orlando: Brace Coll.

Salend, S. J. (2001). *Creating inclusive classrooms: Effective and reflective practices.* Upper Saddle River, NJ: Merrill Prentice Hall.

Salisbury, C., Palombaro, M. M., & Hollowood, T. M. (1993). On the nature and change of an inclusive elementary school. *Journal of the Association for Persons with Severe Handicaps, 13*(1), 41-53.

Salisbury, C. L., & Chambers, A. (1994). Instructional costs of inclusive schooling. *Journal of the Assoication for Persons with Severe Handicaps, 19,* 215-222.

Snell, M. E., & Janney, R. (2005). *Collaborative teaming*(2nd ed.). Baltimore: Paul H. Brookes.

Staub, D., Spaulding, M., Peck, C. A., Gallucci, C., & Schwartz, I. (1996). Using nondisabled peers to support the inclusion of students with disabilities at the junior high school level. *Journal of the Association for Persons with Severe Handicaps, 21*(4), 194-205.

Wolery, M., Holcombe, A., Venn, M. L., Brookfield, J., Huffman, K., Schroeder, C., Martin, C. G., & Fleming, L. A. (1993). Mainstreaming in early childhood program: Current status and relevant issues. *Young Children, 49*, 78-84.

Yell, M. L. (1995). Least restrictive environments, inclusion, and students with disabilities: *A legal analysis. Journal of Special Education, 28*, 389-404.

제2부

특수아동의
장애유형별 이해

제3장

지적장애

　지적장애는 다른 장애와 달리 시대에 따라 다양한 용어, 즉 천치, 백치, 정신박약, 정신지체라는 용어로 불리는 변천과정을 거쳐 왔다. 그리고 2016년에는 세계적인 시대의 흐름을 반영해 2007년부터 사용되었던 정신지체라는 용어 대신 지적장애로 용어가 변경되었다.

　지적장애는 제한된 지적 능력과 사회적인 적응행동의 어려움으로 인해 일상적인 생활에서 많은 어려움을 겪는다. 그리고 일반적으로 모든 영역에서 평균 이하의 수행을 하게 된다. 이러한 지적장애아동은 개인마다 장애의 정도나 특성이 매우 다양하게 나타나므로 각 개인의 특성을 고려해서 교육을 해야 한다.

　이 장에서는 지적장애의 정의, 분류, 원인, 특성 및 교육방법에 대하여 살펴보고자 한다.

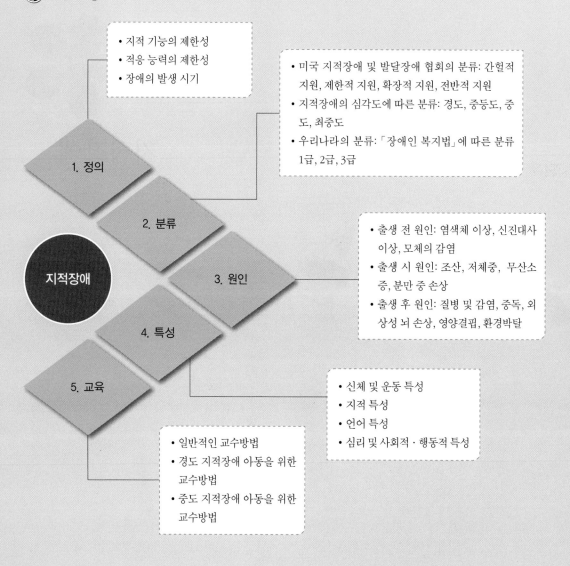

마인드 맵

- 지적 기능의 제한성
- 적응 능력의 제한성
- 장애의 발생 시기

1. 정의

- 미국 지적장애 및 발달장애 협회의 분류: 간헐적 지원, 제한적 지원, 확장적 지원, 전반적 지원
- 지적장애의 심각도에 따른 분류: 경도, 중등도, 중도, 최중도
- 우리나라의 분류:「장애인 복지법」에 따른 분류 1급, 2급, 3급

2. 분류

지적장애

3. 원인

- 출생 전 원인: 염색체 이상, 신진대사 이상, 모체의 감염
- 출생 시 원인: 조산, 저체중, 무산소증, 분만 중 손상
- 출생 후 원인: 질병 및 감염, 중독, 외상성 뇌 손상, 영양결핍, 환경박탈

4. 특성

5. 교육

- 신체 및 운동 특성
- 지적 특성
- 언어 특성
- 심리 및 사회적 · 행동적 특성

- 일반적인 교수방법
- 경도 지적장애 아동을 위한 교수방법
- 중도 지적장애 아동을 위한 교수방법

⚽ 학습목표

1. 지적장애의 정의를 구술할 수 있다.
2. 지적장애를 장애 정도에 따라 분류할 수 있다.
3. 지적장애의 원인을 설명할 수 있다.
4. 지적장애의 특성을 요약할 수 있다.
5. 지적장애아동에 대한 교육방법을 구술할 수 있다.

⚽ 주요 용어

지적장애: 지적 기능과 적응행동상의 어려움이 함께 존재하여 교육적 성취에 어려움이 있는 사람
학습된 무력감: 새롭거나 어려운 과제를 받았을 때 쉽게 포기하거나 문제를 해결하려고 전혀 시도하지 않는 경향
기능적 학업기술: 기초 학업기술 중 일상생활 활동과 직접적으로 관련된 기본적인 내용으로, 독립적인 성인생활을 영위하는 데 필요한 기술을 포함

　　은지(가명)는 현재 20세의 여성이며, 다운증후군이다. 은지를 처음 만난 것은 은지가 다섯 살 무렵 내가 오랫동안 운영했던 특수교육원에서 교육받기 위해 은지의 부모가 교육원을 방문하면서 시작되었다. 은지의 부모는 은지가 장애인 것에 대해 전혀 부끄러워하지 않고 당당하게 양육하고 있었으며, 주위에도 은지의 장애를 널리 알렸다. 이런 영향으로 인해 은지는 누구보다도 밝고 건강한 아이로 자랄 수 있었다. 4세 때부터 통합교육을 병행하였으며, 특수교육을 비롯해서 언어치료 및 수영 등 다양한 치료를 받았다. 일반 초등학교에 입학해서 친구들과도 잘 어울리며, 스승의 날에는 문법과 철자도 맞지 않는 편지에 '스님, 안녕하세요.' '스님, 스승님, 그럼 안녕히 계세요.'라는 편지를 곱게 전해 주던, 치킨을 유독 좋아하는 아이였다. 그리고 집에 갈 때 가끔씩 차를 태워 주면 차 앞으로 끼어드는 운전자를 향해 정확하게 남자와 여자를 구분하고 욕을 하기도 했다. 나에게도 존댓말 대신 반말을 사용하고, 엄마, 아빠라는 호칭 대신 이름을 너무도 자연스럽게 불러 그 이름들이 친구 이름인줄 알고 지내다가 나중에 부모의 이름인 것을 알게 되어 박장대소를 하게 만드는 등 남에게 행복한 웃음을 주는 아이이기도 했다. 은지가 자라면서 어머니는 은지를 위해 야간 사회복지과에 입학해서 학업을 하였는데, 어느 날 밤늦게 전화가 왔다. 중학생이 된 은지가 하교하여 집에 오니 밥이 없는 것을 보고 과외를 마치고 집에 오는 오빠와 먹으려고 설익은 밥이지만 전기밥솥에 밥을 해 놓았다는 것이다. 그동안 어머니가 옷 개는 방법, 밥 짓기 등을 보여 주면서 몇 번 가르친 적은 있었지만 실제로 밥을 해 놓을 줄은 상상도 못했으며, 은지가 너무 대견하다고 하셨다. 이제 20세가 된 은지는 복지관을 혼자 오가며 일상생활을 잘하고 있다. 그리고 남자친구가 있으면 좋겠다고 어눌한 표현이지만 자신의 감정을 솔직하게 얘기하는 은지는 행복한 숙녀로 잘 성장하고 있다.

1. 지적장애의 정의

　　지적장애는 역사적으로 다양한 용어의 변화를 거쳐 왔다. 우리가 일반적으로 사용했던 바보, 멍청이, 얼간이 등을 비롯하여 역사적으로 천지, 백치, 박약 등으로 불려 왔으며, 1977년 제정된 우리나라 「특수교육진흥법」에는 정신박약(feebleminded)으로 표기되어 있었다. 그러나 2007년 「장애인 등에 대한 특수교육법」이 제정되면서 정신지체(mental retardation)라는 용어를 사용하게 되었다. 그리고 같은 해에 「장애인복지법」이 개정되면서 「장애인복지법」에서는 그동안 사용해 오던 정신지체라는 용어 대신 지적장애(intellectual disability)라는 용어로 변경하였다.

지적장애라는 용어의 사용은 세계적인 추세다. 이러한 용어의 변화는 기존의 지체(retardation)란 용어가 정신적인 능력의 발달이 느리거나 거의 발달이 없는 것으로 이해하던 시대의 산물이라는 인식 때문이다. 그리고 정신지체라는 용어에는 장애가 개인 내의 결함이라고 보는 관점을 유지하지만, 지적장애라는 용어 속에는 장애가 개인의 잠재 능력과 개인이 기능하는 맥락이라는 두 가지 사이에 존재한다고 보기 때문이다(Wehmeyer et al., 2008).

미국 지적장애 및 발달장애협회(American Association on Intellectual and Developmental Disabilities: AAIDD)도 이러한 영향을 반영하였다. AAIDD는 2010년 지적장애의 11차 정의를 제시하면서 장애명을 정신지체에서 지적장애로 변경하였다. 이러한 흐름을 반영하여 우리나라에서도 2016년에 「장애인 등에 대한 특수교육법 시행령」에서 정신지체를 지적장애라는 용어로 변경하였다.

정신지체 대신에 지적장애를 선호하게 된 데에는 여러 가지 원인들이 있지만, 그중에서도 다음의 다섯 가지 이유가 가장 주요하다(Schalock et al., 2010).

① 지적장애는 ADHD와 세계보건기구(World Health Organization: WHO)에서 기술하고 있는 변화된 장애의 개념을 반영한다.
② 지적장애는 기능적 행동들과 상황적(맥락적) 요인들 모두에 초점을 두고 있는 현재의 전문적 임상 실제와 더 일치한다.
③ 지적장애는 사회생태학적 구조에 기반을 두고 있기 때문에 개별화된 지원 제공을 위한 근거를 논리적으로 제시한다.
④ 지적장애는 장애인에게 덜 불쾌한 용어다.
⑤ 지적장애는 국제적인 용어와의 일관성이 더 높다.

이러한 이유 외에도 Brown과 Percy(2007)는 다음과 같은 근거를 제시하고 있다.

① 특별한 요구를 지닌 사람들을 정확하게 돕고 지원하기 위해서는 지적장애와 발달장애 용어의 사용이 적절하다.
② 지적장애와 발달장애라는 용어는 대체로 소외된 사람이 지역사회에서 자신을 표현하고 완전히 참여하기 위해 법적으로 보호를 해 주기 위한 용어다.
③ 지적장애와 발달장애라는 용어는 다양한 장애범주를 분명하게 구분시켜 줄 수 있다.
④ 지적장애와 발달장애라는 용어는 다른 사람들과 그들을 분명하게 이해하게 하는 데 도움이 되는 용어다.
⑤ 학자, 연구자 또는 지적장애와 발달장애 관련 분야의 지도자들은 그들의 관심 분야와 특정 관심사를 설명하는 데 있어서 필요한 용어라고 인식하고 있다.

이러한 용어의 변화와 상관없이 일반적으로 지적장애는 지능이 낮은 것으로 단순하게 생각하는 경우가 많다. 그러나 지적장애는 지능뿐만 아니라 연령에 적절한 적응행동의 발달에 있어서 문제를 같이 보일 때 지적장애을 가졌다고 말할 수 있다. 우리나라와 미국 지적장애 및 발달장애협회,『정신 장애 진단 및 통계 편람(DSM-5)』에서는 〈표 3-1〉과 같이 지적장애를 정의하고 있다(American Psychiatric Association, 2013).

표 3-1   지적장애의 정의

관련 법	용 어	정 의
「장애인 등에 대한 특수교육법 시행령」(2016)	지적장애	지적 기능과 적응행동상의 어려움이 함께 존재하여 교육적 성취에 어려움이 있는 사람
「장애인 복지법 시행령」(2014)	지적장애인	정신 발육이 항구적으로 지체되어 지적 능력의 발달이 불충분하거나 불완전하고 자신의 일을 처리하는 것과 사회생활에 적응하는 것이 상당히 곤란한 사람

미국 지적장애 및 발달장애 협회(2010)	지적장애	지적장애는 지적 기능과 개념적·사회적·실제적 적응 기술로 표현되는 적응행동에 있어서의 심각한 제한으로 특징지어지며, 18세 이전에 나타난다. 이러한 정의를 적용하기 위해서는 다음의 다섯 가지 가정이 반드시(필수적) 전제되어야 한다. • 현재 기능상의 제한은 나이가 같은 또래 및 문화의 전형적인 지역사회 환경의 맥락 내에서 고려되어야 한다. • 타당한 진단을 통해 의사소통 및 감각, 운동기능, 행동적인 요소들에서의 차이뿐만 아니라 문화적·언어적 다양성도 함께 고려되어야 한다. • 개인 내적으로 한 개인은 제한점과 강점을 함께 가지고 있다. • 제한점을 기술하는 가장 중요한 목적은 필요한 지원을 파악하기 위해서다. • 적절한 개별 지원이 지속적으로 제공된다면 지적장애인의 삶의 기능은 일반적으로 향상될 수 있다.
정신 장애 진단 및 통계 편람 (DSM-5; APA, 2013)	지적장애	지적장애(지적 발달장애)란 발달 경과 동안 지적 기능 및 적응 기능 모두에서 개념적·사회적·실제적인 영역의 결함을 보이는 장애를 일컬으며, 다음의 세 가지 준거를 충족시켜야만 한다. • 추론 능력, 문제해결 능력, 계획 능력, 추상적 사고력, 판단력, 학업 습득 능력, 경험을 통한 학습 능력과 같은 지적 기능에서의 결함이 임상 평가와 표준화된 개인 지능 검사 모두를 통해 확인되어야 한다. • 적응 기능에서의 결함으로 개인의 독립성, 사회적 책임성과 관련해 발달적 기준과 사회문화적 기준에 도달하지 못한다. 지속적인 지지 없이는 적응적 결함으로 인해 다음과 같은 일상생활 활동에서 한 가지 이상 기능상의 제한이 초래된다: 의사소통, 사회 활동 참여 및 가정, 학교, 직장과 지역 사회 등 다양한 영역에서 독립적인 생활. • 지적 결함과 적응 기능에서의 결함이 발달 경과 동안 발병한다.

　이와 같은 정의들을 비교해 보면 우리나라의 「장애인 등에 대한 특수교육법 시행령」은 지적 기능과 적응행동상의 어려움에 대한 정확한 기준이 명시되어 있지 않다. 반면, 「장애인복지법 시행규칙」은 지적장애를 1, 2, 3등급으로 분류함과 동시에 일상

생활, 사회생활, 직업생활을 동시에 고려하여 판정하도록 규정하고 있다. 미국의 경우에는 보다 구체적이다. 즉, 지적 기능과 적응기술에 대한 부분을 구체적으로 개념적 적응기술(예: 수용 및 표현 언어 등), 사회적 적응기술(예: 대인관계, 규칙 지키기 등), 실제적 적응기술(예: 신변처리, 교통수단 이용 등)로 분류하여 규정하였다.

　이러한 정의를 살펴보면, 지적장애를 정의하는 데 있어 필수적인 전제 조건은 지적 결함과 적응행동상의 문제가 동시에 존재해야 하며, 이러한 두 가지가 18세 이전에 일어난 경우여야 한다는 것이다. 즉, 18세 이후에 신경학적 또는 뇌손상을 입어 지적 능력과 적응 능력에 결함을 갖게 된 경우에는 지적장애로 간주하지 않는다는 것을 의미한다.

1) 지적 기능의 제한성

　지적 기능의 제한성에 대한 기준은 주로 지능검사를 통해 획득된 IQ에 의해 결정된다. 지능이란 일반적인 정신 능력을 말하는 것으로서 지능에는 추리, 계획, 문제해결, 추상적 사고, 복잡한 아이디어의 이해, 학습의 신속성, 경험을 통한 학습이 포함된다고 정의하고 있다(AAMR, 2002). 그리고 Sternberg와 Williams(김정섭 외 공역, 2010)는 경험으로부터 학습하는 능력과 환경에 적응하는 능력으로 정의하고 있다. 이러한 정의를 바탕으로 1973년부터 지적 결함은 대략 평균으로부터 2표준편차 이하인 IQ 70 이하를 지적장애로 규정하였다. 그러나 지능검사가 완벽한 것이 아니고, 지능만이 유일하게 정신지체를 규정할 수 있는 사항은 아니다. 이로 인해 1973년부터 IQ 70~75 이하를 지적장애로 좀 더 융통성 있게 규정하였다. 그리고 AAIDD(2010)는 지능의 제한성과 관련하여 사용된 특정 검사도구의 측정 표준 오차 및 평가도구의 강점과 제한점을 고려해야 한다고 제시하고 있다.

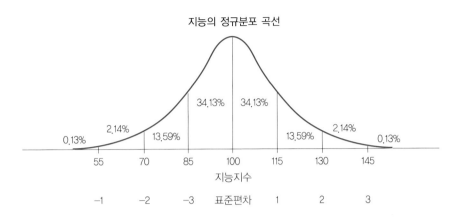

[그림 3-1] **지능의 정규분포 곡선**

출처: Hallahan, Kauffman, & Pullen (2009), p. 149.

2) 적응 능력의 제한성

　적응행동은 한 개인이 가정 및 사회생활(학교생활 포함) 등의 일상생활을 하는 데 필요한 기술을 총칭하는 말로, 삶의 변화와 환경적 요구에 대처할 수 있는 능력을 포함한다(송준만 외, 2016). 이러한 적응행동에 대한 측정은 표준화된 검사도구에 의해 시행되며, 검사도구에 의해 적응행동의 제한이 확인되어야 지적장애로 판단할 수 있다.

　표준화된 측정에서의 적응행동의 심각한 제한을 결정하게 해 주는 조작적 정의는 첫째, 개념적·사회적·실제적 적응행동 중 하나, 또는 둘째, 개념적·사회적·실제적 기술을 포함하는 표준화된 측정의 전체 점수 중 하나가 평균 이하 표준편차 2 이하로 나타나는 것이다(Schalock et al., 2010).

　특히 적응행동에 대한 정의는 다음과 같은 두 가지 특성을 기반으로 한다(신진숙, 2010).

　첫째, 어떤 영역에서 적응기술이 제한되어 있다 해도 다른 영역의 적응기술은 잘 수행할 수 있다.

　둘째, 개인의 적응기술의 제한성과 강점은 또래와의 전형적인 문화적 환경의 맥락

안에서 상세히 기록되어야 하며, 이러한 강점과 제한성은 그 개인의 지원 요구와 관련되어야 한다.

AAIDD(2010)에서는 적응행동의 세 영역인 개념적 · 사회적 · 실제적 기술에 대하여 〈표 3-2〉와 같이 제시하였다.

표 3-2) 개념적 · 사회적 · 실제적 적응행동

적응행동 영역	대표적 기술
개념적	언어, 문해기술(읽기, 쓰기), 금전 개념, 시간 관리, 수에 대한 개념, 자기지시
사회적	대인기술, 책임감, 자존감, 속기 쉬움, 순진성, 규칙 준수, 법률 준수, 희생당하지 않기
실제적	일상생활 활동, 직업기술, 금전 관리, 건강과 안전, 여행/대중교통 이용 일과 계획, 전화 사용

3) 장애의 발생 시기

장애의 발생 시기에 대하여 기준을 마련한 목적은 발달기 이후, 즉 18세 이후에 발생하는 다른 장애와 구분하기 위해서다. 미국의 경우 일관성 있게 지적장애의 발생 시기를 18세로 적용하고 있는데, 그 이유는 다음과 같다(AAIDD, 2010).

첫째, 21세로 발생 시기를 확장하게 되면 진단받을 수 있는 대상에 변화를 가져오게 되고, 이것이 다른 인지적 장애(외상성 뇌손상과 정신질환과 같은)가 있는 사람들을 포함할 수 있기 때문에 발생률에 영향을 미친다.

둘째, 대개의 경우 한 개인이 어떻게 기능하고 있는가를 평가하는 데 있어 평가 당시의 학교 기록을 참고하기 때문에, 21세로 확장하는 것은 18세 이전에 진단된 적이 없는 경우 정확하게 진단하는 데 도움이 되지 않는다.

셋째, 18세를 유지하는 것은 여러 나라의 진단 양식과 일치한다.

넷째, 18세 이전의 발생 시기라는 현재 기준을 유지하는 것은 지적장애에 대한 정확한 진단이 신경학적인 뇌의 발달기 동안 이루어지지 않아도 회고적 진단이 어떤 경우에는 필요할 수도 있다는 가능성을 남겨 둔다.

2. 지적장애의 분류

1) 미국 지적장애 및 발달장애 협회의 분류

　지적장애는 그동안 다양한 방법으로 분류되고 제시되어 왔다. 교육 현장에서 일반적으로 많이 쓰이고 있는 지적장애의 분류체계는 미국정신지체협회(American Association Mental Retardation: AAMR; 현재는 AAIDD)가 1973년 지적 기능의 손상 정도에 따라 경도(mild), 중등도(moderate), 중도(severe), 최중도(profound)로 분류한 것이다. 그러나 이러한 분류가 선입견과 편견을 가져올 수 있다는 비판이 있었기 때문에 1992년부터 2002년의 AAMR의 분류체계들은 지적장애의 지적 손상 정도보다는 개인이 가진 강점에 초점을 두어 요구되는 지원의 정도에 따라 지적장애를 분류하였다. 2010년 AAIDD에서는 지원에 대한 중요성을 감안하여 IQ보다도 지원의 정도에 따라 간헐적 지원(intermittent support), 제한적 지원(limited support), 확장적 지원(extensive support), 전반적 지원(pervasive support)으로 분류하였다. 요구되는 지원의 정도에 따른 분류 및 특성은 〈표 3-3〉과 같다.

표 3-3　요구되는 지원의 정도에 따른 분류 및 특성

요구되는 지원	특 성
간헐적 지원	필요한 때나 위기 상황에서 일시적으로 제공되는 지원. 간헐적 성격의 특성을 지니며, 개인이 항상 지원을 필요로 하는 것은 아니지만 인생에서 전이 시기 동안 단기간의 지원을 필요로 하는 경우를 의미함(예: 실직, 심각한 의료적 위기). 간헐적 지원은 고강도 혹은 저강도로 제공될 수 있음
제한적 지원	일정한 시간에 걸쳐 일관성 있게 간헐적이 아닌 시간 제한적으로 제공되는 지원(예: 시간 제한적인 고용 훈련, 학교에서 성인기로의 전이 지원 제공 등)

확장적 지원	적어도 몇몇 환경(예: 직장 또는 가정)에서 정기적으로 요구되는 지원으로 시간 제한적은 아님(예: 장기간의 가정생활 지원)
전반적 지원	항구성을 지니는 고강도의 지원으로 전반적 환경에 걸쳐서 제공되며 잠재적으로 삶을 유지하는 데 필요한 성격의 특성을 지님. 일반적으로 확장적 또는 시간 제한적 지원보다 더 많은 수의 요원을 필요로 하며, 개인에게는 더 개입적일 수 있는 지원을 포함함

2) 지적장애의 심각도에 따른 분류

지원의 정도에 따라 지적장애를 분류하는 AAIDD의 분류는 아직까지 보편적으로 사용되지 않고 있다. 따라서 교육 현장에서는 일반적으로 미국정신의학회(2000)에서 지능지수를 중심으로 제시한 경도(mild), 중등도(moderate), 중도(severe), 최중도(profound)의 분류체계를 사용하고 있다. 지적장애의 정도에 따른 분류 및 특성은 〈표 3-4〉와 같다.

표 3-4   지적장애의 정도에 따른 분류

지적장애 정도	IQ 점수 범위	특 성
가벼운 정도 (경도)	50-55 ~ 70	• 일상 대화를 나눌 정도의 언어 구사 및 언어 이해 가능 • 일상적 활동은 연령에 기대하는 수준에 근접하는 정도로 수행 가능 • 최소한의 감독 또는 약간의 도움이 제공될 경우 직업 유지 가능 • 성인기에 이르면 대략 초등학교 6학년 수준의 학업 기술 습득
중간 정도 (중등도)	35-40 ~ 50-55	• 사회적 행동이나 의사소통에서도 상당한 지장 초래 • 읽기, 쓰기, 산술 능력, 시간 개념이나 돈에 대한 개념의 습득이 매우 더딤 • 숙련을 요하지 않는 작업 또는 반숙련 작업 수행 가능 • 초등학교 저학년 수준을 넘어서기는 어려움

심한 정도 (중도)	20-25 ~ 35-40	• 유아기에서부터 학령 전기까지 일상적 의사소통에 필요한 언어 습득이 매우 제한적이거나 또는 언어를 전혀 습득하지 못함 • 감각-운동 기능의 결함이 흔히 나타남 • 일상생활에서의 기본적인 판단 및 의사결정 불가능 • 성인이 되어서도 밀착된 지도 감독과 상당량의 지속적인 도움 필요
아주 심한 정도 (최중도)	20-25 미만	• 유아기와 아동기 동안 언어 능력은 물론이고 감각-운동 기능 및 여타 신체 기능에서 상당한 결함 • 언어적 의사소통은 거의 불가능하며 관습적 수준의 제스처 사용이 일부 가능 • 형태, 크기, 색상과 같이 사물의 물리적인 속성에 근거해 대상을 구별하는 경우가 있기는 하지만 매우 한정됨 • 전적으로 지속적인 보호, 밀착된 지도 감독 필요

3) 우리나라의 분류

우리나라의 경우「장애인 등에 대한 특수교육법」에는 지적장애의 분류에 대한 구체적인 내용이 명시되어 있지 않으며,「장애인복지법 시행규칙」(2015)에서는 다음과 같이 지적장애를 분류하고 있다.

- 제1급 – 지능지수가 35 미만인 사람으로서 일상생활과 사회생활에 적응하는 것이 현저하게 곤란하여 일생 동안 다른 사람의 보호가 필요한 사람
- 제2급 – 지능지수가 35 이상 50 미만인 사람으로서 일상생활의 단순한 행동을 훈련시킬 수 있고, 어느 정도의 감독과 도움을 받으면 복잡하지 아니하고 특수 기술이 필요하지 아니한 직업을 가질 수 있는 사람
- 제3급 – 지능지수가 50 이상 70 이하인 사람으로서 교육을 통한 사회적 · 직업적 재활이 가능한 사람

3. 지적장애의 원인

전통적으로 지적장애의 원인을 생의학적, 심리사회적 측면에서 다루었으나 최근에는 다원인적 접근으로 이해하고 있다. 즉, 지적장애의 원인과 관련된 요인들의 형태를 생의학적(예: 유전적 장애 혹은 영양), 사회적(예: 자극, 성인의 반응, 가족과 상호작용)인 것뿐만 아니라 행동적(예: 부상 위험 행동, 약물 남용), 교육적(예: 교육적 지원의 활용 가능성)인 형태로 확장하여 이들 네 가지 요인들이 요인의 출현 시기(출생 전, 출생 시, 출생 후)와 맞물려 어떻게 서로 상호작용하는지, 혹은 세대 간에 걸쳐 이러한 요인들이 자녀 세대에게 어떠한 영향을 미치는지에 초점을 맞추어 지적장애의 원인을 보다 포괄적인 맥락에서 이해를 시도함으로써, 사전에 예방하려는 노력들이 병행되고 있다(국립특수교육원, 2009).

실제 지적장애의 원인들로 다양한 직간접적인 요인이 제시되고 있지만, 현재까지 명확한 원인들이 밝혀지지 않고 있는 경우도 많이 있다. 지적장애의 위험 요인은 〈표 3-5〉와 같다.

표 3-5   지적장애의 위험 요인

시기	생의학적	사회적	행동적	교육적
출생 전	• 염색체 이상 • 단일유전자장애 증후군 • 대사장애 • 뇌발생 장애 • 산모 질병 • 부모 연령	• 빈곤 • 산모 영양실조 • 가정 폭력 • 산전관리 부족	• 부모의 약물 복용 • 부모의 음주 • 부모의 흡연 • 부모의 미성숙	• 인지적 장애를 보이는 부모에 대한 지원 결여 • 부모가 될 준비 부족
출생 시	• 조산 • 출생 시 손상 • 신생아 질환	• 산전관리 부족	• 부모의 양육 거부 • 부모의 아동 유기	• 퇴원 시 중재 서비스를 위한 의료적 의뢰의 결여

		• 아동-양육자 간 상호작용 문제	• 아동 학대 및 방치	• 잘못된 양육
출생 후	• 외상성 뇌 손상 • 영양실조 • 뇌막염 • 발작 장애 • 퇴행성 장애	• 적절한 자극의 결핍 • 가정빈곤 • 가정 내 만성질환 • 시설 수용	• 가정폭력 • 부적절한 안전 조치 • 사회적 박탈 • 다루기 힘든 아동의 행동	• 지체된 진단 • 부적절한 조기중재 서비스 • 부적절한 특수교육 서비스 • 부적절한 가족지원

출처: 나수현 외 공역(2011), p. 108.

1) 출생 전 원인

(1) 염색체 이상

사람의 체세포는 23쌍, 즉 46개의 염색체로 이루어져 있다. 그러나 여러 가지 요인으로 인하여 46개의 염색체보다 염색체의 수가 많거나 적을 때, 혹은 구조에 문제가 있을 경우 염색체 이상이라고 한다. 염색체 이상과 관련된 증후군별 원인과 특성은 〈표 3-6〉과 같다.

표 3-6 염색체 이상으로 인한 증후군별 원인과 특성

증후군	원 인	특 성
다운 증후군 (Down's Syndrome)	21번 염색체 이상 (21번 염색체가 2개가 아닌 3개가 되는 경우 발생)	• 독특한 신체적 특징, 즉 코가 전체적으로 낮고, 두개골이 작고 납작하거나, 혀가 커서 튀어나와 보이고, 키가 작음 • 외모가 몽고인과 비슷해서 '몽고리즘'이라 부르기도 함 • 산모의 나이가 많은 경우 출생률이 높게 나타남 • 표현언어 능력보다 수용언어 능력이 상대적으로 우수함 • 명랑하고 사람을 잘 따름 • 심장질환, 백혈병, 치매, 소화기관의 미숙 등을 동반하는 경우가 많음 • 21번 염색체는 치매와 밀접한 관계가 있는 것으로 추정

묘성 증후군 (Cat cry Syndrome)	5번 염색체 이상 (5번 염색체 단완의 부분 결실)	• 후두 결함으로 고양이 울음소리를 내나 영아기 후반에는 사라짐 • 과잉행동 및 자기자극 행동 및 자해행동을 나타냄 • 소두증, 낮게 자리 잡은 귀, 넓은 콧등, 양안 격리증 등의 신체적인 이상소견을 보임 • 심한 지적장애를 보임
윌리엄스 증후군 (Wiliams Syndrome)	7번 염색체 이상 (7번 염색체 장완의 미세결실)	• 긴 인중, 큰 입, 두툼한 입술 등의 신체적 특성 • 소리에 매우 민감 • 매우 사교적이며, 또래보다 어른들과 더 친숙하려는 경향을 보임 • 형광동소보합법(Fluorescence In Situ Hybridization: FISH)을 이용하여 98% 이상 발견 가능
프라더 윌리 증후군 (Prader-willi Syndrome)	15번 염색체 이상 (아버지로부터 물려받은 15번 염색체의 장완 부분 결손)	• 과도한 식탐과 유아기부터 중증 비만 증상이 나타남 • 중증 비만으로 인해 당뇨, 고혈압, 수면장애 등 여러 가지 합병증 유발 • 짧은 신장, 성기 발달의 부전의 증상을 보임 • 운동발달 지연
안젤만 증후군 (Angelman Syndrome)	15번 염색체 이상 (어머니로부터 물려받은 15번 염색체의 이상)	• 생후 6~12개월에 발달지연 및 언어장애가 나타남 • 표현언어 기술보다 수용언어 기술이 더 뛰어남 • 상황과 관련 없이 부적절한 웃음발작을 보임 • 과잉행동 및 수면장애 보임
약체 X 증후군 (Fragile-X Syndrome)	23번 성염색체 이상 (23번의 X염색체 장완의 끝부분이 끊어져 발생)	• 유전됨 • 외형적인 특징은 고환이 크고, 얼굴이 길고, 귀가 큼 • 주의 집중력 결핍, 부주의, 과잉행동, 반향어 사용 등 자폐 스펙트럼장애와 유사한 습성을 보임
클라인펠터 증후군(Klinefelter Syndrome)	23번 성염색체 이상 (남성이 XXY의 염색체의 모형)	• 남성에게 발생하며, 남성 성기관의 발달 미숙 • 빈약한 체모와 고음, 여성형 유방증, 무정자증 • 운동 및 언어 발달 지연, 읽기장애 발생
터너 증후군 (Turner Syndrome)	23번 성염색체 이상 (여성이 X 염색체가 하나만 있는 모형)	• 여성에게 발생, 2차 성징이 발달되지 않거나 미약 • 골다공증, 갑상선 기능 저하증에 취약 • 사회성 결여 동반

(2) 신진대사 이상

대사 이상 장애는 일반적으로 지방, 단백질, 탄수화물 등과 관련이 있으며, 페닐케톤뇨증(Phenylketonuria: PKU)과 갈락토스혈증(Galactosemia)이 대표적인 예다. 이 장애는 출생 후 일주일 이내에 병원에서 혈액검사를 통해 발견될 수 있다. 신진대사 이상으로 인한 원인과 특성은 〈표 3-7〉과 같다.

표 3-7 신진대사 이상으로 인한 원인과 특성

명 칭	원 인	특 성
페닐케톤뇨증	상염색체 열성으로 유전됨. 만약 부모가 모두 이 유전자를 가지고 있다면 자녀 4명 중 1명은 PKU가 될 수 있음	• 조기진단으로 지적장애 예방 가능 • 치료를 하지 않으면 대부분의 영아는 아주 심한 지적장애를 보이게 됨 • 발작(Seizures), 과다행동, 공격적인 행동, 정신과적 장애 등과 같은 여러 가지 증상 동반 가능
갈락토스혈증	모유와 일반 우유에 포함되어 있는 당분인 갈락토스를 포도당으로 전환시키는 능력이 손상되어 나타나는 열성 유전질환에 해당하는 탄수화물 대사 장애	• 지적장애, 백내장, 행동적인 문제들이 발생할 가능성이 있음 • 조기발견으로 유제품을 제외한 식이요법을 하면 정상아로 성장

(3) 모체의 감염

감염과 중독, 임신 중 감염 및 약물 복용은 지적장애의 원인이 될 수 있다. 모체의 감염으로 인한 원인과 특성은 〈표 3-8〉과 같다.

표 3-8 모체의 감염으로 인한 원인과 특성

명 칭	원 인	특 성
풍진	산모의 풍진 감염	• 감염된 태아의 30~60%에서 심한 뇌성마비 및 지적장애, 심장질환, 청각장애 등 유발
매독과 에이즈	산모의 감염	• 지적장애 및 여러 가지 장애 수반

약물과 흡연	산모의 약물복용 및 흡연	조산의 가능성 및 지적장애 유발 가능성
태아 알코올 증후군	부모의 알코올 남용 또는 중독	지능저하, 얼굴기형, 심장결함, 저체중, 소두증 가능성

2) 출생 시 원인

출생 시에는 조산 및 무산소증, 분만 중 손상 외에도, 미숙, 탯줄사고 등이 지적장애의 원인이 될 수 있다. 출생 시 원인과 특성은 〈표 3-9〉와 같다.

표 3-9   출생 시 원인과 특성

명 칭	원 인	특 성
조산 (37주가 되기 전 출산)	쌍생아 임신, 임산부의 저체중, 산모의 나이, 흡연, 전치태반 등	낮은 지능지수 및 뇌성마비, 주의집중력 결핍, 기타 신경학적 · 의학적 문제 유발
저체중 (체중이 2.5kg 미만)	태아에게 산소와 영양을 공급하는 혈액 순환과 태반의 기능 문제 및 산모의 흡연 또는 약물 복용, 바이러스 감염 등	낮은 지능지수 및 뇌성마비, 주의집중력 결핍, 기타 신경학적 · 의학적 문제 유발
질식 (무산소증)	산모의 혈압이 떨어지는 경우, 태아가 태반으로부터 너무 빨리 분리되는 경우 등	지적장애나 뇌성마비, 시각장애 등 다양한 유형의 장애 유발
분만 중 손상	태아의 머리나 몸이 산모의 골반 크기에 비해 너무 크거나 태아의 위치 부적절	두개골 손상 및 두뇌 손상 등

3) 출생 후 원인

출생 후에도 지적장애의 원인이 될 수 있는 요인은 다양하게 존재하고 있다. 대표적인 예로 사고가 생기거나, 질병 및 감염도 원인이 될 수 있다. 출생 후 원인과 특성은 〈표 3-10〉과 같다.

표 3-10 　출생 후 원인과 특성

명칭	원인	특성
질병 및 감염	고열, 홍역, 수두, 뇌막염, 뇌염 등	정상적인 성장과 발달 방해
중독	납, 수은 등	지적장애, 시각장애, 경련장애, 뇌손상 등
외상성 뇌손상	자동차 사고, 화재 사고 등	지적장애 및 다양한 유형의 장애 유발
영양 결핍	영양 불량 및 영양 결핍 등	운동기능 협응과 소뇌에 영향
환경 박탈	가족 내의 불안정성, 부적절한 보살핌, 산모의 육아 교육에 대한 이해 부족과 그로 인한 부적절한 양육환경 등	직접적 요인은 아니지만 다른 요소들과 복합적으로 작용하여 장애 유발 가능

4. 지적장애의 특성

1) 신체 및 운동 특성

일부 지적장애아동은 신체적으로 비장애아동과 차이를 보이지 않는다. 그러나 일반적으로 경도 지적장애아동의 경우 비장애아동과 비교해 보면, 키, 몸무게, 골격의 성숙이 비교적 평균 이하다. 그리고 모든 운동 분야에서 또래의 비장애아동보다 상당히 저조하게 성취된다. 특히, 기술적이고 민첩한 동작을 요구하는 분야에서는 지체되며, 소근육 발달에서도 차이를 보일 수 있다.

중등도 지적장애아동 중에는 어떤 형태의 중추신경계 이상이나, 손상을 입은 아동들이 많기 때문에 협응력, 걸음걸이, 대근육·소근육 운동 기능 등에서 상당히 지체되는 문제를 동반하게 된다.

2) 지적 특성

(1) 정보의 투입 및 처리

정보처리 과정은 지각, 중앙처리 과정, 표현의 단계로 나누어진다. 지적장애아동은 대체로 자극을 지각하고 정보를 조직하고 표현하는 정보처리 과정에 어려움이 있다. 즉, 지각에 있어서의 결함이나 저장된 것을 상황에 맞게 적용하는 판단 능력에서의 부족함이 있다. 특히 처리 단계에서는 문제를 정확하게 파악하는 능력의 결핍, 필요한 자극이나 정보를 선택할 수 있는 능력의 부족, 정보를 비교할 수 있는 능력의 결핍, 자료를 종합하여 평가할 수 있는 능력의 결핍, 추론 능력과 가설검증 능력의 결핍 등의 특성을 보인다(강영심 외, 2010). 그리고 많은 연구에 따르면, IQ 수준이 50 이하인 아동 중 대다수는 정보처리 과정을 매우 어렵게 만드는 신경학적 손상을 가지고 있다.

(2) 감각수용과 주의집중력

지적장애아동은 예민성이 떨어지고 감각적으로 무뎌 자극에 대한 주의를 기울이는 능력이 대체로 결여되어 있다. 즉, 주의집중이 곤란하고 그 지속력이 약할 뿐만 아니라 주의가 산만하여 외부의 자극에 대한 인식이 막연하거나, 주의가 자극에 좌우되기 때문에 집중이 안 되어 인식이 부정확하게 된다. 이는 주의집중의 세 가지 주요 구성 요소인 주의집중 지속 시간(일에 대한 시간의 길이), 주의집중의 범위와 초점(산만한 자극의 억제) 그리고 선택적 주의(중요한 자극 특성의 변별)에 심한 어려움을 갖기 때문이다. 이와 같이 짧은 주의집중 시간과 산만한 경향은 지적장애아들에게서 발견할 수 있는 특성 중 하나다(신종호 외 공역, 2008). 그러므로 과제에 집중하지 못하는 지적장애 학생에게 집중할 것을 요구하거나 주의집중 행동을 목표행동으로 잡는다면 행동의 성공률이 낮아 학생뿐만 아니라 교사도 무기력해질 수 있다. 그러므로 주의집중을 잘 하지 못하는 행동을 자연스럽게 수정하기 위해서는 과제에 집중할 수 있도록 각 개인의 난이도에 맞는 과제를 제시하고 주의집중 행동에 대해 보상을 고정적으로 제공해 주는 것이 도움이 될 것이다(강영심, 황순영, 2011).

(3) 기억

지적장애아동의 기억력 결함은 초인지(metacognition)의 문제와 관계된다. 초인지는 주어진 일이나 문제를 해결하고 수행하기 위해서 어떠한 전략을 사용해야 할지, 그리고 어떤 전략이 가장 효율적인지를 평가하고 노력의 결과를 점검하는 능력이다(김종현 외, 2015). 지적장애아동은 비장애아동에 비해 대체로 초인지 능력이 부족하기 때문에 주어진 상황에서 적절한 전략과 기억전략을 사용하지 못한다. 즉, 주어진 투입정보를 나중에 재생하기 위해 조직·구성하는 효과적인 기술이 부족하기 때문에 중재전략을 적절하게 사용하지 못하고, 이로 인해 기억력에 어려움을 나타내기도 한다.

현장에서는 일반적으로 지적장애아동이 단기기억에 많은 어려움을 가지고 있다는 사실을 종종 경험할 수 있다. 이들은 교사가 지시한 사항을 뒤돌아서면 잊어버리거나 지시사항을 수행하려 가는 중에 잊어버리기도 한다. 그러나 장기기억에 있어서는 비장애아동과 비교했을 때 뒤지지 않는다고 보고되고 있다. 즉, 지적장애아동은 구체적 정보보다 추상적 개념을 기억하는 데 어려움이 있으며. 지적장애 아동이 정보를 충분히 익혔다면 그들의 장기기억은 정상인과 비슷하다(Ellis, 1983). 그러므로 반복학습 및 기억을 증진시킬 수 있는 다양한 전략을 사용하여 단기기억에서 장기기억으로 전환시켜 주어야 한다.

(4) 학습의 전이와 일반화 및 추상화

전이란 한 번 학습한 내용이 다음의 학습에 영향을 주는 현상이며, 일반화란 학습한 내용을 다른 상황에 적용하는 것을 말한다. 지적장애아동은 선행 경험을 미래의 비슷한 상황이나 문제해결에 도움이 되도록 사용하지 못한다. 즉, 대부분의 비장애아동은 배운 지식을 비슷한 과제나 다른 상황에서 활용할 수 있어 학습의 전이와 일반화가 가능하지만, 지적장애아동은 이러한 전이와 일반화에 많은 어려움을 겪는다. 따라서 우발학습 능력도 부족할 수밖에 없다. 이 외에도 추상적으로 사고하는 능력이나 추상적 자료를 사용하여 일하는 능력 및 상징적 사고가 제한되어 있다.

3) 언어 특성

    지적장애아동은 의사소통을 하는 데 많은 어려움을 겪고 있다(Mire & Chisholm, 1990). 왜냐하면 말과 언어의 발달은 지적 발달과 밀접하게 연관되어 있기 때문에 비장애아동보다 말과 언어에 있어서 더 많은 문제를 보인다. 즉, 지적장애아동은 언어의 구조와 내용이 빈약할 뿐만 아니라 복문의 사용과 주제의 세련됨에서도 큰 결함을 보인다. 그리고 조음장애 및 구어발달의 지연과 제한된 어휘, 발음의 문제, 부적절한 문법 사용 등이 나타난다. 중등도 지적장애아동의 언어발달 문제는 훨씬 더 심각한 경향이 있다. 이러한 언어의 문제는 지적장애아동이 통합교육을 받기 위해서 극복해야 하는 가장 큰 방해 요소 중 하나라고 할 수 있다. 지적장애아동의 언어 발달 특성을 정리하면 〈표 3-11〉과 같다.

표 3-11 지적장애아동의 언어 발달 특성

화용론	• 요구하기 제스처의 지체 • 제스처 발달과 의도발달 양상은 일반아동과 유사 • 명료화 기술은 정신연령이 동일한 일반아동과 비교 시 차이 없음 • 대화 역할이 주도적이지 않음
의미론	• 덜 구체적인 의미의 단어 사용 • 어휘 증가량이 적음 • 다양한 의미론적 단위를 잘 사용하지 못함 • 다운 증후군 아동은 정신연령이 동일한 일반아동처럼 문맥에서의 노출에 따라 단어 의미를 학습할 수 있음
구문론/형태론	• 학령 전 일반아동과 유사한 문장 길이와 복잡성 • 일반아동과 동일한 문장 발달과정 • 정신연령이 동일한 일반아동보다 주어를 정교화하거나 비교하는 절이 더 적고 더 짧으며, 덜 복잡한 문장 사용 • 단어 관계보다는 문자 내 단어 순서를 우선시함 • 자신의 가능성보다는 더 낮은 수준의 형태에 의존 • 학령 전 일반아동과 동일한 순서의 형태소 발달

음운론	• 학령 전 일반아동과 유사한 음운 규칙을 보임 • 자신의 가능성보다는 더 낮고 덜 성숙한 형태에 의존
이해	• 다운 증후군 아동은 정신연령이 동일한 일반아동보다 수용언어 기술이 더 열악함 • 정신연령이 동일한 또래보다 문장 상기 능력이 열악함 • 의미를 추출하기 위하여 문맥에 더 많이 의존

출처: 황보명, 김경신(2010), p. 233.

4) 심리 및 사회적 · 행동적 특성

(1) 실패에 대한 예상

지적장애아동은 일반적으로 비장애아동에 비해 인지적 결함 및 사회적 능력의 부족으로 자주 실패감에 부딪히기 때문에 그들은 실패를 미리 예상한다. 따라서 실패의 쓰라린 경험에서 도피하기 위해 실패를 야기하는 상황을 피하는 경향이 있고, 결과적으로 낮은 기대와 목표를 설정한다(Zigler, 1973). 이는 결국 동기 유발에 부정적인 영향을 미치게 된다.

(2) 낮은 학습동기

지적장애아동은 일반적으로 외적 통제소, 외부 지향적인 성격, 낮은 자기효능감, 부정적인 자아개념 등의 특성을 보인다. 이러한 부정적 특성은 부정적인 경험의 축적으로 나타날 수 있으므로 보다 긍정적인 경험을 많이 할 수 있도록 환경적 배려를 해 줄 필요가 있다(Zigler, 1973). 통제소란 한 개인이 자신이 한 행동의 결과를 지각하는 방식을 말하는 것으로서 지적장애 학생은 많은 실패의 경험으로 인해 외적 통제소의 특성을 더 많이 보인다(Clark & Kolstore, 1990). 즉, 실패의 원인을 운명이나 요행, 타인 등과 같은 외부적인 요인으로 돌리는 것을 의미한다. 이로 인해 부모나 교사, 또래들의 지원으로 문제를 해결하려는 외부 지향성을 보이게 되는 것이다. 일반적으로 대부분의 사람들은 성숙하면서 내적 통제소를 갖게 되지만 지적장애아동은 여전히 외적 통제소의 상태에 머물러 있는 경향이 있다(신종호 외 공역, 2008). 이러한 심리정서적 특성으로 인해 지적장애아동은 성취 경험이 중요한 학습에 있어서 낮은 학습 동기를 가질 수밖에 없다.

(3) 학습된 무력감

지적장애아동은 잦은 실패를 경험하게 된다. 그리고 누군가가 주위에서 많은 것을 대신해 주기도 한다. 이로 인해 지적장애아동은 외적 통제소를 가지게 됨으로써 하고자 하는 의욕을 상실한 학습된 무력감(learned helplessness)을 가지게 된다. 학습된 무력감이란 새롭거나 어려운 과제를 받았을 때 쉽게 포기하거나 문제를 해결하려고 전혀 시도하지 않는 경향을 말한다. 원인과 상관없이 학습된 무력감은 개인이 유년기에서부터 성인의 삶에 적응할 때 강한 영향력을 미치게 된다(신종호 외 공역, 2008).

5. 지적장애아동의 교육

1) 일반적인 교수방법

대부분의 지적장애아동은 언어 발달이 많이 지체되고, 기억력과 주의력에 결함이 있으며, 사회성 발달 및 문제해결에도 어려움을 보이고, 일상생활 기술 및 자조 기술과 같은 적응행동의 발달에도 문제를 보인다. 그러나 이러한 특징은 개인에 따라 다르게 나타날 수 있으므로, 지적장애아동을 위한 교육에서는 개인이 처한 환경, 개인의 능력 요소, 개별적 지원 요구 등의 모든 요소들이 총체적으로 고려되어야 한다(국립특수교육원, 2009). 즉, 개인의 특성을 고려하여 전반적인 발달이 촉진될 수 있도록 교육이 이루어져야 함과 아울러 지적장애학생은 정보처리 양식이 모두 똑같지 않기 때문에 구조화된 환경 및 다감각적 교수가 이루어져야 한다. 지적장애아동의 문제점 및 그에 대한 일반적인 교수방법은 〈표 3-12〉와 같다.

표 3-12　교수방법

영역	지적장애아동의 문제점	교수방법
주의집중	• 주의집중 시간 • 주의집중 대상 • 선별적 주의집중	• 주의집중에 관한 자기점검 • 학생과 약속된 지시
메타인지 및 중재전략	• 학습전략 • 새로운 정보의 습득	• 학습전략 교수 • 학습의 과정을 꼼꼼히 밟을 것(연습, 응용, 복습) • 아동에게 의미 있는 내용
기억	• 단기기억 • 장기기억	• 내용을 아동이 더 의미를 느끼도록 구성 • 기억전략
학습의 일반화	• 배운 내용의 응용 • 규칙의 일반적인 적용	• 다양한 장면에서의 학습 • 서로 관련성 있는 내용 교수 • 배운 것을 계속 일반화시킬 수 있도록 강화
동기	• 다른 사람에 의해 자기 행동을 결정 • 학습동기를 외부에서 찾음 • 많은 실패의 경험	• 성공경험을 만들어 줌 • 자기관리 전략 교수 • 학습전략 교수 • 문제해결 학습 교수
인지 발달	• 추상적 사고 • 상징적 사고	• 구체적인 사례를 많이 듦 • 학습의 맥락 강조 • 학습의 내용을 학생의 삶과 관련시켜 설명해 줌
언어 발달	• 어휘력 학습 • 언어의 문화적 속성에 대한 이해 • 조음, 발음 등의 장애	• 발달과 언어사용을 촉진할 수 있는 환경조성 • 다양한 언어사용의 예를 실제 보여 줌(다른 연령의 사람, 다른 환경 등) • 아동들의 문화, 언어 환경을 고려하여 교수
학습	• 읽기, 쓰기, 수학, 받아쓰기 • 문제해결 학습	• 학습전략 교수 • 기능적 읽기, 쓰기, 셈하기 교수 • 일반교육과정 접근을 위한 개별화교육계획 • 교수적합화
사회적 기술	• 사회적 적응 • 사회적 자가 • 자존감 • 친구관계 • 속임수에 넘어가기 쉬움 • 학습준비도	• 직접교수법을 통한 사회기술 교수 • 적절한 행동에 대한 강화 • 부적절한 행동에 대한 이해 • 또래학습 촉진(적절한 역할 모델)

출처: Smith et al. (2008): 이은주 외(2014), pp. 128-129 재인용.

2) 경도 지적장애아동을 위한 교수방법

경도 지적장애아동을 위한 교수는 교육목표는 동일하지만 일반적인 교육 내용을 수정하여 적용할 필요가 있다. 즉, 일반교육과정을 단순화하고, 수준을 낮추어 적용하면 학습이 가능하다. 그러므로 지적장애아동의 한계를 감안하여 학습준비 기술과 일생생활과 관련된 기능적 학업기술을 교수하는 것이 효율적이다.

첫째, 학습준비 기술은 학령기를 비롯한 초등학교 저학년 아동에게 필요하다. 학습준비 기술은, 예를 들어 자리에 바로 앉아서 교사에게 집중하기, 지시 따르기, 기본적인 신변처리 기술(예: 화장실 사용하기, 지퍼 올리고 내리기 등), 협응 능력(예: 연필 쥐기, 수저 사용하기 등), 또래 및 성인과 상호작용하기, 의사소통 기술 등이 있다. 이러한 기술이 준비되어 있지 않은 상태에서 학업적 과제가 주어진다면 그들은 아무런 준비가 되지 않은 상태에서 학습을 강요받게 되고 결국 더 많은 실패를 겪게 된다(강영심 외, 2010). 그러므로 학습준비 기술은 통합교육에 있어 선행조건이다. 따라서 학업 전 기술을 파악하여 이에 대한 교수가 우선적으로 실행되어야 한다.

둘째, 기능적 학업기술이란 기초 학업기술 중 일상생활 활동과 직접적으로 관련된 기본적인 내용으로서, 독립적인 성인생활을 영위하는 데 필요한 기술을 포함한다(박은혜, 김정연, 2010). 이러한 기능적 학업기술을 가르치는 이유는 학습하는 데 장시간이 걸리므로 미래 생활에 가장 필요한 기술에 대한 습득 및 일반화 능력을 실생활을 통해 촉진하기 위함이다. 기능적 학업기술의 예는 〈표 3-13〉과 같다.

표 3-13 기능적 학업기술

읽기	메뉴판 읽기, 도로 표지와 버스 번호 읽기, 간판 읽기, 전화번호부 읽기 등
쓰기	쇼핑 목록 작성하기, 은행에서 입출금표 작성하기, 간단한 편지 쓰기 등
듣기	지시사항 듣기, 일기예보 듣기, 적금 시 은행 직원의 설명 듣기 등
말하기	요구사항 말하기, 전화로 통화하기, 메뉴판에서 먹고 싶은 음식 말하기 등
수학	슈퍼에서 물건 구입 후 계산하기, 교통비 계산하기, 영화 관람료 계산하기 등

3) 중도 지적장애아동을 위한 교수방법

경도 지적장애아동에 비해 일반적으로 중도 지적장애아동은 장애의 정도가 심하고 다양한 문제를 동반하기 때문에 다양한 접근이 필요하다. 그러므로 중도 지적장애아동을 위한 교육 프로그램이 갖추어야 할 요소는 다음과 같다(Orelove, Sobsey, & Silverman, 2004).

첫째, 생활연령에 적합한 교육과정 및 교수자료다. 중도 지적장애아동은 생활연령과 정신연령 간의 격차가 크기 때문에 교육과정이나 교수자료를 사용할 때 정신연령에 대한 부분을 고려하여 계획하여야 한다. 자칫 정신연령에 초점을 맞추다 보면 유아용 교수자료를 사용하게 되어 중도 지적장애아동을 무시하는 것으로 보일 우려가 있고, 교육적으로도 바람직하지 못하다.

둘째, 기능적 활동(생활 훈련)이다. 중도 지적장애아동의 교육에서 가장 큰 목적은 독립적인 생활을 하게 하는 것이라 할 수 있다. 예를 들어, 지퍼 올리고 내리기를 교구를 사용해서 지도하기보다는 직접 자신의 옷을 이용해서 지도하는 것이 바람직하다.

셋째, 지역사회 중심 교수다. 지역사회를 중심으로 실제적인 교육이 이루어지는 것이 효과적이다. 그러므로 모의수업 환경에서보다는 지역사회를 중심으로 슈퍼에서 물건 사기, 신호등 지키기, 교통기관 이용하기, 자판기 이용하기 등을 지도해야 한다.

넷째, 통합된 치료 제공이다. 중도 지적장애아동은 대체로 중복장애를 가지고 있는 경우가 많다. 그러므로 이들을 도와주기 위해서는, 예를 들어 작업치료, 물리치료 등 다양한 분야의 전문가들이 협의하여 통합된 치료를 제공해 주어야 한다.

다섯째, 또래와의 상호작용 촉진이다. 중도 지적장애아동은 장애로 인하여 또래와의 상호작용이 쉽지 않다. 이와 관련해서 완전통합이나 부분통합 등 다양한 의견들이 제시되고 있는 이유도 이 때문이다. 그러나 가능하면 교육 프로그램이 또래와의 상호작용을 촉진할 수 있도록 구성되어야 한다.

여섯째, 가족 참여다. 경도 지적장애아동에 비하여 중도 지적장애 아동이 배우는 기술들 중에는 가정환경에서 적용되는 것이 많기 때문에 가르칠 기술의 선정부터 기술 수행의 일반화에 이르기까지 가족이 적극적으로 개입해야 한다. 예를 들어, 신발을 신고 벗는 것도 교육기관보다 일상 가정환경에서 이루어지는 경우가 더욱 많기 때문에 가족이 적극적으로 참여할 때 일반화 촉진 및 학습이 훨씬 더 효과적으로 이루어질 수 있다.

요점정리

1. 지적장애의 정의

「장애인 등에 대한 특수교육법 시행령」(2016) - 지적 기능과 적응행동상의 어려움이 함께 존재하여 교육적 성취에 어려움이 있는 사람

2. 지적장애의 분류

지적 기능의 손상 정도에 따라 경도, 중등도, 중도, 최중도로 분류하거나, 지원의 정도에 따라 간헐적 지원, 제한적 지원, 확장적 지원, 전반적 지원으로 분류

3. 지적장애의 원인

1) 출생 전 원인
- 염색체 이상: 다운 증후군, 묘성 증후군, 윌리엄스 증후군, 프라더 윌리 증후군, 안젤만 증후군, 약체 X 증후군, 클라인펠터 증후군, 터너 증후군
- 신진대사 이상: 페닐케톤뇨증, 갈락토스혈증
- 모체의 감염: 풍진, 매독과 에이즈, 약물과 흡연, 태아 알코올 증후군

2) 출생 시 원인 - 조산, 저체중, 질식, 분만 중 손상
3) 출생 후 원인 - 질병 및 감염, 중독, 외상성 뇌손상, 영양결핍, 환경박탈

4. 지적장애의 특성

1) 신체 및 운동 특성 - 기술적이고 민첩한 동작을 요구하는 분야, 소근육 발달, 협응력, 걸음걸이, 대근육 · 소근육 운동 기능 등에서 상당히 지체되는 문제를 동반하게 됨
2) 지적 특성 - 정보의 투입 및 처리 과정에 어려움이 있고, 감각수용과 주의집중력, 주어진 상황에서 적절한 전략과 기억전략을 사용하지 못하고 일반적으로 단기기억에 많은 어려움과 추상적 사고, 전이와 일반화에도 많은 어려움을 겪음
3) 언어 특성 - 언어의 구조와 내용이 빈약하고, 복문의 사용과 주제의 세련됨, 조음장애 및 구어 발달의 지연과 제한된 어휘, 발음의 문제, 부적절한 문법 사용 등이 나타남

4) 심리 및 사회적·행동적 특성 – 실패에 대한 예상과 낮은 학습동기, 학습된 무력감으로
　인해 위축

5. 지적장애아동의 교육
1) 일반적인 교수방법 – 〈표 3-12〉 교수방법 참조
2) 경도 지적장애아동을 위한 교수방법 – 학습준비 기술 및 독립적인 성인생활을 영위하는
　데 필요한 기능적 학업기술 교수
3) 중도 지적장애아동을 위한 교수방법 – 생활연령에 적합한 교육과정 및 교수자료, 기능적
　활동(생활 훈련) 사용, 지역사회 중심 교수, 통합된 치료 제공, 또래와의 상호작용 촉진, 가
　족 참여가 이루어져야 함

 생각 나누기

1. 지적장애와 관련된 영상(예: 〈하늘이 보내 준 딸〉, 〈제8요일〉 등)을 본 감상에 대해서 토의해 봅
　시다.
2. 지적장애아동의 특성에 대해서 논의해 봅시다.
3. 지적장애아동에게 기능적 학업기술을 효과적으로 지도하기 위한 방안에 대해 토의해 봅시다.

추천자료

- 국립특수교육원(http://www.knise.kr): 특수교육에 관한 전반적인 정보, 특수교육과정
　및 교수-학습 자료, 특수교육 정보화에 관한 정보 등 제공
- 에이블뉴스(http://www.ablenews.co.kr): 장애인 관련 정보 및 기사 제공
- 다운복지관(http://www.down.or.kr): 다운 증후군 및 지적장애 정보 제공

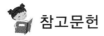 **참고문헌**

강영심, 김자경, 김정은, 박재국, 안성우, 이경림, 황순영, 강승희(2010). 예비교사를 위한 특수교육학개론. 경기: 서현사.

강영심, 황순영(2011). 최신행동치료(5판). 서울: 센게이지러닝코리아.

교육부(2016). 장애인 등에 대한 특수교육법 시행령.

국립특수교육원(2009). 특수교육학 용어사전.

김정섭, 신경숙, 유순화, 이영만, 정명화, 황희숙 공역(2010). 교육심리학. 서울: 시그마프레스.

김종현, 윤치연, 이성현, 이은림(2015). 특수아동의 이해. 경기: 공동체.

나수현, 박승희, 장혜성, 김수연 공역(2011). 지적장애: 정의, 분류 및 지원체계. 경기: 교육과학사.

박은혜, 김정연(2010). 지적장애 학생 교육. 서울: 학지사.

보건복지부(2014). 장애인복지법 시행령.

보건복지부(2015). 장애인복지법 시행규칙.

송준만, 강경숙, 김미선, 김은주, 김정효, 김현진, 이경순, 이금진, 이정은, 정귀순(2016). 지적장애아교육. 서울: 학지사.

신진숙(2010). 지적장애아 교육. 경기: 양서원.

신종호, 김동일, 신현기, 이대식 공역(2008). 정신지체. 서울: 시그마프레스.

이은주, 최지은, 박숙희(2014). 특수아동의 이해. 경기: 공동체.

황보명, 김경신(2010). 지적장애아동 언어치료. 서울: 학지사.

American Association on Intellectual and Developmental Disabilities (2010). *Intellectual disabilities: Definition, classification, and systems of support* (11th ed.). Washington, DC: American Association on Intellectual and Developmental Disabilities.

American Association on Mental Retardation (2002). *Mental Retardation: Definition, Classification, and systems of supports* (10th ed.). Washington, DC: American Association on Mental Retardation.

American Psychiatric Association (2000). *Diagnostic and statistical manual of mental disorders* (4th ed., Text Revision). Washington, DC: Author.

American Psychiatric Association (2013). *Diagnostic and statistical manual of mental disorders*

(5th ed.). Washington DC: Author.

Brown, I., & Percy, M. (2007). *A comprehensive guide to intellectual & developmental disabilities*. Paul H. Brookes Co.

Clark, G. M., & Kolstore, O. P. (1990). *Career development and transition education for adolescents with disabilities*. Boston: Allyn & Bacon.

Ellis, E. S. (1983). The effects of teaching disabled adolescents an executive strategy to facilitate self-generation of task-specific strategies. Doctoraldissertation, Lawrence, KA: University of Kansas.

Hallahan, D. P., Kauffman, J. M., & Pullen, P. (2009). *Exceptional learners: Introduction to special education* (11th ed.). Boston: Allyn and Bacon.

Mire, S. P., & Chisholm, R. W.(1990). Functional communication goals for adolescents and adults who are severely and moderately mentally handicapped. *Language, Speech, and Hearing Services in Schools, 21*(1), 57-58.

Orelove, F. P., Sobsey, D., & Silverman, R. K. (2004). *Educating children with multiple disabilities* (4th ed.). Baltimore: Paul H. Brookes.

Schalock, R., Luckasson, R., Shogren, K., Borthwick-Duffy, S., Bradley, V., Buntinx, W., Coulter, D., Craig, E., Gomez, S., Lachapelle, Y., Reeve, A., Snell, M., Spreat, S., Tasse, M., Thompson, J., Verdugo, M., & Yeager, M. (2010). *Intellectual disability: Definition, classification, and systems of supports* (11th ed.). Washington, DC: American Association on Intellectual and Developmental Disabilities.

Wehmeyer M. L., Buntinx, W. H. E., Coulter, D. L., Iachapelle, Y., Luckasson, R., Verdugo, M. A., et al.(2008). The intellectual disability construct and its relation to human functioning. *Intellectual and Developmental Disabilities, 46*(4), 311-318.

Zigler, E. (1973). The retarded child as a whole person. In D. K. Routh (Ed.). *The experimental psychology of mental retardation* (pp. 267-273). Hawthome, NY: Aldine.

제4장

학습장애

　학습장애는 다른 장애유형에 비해 우리나라에서는 뒤늦게 인식되고 분류된 영역이다. 이들은 평균 또는 평균 이상의 지능을 지니지만 학습에서 어려움을 보이고, 이로 인해 정서적 문제 및 사회적 결함을 보일 수 있다. 즉, 학습장애아동들은 학습 장면에서 다양한 어려움을 겪고 있다는 점에서는 비슷하지만 그 유형과 정도가 다양한 이질집단이라고 할 수 있다.

　이 장에서는 학습장애아동에 대한 정의 및 분류, 학습장애의 진단기준 및 선정 절차, 원인 및 특성 그리고 학습장애아동을 교육할 수 있는 전략에 대해 살펴봄으로써 학습장애에 대한 전반적인 이해를 돕고자 한다.

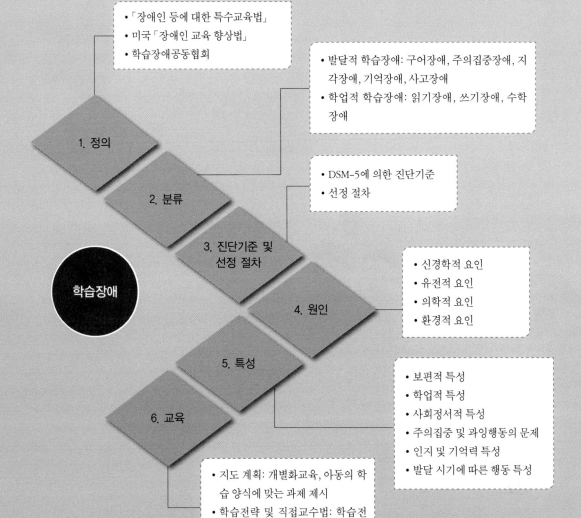

⚽ 마인드 맵

학습장애

1. 정의
- 「장애인 등에 대한 특수교육법」
- 미국「장애인 교육 향상법」
- 학습장애공동협회

2. 분류
- 발달적 학습장애: 구어장애, 주의집중장애, 지각장애, 기억장애, 사고장애
- 학업적 학습장애: 읽기장애, 쓰기장애, 수학장애

3. 진단기준 및 선정 절차
- DSM-5에 의한 진단기준
- 선정 절차

4. 원인
- 신경학적 요인
- 유전적 요인
- 의학적 요인
- 환경적 요인

5. 특성
- 보편적 특성
- 학업적 특성
- 사회정서적 특성
- 주의집중 및 과잉행동의 문제
- 인지 및 기억력 특성
- 발달 시기에 따른 행동 특성

6. 교육
- 지도 계획: 개별화교육, 아동의 학습 양식에 맞는 과제 제시
- 학습전략 및 직접교수법: 학습전략, 직접교수

⚽ 학습목표

1. 학습장애의 정의를 구술할 수 있다.
2. 학습장애의 원인을 분류할 수 있다.
3. 학습장애의 특성을 설명할 수 있다.
4. 학습장애아동에 대한 교육방법을 구축할 수 있다.

⚽ 주요 용어

학습장애: 개인의 내적 요인으로 인하여 듣기, 말하기, 주의집중, 지각(知覺), 기억, 문제해결 등의 학습 기능이나 읽기, 쓰기, 수학 등 학업 성취 영역에서 현저하게 어려움이 있는 사람

발달적 학습장애: 학령 전기 아동들 중 학습과 관련된 학습기능에 현저한 어려움을 보이는 아동으로 구어장애, 주의집중장애, 지각장애, 기억장애, 사고장애, 사고장애 등으로 나타날 수 있음

학업적 학습장애: 학령기 이후 학업과 관련된 영역에서 현저한 어려움을 보이는 경우로 읽기장애, 쓰기장애, 수학장애 등으로 나뉨

개별화교육: 각급학교의 장이 특수교육대상자 개인의 능력을 계발하기 위하여 장애유형 및 장애특성에 적합한 교육목표, 교육방법, 교육내용, 특수교육 관련 서비스 등이 포함된 계획을 수립하여 실시하는 교육

사례

영수(가명)는 귀엽고 잘생긴 9세 남자아이로 우리 기관에서 교육을 받았다. 영수 어머니의 말에 따르면, 유치원에 다닐 때에는 친구들과 잘 어울리고 아무런 문제가 없었다. 그런데 초등학교에 입학하고부터 받아쓰기를 하거나 수학문제를 풀면 쉬운 문제인데도 곧잘 틀려서 걱정은 했으나, 별로 심각하게 생각은 하지 않았다고 한다. 그런데 2학년이 되어서도 비슷한 글씨를 혼동하거나 '너구리'를 '구너리'라고 쓰고, 숫자도 23을 32로 읽기도 했다. 그리고 말은 잘하는데 책을 읽으면 읽는 속도가 느리고, 읽은 내용을 잘 이해하지 못할 뿐만 아니라 줄을 바꾸어 읽기도 하였다. 집에서 아무리 부모가 지도를 해도 이러한 현상은 계속 반복되었다. 이로 인해 친구들에게 놀림을 많이 받고 학교도 가기 싫어하게 되었다. 또한 집중하지 못하고 산만하다는 말을 곧잘 들었다. 처음에는 남자아이여서 활발한 것이라고 생각하였으나, 이러한 일이 반복되자 영수의 아버지는 맞벌이를 하여 어머니가 영수를 잘 보살피지 않아 생긴 일이라고 생각하고 영수 어머니에게 직장을 그만두고 영수를 잘 챙기라고 하였다. 영수의 어머니는 고심 끝에 병원을 찾았고, 검사 결과 영수는 지능에는 이상이 없지만 학습장애라는 진단을 받았다.

1. 학습장애의 정의

1) 장애인 등에 대한 특수교육법 시행령(2016)

학습장애는 1962년 Kirk가 처음으로 제안한 용어로서, 미국에서는 특수교육대상자로 판별되는 아동의 절반을 차지할 정도로 출현율이 높은 장애유형이지만, 우리나라에서는 1980년대에 인식되기 시작하였다. 그리고 학습장애는 '학습부진' '학습지진'이라는 용어와 혼용되어 사용되기도 하였다. 이러한 상황 속에서 학습장애의 판별 및 개념에 대한 연구는 그동안 계속 진행되어 왔으며, 학습장애의 정의 또한 다양하게 제시되었다.

1977년에 제정된 우리나라 「특수교육진흥법」에는 학습장애에 대한 정의가 명시되어 있지 않았으나, 1994년 「특수교육진흥법」이 개정되면서 처음으로 "셈하기, 읽기, 쓰기 등 특정 분야에서 학습상 장애를 지니는 자"로 명시되었다. 이후 2016년 개정된 「장애인 등에 대한 특수교육법 시행령」에서는 학습장애를 다음과 같이 정의하고 있다.

- 개인의 내적 요인으로 인하여 듣기, 말하기, 주의집중, 지각(知覺), 기억, 문제해결 등의 학습기능이나 읽기, 쓰기, 수학 등 학업 성취 영역에서 현저하게 어려움이 있는 사람

2) 미국 장애인 교육 향상법

미국 「장애인 교육 향상법(Individuals with Disabilities Education Improvement Act: IDEIA)」(2004)에서 제안한 학습장애에 대한 정의를 살펴보면 다음과 같다.

- 일반: 특정학습장애(specific learning disabilities)란 언어, 즉 구어와 문어의 이해와 사용에 포함된 기본적인 심리과정 중 한 가지 또는 그 이상의 장애를 의미하는 것으로 듣기, 생각하기, 말하기, 읽기, 쓰기, 철자 또는 수학 계산에서의 불완전한 능력을 말함
- 포함장애: 지각장애, 뇌손상, 미세뇌기능장애, 난독증, 발달적 실어증
- 비포함장애: 시각장애, 청각장애, 운동기능상의 장애, 정신지체, 정서장애, 환경적, 문화적 또는 경제적 결손

3) 학습장애공동협회

미국의 학습장애공동협회(National Joint Committee on Learning Disabilities: NJCLD, 1998)에서는 학습장애에 대한 정의를 다음과 같이 명시하고 있다.

- 학습장애(learning disabilities)란 듣기, 말하기, 읽기, 쓰기, 추론하기, 수학적 능력의 습득과 사용에 있어서의 심각한 어려움으로 나타나는 이질적인 장애집단을 지칭하는 포괄적인 용어다. 이러한 장애는 개인 내적으로 발생하며, 중추신경계의 기능장애에 기인한 것으로 추정되며, 일생 전반에 걸쳐 나타날 수 있다. 자기조절 행동, 사회적 지각, 사회적 상호작용 등에 있어서의 문제가 학습장애와 함께 나타날 수도 있지만 이러한 특성만으로는 학습장애로 판별되지 않는다. 학습장애는 기타 장애(예: 감각장애, 지적장애, 정서·행동장애) 또는 환경적인 영향(문화적 차이, 불충분하거나 부적절한 교수)과 동시에 나타날 수 있으나, 이러한 기타 장애나 환경적인 영향의 결과로 인해서 발생하는 것은 아니다.

미국 「장애인 교육 향상법」과 학습장애공동협회에 명시된 정의는 다음과 같은 공통적인 요소를 포함한다(김일명 외, 2013).

- 학습장애의 원인: 학습장애와 관련하여 아직 밝혀지지 않은 원인에 대하여 각각 심리과정상의 장애 혹은 중추신경계통의 이상으로 가정
- 학습장애의 문제 영역: 학습장애가 나타나는 문제 영역을 열거하면서 개인에 따라 이질적으로 나타날 수 있음을 명시
- 학습장애의 심각성: 문제 영역에서 능력상의 결함 혹은 유의한 어려움이라는 표현을 가지고 학습상의 심각성 정도 명시
- 배제 조건: 다른 장애나 환경적인 영향으로 학습장애를 가진 경우의 제외 여부

2. 학습장애의 분류

학습장애의 분류는 가장 널리 사용되고 있는 미국정신의학회(American Psychiatric Association: APA, 1994)의 『정신 장애 진단 및 통계 편람-제4판(DSM-IV)』에 따르면,

개인의 생활연령, 측정된 지능, 연령에 알맞은 교육에 따라 기대하게 되는 수준보다
상당히 낮은 학문적 기능 수행을 학습장애로 정의하고, 읽기장애, 수학장애, 문자에
의한 표현장애, 불특정 학습장애로 분류하고 있다. 그러나 2013년 개정된 『정신 장애
진단 및 통계 편람-제5판(DSM-5)』에서는 학습장애를 읽기 손상 수반형, 쓰기 손상
수반형, 수학 손상 수반형으로 분류하고 있다.

　국립특수교육원(2009)은 학습장애를 발현 시점에 따라 발달적 학습장애와 학업
적 학습장애라는 두 가지 유형으로 분류하고 있다. 발달적 학습장애(developmental
learning disabilities)는 학령 전기 아동들 중 학습과 관련된 학습 기능에 현저한 어려움
을 보이는 아동으로 구어장애, 주의집중장애, 지각장애, 기억장애, 사고장애 등으로

[그림 4-1] 학습장애의 분류

출처: 미국정신의학회(APA, 1994): 대학의학회(2010) 재인용.

나타날 수 있다. 학업적 학습장애(academic learning disabilities)는 학령기 이후 학업과 관련된 영역에서 현저한 어려움을 보이는 경우로 읽기장애, 쓰기장애, 수학장애 등으로 나뉜다.

1) 발달적 학습장애

첫째, 구어장애는 의사소통장애의 일종으로 단어를 첨가, 삭제, 왜곡, 대치하거나, 말을 더듬거나, 목소리의 고저를 조절하지 못한다.

둘째, 주의집중장애는 주의력이 결핍되어 학습 시 필요한 자극을 선별해 내지 못하거나, 주의력 결핍으로 인해 또래의 기대되는 정도에서 일탈하여 가정이나 학교생활에 지장을 초래한다.

셋째, 지각장애는 여러 물체를 바르게 인식하는 감각 처리에 결함이 있어 문자 학습의 기초 기능 수행이 곤란하며, 모양의 형태 및 소리, 맛, 냄새 등의 식별 활동에도 문제가 발생한다.

넷째, 기억장애는 단기 및 장기 기억의 어려움으로 새로운 것을 학습하여 기억하는 것이 어렵다.

다섯째, 사고장애는 사고과정이나 사고 형태, 사고 내용과 관련한 장애로서 동문서답식의 답을 하거나 비논리적으로 생각하거나 현실에 맞지 않는 사고를 하는 경우다.

2) 학업적 학습장애

첫째, 읽기장애는 대부분의 학습장애아동이 어려움을 가지는 장애 영역으로 문자 해독을 통해 이루어지는 단어 재인 문제, 적절한 속도로 읽지 못하는 읽기 유창성 문제, 읽기 이해에 어려움을 가지는 읽기 이해 문제 등이 포함된다. 즉, 읽기장애는 개인의 연령이나 측정된 지능 및 교육 정도에 비해 읽기 능력이 현저하게 떨어지는 경우를 말한다. 예를 들어, 단어를 빼고 읽거나 더듬거리거나 글자의 순서들을 바꾸어 읽거나 일상적인 글자를 구분하지 못하는 경우 등이 있다. 또한 일부의 읽기장애의 경우, 글자들을 능숙하게 읽을 수 있지만, 읽은 내용의 뜻을 이해하는 데 어려움을 보인다.

둘째, 쓰기장애는 연령, 지능, 교육 정도에 비해 현저하게 낮은 쓰기 기술을 보이는 경우다. 즉, 글자를 제대로 기억하지 못하고 틀리게 쓴 글자를 자세히 살피지 못하는 글자 쓰기 문제, 불필요한 글자를 삽입·생략하거나 다른 문자로 대체하거나 소리 나는 대로 적거나 관련 없는 모음을 쓰는 것과 같은 철자 문제, 그리고 글쓰기 기술이 부족한 쓰기 표현 문제 등이 포함된다. 즉, 쓰기장애아동은 글을 쓰는 속도가 느리고, 글을 쓸 때 사용하는 어휘가 제한되어 있으며, 자신의 생각을 글로 표현하는 능력이 떨어진다. 그리고 문장의 구성이 엉성할 뿐 아니라 문법이나 철자법에 오류가 많고, 글씨를 알아보기 힘들다.

셋째, 수학장애는 수학계산장애와 수학추리장애가 포함된다. 이들은 숫자나 기본적인 수학 부호의 의미를 잘 이해하지 못하고 기본적인 산수 계산에서 잦은 오류를 범하기도 한다. 그리고 도형이나 분수, 소수 등과 관련된 문제들을 잘 풀지 못할 뿐 아니라 숫자가 포함된 차트나 그래프를 이해하는 것에도 어려움이 있다. 또한 수학문제를 계산하는 데 부주의한 실수를 많이 하며, 정해진 시간 내에 과제를 수행하지 못한다.

3. 학습장애의 진단기준 및 선정 절차

1) DSM-5에 의한 진단기준

학습장애에 대한 진단기준은 다양하게 제시되고 있다. 미국정신의학회(2013)의 『정신 장애 진단 및 통계 편람-제5판(DSM-5)』에서는 학습장애의 진단기준을 다음과 같이 제시하고 있다.

A. 학습기술을 배우고 사용하는 어려움이 있고, 그러한 어려움에 대한 중재를 제공했음에도 불구하고, 적어도 6개월 동안 다음과 같은 증상 중 1개 이상 나타난다.

1. 부정확하거나 느리고 힘들게 단어 읽기(예: 한 단어를 부정확하거나 느리고 더듬거리며 읽기, 단어를 자주 억측하기, 소리 내어 단어 읽기 곤란)
2. 읽은 것의 의미 이해 곤란(예: 본문을 정확하게 읽을 수 있으나 순서, 관계, 추리 를 이해하지 못하거나 읽은 것의 깊은 뜻을 이해하지 못함)
3. 철자 쓰기 곤란(예: 모음이나 자음을 더하거나 빼거나 대치시킴)
4. 글쓰기 곤란(예: 문장 내에서 여러 문법적 혹은 구두점 오류, 빈약한 단락 구성, 개념에 대한 글쓰기의 명료성 부족)
5. 수 이해, 수 개념 혹은 계산하기 곤란(예: 수 크기 및 관계의 이해 부족, 또래처럼 산수 계산을 암산으로 하지 않고 손가락으로 한 자릿수를 계산하기, 수학 계산을 하는 중간에 어찌할 바를 모르다가 절차를 바꾸기)
6. 수학적 추리 곤란(예: 양적 문제를 풀기 위하여 수학적 개념, 실제 혹은 절차를 응용하기 심히 곤란)

B. 이런 학업기술이 또래 연령의 기대치보다 실제적이고 양적으로 부족하여 학업 또는 작업 수행 혹은 일상생활 활동을 심하게 방해해야 하며, 개별 표준화 성취도검사와 포괄적 임상평가에서 확인되어야 함. 17세 이상의 경우, 학습곤란 내력의 증명 서류로 표준화 평가를 대치할 수 있다.

C. 학습곤란이 학령기에 시작하지만 학업기술에 대한 요구가 자신의 제한 능력보다 클 때 분명하게 나타날 수 있다.

D. 학습곤란은 지적장애, 부정확한 시력 혹은 청력, 기타 정신 혹은 신경학적 장애, 심리사회적 역경, 학교 수업 시 언어의 능력 부족 혹은 부적절한 교수 등으로 설명되지 않는다.

〈세부 유형〉
* 읽기 손상 수반형: 단어 읽기 정확도, 읽기율 혹은 유창성, 독해력
* 쓰기 손상 수반형: 철자 정확도, 문법 및 구두점 정확도, 글쓰기의 명확성 혹은 구성
* 수학 손상 수반형: 수 이해, 계산 기억력, 계산의 정확성, 산수 추리의 정확성

〈심도〉
경도/중등도/중도

출처: 미국정신의학회(APA, 2013).

2) 선정 절차

학습장애에 대한 선정 절차는 1단계로 선별 및 의뢰, 2단계로 진단·평가 실시 및 결과 보고, 3단계로 특수교육대상자 선정의 과정을 거친다. 이를 구체적으로 살펴보면 [그림 4-2]와 같다.

1단계: 선별 및 의뢰 〈각급학교의 장 및 보호자〉	2단계: 진단·평가 실시 및 결과 보고 〈특수교육지원센터〉	3단계: 특수교육대상자 선정 〈교육감 또는 교육장〉
※ ①+② 필수 제출 ① 기초학력 평가에서 부진학생으로 선별된 결과 ② 학생의 학업 수행이 또래에 비해 낮다는 것을 증명할 수 있는 교사의 관찰 평가 ※ ①, ②, ③, ④ 중 1개 이상 선택 제출 ① 국가수준학업성취도 평가에서 부진학생으로 선별된 결과 ② 교과학습 진단평가에서 부진학생으로 선별된 결과 ③ 학습장애 선별검사에서 학습장애 위험군으로 선별된 결과 ④ 외부 전문기관의 학습장애 관련 검사 결과 ※ 부모가 직접 의뢰할 경우, 진단 평가 의뢰서를 작성하여 제출	① 선별검사 결과 ② 지능검사 결과 표준화된 개인별 지능검사 결과에서 전체 지능지수가 70 이상인 자 ③ 학력진단검사 결과 표준화된 개인별 학업성취도 검사 결과에서 하위 16%ile(백분위 16) 혹은 −1SD에 해당하는 자 ④ 배제요인 검토 결과 다른 장애(예: 감각장애, 정서·행동장애)나 외적 요인(예: 가정환경, 문화적 기회 결핍)이 학습문제의 직접적인 원인이 되는 경우는 제외(단, 학습의 문제가 다른 장애나 외적 요인의 직접적인 결과인 것으로 명확하게 밝혀지지 않은 경우, 위의 ①~④ 조건을 만족시키면 학습장애로 진단하여야 함)	교육장 또는 교육감은 해당 특수교육위원회의 심사(검사 결과 및 제출 자료 등 검토)를 거쳐 학습장애를 지닌 특수교육대상자로 최종 선정

[그림 4-2] **학습장애 선정 절차**

출처: 영광교육지원청(2015).

4. 학습장애의 원인

1) 신경학적 요인

학습장애의 원인을 규명하기 위한 노력은 지속적이고 다각도로 이루어져 왔으나, 아직까지 명확한 원인을 제시하지 못하고 있다. 다만 지금까지의 연구를 통해서 학습장애를 일으킬 수 있는 원인으로 밝혀져 있는 주된 요인들 중 하나로 전문가들은 신경학적인 요인들을 제시하고 있다. 즉, 중추신경계의 기능장애가 원인이 될 수 있음이 제기되었지만 설득력을 얻지 못했다. 그러나 최근에는 의학기술의 발달로 컴퓨터 단층촬영(CAT), 자기공명촬영(MRI), 기능성 자기공명촬영(fMRI) 등의 기술이 발달되면서 학습장애, 특히 읽기장애를 지닌 사람과 일반 사람들 간에는 두뇌의 구조와 기능에 있어서 차이를 보이는 것으로 보고되고 있다(Shaywitz et al., 2007; Simos et al., 2007).

2) 유전적 요인

학습장애와 관련하여 유전적인 요인이 그동안 계속 제기되어 왔고, 많은 연구가 진행되었다. 특정 유전자 결함으로는 읽기장애의 원인이 되는 1, 2, 3, 6, 11, 15, 18번 유전자 결함을 들 수 있는데, 이 중 6번 유전자는 음운 처리, 표기 처리, 개별 단어 읽기, 음소 인식에 문제를, 15번 유전자는 철자장애 문제를 유발하였다(김종현 외, 2015). 그리고 Smith(2004)는 학습장애아동의 가계를 조사한 결과, 부모가 읽기장애를 가지고 있는 경우 아동이 읽기장애를 가질 수 있는 확률은 대략 30~50% 정도인 것으로 보고하였다. 또한 쌍생아 연구를 통해서도 학습장애의 유전적 요인이 지적되었는데, 일란성 쌍둥이가 이란성 쌍둥이보다 학습장애가 함께 나타나는 경우가 높은 것으로 나타났다(Thompson & Raskind, 2003). 이러한 일련의 연구 결과들은 학습장애의 유전 가능성을 시사하고 있다고 볼 수 있다.

3) 의학적 요인

학습장애를 일으킬 수 있는 의학적 요인으로는 조산, 당뇨, 뇌막염, 심장박동 정지 등이 있다(강대옥 외, 2012, p. 272 재인용)

- 조산: 조산은 아동을 신경학적 손상, 학습장애 및 다른 장애의 위험에 처하게 한다. 한 연구에 따르면, 저체중, 조산아동의 19%는 학습장애를 지니고 있었다.
- 당뇨병: 당뇨병은 신경정신성 문제와 학습장애를 일으킬 수 있다. 연구에 따르면, 5세 이전의 조기 당뇨병 발병 아동은 학습장애가 될 가능성이 있다.
- 뇌막염: 뇌에 대한 다양한 바이러스와 박테리아균에 의한 감염인 뇌막염은 뇌손상을 일으킬 수 있다.
- 심장박동 정지: 아동에게는 거의 발생하지 않지만, 심장박동 정지는 뇌로 유입되는 산소와 혈액의 손상을 가져올 수 있으며, 이것이 뇌손상을 일으킨다. 심장박동 정지를 겪는 아동은 신경정신학, 성취 및 적응행동 척도에서 다양한 결함을 가진 것으로 나타났다.

4) 환경적 요인

학습장애의 정의에서는 문화적인 차이, 교육기회의 결여 등의 외부적인 요인에 의하여 발생하는 경우는 제외하고 있다. 그러므로 환경적 요인이라 함은 생애주기별로 뇌기능 장애의 가능성을 높여 학습장애아동의 출산에 직간접적인 영향을 줄 수 있는 요인이며, 배제조건에 해당하는 환경(문화적 및 경제적 실조, 불충분한 혹은 부적절한 교육 등)과는 구별되어야 한다(강대옥 외, 2012). 즉, 이러한 조건이 학습장애와 함께 나타날 수 있으나 직접적인 원인은 아니라고 할 수 있다. 그러나 생후 초기에 심리적 자극이나 영양이 결핍된 경우, 약물중독 등은 환경적인 요인이 될 수 있다.

5. 학습장애의 특성

1) 보편적 특성

학습장애아동은 다양한 특성을 가지고 있다. 어떤 아동은 한두 가지의 특성을 가지고 있기도 하고, 어떤 아동은 여러 가지 특성을 동시에 가지고 있는 경우도 있다. 이러한 특성은 대다수 학령기 말이나 초등학교에 입학하여 정규 학교교육이 시작되는 시기가 되어야 뚜렷이 나타나기 시작한다. 그리고 보통 2, 3학년이 되어서야 진단할 수 있는 경우도 있다. 이러한 특성과 관련하여 학습장애아동이 가지고 있는 보편적 특성은 〈표 4-1〉과 같다.

표 4-1   학습장애아동의 보편적 특성

학 습	사회성	행 동
• 잠재력에 비해 낮은 학업 성취 • 교육에 대한 무반응 • 가르치기 어려움 • 문제를 해결하지 못함 • 학습 능력의 불균형 • 수동적인 학습 방식 • 빈약한 기초 언어 기술 • 빈약한 기초 읽기 및 부호 해독 기술 • 비효율적인 정보처리 능력 • 일반화하지 못함	• 미성숙함 • 사회적으로 수용되지 못함 • 사회적 또는 비구어적 단서를 잘못 해석함 • 잘못된 결정을 내림 • 괴롭힘을 당함 • 사회적 결과를 예측하지 못함 • 사회적 전통(예절)을 따르지 못함 • 거부됨 • 지나치게 순진함 • 수줍음, 위축, 불안정 • 의존적임	• 주의집중이 어려움 • 산만함 • 과잉행동 • 충동성 • 빈약한 협응 • 정돈되지 못함 • 동기가 결여됨 • 의존적임

출처: 이소현, 박은혜(2011), p. 120 재인용.

2) 학업적 특성

학습장애아동은 가장 기초적인 학습에 어려움을 가지고 있을 뿐만 아니라 대부분 모든 과목에서 문제를 보인다. 이는 학습장애아동이 가지고 있는 대표적인 특성 중 하나라고 할 수 있다. 학습장애아동은 초등학교 기간에 능력과 성취도의 불일치를 보이기 시작하는데, 어떤 영역은 또래와 비슷하지만 특정 영역에서는 기대에 맞지 않는 성취도를 보이기도 한다(Smith et al., 2004). 즉, 아동이 가지고 있는 잠재력보다 수준이 낮은 학업 능력을 나타낸다.

읽기 영역에서는 글자를 정확하게 읽지 못하거나, 읽은 글자를 이해하는 능력이 또래에 비해 대체적으로 떨어진다. 그리고 쉬운 글자도 틀리게 읽기도 하며, 줄을 건너뛰고 읽거나 읽는 속도가 늦다. 또한 받침을 생략하거나 없는 받침을 첨가하거나 대치시켜 읽기도 하며, 단어를 재인하는 데에도 문제를 보인다. 특히 읽기에 심각한 어려움을 보이는 경우를 난독증(dyslexia)이라고 한다(Lerner & Jones, 2011). 난독증은 듣고 말하는 데는 별 다른 지장을 느끼지 못하지만 단어를 정확하게 읽거나 철자를 인지하지 못하는 것으로서 학습장애의 일종이다.

쓰기 영역에서는 쓰기를 구성하고 작업하는 데 어려움을 보인다. 즉, 쓰기 속도가 매우 느리고, 몇 문장을 완성하는 것을 힘들어하며, 어휘가 제한되어 있고, 적절한 단어를 생각해 내는 것에도 어려움을 보인다. 그리고 대화 시 별 문제가 없는 경우에도 글로 표현하는 것이 미숙할 수 있다. 그 외에도 문법적으로 올바른 문장이나 단락을 쓰는 데 결함이 있는 경우도 있으며, 써 놓은 글을 재검토하는 데도 어려움을 겪는다. 또한 받아쓰기 및 철자 쓰기에서 소리 나는 대로 쓰거나 읽기와 마찬가지로 받침을 생략하거나 없는 받침을 첨가하거나 대치시켜 쓰기도 한다. 여기서 유의할 점은 별다른 문제없이 철자 오류를 보이거나 악필인 경우와는 구분되어야 한다.

수학 영역에서는 기초적인 셈하기 기술과 관련된 사칙연산을 제대로 습득하지 못한다. 그리고 +, −, × 와 같은 부호를 혼동하기도 하고, 문장제 문제에 대해 이해를 못하거나, 자릿수의 공간적 배열을 이해하지 못해 답을 틀리기도 한다. 즉, 취학 전 기본

수학 개념의 습득 정도가 불충분하며, 공간지각 능력이 미흡하다. 동시에 읽기의 어려움으로 인해 수학 문장제 문제 혹은 지시문을 이해하는 데 어려움을 보인다(김동일 외, 2010). 이와 같이 학습장애아동은 가장 기본적인 학습기술에 어려움을 나타내기 때문에 다른 교과 영역에도 영향을 미치게 되고, 이로 인해 대체적으로 전반적인 학업 영역에 결함을 보이게 된다.

3) 사회정서적 특성

모든 학습장애아동이 사회정서적 문제를 보이는 것은 아니지만, 학업문제나 자아개념, 자존감, 자기통제, 대인관계 등의 문제들이 학습장애아동의 사회정서적 측면에 부정적인 영향을 끼친다. 거듭된 학업성취의 문제 및 사회적 관계가 이들에게 빈약한 자아개념을 가지게 하며, 이러한 자아개념은 교사 및 부모의 기대와 일치하지 않을 수 있기 때문에 또래에 비해 일반적으로 미약하다. 뿐만 아니라 자아개념과 밀접하게 연계되어 있는 자존감 역시 과제에 대한 낮은 동기 유발과 많은 실패를 경험한 것으로 인해 전반적으로 낮다. 그리고 과제수행 상황에서 아동이 자신의 행동을 조정할 수 있는 능력인 자기통제에서도 문제를 보여 학습과제의 수행 시 충동적으로 반응하는 경우가 많아 많은 오류를 범하게 된다. 또한 학습장애아동은 적절한 대인관계를 형성하고 지속하는 능력에 있어서도 결함을 보임으로써 또래와의 사회적 상호작용 기회의 부족을 가져올 수 있다. 특히 상호작용 중에 사회적 단서를 잘 해석하지 못함으로써 또래와의 관계를 형성하거나 유지하는 데 어려움을 가지게 된다. 즉, 사회적 인지 능력의 결함으로 인해 다른 사람들의 감정 및 느낌 등을 잘못 이해하거나 미숙한 판단으로 적절한 사회적 상호작용 관계를 유지하기가 쉽지 않다.

이러한 사회인지 기술의 수행 결함으로 인한 사회적응의 문제는 학습장애아동의 학업문제에까지 연계될 수 있다. 그리고 상황에 맞지 않는 행동과 자신의 행동이 가져올 결과에 대하여 미리 예측하거나 받아들이기도 쉽지 않다(박승희 외, 2007). 뿐만 아니라 모든 실패의 원인이 자신에게 있다고 생각하는 부정적인 자기귀인을 갖는다

(Mercer & Mercer, 2005). 결과적으로 이러한 여러 가지 상황들이 겹쳐 정서적으로 미숙한 모습을 보이고, 자신의 행동에 대한 반성적 사고를 잘 하지 않으며, 쉽게 흥분하고 충동적이며, 좌절 또한 빠르다(김동일 외, 2009). 그러나 우리나라에서는 아직까지 이에 대한 인식이 부족한 편이며, 따라서 학습장애아동의 교육에 있어서 이들의 사회정서적 특성을 이해하고 사회성 증진을 위한 교육이 이루어져야 함이 강조되고 있다(신현기, 2008).

4) 주의집중 및 과잉행동의 문제

일정한 자극에 집중할 수 있는 능력은 학업성취에도 영향을 미친다. 그러나 학습장애아동은 과제에 주의집중하기 어려워하거나 지나치게 많이 움직이고 활동하는 등 과잉행동을 보이곤 한다. 구체적으로는 과제를 수행하거나 완성하기 어려워하며, 지시 따르기에 문제를 보이고, 일정 시간 이상 한 가지 과제에 집중하지 못하며, 쉽게 방해를 받고 산만해지는 등의 행동특성을 보이곤 한다(이소현, 박은혜, 2011). 즉, 주의력결핍 과잉행동장애(Attention Deficit Hyperactivity Disorder: ADHD)는 학습장애와 함께 자주 나타나는 장애다. 물론 모든 학습장애아동이 주의력결핍 과잉행동장애를 보이는 것은 아니지만, 학습장애를 지닌 아동의 약 25%가 주의력결핍 과잉행동장애를 가지고 있는 것으로 밝혀지고 있다(한국특수교육연구회, 2009). 미국정신의학협회(American Psychiatric Association: APA, 2000)의 『DSM-IV-TR』은 주의력결핍 과잉행동장애에 대하여 과잉행동, 충동성, 산만함 등의 세 가지 특성을 가지고 있으며, 이러한 행동적 특성이 7세 이전에 나타나 적어도 6개월 이상 지속된다고 정의하고 있다.

미국정신의학회에서 제시하고 있는 주의력결핍 과잉행동장애의 진단기준은 〈표 4-2〉와 같다.

표 4-2 주의력결핍 과잉행동장애의 진단기준(APA, 2000)

1. 주의력결핍과 과잉행동장애의 진단은 아래 1) 또는 2)번 중 한 가지일 때 가능하다.

1) '부주의'에 관한 다음 증상 가운데 6가지 이상의 증상이 6개월 동안 부적응적이고 발달 수준에
   맞지 않는 정도로 지속된다.

- 혼히 세부적인 면에 대해 면밀한 주의를 기울이지 못하거나, 학업, 작업 또는 다른 활동에서 부
  주의한 실수를 저지른다.
- 혼히 일을 하거나 놀이를 할 때 지속적으로 주의를 집중할 수 없다.
- 혼히 다른 사람이 직접 말을 할 때 경청하지 않는 것으로 보인다.
- 혼히 지시를 완수하지 못하고, 학업, 잡일, 작업장에서의 임무를 수행하지 못한다(반항적 행동
  이나 지시를 이해하지 못해서가 아님).
- 혼히 과업과 활동을 체계화하지 못한다.
- 혼히 지속적인 정신적 노력을 요구하는 과업(학업 또는 숙제 등)에 참여하기를 피하고, 싫어하
  고, 저항한다.
- 혼히 활동하거나 숙제하는 데 필요한 물건들(예: 장난감, 학습 과제, 연필, 책 또는 도구)을 잃어
  버린다.
- 혼히 외부의 자극에 의해 쉽게 산만해진다.
- 혼히 일상적인 활동을 잊어버린다.

2) '과잉행동-충동'에 관한 다음 증상 가운데 6가지 이상의 증상이 6개월 동안 부적응적이고 발달
   수준에 맞지 않을 정도로 지속된다.

• 과잉행동 증상
  - 혼히 손발을 가만히 두지 못하거나 의자에 앉아서도 몸을 꼼지락거린다.
  - 혼히 앉아 있도록 요구되는 교실이나 다른 상황에서 자리를 떠난다.
  - 혼히 부적절한 상황에서 지나치게 뛰어다니거나 기어오른다(청소년 또는 성인 경우에는 주
    관적인 좌불안석으로 제한될 수 있다).
  - 혼히 조용히 여가 활동에 참여하거나 놀지 못한다.
  - 혼히 '끊임없이 활동하거나' 마치 '자동차(무엇인가)에 쫓기는 것'처럼 행동한다.
  - 혼히 지나치게 수다스럽게 말을 한다.
• 충동성 증상
  - 혼히 질문이 채 끝나기 전에 성급하게 대답한다.
  - 혼히 차례를 기다리지 못한다.

– 흔히 다른 사람의 활동을 방해하고 간섭한다(예: 대화나 게임에 참견).

2. 장해를 일으키는 과잉행동–충동 또는 부주의 증상이 7세 이전에 있었다.
3. 증상으로 인한 장해가 2가지 또는 그 이상의 장면에서 존재한다. (예: 학교 또는 작업장, 가정에서)
4. 사회적, 학업적, 직업적 기능에 임상적으로 심각한 장해가 초래된다.
5. 증상이 광범위성 발달장애, 조현병(정신분열증) 또는 기타 정신증적 장애의 경과 중에만 발생하지 않으며, 다른 정신장애(예: 기분장애, 불안장애, 해리성 장애, 인격장애)에 의해 잘 설명되지 않는다.

출처: 미국정신의학회(APA, 2000)

5) 인지 및 기억력 특성

학습장애아동은 조직적으로 사고하는 능력이 부족하여 자신의 생활을 체계적으로 계획하거나 구성하는 데 어려움을 보인다. 조직적으로 사고하는 능력이란 인지 능력을 의미하며, 인지 능력이란 사고하고 전략을 사용하고 문제를 해결하는 능력을 말한다. 학습장애아동은 이와 같은 인지 능력에 문제를 보이기 때문에 기억력에 있어서도 결함을 보인다(이소현, 박은혜, 2011). 특히 장기기억보다는 단기기억에 더 어려움을 보이는데, 단기기억력을 높이기 위해서는 기억하려고 하는 정보에 집중해야 한다. 그러나 학습장애아동은 대체적으로 주의집중의 문제를 가지고 있기 때문에 기억력 문제는 보다 심각하다(권현수 외 공역, 2011). 이렇게 기억력에 있어 결함을 보이는 가장 큰 이유는 암기를 위해서 학습전략을 사용하지 않기 때문이다(박현숙 외 공역, 2007). 예를 들어, 단어를 암기할 때 단어의 첫 글자를 모아서 외우거나 같은 종류끼리 묶어서 외우는 등의 암기전략을 비장애아동에 비해 적절하게 사용하지 못한다.

6) 발달 시기에 따른 행동 특성

학습장애아동의 발달 시기에 따른 행동 특성은 개인적으로 차이가 있을 수 있지만 일반적으로는 〈표 4–3〉과 같다.

표 4-3   학습장애아동의 발달시기에 따른 행동 특성

유치원	초등학교 저학년	초등학교 고학년 및 중학교	고등학교 및 성인
• 대부분의 다른 아동보다 늦게 말을 함 • 발음 문제를 보임 • 어휘 발달이 느리고 적절한 단어를 찾아 사용하기 어려워함 • 말의 운율을 만들기 어려워함 • 숫자, 낱글자, 요일, 색깔, 모양 등의 학습이 어려움 • 집중하지 못함 • 또래와 상호작용을 잘하지 못함 • 지시나 일과를 따르기 어려워함 • 소근육 운동기술이 느리게 발달됨	• 글자-소리 관계 학습이 어려움 • 기본적인 단어를 혼동함 • 읽기와 맞춤법에서 동일한 실수를 지속적으로 보임 • 숫자의 순서를 바꾸고 수학 부호를 혼동함 • 사실을 잘 기억하지 못함 • 새로운 기술 학습이 느리고 암기에 주로 의존함 • 충동적이고 계획을 세우기 어려워함 • 연필을 안정되게 잡지 못함 • 시간학습이 어려움 • 협응이 빈약하고 물리적 환경을 인식하지 못하여 사고가 잘 남	• 글자의 순서를 바꿈 • 접두사, 접미사, 어근, 기타 맞춤법 전략 학습이 느림 • 큰소리로 읽으려고 하지 않음 • 단어 문제 풀기를 어려워함 • 글자 쓰기를 어려워함 • 연필을 주먹으로 꼭 쥐는 등 이상하게 잡음 • 쓰기 과제를 회피함 • 사실을 잘 기억하지 못함 • 친구를 잘 사귀지 못함 • 몸짓 언어와 얼굴 표정을 이해하기 어려워함	• 동일한 문서 내에서 같은 단어의 맞춤법을 다르게 사용함 • 읽기나 쓰기 과제를 회피함 • 요약하기에 어려움을 보임 • 시험에서 주관식 문제를 어려워함 • 암기 기술이 빈약함 • 새로운 상황에 적응하기 어려워함 • 일의 속도가 느림 • 추상적인 개념을 잘 이해하지 못함 • 내용의 상세한 부분에 거의 집중하지 않거나 지나치게 집중함 • 정보를 잘못 읽음

출처: 이소현, 박은혜(2011), p. 130 재인용.

6. 학습장애아동의 교육

1) 지도계획

학습장애아동을 교육하기 위한 적절한 교수전략이나 지도계획을 제시하는 것은 쉽지 않다. 다만 학습장애아동이 가지고 있는 다양한 특성들을 고려할 때 학습 장면

에서 겪는 어려움뿐만 아니라 사회정서적인 부분과 관련하여 대인관계 기술 향상, 학습된 무력감을 치유하고 자신감을 가질 수 있도록 지도하는 방안과 주의집중력에 대한 문제, 기억력을 향상시킬 수 있는 전략 사용 등 약점을 보완할 수 있는 다양한 지도계획 및 교수전략이 병행되어야 하는 것이 바람직하다고 할 수 있다. 학습장애아동을 대상으로 지도계획을 수립할 때, 교사는 어떠한 교수 내용과 방법을 제공하는 것이 가장 효과적일 것인가를 결정하기 위해서 각 아동의 개인적인 특성 및 요구를 잘 파악해야 함을 명심해야 한다. 교사가 학습장애아동을 이해하고 지도계획을 교수 실제에 적용시키고자 노력할 때 비로소 학습장애아동의 학업성취도 향상도 기대할 수 있을 것이다.

(1) 개별화교육

'개별화교육'이란 각급학교의 장이 특수교육대상자 개인의 능력을 계발하기 위하여 장애유형 및 장애특성에 적합한 교육목표 · 교육방법 · 교육내용 · 특수교육 관련서비스 등이 포함된 계획을 수립하여 실시하는 교육을 말한다(「장애인 등에 대한 특수교육법」 제7조). 즉, 개별화란 아동의 특별한 요구에 적합한 교육적 프로그램 작성을 의미한다. 프로그램이 계획될 때는 아동의 능력과 학습 양식에 유용한 것이어야 하고, 아동의 요구에 부합되어야 한다. 「장애인 등에 대한 특수교육법」은 아동의 특성과 교육여건에 따라 개별화교육 프로그램(IEP)을 작성하도록 규정하고 있다. 개별화교육계획에는 특수교육대상자의 인적사항과 특별한 교육지원이 필요한 영역의 현재 학습수행수준, 교육목표, 교육내용, 교육방법, 평가계획 및 제공할 특수교육 관련서비스의 내용과 방법 등이 포함되어야 한다(「장애인 등에 대한 특수교육법 시행규칙」 제4조).

(2) 아동의 학습 양식에 맞는 과제 제시

학습장애아동의 학업 성취력을 향상시키기 위해서는 다양한 방법으로 과제를 제시해 주어야 효율적이다. 이에 적절한 과제를 제시하기 위한 방법은 다음과 같다(김윤옥, 2005)

첫째, 복잡한 자극의 간결화로 학습장애아동은 한꺼번에 여러 가지 요소를 획득하는 데 어려움이 많기 때문에 복잡한 내용이나 자극을 분산시킬 수 있다. 여러 가지 단서 중에서 가장 중요한 특성을 찾을 수 있도록 도와주는 방법도 있다. 예를 들어, 영어 철자의 'b'와 'd'는 수평방향으로 적는 것보다는 수직방향으로 적어 아동이 쉽게 단서를 찾아 구별하도록 도와줄 수 있다. 한글에서도 'ㅏ'와 'ㅓ'에 빈번한 오류를 범하는 아동을 위해서도 수직방향 나열이 효과적일 수 있다. 반면에, 'p'와 'b', 'ㅗ'와 'ㅜ'의 경우는 가로방향의 나열이 더 유리할 것이다.

둘째, 불필요한 요소 배제로 학습장애아동이 그림이 있는 책을 읽은 경우와 글씨만 있는 책을 읽은 경우를 비교해 보면 그림이 있는 책을 읽은 아동은 그림을 우선 보고 내용을 추측하여 정작 글의 뜻을 이해하고 분석하는 활동을 제대로 하지 못하는 경향을 보인다.

셋째, 정보처리 속도에 적합한 시간 배정으로 학습장애아동은 일반아동에 비해 정보를 처리하는 속도가 늦어서 더 많은 시간이 요구된다. 그러나 충분한 시간을 제공하였을 경우에는 일반아동과 비슷한 수행 수준을 보인다는 연구 결과들이 있다. 그러므로 교사와 어른은 아동이 질문에 적절히 대답할 수 있는 시간을 배려하도록 노력해야 한다. 그리고 질문의 요지를 정확하게 설명한 후, 적절한 단서를 주고 나서 몇 초만 더 기다려 준다면 아동의 참여 기회가 증진될 수 있을 것이다.

넷째, 아동의 연습 욕구에 맞는 과제의 반복으로 반복이 학습에 있어 매우 중요하지만, 반복하는 횟수를 아동에게 부담이 되지 않도록 설정하여야 한다. 왜냐하면 한꺼번에 많은 것을 수행하도록 하는 것은 아동에게 득이 되는 것이 아니라 오히려 해가 되기 때문이다.

다섯째, 아동의 강점을 활용한 과제 선정으로 시각적인 지각이 잘 되는 아동이라면 쉽게 혼동하는 철자의 경우에는 색깔이나 모양을 달리하여 제시해 줄 수 있고, 청각적인 지각을 잘 사용하는 아동에게는 책을 읽도록 하는 것보다는 녹음기를 이용하여 들려주는 것이 바람직하다. 그러나 교사와 어른이 아동의 강점을 이용하여 학습을 진행하더라도 아동의 약점에 대하여 등한시해서는 안 된다.

여섯째, 학습장애아동의 인지 양식에 적합 하여야 한다. 교사와 성인들은 아동이 선호하는 양식을 고려하여, 아동의 활동을 방해하는 요소를 최소화시켜 주어야 한다. 이들은 개념적 사고 수준이 대체로 낮으므로 잘 조직화된 수업양식을 선호한다. 즉, 독자적으로 탐구하는 방법보다는 구체적인 강의 방식이 아동에게 더 효율적이며, 가장 중요한 개념에 집중할 수 있도록 아동 자신의 말로 새로운 개념이나 생각을 말 할 수 있도록 지도하는 것이 좋다.

2) 학습전략 및 직접교수법

학습장애아동을 위한 교수전략은 다양하지만, 여기서는 학습전략(learning strategy)과 관련된 자기교수(self-instruction), 자기점검(self-monitoring), 자기질문(self-questioning), 그리고 직접교수(direct instruction)에 대한 교수전략(teaching strategy)을 알아보고자 한다. 다양한 교수전략을 사용하기 전에 학습장애아동들을 대상으로 한 연구들의 결과를 종합적으로 검토하고 그 효과를 조사하여야 한다. Vaughn, Linan-Thomson과 Hickman(2003)이 제시한 효과적인 교수법들의 특징 및 교수원칙에 유념할 필요가 있다.

• 과제의 난이도를 조절한다. 아동에게 너무 어려운 과제를 제공해서 좌절을 경험하게 하거나, 반대로 너무 쉬운 과제를 제공함으로써 지루해하거나 도전의식을 잃지 않게 한다.
• 상호작용을 할 수 있도록 집단을 소집단으로 구성해야 한다. 소집단에서는 학습장애아동이 다른 친구들과 상호작용을 하면서 수업에 참여하는 것이 가능할 것이다. 반면, 전체 집단이나 대집단 속에서는 자신이 할 수 있는 것을 찾기 어렵고 주눅이 들 수 있을 것이다.
• 고차원적인 사고를 통해 해결할 수 있는 문제해결 기술을 가르쳐야 한다. 교사는 학습장애아동에게 기본 기술을 습득하게 하고, 그것을 복잡한 문제나 상황에 적

용하도록 가르치는 데 소홀하지 않도록 주의해야 한다.

- 초인지 전략을 사용해서 학습하는 과정을 모델로 보여 주고, 내용이나 뜻을 분명하게 가르쳐야 한다. 학습장애아동은 문제를 해결하기 위한 초인지 전략을 잘 알지 못할 뿐 아니라 그것을 언제, 어떤 상황에서, 어떻게 사용해야 하는지 잘 모르기 때문이다.

(1) 학습전략

일반적으로 자기교수법은 자기조절을 하는 데 있어 처음에는 교사의 도움을 받지만 점차적으로 도움이나 촉진(prompt)을 줄여 아동 스스로 문제를 해결하도록 하는 방법이다. 반면 자기점검법과 자기질문법은 스스로의 조절 능력을 더욱 신장시키는 방법이라 할 수 있다. 자기점검은 과제 및 행동에 대해서 본인이 했는지 혹은 몇 번 했는지를 양적으로 체크할 수 있으며, 자기질문은 점검보다는 조금 더 학습과정 중에 효과적으로 활용될 수 있다.

첫째, 자기교수는 과제수행 단계를 자기 자신에게 말하면서 과제를 수행하게 하는 방법이다. 즉, 자기가 자신의 인지과정을 점검하고 통제하는 것으로 자기 스스로를 가르치는 행위를 말한다. 자기교수는 주로 아직 완전히 숙달되지 않은 과제를 가르칠 때 효과적인 것으로 알려져 있다.

Meichenbaum과 Goodman(1971)이 제시한 자기교수 절차는 다음과 같다.

- 1단계-인지적 모델링: 성인 교수자가 큰 소리로 말하면서 과제를 수행하고, 아동은 관찰한다.
- 2단계-외현적 지도: 성인 교수자가 하는 말을 아동이 큰 소리로 따라 말하면서 과제를 수행한다.
- 3단계-외현적 자기지도: 아동이 혼자서 스스로 큰 소리로 말하면서 과제를 수행한다.
- 4단계-외현적 자기지도의 감소: 아동이 혼자서 스스로 작은 소리로 혼잣말을 하

면서 과제를 수행한다.

- 5단계-내재적 자기지도: 아동이 혼자서 스스로 소리 내지 않고 마음속으로 혼잣 말을 하면서 과제를 수행한다.

둘째, 자기점검은 스스로 과제를 얼마나 성취했는지를 지속적으로 점검하는 방법 이다. 즉, 자신이 목표로 세운 과제를 지속적으로 수행했는지 확인하는 것이다. 학습 장애아동은 대체로 또래에 비해 자신의 성취를 잘 점검하지 못하는 것으로 나타났다 (Klingner, Vaughn, & Boardamn, 2007). 그러므로 교사는 아동이 주어진 과제에 대하여 잘 이해하고 있는지, 또는 잘 수행하고 있는지를 점검할 수 있도록 지도함으로써 학습 장애아동의 학업 성취에 도움을 줄 수 있다. 학습장애와 관련된 연구에 따르면 자기점 검은 학습 및 주의집중에 문제를 지닌 아동에게 효과적인 것으로 나타났다(Fletcher et al., 2007; Klingner et al., 2007). 그리고 산만한 아동에게 효과적이며, 일정 부분 숙달된 과제에 적합한 것으로 알려져 있다.

셋째, 자기질문은 학습하는 과정에서 학습자가 스스로 질문하는 것이다. 즉, 과제 를 수행하는 과정에서 스스로 질문하여 자신이 얼마나 이해했는지 점검하여 학습자 의 자기조절 능력을 신장시키는 방법이다. 예를 들어, 자기질문법을 사용하게 되면 아 동은 학습할 내용에 대하여 스스로 "문제가 무엇인가?" "나는 이제 무엇을 해야 하는 가?" "어떻게 할 수 있을까?" "나는 지금 계획한 대로 하고 있는가?" 등의 질문을 함으 로써 자신의 학습과 행동을 조절하게 된다(이소현, 박은혜, 2011).

(2) 직접교수

직접교수는 행동주의 이론에 근거하여 연속적이고 구조화된 학습 자료를 가지고 교사가 주도하는 수업을 의미한다. 그러므로 직접교수의 효과는 교사에 의해 좌우될 수 있다. 특히 모든 영역의 장애아동에게 적용하고 있는 가르쳐야 할 내용을 작은 단 위로 나누어 가르치는 과제분석 방법은 직접교수의 대표적인 교수방법이라고 할 수 있다. 그러므로 직접교수는 학습장애아동의 학업을 향상시키기 위한 효과적인 방법

중 하나로 입증되고 있다. 주요 원칙은 다음과 같다(김동일, 이태수, 2006).

먼저, 구체적인 목표가 설정되어야 하고, 단계별로 성취 기준이 명확하게 제시되어야 한다. 그리고 교사의 단계별 모델링이 이루어져야 하며, 아동이 숙달될 때까지 충분한 연습이 이루어져야 한다. 또한 단계별로 오반응 시 신속한 교정과 직접적인 피드백을 제공해야 하며, 독립적인 과제 수행을 위해 교사 주도의 도움을 줄여 나가야 한다. 마지막으로, 학습된 개념에 대한 평가가 이루어져야 한다.

 점정리

1. 학습장애의 정의
「장애인 등에 대한 특수교육법」(2007) – 개인의 내적 요인으로 인하여 듣기, 말하기, 주의집중, 지각(知覺), 기억, 문제해결 등의 학습기능이나 읽기, 쓰기, 수학 등 학업성취 영역에서 현저하게 어려움이 있는 사람

2. 학습장애의 분류
• 미국정신의학회 – 읽기 손상 수반형, 쓰기 손상 수반형, 수학 손상 수반형으로 분류
• 국립특수교육원 – 학령 전기 아동들 중 학습에 현저한 어려움을 보이는 발달적 학습장애와 학령기 이후 학업에 현저한 어려움을 보이는 학업적 학습장애로 분류

3. 학습장애의 진단기준 및 선정 절차
1) DSM-5에 의한 진단기준(APA, 2013) – 본문 참조
2) 선정 절차 – 1단계: 선별 및 의뢰, 2단계: 진단·평가 실시 및 결과 보고, 3단계: 특수교육대상자 선정

4. 학습장애의 원인
원인은 다양하지만 대체로 신경학적 요인, 유전적 요인, 의학적 요인, 환경적 요인이 작용하고 있다는 연구 결과들이 보고되고 있음

5. 학습장애의 특성
1) 보편적 특성 – 〈표 4-1〉 참조
2) 학업적 특성 – 가장 기초적인 학습에 어려움을 가지고 있을 뿐만 아니라 대부분 모든 과

목에서 문제를 보임

3) 사회정서적 특성 – 학업문제나 자아개념, 자존감, 자기통제, 대인관계 등의 문제들이 학습 장애아동의 사회정서적 측면에 부정적인 영향을 끼침

4) 주의집중 및 과잉행동의 문제 – 학습장애와 함께 자주 나타나는 장애로 약 25%가 주의력 결핍 과잉행동장애를 가지고 있는 것으로 밝혀지고 있음

5) 인지 및 기억력 특성 – 인지 능력에 문제를 보이기 때문에 기억력에 있어서도 결함을 보이고, 이는 암기를 위해서 학습전략을 사용하지 않기 때문임

6) 발달시기에 따른 행동 특성 – 〈표 4-3〉 참조

6. 학습장애아동의 교육

1) 지도 계획 – 복잡한 과제의 간결화, 불필요한 요소 배제, 정보 처리 속도에 적합한 시간 배정, 아동의 연습 욕구에 맞는 과제의 반복, 아동의 강점을 활용한 과제 선정, 아동의 인지 양식에 적합한 과제 제시

2) 학습전략 및 교수전략 – 과제의 난이도 조절, 소집단 구성, 문제해결력 기술 지도, 학습하는 과정을 모델로 보여 주고, 내용이나 뜻을 분명하게 가르쳐야 함

(1) 학습전략 – 과제수행 단계를 자기 자신에게 말하면서 과제를 수행하게 하는 방법인 자기교수, 스스로 과제를 얼마나 성취했는지를 지속적으로 점검하는 방법인 자기점검, 학습하는 과정에서 학습자가 스스로 질문하는 자기질문이 있음

(2) 직접교수 – 교사가 주도하는 수업으로 장애아동에게 가르쳐야 할 내용을 작은 단위로 나누어 가르치는 과제분석 방법이 직접교수의 대표적인 교수방법임

 생각 나누기

1. 학습장애를 분류하여 비교하고 설명해 봅시다.

2. 학습장애의 특성에 대하여 토의해 봅시다.

3. 학습장애아동의 교육과 관련한 지도계획에 대해서 아이디어를 제시해 봅시다.

4. 학습장애아동(친구)에 대한 본인의 경험을 나눠 봅시다.

추천 자료

- 학습장애협회(http://www.bild.org.uk): 학습장애와 관련된 다양한 정보 및 관련 자료 등 제공
- 국립특수교육원(http://www.knise.kr): 특수교육에 관한 전반적인 정보, 특수교육과정 및 교수-학습 자료 등 제공
- 에이블뉴스(http://www.ablenews.co.kr): 장애인 관련 정보 및 기사 제공

 참고문헌

강대옥, 강병일, 김기주, 김남진, 김창평(2012). 특수교육학개론. 서울: 학지사.

교육부(2007). 장애인 등에 대한 특수교육법.

교육부(2010). 장애인 등에 대한 특수교육법 시행규칙.

교육부(2016). 장애인 등에 대한 특수교육법 시행령.

국립특수교육원(2009). 특수교육학 용어사전.

권현수, 서선진, 최승숙 공역(2011). 학습장애: 특성, 판별 및 교수전략. 서울: 학지사.

김동일, 손승현, 전병운, 한경근(2010). 특수교육학개론. 서울: 학지사.

김동일, 이대식, 신종호(2009). 학습장애아동의 이해와 교육(2판). 서울: 학지사.

김동일, 이태수(2006). 직접교수와 진전도 모니터링이 수학학습부진 및 수학학습 장애아동의 기초연산능력 및 발달 패턴에 미치는 효과. 특수교육학연구, 40(3), 171-189.

김윤옥(2005). 학습장애 학생을 위한 교수-학습전략. 경기: 교육과학사.

김일명, 김원경, 조홍중, 허승준, 추연구, 윤치연, 박중휘, 이필상, 문장원, 서은정, 유은정, 김자경, 이근민, 김미숙, 김종인, 인신동(2013). 최신특수교육학. 서울: 학지사.

김종현, 윤치연, 이성현, 이은림(2015). 특수아동의 이해. 경기: 공동체.

박승희, 장혜성, 나수현, 신소니아(2007). 장애관련종사자의 특수교육 입문. 경기: 교육과학사.

박현숙, 신현기, 정대영, 정해진 공역(2007). 학습장애: 토대, 특성, 효과적교수(3판). 서울: 시그 마프레스.

신현기(2008). 학습장애 학생의 사회성 기술지도 방법의 반성적 고찰. 학습장애연구, 5(1), 1-22.

영광교육지원청(2015). 특수교육대상자 선정 · 배치 업무 처리 지침.

이소현, 박은혜(2011). 특수아동교육. 서울: 학지사.

한국특수교육연구회(2009). 최신 특수아동의 이해. 경기: 양서원.

American Psychiatric Association (1994). *Diagnostic and statistical manual of mental disorders* (4th ed.). Washington DC: Author.

American Psychiatric Association (2000). *Diagnostic and statistical manual of mental disorders* (4th ed., Text Revision). Washington DC: Author.

American Psychiatric Association (2013). *Diagnostic and statistical manual of mental disorders* (5th ed.). Washington, DC: Author.

Fletcher, J. M., Lyon, G. R., Fuchs, L. S., & Barnes, N. (2007). *Learning disabilities: From identification to intervention.* New York: Guilford Press.

Individuals with Disabilities Education Improvement of Act of 2004, P. L., 108-446.

Klingner, J. K., Vaughn, S., & Boardamn, A. (2007). *Teaching reading comprehension to students with learning difficulties.* New York: Guilford Press.

Lerner, J. W., & Jones, B. (2011). *Learning disabilities and related disorders* (12th ed.). New York: Wadsworth Publishing.

Meichenbaum, D., & Goodman, J. (1971). Training impulsive children to talk to themselves: A means of developing self-control. *Journal of Abnormal Psychology, 77,* 115-126.

Mercer, C. D., & Mercer, A. R. (2005). *Teaching students with learning problems.* New Jersey: PEARSON.

National Joint Committee on Leaming Disabilities(1998). *Letter to NJCLD member organizations.*

Shaywitz, B. A., Skudlarski, P., Holahan, J. M., Marchione, K. E., Gonstable, R. T., Fulbright, R. K., et al.(2007). Age-related changes in reading systems of dyslexic children. *Annals of Neurology, 61,* 363-370.

Simos, P. G., Fletcher, J. M., Sarkari, S., Billingley-Marshall, R., Denton, C. A., & Papanicolaou, A. C. (2007). Intensive instruction affects brain magnetic activity associated with oral word reading in children with persistent reading disabilities. *Journal of Learning Disabilities, 40*, 37-48.

Smith, C. R. (2004). *Learning disabilities: The interaction of students and their environment*(5th ed.). Boston: Pearson Education.

Smith, T. E., Pollaway, E., Patton, J. R., & Dowdy, C. A. (2004). *Teaching students with special needs in inclusive settings*. Boston: Allyn & Bacon.

Thompson, J. B., Raskind, W. H.(2003). Genetic influencies on reading and writing disabilities. In H. L. Swanson, K. R. Harris, S. Graham (Eds.), *Handbook of learning disabilities* (pp. 256-272). New York: Guilford Press.

Vaughn, S., Linan-Thomson, S., & Hickman, P. (2003). Response to instruction as a means of identifying students with learning/reading disabilities. *Exceptional Children, 69*, 391-409

보건복지부 국가정보포털 http://health.www.go.kr/Main.do

제5장

정서 · 행동장애

정서 · 행동장애는 과거에는 여러 가지 명칭으로 불려 왔다. 즉, 정서불안, 정서장애 혹은 사회부적응 등의 용어를 사용하였으나, 현재에는 정서 · 행동장애라는 용어로 통일되어 사용되고 있다. 모든 인간이 느끼는 정서적 어려움은 공통적이라 할 수 있다. 그러나 정서 · 행동장애는 다양한 상황에서 부적절한 행동 및 문제행동을 지속적으로 나타내고 정서적 어려움을 느낀다. 이는 정도와 시기에 따라 적절한 교육적인 방안을 수립하여야 한다. 이들의 특성을 잘 이해하기 위해서는 정서 · 행동장애에 대하여 다각적인 접근을 할 수 있어야 한다.

이 장에서는 정서 · 행동장애의 정의, 원인, 진단, 특성, 하위유형 및 교육적인 지원 방향에 대하여 살펴보고자 한다.

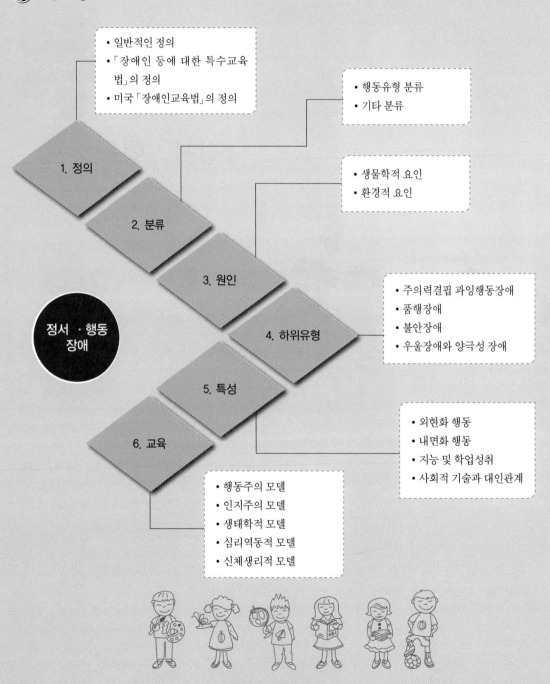

마인드 맵

정서 · 행동 장애

- 일반적인 정의
- 「장애인 등에 대한 특수교육법」의 정의
- 미국 「장애인교육법」의 정의

1. 정의

- 행동유형 분류
- 기타 분류

2. 분류

- 생물학적 요인
- 환경적 요인

3. 원인

4. 하위유형

- 주의력결핍 과잉행동장애
- 품행장애
- 불안장애
- 우울장애와 양극성 장애

5. 특성

- 외현화 행동
- 내면화 행동
- 지능 및 학업성취
- 사회적 기술과 대인관계

6. 교육

- 행동주의 모델
- 인지주의 모델
- 생태학적 모델
- 심리역동적 모델
- 신체생리적 모델

⚽ 학습목표

1. 정서·행동장애의 정의를 구술할 수 있다.
2. 정서·행동장애를 원인을 제시할 수 있다.
3. 정서·행동장애의 특성을 설명할 수 있다.
4. 정서·행동장애에 대한 교육방법을 구술할 수 있다.

⚽ 주요 용어

과잉행동: 과도한 운동기능과 침착성이 결여된 행동

과제분석: 복잡한 행동 기술이나 행동 연쇄를 더 작은 교육 가능한 단위로 나누는 것

기능분석: 자해행동과 같은 부적절한 행동의 원이이나 그 행동을 유지시키는 요인을 전체 환경적인 관점에서 분석하는 기능적인 행동평가의 한 방법

신경학적 손상: 중추신경계의 손상(두뇌, 척수, 신경절, 신경)에 의한 신체적 기능장애

선별: 장애를 가지고 있을 것 같은 아동을 판별하기 위한 노력으로 아동집단을 검사하거나 조사하는 절차. 그다음에 판별된 아동은 더 세심한 검사와 사정을 받도록 공식적으로 의뢰됨

일반화: 이전에 학습한 지식이나 기능을 훈련 장소가 아닌 다른 상황에서 사용하는 것.
    자극일반화는 이전에 학습한 자극이 아닌 다른 유사한 자극이 제시될 때에도 그 행동을 하는 것.
    반응일반화는 이전에 배운 행동과 유사한 행동을 직접 배우지 않고서도 수행하는 것

중재: 장애를 가진 아동과 성인을 위해 이루어지는 어떤 형태의 노력

핸디캡: 장애인이 환경과 상호작용할 때 겪는 문제. 예방적, 치료적 혹은 보상적인 것이 될 수 있음

행동장애: 현 사회나 문화 규범으로부터 지속적으로 현저히 일탈되어 교육 성취에 악영향을 끼치는 행동으로 이어지는 것

사례

별이(가명)를 처음 만난 것은 별이가 일곱 살 때였다. 별이는 작은 체구에 다부져 보이는 얼굴과 달리 어딘가 불안해 보이는 모습으로 눈망울을 굴리며 두리번거리고 자리에 앉지도 않은 채 서성거리고 있었다. 몇 번의 권유 끝에 마주 앉은 별이는 몇 분 간격으로 목에 경련이 일어나서 흔드는 것 같은 동작을 반복하였다. 어머니 말로는 혼을 내거나 불안하면 더 자주 이러한 동작을 반복한다고 하였다. 처음에는 계속 킁킁거리고 다녀 혼을 많이 냈는데 어느 날 킁킁거리는 행동이 없어지더니 지금의 동작이 나타났다고 한다. 그리고 집중을 하지 못하고 가만히 앉아 있지를 못하며 질문이 끝나기도 전에 대답을 한다고 하였다. 또한, 종종 무엇이든 잘 잊어버리고 실수를 잘한다고 하였다. 현재 어린이집에 다니고 있지만 또래와도 문제가 많다고 담임 교사가 병원에 가보길 권유해서 병원에 갔다고 한다. 여러 가지 검사를 시행한 결과 틱장애와 주의력결핍 과잉행동장애를 동반하고 있다는 진단을 받았다고 한다. 별이의 어머니는 그런 줄도 모르고 혼내기만 해서, 자신의 무지가 별이의 장애를 더 심화시킨 것 같다는 자책감이 들어 별이에게 너무 미안한 생각이 든다고 했다. 그래서 지금이라도 별이를 위해서 최선을 다하고 싶다는 의견을 피력하면서 눈시울을 적셨다.

1. 정서·행동장애의 정의

1) 일반적인 정의

정서·행동장애(emotionaland behavioral disorder)에 대한 정의는 다양하며, 일반적으로 정서·행동장애는 자신의 발달이나 타인의 생활 혹은 그 둘 모두를 방해하는 행동이 일반아동에 비해 현저하게 일탈된 아동을 말한다. 즉, 정서의 표현 방법이 자신의 의지대로 통제하기 어려워서 일반인에 비해 극단적으로 편향되어 있거나 과격하게 표현하는 등 자신의 의지로는 통제하기 어려운 상태로 이러한 행동이 반복되면서 사회적으로 부적응을 초래하는 아동을 정서·행동장애라고 한다(김영한 외, 2009). 이러한 정서 · 행동장애의 용어는 1990년 이후 변화해 왔다.

미국의 학교 현장에서는 '정서장애'보다 '행동장애'라는 용어를 많이 사용하며, '정서장애'는 심리학자들이 즐겨 사용하는 용어였다(김원경 외, 2008). 장애의 원인을 인간의 심층에 있는 심리적 억압이나 부정적 감정으로 보는 정신건강전문가 혹은 정신분석가들은 '정서장애'라는 용어를 사용하는 반면, 내면보다 외적으로 관찰 가능한 행동 문제에 초점을 두는 행동주의 심리학자들은 '행동장애'라는 말을 선호한다.

우리나라에서는 '정서장애'라는 용어를 보편적으로 사용하였으나, 1960년대 말 이후 행동수정이론의 부각으로 인하여 1985년 이후에는 '행동장애'가 많이 사용되었다. 하지만 현재는 인간의 정서와 행동의 밀접한 관련성과 행동의 외면화와 내면화의 구분은 교육 프로그램에서 고려되어야 할 사항인 반면, 장애의 현상이 정서와 행동의 양면성으로 이해되어서는 안 된다는 가정에 의해 정서 · 행동장애라는 용어를 사용한다.

아동에게 정서 · 행동장애라는 명칭을 부여하는 것은 그 결정을 내리는 관련인들의 인식에 영향을 많이 받아 주관성이 판별에 오류를 가져올 가능성이 증가하며(호미연수원, 2009), 학자들에 따라 용어와 개념이 달라 특수교육 분야에서 가장 많은 논란이 제기되었던 분야이기도 하다. 이러한 이유는 여러 가지 요인이 작용하고 있으나, 정서 · 행동장애는 의학적 측면과 병리적 측면의 질병이 아닌 문화를 배경으로 나타난 장애라는 점으로 지속적인 교육의 질적 향상과 발전이라는 측면에서다.

2) 장애인 등에 대한 특수교육법의 정의

「장애인 등에 대한 특수교육법 시행령」에서 규정하고 있는 정서 · 행동장애에 대한 정의는 다음과 같다.

「장애인 등에 대한 특수교육법 시행령」(2016)

> 장기간에 걸쳐 다음 각 목의 어느 하나에 해당하여, 특별한 교육적 조치가 필요한 사람
>
> 가. 지적·감각적·건강상의 이유로 설명할 수 없는 학습상의 어려움을 지닌 사람
>
> 나. 또래나 교사와의 대인관계에 어려움이 있어 학습에 어려움을 겪는 사람
>
> 다. 일반적인 상황에서 부적절한 행동이나 감정을 나타내어 학습에 어려움이 있는 사람
>
> 라. 전반적인 불행감이나 우울증을 나타내어 학습에 어려움이 있는 사람
>
> 마. 학교나 개인 문제에 관련된 신체적인 통증이나 공포를 나타내어 학습에 어려움이 있는 사람

3) 미국 장애인교육법의 정의

미국 「장애인교육법(IDEA)」에서는 정서·행동장애에 대하여 다음과 같이 정의하고 있다.

미국 「장애인교육법」(2004)

> 1) 정서장애는 장기간에 걸쳐 교육 수행에 부정적인 영향을 미치는 심한 정도로 다음 특성들 중에서 한 가지 이상을 보이는 상태를 의미한다.
>   (1) 지능, 감각 혹은 건강 요인으로 규명 될 수 없는 학습의 무능력
>   (2) 또래 및 교사와의 만족할 만한 대인관계 형성과 유지의 어려움
>   (3) 정상적인 상황에서 부적절한 형태의 행동과 감정을 보임
>   (4) 일반적이고 만연한 불행감 혹은 우울감을 느낌
>   (5) 개인적 혹은 학교문제와 관련되어 신체적 증상이나 두려움을 나타내는 경향
> 2) 정신분열증 아동을 포함하며, 정서장애를 보이지 않는 한 사회적 부적응을 보이는 아동을 포함하지 않는다.

2. 정서 · 행동장애의 분류

1) 행동유형의 분류

Myschker(1999/2005: 김기홍, 2009 재인용)는 정서 · 행동장애를 다음과 같이 분류하고 주요특성을 제시하였다.

표 5-1　정서 · 행동유형의 분류체계

구분	주요특성
외현적 행동	공격성, 과잉행동, 충동성, 반항성, 규칙위반, 횡포성, 주의력 결핍, 도전성 등
내면적 행동	불안, 무관심, 우울, 위축, 친구가 없음, 수면장애, 열등감, 병 허약, 동기결여, 자존감 결여 등
사회적 미성숙행동	발달지체, 퇴행, 언어-말장애, 집중력 저하, 학업성취 저하, 빈번한 피곤증세 등
사회적 범법행동	무책임성, 흥분성, 폭력성, 좌절성, 관계성 장애, 뻔뻔함, 규정 위반, 낮은 윤리의식, 기물 파괴, 중독성 약물사용 등

2) 기타 분류

이효신과 신윤희(2013)는 정서 · 행동장애를 〈표 5-2〉와 같이 분류하였다.

표 5-2　정서 · 행동장애 분류체계

아동청소년 행동 평가 척도 (Child Behavior Check List: CBCL)	CBCL 1.5-5	CBCL 6-18
	문제행동 증후군 척도 -내재화(정서적 반응성, 불안/우울, 신체증상, 위축) -외현화(주의집중 문제, 공격행동) -수면문제, 기타 문제	문제행동 증후군 척도 -내재화(불안/우울, 위축/우울,신체증상) -외현화(규칙위반, 공격행동) -사회적 미성숙　　-사고문제 -주의집중 문제　　-기타 문제

Quay와 Peterson	외현화나 내재화 차원과 관련된 행동 -품행장애(매우 산만하고, 타인의 관심을 끌려는 행동을 많이 하고 짜증냄) -사회화된 공격성: 일반적 가치와 사회적 가치를 무시하고, 또래집단의 가치와 규칙을 수용하고, 태만, 무단결석, 마약 사용 -불안/위축: 극단적인 자의식, 일반화된 공포, 높은 불안, 극도의 우울, 지나친 민감성, 쉽게 부끄러워함 -주의집중 문제/미성숙: 주의집중 시간이 매우 짧고, 집중력이 약하며, 금방 산만해지고 충동적임 -지나친 운동: 끊임없이 움직이려 하고 쉬지 않으며, 매우 긴장해 있고, 말을 많이 함 -정신이상행동: 이상한 생각을 표현하고, 반복적으로 말이 안 되는 이야기를 하며, 괴상한 행동을 함
ICD-10과 DSM-IV	• ICD-10 과잉운동장애, 품행장애, 혼합형 품행/정서장애, 아동기 발병형 정서장애, 아동기/청소년기 발병형 사회적 기능장애, 틱장애, 기타 정서 및 행동장애 • DSM-IV-TR -주의력결핍 및 과잉행동장애: 주의력결핍 과잉행동장애, 품행장애, 적대적 반항성장애 -기타 장애: 틱장애, 분리불안장애, 선택적 함구증, 반응성 애착장애, 상동형 운동장애 -정신분열증과 기타정신증적 장애 -기분장애: 우울장애(주요우울장애, 기분부전장애), 양극성장애 -불안장애: 범불안장애, 강박장애, 공황장애, 공포증(특정공포증, 광장공포증, 사회공포증), 외상 후 스트레스 장애
국립 특수 교육원	'장애인 등에 대한 특수교육법'의 정서·행동장애를 지닌 특수교육대상자의 선정기준에서 정의하고 있는 하위 유형의 장애를 살펴보면 다음과 같다. -지적·감각적·건강상의 이유로 설명할 수 없는 학습상의 무능력: 정신지체, 시각 및 청각장애, 지체장애아동 등에서 보이는 학습에서의 무능력을 제외한 장애아동들에게 보이는 학습의 무능력을 말함 -또래나 교사와의 대인관계 어려움: 자폐증, 정신분열증 등을 비롯한 사회성에 문제가 있는 장애를 말함 -일반적 환경 하에서 보이는 부적절한 행동이나 감정: 불안장애, 품행장애, 주의력결핍 과잉행동장애 아동들에게 보이는 다양한 문제행동을 말함 -전반적인 불행감이나 우울: 우울증이나 조울증을 등 기분장애를 말함 -학교나 개인문제에 관련된 신체적인 통증이나 공포를 나타내는 경향이 장기간에 걸쳐 현저하게 나타나 교육적 성취에 불리한 상태에 있는 사람: 배설, 수면, 섭식과 관련된 기초 신체기능의 장애를 말함

3. 정서 · 행동장애의 원인

1) 생물학적 요인

정서 · 행동장애는 특정한 한 가지의 원인이 아니라 매우 다양한 요인이 서로 관련되어 있다. 현대에 와서는 의학, 유전학, 생리학의 발달로 인하여 생물학적 요인에서 정서 · 행동장애의 원인을 찾는다. 뇌손상은 대부분 뇌장애를 초래하며, 뇌에 장애를 가진 사람은 정서 · 행동에 문제를 경험한다. 그러나 정서 · 행동장애아동이 반드시 뇌손상을 가지고 있는 것은 아니다. 정신분열증의 경우와 같이 일부 유형의 유전과 관련되어 있으며, 정신분열증상을 가지고 있으면 다른 가족도 같은 장애를 가질 확률이 높아진다는 것이다. 유전인자는 범죄 행동이나 과잉행동 등과 상당한 관련을 가지고 있으며, 아동기 · 청소년기의 정신장애나 기타 장애에 영향을 미친다. 또한 기질은 개인의 행동양식이나 상황에 반응하는 방식이며, 까다로운 기질을 가지고 태어난 아동의 경우 쉬운 기질의 아동보다 문제가 되는 행동을 할 가능성이 증가한다. 그러나 유전적 경향성은 환경적 조건에 의해 강화되거나 약화되는 경향을 가지고 있다.

2) 환경적 요인

정서 · 행동장애는 문화적 배경을 바탕으로 나타난 장애이므로 생태학적 측면을 배제하기 어렵다. 생태학적 측면에서는 정서 · 행동장애의 원인을 아동의 까다로운 기질과 같은 내부 요인과 외부 환경 간의 적절한 조화의 실패에서 찾는다. 아동의 외부 환경은 부모와 가족, 학교 구성원, 친구, 지역사회 등으로 구성된 소규모 사회 체제다. 생태학자들은 이러한 작은 체제가 조화롭게 작용할 때 문제행동은 발생하지 않는다고 본다. 그러나 체제의 균형이 깨지고 부조화가 발생하고 아동의 능력과 환경의 요구 및 기대 간에 불일치가 나타날 때 이러한 부조화 상태 혹은 불일치의 환경을 생태학자들은 정서·행동장애의 원인으로 본다(강위영, 윤점룡, 2002).

일반적으로 행동장애의 유전성은 50%를 넘지 않으므로 유전적으로 타고 나더라도 환경과 상호작용을 하여 장애가 나타나는 것이므로 환경의 중요성을 간과할 수 없다 (Rutter, 2002). 정서·행동장애를 유발할 수 있는 환경적 요인으로는 경제적인 어려움의 문제, 열악한 양육환경, 가족 간의 심리적 갈등, 부모 간의 관계, 학대, 또래에 의한 거부 경험 등이 있다. 이러한 요인들이 반드시 문제 행동을 일으킨다고 할 수는 없지만 정서·행동장애를 가질 요인이 될 수는 있다. 이러한 문제들은 가정, 학교, 지역사회의 환경 내에서 다양하게 나타날 수 있다.

첫째, 가정환경에서 특히 부모와의 긍정적인 관계 맺기가 중요하며, 부모의 양육태도, 가족 내의 폭력, 궁핍한 생활조건, 가족으로부터 거절 경험, 가족 구성원의 감정처리 방법 등의 행동학습 방법은 아동의 발달에 매우 중요하여 아동의 정서와 행동 형성에 커다란 영향을 미친다. 부모와의 관계가 올바르며, 부모가 자녀를 사랑으로 대하고 자녀의 욕구에 민감하게 반응하며 적절한 관심을 가질 때 아동은 긍정적인 정서와 행동이 많이 보이지만, 부모가 일관되지 않은 양육태도를 보이거나 지나친 체벌을 하며 사랑과 애정을 보이지 않을 때 아동은 부정적 태도나 반사회적인 행동을 보이는 경우가 많다.

둘째, 아동의 생태체계에서 학교환경은 매우 중요한 의미를 지닌다. 많은 시간을 보내는 학교에서 학업실패, 또래관계에서의 고립, 부적절한 규칙, 성취 수준과 맞지 않는 기대, 일관성 없는 훈육 등은 무단 또는 장기결석으로 이어져 아동으로 하여금 정서·행동문제를 일으킬 수 있다. 아동의 기질이나 사회적 능력 등이 또래 및 교사의 행동과 상호작용하여 정서·행동의 문제를 일으킬 수 있다.

셋째, 지역사회의 배경 역시 아동에게 많은 영향을 주는데, 특히 공격행동과 비사회적 행동은 부정적인 지역 환경과 관련이 깊다. 비행 청소년 집단의 가입, 약물중독, 알코올 중독, 게임 중독, 인터넷 중독 등의 반사회적 행동을 보이는 지역사회 내에서 또래와의 교류는 정서·행동의 문제를 일으킬 수 있다(김영한 외, 2009). 이러한 위험 요소는 상호작용으로 인해 위험 요소가 많을수록 그리고 위험 요소에 오랫동안 노출될

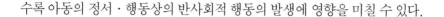

수록 아동의 정서 · 행동상의 반사회적 행동의 발생에 영향을 미칠 수 있다.

4. 정서 · 행동장애의 하위유형

1) 주의력결핍 과잉행동장애

주의력결핍 과잉행동장애(Attention Deficit Hyperactivity Disorder: ADHD)는 유아기와 학령기인 12세 이전에 많이 나타나며, 또래의 다른 아동보다 더 심한 주의력 결핍이 지속되거나, 과잉행동, 충동적인 행동의 특성으로 학교와 가정에서의 생활에 어려움을 초래하는 장애다. ADHD 아동은 이러한 어려움으로 사회적인 기술이나 학습의 어려움을 겪게 되어 지적 능력에 비해 낮은 학업 성취를 나타내는 경향과 함께 성인까지 지속적으로 이어질 수 있는 특성이 있다.

ADHD의 특성은 다음과 같다. 첫째, 주의력결핍이다. ADHD 아동은 적절한 자극에 집중하며 부적절한 자극에는 주의를 빼앗기지 않는 선택적 주의와 시간이 지나도 필요에 따라 집중을 유지하는 능력인 지속적 주의에 문제를 보이며, 불안정하고 산만해지기 때문에 주의력결핍 아동은 학습장애아동이 겪는 문제와 유사한 학업 결함을 보인다. 이들은 수행해야 할 과제를 잊거나, 집단 활동 참여 시 어려움, 그리고 잦은 기분 변화, 무기력감 등의 특성을 보여 교실에서의 학업수행이 어렵다.

둘째, 과잉행동이다. ADHD 아동의 일반적인 행동은 수시로 자리에서 이탈하고 뛰어다니며 몸을 뒤틀고, 계속해서 책상을 두드리거나 연필로 소리를 내며, 손을 가만히 두지 못하는 것으로 나타난다. 과잉행동을 보이는 아동은 자신의 행동을 적절히 조절하는 데 어려움이 있어서 다른 사람을 혼란스럽게 하며, 자주 학교규칙을 어기고, 학업에서의 관리를 어렵게 한다.

셋째, 충동성이다. ADHD 아동은 행동억제 능력의 어려움으로 성급하고 파괴적인 행동을 보인다. 또한 특정한 상황에서 어떤 행동이 적절한지를 생각하지 못하고 행동으로 먼저 드러나 다른 사람과의 상호작용에서 불리하게 작용한다. 이러한 현상은 ADHD 아동의 지능이 일반아동에 비해 약간 낮게 나타나는 인지적 측면이 반영된 것으로 볼 수 있다. 충동성은 학업 환경에서도 나타나 문제를 풀 때에 끝까지 읽지 않거나 선택 답안을 모두 읽지 못하고 답을 선택하기도 한다. 또한 전형적으로 충동적인 행동으로 인해 앞에 있는 장애물을 보지 못하고 뛰어가다가 넘어지거나 부딪히고, 신호를 보지 않고 차도로 뛰어드는 등의 안전상의 위험도 있다.

2) 품행장애

미국정신의학회(APA)의 『정신 장애 진단 및 통계 편람(DSM-5)』에서는 품행장애(Conduct Disorder: CD)는 정서 · 행동장애의 대표적인 외현화 장애로 보아 사람과 동물에 대한 공격성, 재산/기물 파괴, 사기 또는 절도, 심각한 규칙 위반 등의 반사회적 행동 특성을 나타내는 장애로 분류한다.

품행장애는 다른 사람의 기본적인 권리를 침해하는 장애로서 위협이나 협박, 방화, 무단침입과 같은 심한 공격적 행동과 늦은 귀가시간, 가출, 무단결석과 같은 사회적 규범과 규칙을 위반 등의 반사회적 행동 특성이 있다. 또래에게도 고의적으로 신체적 언어적으로 괴롭히는 행동을 보이며, 가족 구성원에게 불순종, 방해, 자기통제 결여, 대인관계 손상 등과 같은 행동이 포함된다.

경도의 품행장애라고 할 수 있는 적대적 반항장애(Oppositional Defiant Disorder: ODD)는 반항성 장애라고도 하며 심한 공격성은 보이지 않지만 성인과의 관계에서 지속적이고 자주 반항하거나 적대적인 태도로 일관한다. 또한 다른 사람을 비난하거나 화를 내어 일상적인 생활의 기능에 심각한 지장을 초래한다. 이러한 적대적 반항장애는 사회적 규범의 위반과 타인의 권리에 대한 침해를 주지 않기 때문에 반사회적이고 공격적 행동의 품행장애보다 심각하지 않은 장애로 간주한다. 품행장애의 출현율은 일반적으로 2~10%로 나타난다(APA, 2013).

이미 어렸을 때부터 자주 반사회적 행동이 보이고 학령 초기나 청소년기에도 품행장애를 보이는 아동은 지속적으로 과잉, 충동, 부주의 행동이 보이고, 반사회적인 행동의 또래와 자주 어울리는 경우에는 성인이 되어서도 지속적으로 품행장애를 가질 수 있다.

3) 불안장애

불안이란 사람이 익숙하지 않은 상황에서 적응하고자 할 때 나타나거나 또는 막연하게 미래에 발생할지도 모르는 사건이나 막연한 대상에 대해 느끼는 두려움을 포함하는 정서적 반응이다. 정상적인 불안은 위험을 내포한 위협적인 상황에서 느끼는 가장 기본적인 반응 양상으로 자연스러운 심리적 반응이다. 그러나 병적인 불안은 다음과 같은 점에서 구별된다. 첫째, 위험의 정도에 비해 과도하게 불안을 느끼거나, 주관적인 걱정으로 사회문화적 상황에 맞지 않은 정도로 심한 불안을 느끼는 경우, 둘째, 불안을 느끼게 한 위협적인 요인이 사라졌음에도 불구하고 과도하게 심한 불안을 느껴 일상생활에 지장을 초래하는 경우, 셋째, 과도한 두려움, 불안, 회피가 최소한 6개월 이상 지속되는 경우 등이다.

불안장애는 부모 또는 특정 대상이나 집으로부터의 분리에 대해 지나치게 불안을 느끼는 분리불안장애, 높은 강도의 불안과 공포가 두통이나 현기증, 발한과 같은 증상과 함께 복합적으로 나타나는 공황장애, 사회적 공포증이라고도 하며 사회적 상황에서 다른 사람에게 관찰되는 자신에 대한 두려움을 지속적으로 나타내는 사회적 불안장애, 아무런 근거도 없이 통제할 수 없는 막연한 불안인 범불안장애, 과거에 있었던 치명적인 사건이나 사고의 기억으로 지속적인 불안해하는 외상 후 스트레스장애 등의 유형이 있다.

불안장애의 원인은 기질이나 유전의 신체생리학적 요인과 불안장애아동을 둘러싼 환경에서 스트레스 등의 위험 요인, 과거의 경험이나 특정한 행동의 학습에 따른 행동주의적 원인, 인지적 오류로 인한 비현실적인 지각 등이 상호작용하며 발생한다고 볼 수 있다.

불안장애를 보이는 아동은 복통이나 두통, 설사 등의 신체적인 증상과 우울, 불안, 공포 등으로 인하여 일상적인 활동에 잘 참여하지 못하므로 학업적 · 사회적 관계에서 고립된다. 이들이 갖고 있는 열등감, 무능감, 불안과 두려움, 사랑받지 못한다는 느낌, 실패에 대한 두려움의 부정적인 정서가 충동적이거나 공격적인 행동 등 과민한 반응의 특성으로 나타난다.

4) 우울장애와 양극성 장애

(1) 우울장애

기존의 DSM-IV-TR에서는 우울장애와 조증이 기분장애(mood disorder)로 같이 통합되었으나, DSM-5에서는 두 장애가 따로 분리되었다. 진단평가를 위해 자기보고식 설문지, 구조화된 면접, 부모와 또래의 행동평정척도 등을 사용한다.

기분이 저조한 상태인 우울장애는 파괴적 기분조절장애, 주요우울장애, 지속적 우울장애를 포함하고 모든 생활이 우울한 기분으로 일관된 슬픔, 공허감, 초조함의 공통적 특성으로 자살 의욕, 염세감, 자책감과 절망감의 병리현상을 말한다. 주요우울장애는 남자보다 여자에게서 2배 이상 나타나며, 우울장애의 출현율은 15세 이전까지는 성별에 따른 차이가 거의 없으나 15세 이후에는 여성이 남성의 2배의 출현율을 보이고, 사회경제적 수준이 낮을수록 우울장애의 발생률이 높다(Hammem & Rudolph, 2003; Wight, Sepuveda, & Aneshensel, 2004).

우울장애는 식욕부진, 과식, 불면이나 수면과다, 기력의 저하, 피로감, 자존심 저하, 집중력 감소나 결정 곤란, 절망감 등의 증상과 주로 물질관련장애, 공황장애, 품행장애 등의 공존장애가 나타난다. 우울장애의 중재는 약물 중재와 인지행동 중재가 가장 효과적으로 알려져 있다.

(2) 양극성 장애

양극성 장애는 우울증과 조증이 반복되어 일상생활에 어려움을 주는 장애다. 우울증과 달리 조증은 현실과는 맞지 않게 비정상적으로 기분이 들뜨고 자신감이 고조되어 말과 행동이 과장된 병리 현상이다. 양극성 I형 장애, 양극성 II형 장애, 순환기질 장애로 분류한다. 양극성 I형 장애는 한 번 이상의 조증 삽화(episode)나 혼재성 삽화를 보이며 주요우울증 삽화를 동반한다. 양극성 II형 장애는 한 번 이상의 주요우울증 삽화를 보이며 적어도 한 번의 경조증 삽화를 동반한다. 순환기질 장애는 조증 삽화의 진단기준을 충족시키지 않는 경조증과 주요우울장애의 진단을 충족시키지 않는 우울 증상을 2년 중 반 이상의 기간 동안 지속적으로 여러 번으로 보여야 한다.

5. 정서 · 행동장애의 특성

1) 외현화 행동

외현화 행동은 통제결여라고도 부르며, 개인의 정서 및 행동상의 어려움이 고함지르기, 때리기, 욕설, 지나친 논쟁하기와 같은 언어적인 공격성이나 친구 방해하기, 물건던지기, 등의 공격성이나 반항행동 등과 같이 행동적인 공격성이 타인이나 환경을 향해 표출되는 상태다. 이러한 반 사회적이고 공격적인 행동은 일반적으로 환경에 상관없이 주의력과 집중력을 요구하는 상황일 때 두드러진다. ADHD, 주의력결핍, 품행장애, 반항성장애가 이 유형에 해당한다. 그러나 이러한 행동을 보인다고 해서 모두 정서 · 행동장애는 아니다. 이러한 행동의 정도와 빈도가 한 가지 특성으로 심하게 나타나거나 또는 각 범주의 특성으로 번갈아 나타낼 때 문제가 된다는 것이다. 아동기 때의 공격적이고 반사회적인 행동은 점차 연령과 함께 증가하여 청소년기의 비행을 예측하게 한다. 정서 · 행동장애의 대다수는 남자이며 남자는 공격성과 같은 외현화 장애를 많이 보이는데, 이러한 결과는 남자아동에게만 허용되는 양육방식 또는 남자다움이라고 알려진 전형적인 행동이 사회적 공격성과 같은 장애로 명명되기 쉽기 때문이다(김영한 외, 2009).

2) 내면화 행동

내면화(내현화) 행동은 과잉통제라고도 부르며, 불안장애, 우울장애와 같이 외현화와 반대로 개인의 정서나 행동상의 어려움이 타인과의 상호작용이 거의 없는 미숙하고 위축된 행동을 하는 것으로 야기된다. 내면화(내현화) 행동의 경우 반사회적 행동을 하는 아동과 달리 주변인을 덜 방해하므로 간과하기 쉬우나, 학습과 발달에 심각한 문제를 초래할 수 있다. 특히 여자는 사회적 위축이나 두려움, 불안과 같은 신경성 증상의 성격문제로 내면화 장애를 보이는 경향이 있다(김영한 외, 2009). 정서 · 행동장애 아동의 퇴행, 우울, 환상, 불안, 회피, 고립 등과 같은 내면화(내현화) 행동은 사회적 위축으로 인해 가시적인 문제행동을 일으키지 않아 오히려 더 성인의 주목을 받지 못하는 경우가 많다. 이로 인해 조기발견이 어려우며, 아동기 발달에 심각한 영향을 미칠뿐 아니라 성인이 된 후에도 사회적 기술의 결핍을 보이는 특성이 있다. 적절한 시기의 중재의 기회를 놓치면 심화된 내재화 문제는 폭력성이나 자살 등의 극단적인 선택으로 나타날 수 있다.

3) 지능 및 학업성취

정서 · 행동장애아동의 인지적 특성의 경우 지능은 진단기준에 해당하지 않으나, 평균지능은 일반아동보다 약간 낮은 약 90 정도다(강위영, 윤점룡, 2002). Cullinan(2002)의 연구에 따르면, 대부분 정서 · 행동장애아동의 학업수준은 자기 학년보다 1년 이상 저하되어 있다. 이러한 결과는 지능이 이들의 학습에 직접적 영향을 주는 요소로 고려되지는 않고 있으나 정서 · 행동장애의 특성으로 인하여 발생할 수 있는 학교생활 적응의 어려움과 학업 내용을 습득하고 숙달하는 데 느끼는 어려움이 학습된 무기력, 부적절한 귀인 등이 낮은 학업성취도의 결과로 이어진다고 볼 수 있다. 정서·행동장애 아동은 일상적인 상황에서 매우 부적절한 행동이나 감정을 나타내며, 지적·감각적·신체적 및 건강문제로 설명될 수 없는 심한 학습부진을 보인다. Kauffman(2005)은 정서·행동장애아동이 일반적으로 외현화와 내면화(내현화)의 두 차원에서 또래집단의 규준을 유의미하게 벗어나는 행동 특징을 가지고 있다고 하였으며, 이런 일탈행동은 아동의 학업성취 및 사회관계에 부정적 영향을 미친다고 하였다(김진호 외 공역, 2002).

4) 사회적 기술과 대인관계

정서·행동장애아동은 가정, 학교 및 지역사회의 환경에서 적응하는 데 다양한 형태의 어려움을 느낀다. 일반적으로 수용될 수 없는 문제행동의 빈도가 매우 높게 나타나며, 이들은 만족스러운 대인관계를 형성하지 못한다. 특히 위축이나 회피의 심리적인 특성은 학교 및 개인 문제와 관련되어 새로운 환경에서의 부적응이 신체적 증후, 불안이나 두려움의 형태로 나타나며, 아동의 학업성취와 사회적 관계에 부정적 영향을 미친다. 가장 흔한 문제 중의 하나가 품행장애이며, 학교생활의 실패와의 상관관계가 매우 높은 것으로 알려져 있다. 사회적 기술이 부족하고 위축된 행동을 보이는 아동은 정상적인 사회적 기술의 결핍으로 긍정적인 또래관계를 발달시키지 못하기 때문에 교우관계에서 고립된다. 위축행동은 잘 드러나지 않기 때문에 조기발견을 위해서는 교사의 각별한 관심이 필요하다. 정서·행동장애로 분류된 개인은 영유아기의 까다로운 기질, 사회적 규칙 위반(결석, 거짓말, 도둑질 등), 파괴적(공격적 혹은 분열적), 충동적, 활동 수준이 높음, 산만함, 우울함, 위축, 낮은 자존감, 기분의 잦은 변화, 스트레스 저항력이 약함, 적대적 태도 중 하나 이상의 특성을 보인다(한국특수교육학회, 2008).

지금까지 살펴본 정서·행동장애아동의 특성 외에도 지속적인 거짓말이나 도벽의 양상, 자해행동, 음주나 다양한 종류의 약물복용 및 자살 행위가 점차 증가하는 추세이며, 나아가 부정적인 자아개념과 심한 좌절, 우울증, 알코올 중독과 함께 청소년 비행으로 나타나기도 한다. 그러므로 부모나 교사는 세심한 관찰을 통해 문제를 조기에 발견하고 전문가의 도움을 받도록 하는 것이 바람직하다.

6. 정서·행동장애아동의 교육

1) 행동주의 모델

행동주의적 관점에서 인간의 모든 학습 및 행동의 유발과 유지는 선행 사건과 후속 결과에 의해 조절된다는 사실을 기본 개념으로 한다. 정서·행동장애는 주로 생물학적·심리사회적 환경 자극에 의해 발생하며, 조건화된 강화나 벌, 자극의 일반화와 같은 개인의 외적 현상에서 학습된 것으로 본다. 행동주의에 기초한 행동수정, 행동치료 응용행동분석이론에서는 다양한 조건 형성의 관점에서 정서·행동장애아동을 이해하고자 한다.

- 응용행동분석: 문제행동은 특정한 환경적 영향으로 나타나기 때문에 상황적 변인들을 중심으로 행동의 기능을 평가한다. 행동주의는 개인의 내적인 요인에 관심을 두지 않고 관찰 가능한 상호작용의 행동만을 강조한다. 행동주의 모델에서는 정서·행동장애아동 지도를 위해 조작적 조건 형성의 원리를 적용한 전략뿐 아니라 문제행동의 발생 상황과 관련된 선행 사건(Antecedents: A), 행동(Behavior: B), 후속 결과(Consequences: C)를 조사하는 ABC 모델을 사용한다(이성봉 외, 2015). 행동의 선행 사건과 사회적 능력을 방해하는 행동을 제거하거나 새로운 대체 행동의 학습을 통해 바람직한 행동으로 대체할 수 있다. 일반적으로 목표 설정, 문제행동의 기능평가, 학습목표의 과제분석, 계획, 교수 실시, 아동의 성취 평가의 절차를 포함한다.
- 사회성 기술훈련: 학령기 정서·행동장애아동에게 사용하며, 아동의 긍정적인 사

회적 능력의 기술 지도에는 자기소개하기, 참여하기, 칭찬하기, 협력하기, 공유하기, 차례 지키기 등이 있다. 사회성 기술훈련은 적응행동을 향상시키기 위한 직접적이고 계획적인 교수방법이며, 설명, 모델링, 역할놀이 혹은 시연, 정적 강화, 행동 계약, 토큰 강화, 인정하기 등을 사용하며, 문제행동인 다투기, 방해하기, 부적절한 이상한 행동하기 등의 행동을 감소시키기 위해서 차별 강화, 무시하기, 벌, 타임아웃, 신체적 구속 등을 사용한다.

2) 인지주의 모델

인지주의 모델에서는 정서 · 행동장애가 인간의 내부에서 오는 지각, 사고, 추론 등의 인지과정을 통한 잘못된 인지가 원인이라고 본다. 따라서 아동이 자신의 문제를 바로 인식하여 그에 대한 결과를 예측하게 하고 바람직한 행동으로 변화할 수 있도록 하는 것을 목표로 한다. 자신의 행동에 따른 결과목표, 행동, 사고에 대해 정확하게 생각할 수 있도록 자신의 인지와 세계관을 재구조화하거나 새로운 인지 기술과 전략을 사용하도록 한다. 중재 방법으로는 모델링, 사회적 문제해결 전략, 자기관리 등이 있다.

- 모델링: 대부분의 인지 중재는 일반적으로 모델링을 교수 도구로 많이 사용하는데, 인지적인 문제와 정서 · 행동적인 문제의 개선에 사용할 수 있다. 모델링을 이용한 인지 중재는 비디오와 역할극이 있다. 역할극에는 교사와 아동이 바람직한 행동과 바람직하지 않은 행동의 결과가 모델링될 수 있다. 더 나아가 모델링은 사회적인 문제나 개인적인 문제를 해결하기 위한 자기교수, 인지적 문제해결, 대안적인 지각, 귀인, 신념의 지도와 같은 특수한 인지 중재와 함께 사용할 수 있다(이성봉 외, 2015).
- 사회적 문제해결 전략: 정서 · 행동장애의 사회적인 문제해결에 대한 영역은 중재에서 매우 중요한 부분이다. 사회적 문제해결 훈련은 자신의 문제를 스스로 해결할 수 있도록 사회적 적응과 독립적 기능의 기초를 제공한다. 인지주의 모델에

서는 문제해결 능력이 없다는 것은 내적 사고과정에의 결함으로 보고 사회적 문제해결 과정으로는 문제해결 방법을 설정하고 문제를 정의하며, 대안적인 해결방안의 모색과 아동 자신의 의사결정 과정을 통해 아동은 자신이 선택한 해결방안을 수행하고 확인하는 과정을 갖는다. 일반화를 학습하고 훈련을 통해 다양한 유형의 사고 능력을 향상시키고 다양한 상황에서 사회적 요구에 맞는 합리적 정서 · 행동기술로 적응하는 능력을 가지게 된다.

• **자기관리**: 인지주의적 관점의 행동수정은 왜곡된 부적응적 인지를 적응적 인지로 변화시키는 방법이다. 즉, 정서 · 행동장애아동이 자신이 변화시킬 수 없는 문제나 상황에서 스스로 인지적 충동성을 조절하고 합리적 정서 · 행동기술로 자신이 당면한 문제나 상황을 변경하는 것을 목적으로 한다. 변경을 위해 그 상황에 대한 자신의 생각을 바꾸도록 자신의 행동을 관찰하고 인식하도록 가르치는 것이다. 자기조절을 통해 자신의 사고가 자신의 행동에 영향을 미치고 자신의 사고를 통제할 수 있다는 것을 이해하도록 한다.

인지적 관점에서의 핵심적인 교육적 지원은 자기주도(self-initiative) 또는 자기조절(self-regulation)이라 볼 수 있다. 이와 관련된 요소는 자신의 특정 행동을 스스로 관찰하고 기록하는 자기점검, 어떤 정해진 목적이나 목표 혹은 기준에 의한 자기평가가 있다.

3) 생태학적 모델

생태학적 모델에서는 문제행동의 원인이 개인과 환경 간의 상호작용에 있다고 본다. 생태학적 이론가들은 문제행동을 성, 연령, 기질 등의 개인의 특성과 가족, 학교, 지역사회의 환경적 체계가 서로에게 미치는 영향의 기능으로 파악한다. 이러한 상호작용은 아동이 환경에, 그리고 환경이 아동에게 영향을 끼치기 때문에 교육적 중재도 가족체계, 교육체계 및 사회적 체계로 살펴볼 수 있다.

- **가족체계**: 성공적인 중재를 위해 아동과의 긍정적 상호작용에 부모의 협력적인 참여가 필수적이다. 교사와 부모 간의 유대감을 강화하여 가족의 강점과 가족의 요구을 파악하고 이에 맞는 지원 방안을 모색한다. 가정과 학교의 포괄적이며 일관성 있는 중재가 아동이 바람직한 행동으로 학습하고 유지할 수 있도록 해 준다.
- **교육체계**: 정서 · 행동장애아동에게 제공되는 프로그램은 최소제한적 환경에서 제공되어야 한다. 교사는 생태학적 프로그램으로 필요한 학업, 행동과 사회적 기술을 교수하고 아동의 개별적인 특성을 인정하여 적절한 학업 및 사회적 기대, 프로그램을 제공한다. 아동의 생태계를 보다 원활하게 수정하는 것을 목적으로 하며 중재대상도 아동뿐만 아니라 아동이 기능을 수행하는 가정, 이웃, 학교, 사회적 기관 및 지역사회 등이 포함된다.
- **사회적 체계**: 정서 · 행동장애아동에게 영향을 미치는 사회적 체계에는 사회복지, 소년원, 정신건강, 특수교육지원센터 등이 있다. 사회적 서비스 관련기관뿐만 아니라 이용 가능한 심리적 지원체계와의 연계를 통하여 건강서비스, 가족계획 거주 서비스, 응급처치 등과 같은 다양한 적절한 지원을 가족에게 제공하는 것이다.

4) 심리역동적 모델

심리역동적 모델에서는 정신 내적 기능의 정상적 · 비정상적 발달과 개인의 욕구를 강조한다. 정서 · 행동문제를 무의식적인 동기와 갈등으로 충족되지 못한 욕구, 방어기제의 과도한 사용, 갈등 극복의 실패, 정서적 미성숙 등 정신 내적 장애가 드러난 것으로 보고, 개인의 무의식적 충동, 욕구, 불안, 죄의식, 갈등 등을 주로 평가한다. 교육적 중재방법은 그들의 내재된 욕구와 갈등을 바람직한 방법으로 개방하고 표현하도록 격려하고 자기 이해를 위한 자기보고식 평가 절차를 포함한다. 인간중심교육, 현실치료, 정서교육을 중심으로 살펴보면 다음과 같다.

- **인간중심교육**: 사회에서 요구받는 어려운 경험과 좌절을 경험하지 않는다면 인간의 본심은 선하고 자신의 잠재성을 긍정적으로 계발할 수 있다는 기본 개념을 가진다. 이러한 인간중심주의 이념을 근거로 하여 아동은 독립적이고 창의적으로 학습할 능력을 가지고 있다고 본다. 학교에서의 모든 교육적 활동은 아동 자신의 삶과 연관된 일상생활의 경험을 통해 배우고 발달해 나갈 수 있도록 동기화하는 프로그램이다.
- **현실치료**: 아동이 자신의 행동을 스스로 선택하기 때문에 사고와 감정에 대해서도 책임이 있다는 점을 강조한다. 정서·행동장애아동은 사회의 규칙이나 법규를 이해하거나 수용하지 않고 부인하려 하는 특성이 있다. 자신의 행동과 그 결과와의 관련성을 부인하며 자신의 어려움을 다른 사람이나 외부의 탓으로 돌리려는 경향이 있으므로 현실은 아주 중요한 개념이다.
- **정서교육**: 정서교육은 인지의 발달보다 느낌이나 태도, 가치, 대인관계와 아동의 참여를 우선적으로 가르쳐야 한다는 주장이다. 교사는 자극의 역할, 촉진자, 지지자 그리고 관객의 역할이다. 교사나 전문가가 정서·행동장애아동을 대상으로 드라마, 창작, 토론, 듣기 활동, 브레인스토밍 등의 활동을 통해 지도하며 가르치는 것을 포함한다.

5) 신체생리적 모델

신체생리적 모델은 의료적 모델의 일종으로 정서·행동장애는 신체기관과 신경생리학적 소인이 환경에 의해 나타난 결과이거나 몇 가지 신경생리학적 결함이 복합적으로 나타난 것이라고 본다.

의료적 중재나 식이요법을 통해 상태가 완화되거나 치료될 수 있다고 본다. 그러나 약물이나 식이요법 치료에서 교사의 깊은 개입은 한계가 있다. 교사의 역할은 정서·행동장애아동이 부모에게 신체생리적 중재에 관한 정보와 중재로 인한 교실 내 행동 변화를 모니터링하고 가족 및 전문가와 지속적으로 약물치료나 식이요법 등의 효과와 부작용에 대하여 의견을 나누고 점검하는 역할을 담당한다.

- **유전공학**: 인간의 게놈 프로젝트(genome project)를 통한 정보는 출생 전의 유전적 상담과 태아기 진단을 통해 장애를 예방하고 치료하는 데 이용될 수 있다. 유전적 치료에서 교사의 역할은 어떤 장애에 대해 알려진 것을 효과적인 교수법에 적용하는 것이다.
- **약물치료**: 가장 널리 사용되어 온 중재방법으로 이는 정서 · 행동장애 자체에 대한 치료적 목적이 아니라 임상적 특징에 근거한 처방이다. 항정신성 약물로 정서 · 행동장애아동에게 처방되는 약물에는 불안장애, 우울장애, 충동장애에 처방되는 항우울제인 프로작(prozac)과 클로미프라민(clomipramine), 주의집중 증가를 위한 각성제로 리탈린(ritalin) 등이 있다.

정서 · 행동장애아동은 기질, 성격 특성, 인지기술, 사회적응 기술 등에서 매우 다양하고 독특한 특성을 가지고 있다. 진단과정에서의 정보와 정서 · 행동장애아동 개인의 학습의 현행 수준, 주변 환경, 강점과 약점, 정서적 특성, 사회성 기술의 습득 수준, 주변의 지원 인력 등이 포함된 아동의 평가를 중심으로 교수계획을 수립하고 효과적인 중재방법을 적절하게 지원해야 한다. 최근 정서 · 행동장애의 교육적 지원의 목표는 아동의 부적응적 문제행동에 대하여 행동수정의 직접적인 중재보다는 강점이나 잠재 능력, 바람직한 행동을 증진시키는 데 있다. 아동을 장애를 가진 평가의 대상으로 보는 것이 아니라 아동의 개인적 욕구를 이해하고 소통하는 공감적 관계의 관점을 갖는 것이 효과적인 중재의 시작이라 할 수 있다.

점정리

1. 정서 · 행동장애의 정의 – 자신의 발달이나 타인의 생활 혹은 그 둘 모두를 방해하는 행동이 일반아동에 비해 현저하게 일탈된 아동

2. 정서 · 행동장애의 분류 – Myschker의 행동유형의 분류로 외형적 행동, 내면적 행동, 사회 미성숙행동, 사회적 범법, 행동으로 나누고, CBCL, Quay와 Peterson, ICD-10과 DSM-IV 분류로 과잉행동장애, 품행장애, 품행과 정서의 혼재성 장애, 아동기 · 청소년기 발병형 사회성 기능장애, 틱장애, 아동기 · 청소년기 발병형 기타 정서 · 행동장애 등

3. 정서 · 행동장애의 원인
   1) 생물학적 요인 – 뇌손상, 유전인자, 기질 등. 그러나 유전적 경향성은 환경적 조건에 의해 강화되거나 약화됨
   2) 환경적 요인 – 경제적인 어려움의 문제, 열악한 양육환경, 가족 간의 심리적인 갈등, 부모들 간의 관계, 학대, 또래에 의한 거부 경험 등

4. 정서 · 행동장애의 하위유형
   1) 주의력결핍 과잉행동장애 – 심한 주의력결핍, 과잉행동, 충동적인 행동의 특성
   2) 품행장애 – 대표적인 외현화 장애로 보아 사람과 동물에 대한 공격성, 재산/기물 파괴, 사기 또는 절도, 심각한 규칙위반 등의 반사회적 행동 특성을 나타내는 장애로 분류
   3) 불안장애 – 불안이란 사람이 익숙하지 않은 상황에서 적응하고자 할 때 나타나거나 또는 막연하게 미래에 발생할지도 모르는 사건이나 막연한 대상에 대해 느끼는 두려움
   4) 우울장애와 양극성 장애
      (1) 우울장애 – 기분이 저조한 상태인 우울장애는 파괴적 기분조절 장애, 주요 우울장애, 지속적 우울장애를 포함
      (2) 양극성 장애 – 양극성 장애는 우울증과 조증이 반복되어 일상생활에 어려움이 있음

5. 정서 · 행동장애의 특성
   1) 외현화 행동 – 통제결여라고도 부르며, 고함 지르기, 때리기, 욕설, 지나친 논쟁하기와 같은 언어적인 공격성이나 친구 방해하기, 물건 던지기 등의 행동적인 공격성
   2) 내면화 행동 – 과잉통제라고도 부르며, 불안장애, 우울장애와 같이 타인과의 상호작용이 거의 없는 미숙하고 위축된 행동
   3) 지능 및 학업 성취 – 평균지능은 일반아동보다 약간 낮은 약 90 정도이고 대부분 정

서·행동장애아동의 학업 수준은 자기 학년보다 1년 이상 저하
4) 사회적 기술과 대인관계 – 가정, 학교, 지역사회의 환경에서 적응의 어려움, 위축이나 회피의 심리적인 특성은 학교 및 개인문제와 관련되어 새로운 환경에서의 부적응

6. 정서·행동장애아동의 교육
1) 행동주의 모델 – 응용행동분석 문제행동의 발생 상황과 관련된 선행 사건, 행동, 후속 결과를 조사하는 ABC 모델을 사용
2) 인지주의 모델 – 모델링, 사회적 문제해결 전략, 자기관리, 자기점검, 자기평가
3) 생태학적 모델 – 개인과 환경 간의 상호작용으로 가족체계, 교육체계, 사회적 체계
4) 심리역동적 모델 – 인간중심교육, 현실치료, 정서교육 중심
5) 신체생리적 모델 – 유전공학, 약물치료

 생각 나누기

1. 수업 방해 행동이 지속될 경우 이를 감소시키기 위해 교사는 어떤 노력을 해야 할지 토의해 봅시다.
2. 정서·행동장애아동을 담당하는 교사에게 가장 중요한 기술은 무엇인지 논의해 봅시다.
3. 정서·행동장애아동을 위한 교육적 지원 방법의 주요 개념적 모델 중 사용하고 싶은 유형에 관해 생각해 봅시다.

추천자료

- 국립특수교육원(http://www.knise.kr): 특수교육에 관한 전반적인 정보, 특수 교육과정 및 교수-학습 자료, 특수교육 정보화에 관한 정보 제공
- 국립청소년디딤센터(http://www.nyhc.or.kr): 정서·행동 관련 상담, 치료, 자립, 교육 등의 종합적인 서비스 제공
- 경기도정신건강증진센터(http://www.mentalhealth.or.kr): 정신건강 관련 정보 제공, 인권교육, 심리면역 프로그램 제공

참고문헌

강위영, 윤점룡(2002). 정서장애아교육. 대구대학교출판부.

교육부(2007). 장애인 등에 대한 특수교육법.

교육부(2007). 교육기본법.

교육부(2016). 장애인 등에 대한 특수교육법 시행령.

국립특수교육원(2009). 특수교육학 용어사전. 서울: 도서출판 하우.

김원경, 조홍중, 허승준, 추연구, 윤치연, 박중휘, 이필상(2008). 최신특수교육학. 서울: 학지사.

김기홍(2009). 장애아 교육학. 경기: 집문당.

김영한 김정현, 김하경, 박선희, 박정식, 엄태식, 연미희, 임채식, 조재규, 한석실, 홍정숙(2009). 특수아동의 이해. 서울: 태영출판사.

김진호, 박재국, 방명애, 안성우, 유은정, 윤치연, 이효신 공역(2002). 특수교육학 개론. 서울: 시그마프레스.

보건복지부(2012). 장애인복지법.

보건복지부(2015). 보육사업 안내.

이성봉, 방명애, 김은경, 박지연(2015). 정서 및 행동장애. 서울: 학지사.

이승희(2002). 정서행동 장애 및 자폐성 발달장애의 출현율에 대한 고찰. 교과교육연구, 22(2), 43-62.

이효신, 신윤희(2013). 정서행동장애 정의·진단·분류에 대한 적절성 조사연구. 한국정서·행동장애아교육학회 학술대회논문집, 71-98.

한국특수교육학회(2008). 특수교육대상자 개념 및 선별기준.

호미연수원(2009). 이상행동 발달심리. 대구: 호미연수원.

American Psychiatric Association (2013). *Diagnostic and statistical manual of mental disorders* (5th ed.). Washington, DC: Author.

Bower, E. M. (1982). Defining emotional disturbance. *Public policy and research, Psychogy in the Schools, 19*, 55-60.

Cullinan, D. (2002). *Students with emotional and behavioral disorders: An introduction for teachers and other helping professionals.* Upper Saddle River, NJ: Merrill/Prentice Hall.

Heward, W. L. (2009). *Exceptional children: An introduction to special education*(9th ed.). Upper Saddle River, NJ: Merrill/Prentice-Hall.

Hinshaw, S. P., & Lee, S. S. (2003). Conduct and oppositional defiant disorders. In E. J. Mash & R. A. Barkley (Eds.), *Child psychopathology* (2nd ed., pp. 144-198). New York: Guilford.

Hammem, C., & Rudolph, K. D. (2003). *Childhood mood disorder*. In E. J. Mash & R. A. Barkley (Eds.), *Child psychopathology* (2nd ed.). New York: Guilford Press.

Kauffman, J. M., & Hallahan, D. P. (2005). *Special education: What it is and why we need it*. Boston: Allyn and Bacon.

Myschker, N. (1999). *Integrative Paedagogik bei Kindern und Jugendlichen mit Verhaltesstoerung*. In: Myschker, N. & Ortmann(Hg.), M. Intergrative Schulpaedagosik. Grundlagen,Theorie und Praxis. Stuttgart.

Myschker, N. (2005). *Verhaltensstoerungen bri Kindern und Jugendlichen*. Erschrinungsformen-Ursachen-hilfsreiche Massnahmen. Stuttgart.

Rutter, M. (2002). Nature, nature, and development: From evangelism through science toward policy and practice. *Child Development, 73*, 1-21.

Wight, R. G., Sepuveda, J. E., & Aneshensel, C. S. (2004). Depressive symptoms: How do adolescents compare with adults? *Journal of Adolescent Health, 34*, 314-323.

제6장

의사소통장애

「장애인복지법」에서는 음성기능 또는 언어기능에 영속적으로 상당한 장애가 있는 사람을 언어장애인이라 분류하고 있다. 이분화하여 설명하기는 어렵지만, 의사소통장애는 말장애와 언어장애를 모두 포함하고 있기 때문에 언어장애보다는 범위가 크다는 것을 알 수 있다. 인간은 사회에서 자신의 생각과 느낌을 표현하기 위해 언어적·비언어적 표현 언어를 사용하고, 타인의 생각과 느낌을 수용하는 수용언어를 사용한다. 동물과는 달리 인간만이 의사소통을 할 수 있다는 점에서, 의사소통장애가 있다는 것은 사회관계를 맺고 살아감에 있어 커다란 영향을 줄 것이라는 점을 예측하게 한다.

이 장에서는 의사소통장애의 정의, 분류, 원인, 특성 및 교육적인 지원 방향에 대하여 살펴보고자 한다.

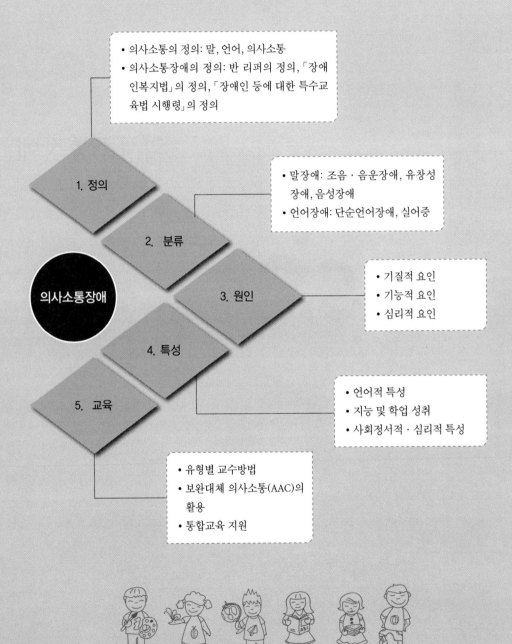

⚽ 마인드 맵

- 의사소통의 정의: 말, 언어, 의사소통
- 의사소통장애의 정의: 반 리퍼의 정의, 「장애인복지법」의 정의, 「장애인 등에 대한 특수교육법 시행령」의 정의

1. 정의

- 말장애: 조음 · 음운장애, 유창성장애, 음성장애
- 언어장애: 단순언어장애, 실어증

2. 분류

의사소통장애

3. 원인

- 기질적 요인
- 기능적 요인
- 심리적 요인

4. 특성

- 언어적 특성
- 지능 및 학업 성취
- 사회정서적 · 심리적 특성

5. 교육

- 유형별 교수방법
- 보완대체 의사소통(AAC)의 활용
- 통합교육 지원

⚽ 학습목표

1. 의사소통 관련 개념을 구별하여 설명할 수 있다.
2. 의사소통장애의 정의를 기술할 수 있다.
3. 의사소통장애의 유형을 분류할 수 있다.
4. 의사소통장애의 원인과 특성을 설명할 수 있다.
5. 의사소통장애아동의 유형별 교육방법을 구술할 수 있다.

⚽ 주요 용어

말: 인간이 사용하는 언어의 음성 산출
언어: 규칙에 따른 추상적인 상징체계
의사소통: 언어적 · 비언어적 상호작용
의사소통장애: 언어, 비언어 및 상징체계를 수용 · 전달 · 처리하는 능력에 있어서의 손상
언어장애: 말, 문자, 기타 상징체계의 이해 및 활용에 있어서의 손상
말장애: 말소리의 발성 및 흐름, 음성에 있어서의 손상

만 5세인 가온이(가명)는 오늘도 나를 애타게 부른다. "떵땡니임~" 다른 아이들이 '선생님'이라고 부르는 것과는 달리, 항상 '떵땡님'을 불러댄다. 지난 여름, 간식으로 수박이 나왔는데 "떵땡님 뚜박 떠 뚜떼요."라고 말을 해서 아이들이 웃으며 흉내를 내어 가온이가 큰 소리로 울었던 기억이 난다. 교사인 나는 가온이에게 바르게 말하도록 가르쳐 주어야겠다는 생각이 들었고, 매일 자유선택놀이를 할 때마다 가온이를 조용히 불러, '선생님' 연습을 시켰다. 하지만 가온이는 발음이 좋아지는 것이 아니라, 오히려 말을 더듬었다. "떠떠떤땡니임~" 지금도 그때의 가온이 목소리가 귀에 쟁쟁하게 들려온다.

가온이는 이후에 언어치료를 받게 되었다. 가온이가 받는 언어치료가 너무 궁금해서 가온이 어머니에게 물어물어 언어치료 선생님과 통화를 하게 되었다. 가온이를 위해 한 가지라도 적용할 수 있는 간단한 교수방법을 전해 들었다. 나는 가온이와 매일 한 가지씩 언어치료를 실천하였고, 어머니에게도 말씀드렸다. 그리고 언어치료 선생님과 지속적으로 연락을 하였다. 한 달이 지나자, 가온이는 말더듬는 모습이 조금씩 사라지기 시작했다. 얼마나 기뻤던지 가온이를 얼싸안고 울었다.

그 후, 어려운 경제 수준에 맞벌이 가정에서 자라던 가온이는 언어치료를 지속적으로 받지 못하였다. 말더듬는 것이 사라지자, 어머니는 가온이가 언어치료실에 가는 횟수를 차츰 줄이더니 발걸음을 끊었고, 가온이의 '선생님' 하고 부르는 목소리는 졸업할 때까지 듣기 어려웠다.

1. 의사소통 및 의사소통장애의 정의

1) 의사소통의 정의

(1) 말

말(speech)이란 사회생활을 하는 인간이 그들의 생각이나 느낌을 표현하고 전달하는 의사소통을 위해 산출하는 음성을 의미한다. 사회생활과 밀접한 관계가 있기에 인간은 '말'을 잘하기 위해 노력한다. 말이란 뇌의 명령을 받아 기관을 통해 호흡을 하고 소리를 발생시키는 발성기관을 따라 말소리를 생성하는 조음기관을 거쳐 입술강, 구강, 비강 등의 공명기관을 통해 음성으로 산출되는 과정을 거쳐 탄생한다. 말을 잘한다는 것은 자신의 느낌과 생각이 복잡한 단계를 거쳐 음성으로 출현하게 됨을 의미한다.

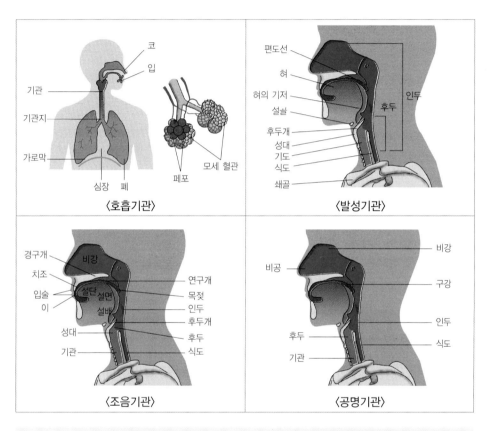

[그림 6-1] 호흡기관, 발성기관, 조음기관, 공명기관

(2) 언어

언어(language)는 말처럼 생각을 표현하는 신호 및 부호를 이해하고 사용하는 방법을 포함하는 규칙을 지닌 의사소통 방법으로, 특정한 규칙이 있는 상징체계를 통해 생각과 느낌을 교환하는 수단이다. 우리가 사용하고 있는 국어는 우리나라 사람들 간의 약속이며, 한글이라는 상징을 사용하게 된다. 한글은 이를 구성하는 소리, 단어, 문장,

의미, 사용하는 방법 등을 알아야 한국어를 잘 구사한다고 할 수 있다.

말을 잘한다는 이야기는 어떨 때 사용하는 것일까? "말 잘한다"는 이야기를 들어본 적이 있는 사람은 어떤 사람일까? 말이라는 것 자체만으로 "말을 잘한다"고 하기에는 어렵다는 점을 언어는 확인시켜 준다. 말은 음성을 구성하고 나열하는 행위로 신체 내 여러 기관이 움직여 만들어 내는 음성에 불과하지만, 언어는 말이라는 음성을 좀 더 체계적인 방법으로 읽고 해석하게 하는 재탄생의 기회라 할 수 있다.

한국어, 프랑스어, 영어, 네팔어 등을 생각해 보면, 이는 각 나라에서 사용되는 상 징체계임을 알 수 있다. 예를 들어, 한국어로 '사과'는 영어로는 'apple', 프랑스어로는 'pomme'라 적는다. 각 나라별 특정한 규칙이 있는 상징체계인 한국어, 영어, 프랑스 어 등을 통해 의미를 교환하는 것임을 알 수 있다.

그렇다면, 청각장애인이 사용하는 수화는 언어일까? 나라를 만들어 창조해 낸 것도 아닌데, 언어라 할 수 있을까? 수화는 청각장애인의 생각과 느낌을 신호를 통해 교환 하는 수단으로 언어에 포함된다. 수화는 언어의 하나로, 비형식적인 의사소통 도구로 분류된다.

(3) 의사소통

말과 언어에 대한 정의를 명확히 구분지을 수 있다면, 의사소통(communication)이 란 포괄적인 의미로 사용된다는 것을 이해할 수 있다. 의사소통은 느낌이나 생각 등 을 언어 또는 비언어를 통하여 인간과 인간이 서로 그들의 메시지를 교환하는 과정 (process)을 의미한다. 혼자서 하는 독백은 의사소통이라 하지 않으며, 둘 이상의 사람 이 주고받는 과정에서 메시지를 전달하는 사람과 전달받는 사람이 있어야 한다.

의사소통은 언어의 형식을 갖춘 글과 말이 포함되지만, 비언어적 형식인 몸짓, 봉화 와 같은 약속체계인 연기, 불꽃 등을 포함할 정도로 넓은 개념을 갖는다. 그러므로 지 금까지 살펴본 말, 언어를 모두 포함하고 있다는 것을 알 수 있으며, 의사소통은 사회 적 상호작용의 대표적인 예다.

간혹 동물도 인간과 의사소통을 한다고 믿는 사람들이 있다. 반려견을 키우는 사람은 개와 의사소통을 하면서 서로의 감정을 알아준다는 표현을 사용하기도 한다. 그러나 동물은 인간처럼 다양한 의사소통을 할 수는 없다. 동물의 표현은 생존과 관계있는 본능에서 비롯된 것이다. 예를 들어, 지금 우리는 개, 고양이, 원숭이와 함께 나란히 앉아 아주 슬픈 영화를 관람하고자 한다. 너무 슬퍼 눈물을 흘리는 사람과는 달리, 개, 고양이와 원숭이는 관심이 없거나, 이미 그 자리를 떠났을 수도 있다. 이를 통해 의사소통이 왜 인간만이 갖고 있는 사회적 상호작용의 하나인지 이해할 수 있다.

2) 의사소통장애의 정의

(1) 반 리퍼의 정의

반 리퍼(Van Riper, 1990)는 "말-언어장애(speech-language disorder)란 한 사람의 말이 다른 사람들의 말과 달라서 그 말 자체에 주의를 끌거나, 의사소통이 원만히 이루어지지 않거나, 말하는 사람이나 그 말을 듣는 사람에게 정서적 긴장 상태를 불러일으키는 것을 일컫는다."고 정의하고 있다. 김종현(2016)은 반 리퍼의 의사소통장애에 대한 정의를 다음과 같이 요약하고 있다. 첫째, 말의 내용보다 말 자체에 주의가 끌릴 정도로 말이 일탈되고, 둘째, 의사소통이 잘 이루어지지 않으며, 셋째, 말하는 사람이나 듣는 사람에게 정서적 긴장이 초래된다.

(2) 장애인복지법의 정의

「장애인복지법」에서는 의사소통장애라는 용어를 사용하지 않고 '언어장애'로 통합하여 사용한다. "음성 기능 또는 언어 기능에 영속적으로 상당한 장애가 있는 사람"이라 정의하며, 다음과 같이 분류하고 있다.

- 제3급: 음성기능이나 언어기능을 잃은 자
- 제4급: 음성·언어만으로는 의사소통을 하기 곤란할 정도로 음성기능이나 언어기능에 현저한 장애가 있는 사람

(3) 장애인 등에 대한 특수교육법의 정의

특수교육대상자로 분류하는 의사소통장애는 「장애인 등에 대한 특수교육법 시행령」에서 다음과 같이 네 가지 기준을 제시하며, 그중 하나 이상에 해당되는 경우를 의사소통장애라 명명한다.

- 언어의 수용 및 표현 능력이 인지 능력에 비하여 현저하게 부족한 사람
- 조음능력이 현저하게 부족하여 의사소통이 어려운 사람
- 말 유창성이 현저하게 부족하여 의사소통이 어려운 사람
- 기능적 음성장애가 있어 의사소통이 어려운 사람

2. 의사소통장애의 분류

1) 말장애

(1) 조음 · 음운장애

호흡기관, 발성기관 또는 조음기관의 손상 등으로 인하여 말소리를 정확하게 산출하지 못하거나, 말 산출 기관은 정상이지만 말소리 체계 및 음운적 규칙에 대한 인지적 또는 언어적 이해 부족으로 말소리를 정확하게 산출하지 못하는 것이다. 조음 · 음운장애를 조음장애와 동일한 의미로 사용하는 경우도 있으나, 전자의 경우를 조음장애(articulation disorders)라 하고 후자의 경우를 음운장애(phonological disorders)라고 분리하는 경우도 있다(국립특수교육원, 2009).

조음 · 음운장애를 분류하여 살펴보면, 조음장애는 조음기관의 결함으로 말소리 산출에 어려움을 지니는 장애를 말하며, 일반적으로 생략, 대치, 왜곡, 첨가 등 말소리가 부정확하게 산출되는 장애다. 개별 음소의 조음오류 형태에 따라 달라지는데, 생략은 초성 또는 종성을 생략하거나 특정 음소의 소리가 빠지는 경우이고, 대치는 자신이 소

리 낼 수 없는 소리를 소리 낼 수 있는 소리로 바꾸는 것이다. 왜곡은 대치와 구분하기 어려운 경우가 많지만, 잘 사용되지 않는 음소로 대치되거나 변형된 음을 의미한다. 첨가는 필요 없는 음이 삽입되어 나는 소리를 의미한다. 그러나 조음 오류를 보이더라도 환경적 요인, 빈도, 유형, 발달 특성 등에 따라 문제의 여부 판단이 달라질 수 있다.

조음 오류 형태의 구체적인 예시는 〈표 6-1〉과 같으며, 다른 예를 적어 보자.

표 6-1 조음 오류의 형태 및 예시

오류의 형태	예시	다른 예 적어 보기
생략	사탕→ 아탕/ 코끼리→ 코끼이/	
대치	선생님→ 떵땡님/ 가방→ 바방/	
왜곡	사과→ 샤구아알/ 서울→ 셔우울/	
첨가	형→ 형아/ 유치원→ 츄치원/	

음운장애는 특정 말소리를 산출할 수는 있지만 말소리 체계 및 음운적 규칙에 대한 인지적 또는 언어적 이해 부족으로 인해 상황에 따라 말소리를 식별하고 만들어서 정확하게 발음하지 못하는 경우가 해당된다.

(2) 유창성장애

앞서 질문한 "말을 잘합니까?"에 답을 하기 위해서는 여러 가지 요인들을 살펴보고 대답한다. 그 사람이 말을 하는 속도나 억양이 적절한지, 흐름이 부드러운지 등을 고려하게 되는데, 이러한 것들이 말의 유창성과 깊은 관계가 있다.

유창성장애(fluency disorder)는 '말을 잘하지 못하네.' 또는 '어딘가 이상하다.'는 느낌을 준다. 특히, 흥분하거나 낯선 상황, 심리적인 스트레스 상황에서 말을 머뭇거리거나 같은 말을 반복하고 연장하기도 한다. 말의 흐름이나 속도에 문제를 가지고 비정상적인 방해를 나타내는 증상이 발생한다.

유창성장애는 크게 말더듬(stuttering)과 말빠름(cluttering)으로 나눌 수 있다. 말더듬은 남아에게 자주 발생한다고 보고되며, 같은 소리를 반복하거나 오래 끌거나 멈춘다. 말더듬을 감추기 위해 눈 깜빡이기, 입 벌리기, 입술 오므리기 등의 행동을 보이기도 한다. 말빠름은 속화라고도 하고, 말의 속도가 너무 빠르고 동시 조음, 생략, 대치, 왜곡 등으로 내용 전달이 잘 되지 않는다. 그러나 주의를 기울이면 말의 속도를 조절할 수 있다.

(3) 음성장애

음성장애(voice disorder)란 음성을 산출하는 기관의 기질적인 문제나 심리적인 문제 또는 성대의 잘못된 습관으로 인하여 강도, 음도, 음질 및 유동성이 성과 연령, 체구와 사회적 환경들에 적합하지 않은 음성을 말한다(고은, 2015). 음성은 의사표현을 함에 있어 가장 중요한 수단이다. 목감기가 점점 심해짐을 느끼는 과정을 상상해 본다면 음성장애를 이해하는 데 도움이 된다. 또한, 교사가 학생들을 가르치기 위해 사용하는 과다한 음성 남용은 음성장애를 이해하는 데 도움이 된다.

강도장애는 신체적인 문제를 갖고 있지 않다면 심리적인 문제가 대부분이다. 음성을 전혀 낼 수 없거나, 음성이 지나치게 작거나 음성이 너무 커서 자신이 이야기하는 내용을 잘 전달하지 못한다. 가족의 일부가 똑같이 이러한 강도장애를 갖고 있는 경우도 있다.

음도장애는 주파수로 표현할 수 있는데, 일반적으로 기본 주파수를 살펴보면 여성은 205~245Hz, 남성은 105~145Hz, 영유아는 약 500Hz 정도의 음도를 가지고 있다.

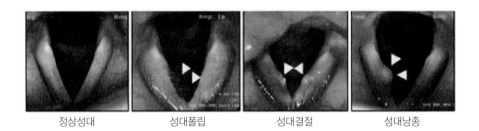

| 정상성대 | 성대폴립 | 성대결절 | 성대낭종 |

[그림 6-2] 성대의 남용

그러나 음도장애는 음도의 변화가 거의 없는 단조로운 음도(monotone), 통제가 안 될 정도로 음도가 위아래로 변하는 음도이탈(pitch breaks) 현상을 보여 준다. 특히, 단조로운 음도는 영어 표기인 'mono'의 의미를 생각해 본다면 이해가 쉬울 것이다.

음질장애는 음색과 밀접한 관계를 갖는다. 목감기가 심하게 걸렸을 때나 폐렴에 걸렸을 때를 생각해 보면 음질장애를 쉽게 이해할 수 있다. 음질장애는 과도한 근육 긴장이나 근육 사용, 성대의 접촉 상태, 점막 상태에 따라 증상이 달라지며, 이로 인해 거친 소리, 숨 새는 소리, 목이 쉰 소리, 과대 비음, 이중 음성 등의 증상이 나타난다.

위와 같이 음성장애를 강도장애, 음도장애, 음질장애로 분류하기도 하지만, 발성장애(phonation disorder), 공명장애(resonance disorder)로 나누어 설명하기도 하고, 목소리의 고저장애, 강약장애, 음질장애로 나누기도 한다.

2) 언어장애

언어의 구성요소는 세 가지, 즉 형태, 내용, 활용으로 나눈다. 형태는 소리를 의미가 있는 기호와 연결시키는 언어적 요소로, 음운론, 형태론, 구문론을 말한다. 내용은 단어를 통해 관계를 알게 해 주는 의미론을 말하며, 활용은 언어의 활용을 규정하는 화용론이 포함된다.

언어장애는 언어의 구성요소와 밀접한 관련성을 갖고 언어를 이해하고 표현하는 어려움을 갖는 것으로, 단순언어장애와 실어증 등으로 나누어 볼 수 있다.

(1) 단순언어장애

언어발달지체(delayed language development)와 단순언어장애(Specific Language Impairment: SLI)의 구분이 반드시 요구된다. 언어발달지체는 언어의 전형적인 발달 범주를 벗어나 언어발달이 지체된 경우로, 언어를 습득하지 못하는 경우와 언어표현이 어렵고 이해하는 데 어려움을 보이는 경우를 모두 포함한다. 즉, 지체장애 또는 지적장애도 포함한다.

단순언어장애는 앞서 설명한 언어발달지체에 포함한 감각적·신경학적·정서적·인지적 장애를 포함하고 있는 언어발달지체와는 달리 단순히 언어발달에만 초점을 둔다. 단순언어장애아동은 "청력손실, 구강구조와 기능 또는 지능에서 문제가 없이 언어기능에만 현저한 제한을 가진 아동(Leonard et al., 1987)"을 말한다.

단순언어장애의 조건은 다음과 같다(Leonard, 1998).

• 언어능력이 정상보다 지체되어야 한다.
• 지능이 정상 범주에 있어야 한다.
• 청력에 이상이 없어야 하며, 중이염을 앓고 있지 않아야 한다.
• 간질, 뇌성마비, 뇌손상과 같은 신경학적 이상을 보이지 않아야 하며, 이로 인한 약물을 복용한 적도 없어야 한다.
• 말 산출과 관련된 구강구조나 기능에 이상이 없어야 한다.
• 사회적 상호작용 능력에 심각한 이상이나 장애가 없어야 한다.

(2) 실어증

대부분의 경우 언어기능은 좌측의 뇌에서 담당한다. 특히 오른손잡이의 언어중추는 거의 대부분 좌측 뇌에 치우쳐 있고, 왼손잡이의 경우에는 48~66%가 좌측 뇌에서 언어기능을 담당한다고 알려져 있다. 이러한 언어기능을 담당하는 뇌의 부위에 병이 발생하게 되면 언어기능에 이상을 초래하게 되고 정상적인 대화가 불가능하게 되는데, 이를 실어증이라고 한다. 다시 말해서, 언어의 처리과정에 장애가 생겨 언어의 이해와 합성에 이상이 생긴 경우를 실어증(aphasia)이라고 한다(보건복지부 국가정보포털, http://health.mw.go.kr/Main.do).

실어증은 운동성 실어증과 감각성 실어증으로 나눌 수 있다. 운동성 실어증은 단어의 뜻을 연결하는 부위인 브로카 영역(Broca's area)과 주로 연관 짓는데, 자신에게 이야기한 것에 대해 모두 이해하고 대답할 단어도 알며 쓰거나 읽을 수도 있지만, 그 단어를 발음할 수 없는 특징을 갖고 있다. 감각성 실어증은 타인의 말은 들을 수 있으나

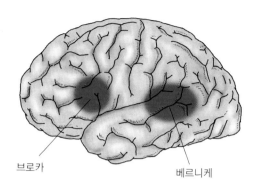

브로카   베르니케

[그림 6-3] 브로카 영역과 베르니케 영역

단어들을 배열하여 문법적으로 문장을 완성시키는 곳인 베르니케 영역(Wernickee's area)의 손상으로 말을 이해하지도 못하고 따라 말할 수도 없다.

　그 밖에 남의 말을 따라서 반복하는 능력이 결여되어 있는 전도성 실어증, 브로카 실어증과 유사하게 나타나지만 남의 말을 따라하는 하는 데는 지장이 없는 연결피질 운동성 실어증, 그리고 베르니케 실어증과 유사하게 나타나지만 남의 말을 반복해서 자동적이고 불수의적으로 따라하는 연결피질 감각성 실어증이 있다. 글을 읽을 때 잘 못 읽거나 글씨를 혼동하는 난독증, 펜으로 글을 잘 써 나가지 못하는 난서증, 언어의 표현에는 문법적으로 어려움이 없으나 낱말을 찾는 데는 큰 어려움을 겪는 건망성 실어증 등도 있다.

3. 의사소통장애의 원인

1) 기질적 요인: 생리학적 결함

　중추신경계나 입, 후두 등에 손상을 가져오는 질병이나 사고에 의한 것으로 모든 시기(출산 전, 출산 중, 출산 후 또는 아동기나 성인기 등)에 걸쳐서 발생한다. 신경조직이나 기관 구조의 이상으로 나타나는 것이며, 두뇌 및 신경 손상, 혀, 치아, 입술, 구개파열 등의 구강기관 이상과 호흡기관 손상, 치열의 부정교합, 신체적 결함, 청각장애, 신경 장애 등이 포함된다.

2) 기능적 요인(환경적 요인)

환경, 즉 가정이나 언어생활 환경 내에서 언어의 발달을 지연시키는 원인이 된다. 특히 신생아기에 성인의 적절한 반응이 없을 때, 언어적 자극이 적절히 제공되지 않을 때, 과다한 양의 말을 수시로 듣거나, 의사소통 시도 시 벌을 받거나 무시되는 경우 언 어발달에 큰 영향을 미친다. 신생아기를 포함한 발달 초기에 제공되는 언어의 질과 양 은 경험과 자극으로 작용하여 아동의 어휘 및 언어 발달에 영향을 미친다는 것을 알 수 있다.

3) 심리적 요인(상황적 요인)

상황에 따른 정신적 부담감(스트레스)은 당사자가 느끼는 정도에 따라 강도가 달라 진다. 예를 들어, 부모의 이혼으로 인한 부담감으로 어떤 아동은 심한 충격을 받아 의 사소통장애를 보일 수 있고, 또 어떤 아동은 일상생활의 혼란스러움 정도로 느낄 수 있다. 불안 및 갈등 등의 정서적 문제로 인한 말더듬과 같은 경우가 해당된다.

4. 의사소통장애의 특성

1) 언어적 특성

언어를 크게 분류하면 수용언어와 표현언어로 나눌 수 있다. 수용언어는 청자의 입장에서 화자가 말하는 것을 이해하는 것이며, 표현언어는 화자가 되어 자신의 생각과 느낌을 표현하는 것이다. 의사소통장애를 보이는 아동 중 수용언어의 결함은 반응, 추상, 암기, 기억 등의 기술에서 나타나게 된다. 표현언어의 결함은 문법, 구문론, 유창성, 어휘, 따라하기 등에서 나타나 관계 안에서 의사소통에 어려움을 갖는다.

2) 지능 및 학업성취

지적 능력과 성취도 평가에서 평균보다 낮게 평가되며, 의사소통의 문제를 불러일으킨다. 학업에 있어 의사소통은 관계를 맺는 중요한 단서가 되고, 언어 발달과 인지 발달은 상호 연관성을 갖고 있어 거의 모든 학습에 필요한 기술 습득 면에 큰 영향을 미치게 된다. 특히, 초등학교 이후 읽기 기술이 어려워 성공적인 학업성취를 방해하는 요인이 된다.

3) 사회정서적 · 심리적 특성

조음장애, 유창성장애, 음성장애 등의 말장애 등은 학업성취에는 큰 영향을 주지 않지만, 또래와의 사회적 상호작용에 영향을 준다. 말장애로 인해 또래나 주변인에게 거절당하거나 창피를 당하고 열등감을 느끼게 되고, 이는 낮은 자존감을 유발한다. 또한, 좌절, 분노, 적대감, 위축행동 등으로 나타나 말을 하는 상황을 피하려고 하거나, 고립된 행동을 선택하기도 한다.

말장애로 인해 자신의 요구를 적절하게 표현하지 못하게 되면 감정 표현을 위해 공격성을 지닌 행동을 보이고, 이는 사회성 기술의 결여나 문제행동으로 지목되어 더 고립되고 위축된다.

5. 의사소통장애아동의 교육

1) 유형별 교수방법

(1) 조음 · 음운장애

조음 · 음운장애아동은 자신의 말과 언어의 실수에 대해 민감하여 고립이나 위축을 가져오기도 한다는 점을 반드시 기억하여야 한다. 이들의 교수방법을 계획할 때 교사의 말을 듣거나 입 모양 따라하기, 음성을 듣고 구분하기를 하거나, 실수를 한 경우에는 아동이 한 말을 다시 반복해 주기, 특정 음을 발음하고 그 소리가 어느 글자의 소리였는지 맞추는 청능활동 활용하기 등을 통해 자연스럽게 지도할 수 있다.

어휘 학습 지도 시 고려할 점은 다음과 같다(고은, 2015).

- 아동 발달단계에서 습득 시기가 빠른 음소부터 지도한다.
- 일상생활에서 사용 빈도가 높은 음소부터 지도한다.
- 자극 반응도가 높은 음소부터 지도한다.
- 오류의 일관성이 없는 음소부터 지도한다.
- 가르치고 싶은 음소는 초성에 놓인 것부터 하는 것이 좋다.
- 다음절 단어보다 단음절 단어를 먼저 사용한다.
- 명사, 단단어, 의미적으로 쉬운 개념을 갖는 단어를 먼저 지도한다.
- 음운 인식에 대한 지식이 형성되지 않은 혹은 결함을 가지고 있는 아동에게는 행위와 함께 전달한다.
- 목표로 하는 음소나 단어 앞에 잠깐 휴지를 두어 집중할 수 있는 시간을 준 다음 천천히 그러나 약간 강세를 두고 반복해서 조음한다.
- 선택 질문을 줌으로써 아동이 특정 발음을 하되, 교사의 발음을 한 번 듣고 발음할 수 있는 기회를 제공한다.

- 잘못된 조음을 하였을 때는 즉시 피드백을 제공하고, 아동이 발음을 잘했을 때는 자연스러운 강화를 제공한다.

(2) 음성장애

자신이 소리 내고 있는 음성의 상태가 어떠한지 잘 모르는 경우가 많으므로, 매체를 통하여 여러 가지 소리를 듣고 그 소리를 구별하게 하고 소리에는 강약과 높낮이가 있음을 알게 하기, 적절한 억양과 발음으로 자연스럽게 이야기할 수 있는 교사나 또래가 말의 시범 보이기, 녹음기를 활용하여 다른 사람과 자기의 말을 비교해 보고 높낮이와 속도를 조절하고 상황에 맞는 말을 할 수 있도록 지도하기 등을 포함한다.

(3) 유창성장애

유창성장애에 대해 의식하지 않도록 자연스러운 상황에서 말하도록 기회를 제공한다. 주말 지낸 이야기, 가장 재미있었던 일 이야기하기, 지역사회 적응활동 등을 통해 경험했던 일을 발표하도록 한다. 또한 시간지연법을 활용하여 생각하며 천천히 말하도록 유도한다.

김미숙과 김향지(2014)는 자신감 향상을 위한 고려사항을 다음과 같이 제시하고 있다.

- 아동이 유창하지 않은 말을 하는 동안은 관심을 갖지 않는다.
- 아동이 어떻게 말했는지보다는 무엇을 말했는가에 대하여 수용하는 태도를 보이도록 한다.
- 학급의 다른 아동과 동일하게 유창성장애아동도 상호작용하도록 한다.
- 아동을 유창성장애로 분류하지 말고 비유창성을 수용하도록 한다.
- 아동이 말을 통제하는 것을 느끼도록 도와준다.

(4) 단순언어장애

심현섭 외(2012)의 임상가 중심법, 아동 중심법, 확장과 확대, 절충법 등으로 교수적 중재방법을 살펴보면 다음과 같다.

① 임상가 중심법: 임상가 중심법에서는 임상가가 중재의 모든 측면, 즉 사용할 자료, 자료의 사용 방법, 강화의 유형과 빈도 등을 미리 정해 두고 계획적으로 중재를 제공하는 방법이다. 훈련, 훈련놀이, 모델링이 대표적이다.

② 아동 중심법: 행동문제가 있어서 고집이 세거나 의사소통을 먼저 시작하지 않는 수동적인 의사소통 유형의 아동에게 적절한 중재 접근방법이 아동 중심법이다. 혼잣말 기법과 평행적 발화기법, 모방이 대표적이며, 아동이 좋아하는 활동을 놀이와 연계하면 더욱 효과적이다.

마이크	여러 가지 휘슬

[그림 6-4] 놀이를 통한 언어치료 도구

③ 확장과 확대

확장은 아동이 말한 것에 대해 덧붙이는 것으로, 확장한 내용의 일부라도 자발적으로 모방할 수 있는 가능성을 높여준다. 확대는 장황하게 말하기, 아동이 말한 것에 의미를 덧붙여 언급하는 것으로, 성인의 확대는 아동의 문장길이를 유의하게 증가시킨다.

- 확장의 예: 아동 "나 밥 먹어."

  교사 "나는 밥을 먹어요."

- 확대의 예: 아동 "차"

  교사 "노란 차"

④ 절충법: 절충법의 세 가지 특징은 다음과 같다. 첫째, 일반적 의사소통 자체에 중심을 두는 아동 중심법과 달리 한 개 혹은 일련의 특정 언어 목표가 있다. 둘째, 교사나 치료사는 활동과 자료를 정하는 데 있어서 어느 정도의 통제를 유지하나 아동이 자발적으로 목표 언어를 산출할 수 있도록 유도한다. 셋째, 아동의 주도적인 의사소통에 반응하기보다는 목표로 하는 형태를 모델링하고 강조하는 방식으로 언어적 자극을 사용한다. 절충법은 집중적 자극기법, 환경중심 언어중재, 스크립트 중재가 대표적이다.

2) 보완대체 의사소통의 활용

보완대체 의사소통(Augmentative and Alternative Communication: AAC)이란 일상생활에서 의사소통을 할 수 없는 사람들을 돕기 위해 제안된 의사교환 방법으로, 의사소통판, 의사소통책, 컴퓨터에 장착된 기기 등 다양한 수단을 활용한 의사소통을 의미한다. 지금까지 지체장애인이나 뇌병변장애인에게 가장 효과적인 의사소통 방법으로 알려져 그들을 중심으로 사용되어 왔으나 의사소통장애아동에게도 유용하다.

AAC의 목적 및 기여도는 다음과 같다. 첫째, 여러 가지 이유로 인해 어려움을 겪고 있는 아동 또는 성인의 의사소통을 좀 더 쉽게 해 준다. 둘째, AAC의 사용으로 의사소통 장애가 심한 아동의 의사소통 실패로 인한 좌절을 감소시킴으로써 문제행동을 줄이는 데 도움을 준다. 셋째, 사회성의 향상 및 더 많은 일반 활동에의 참여를 가능케 한다. 넷째, AAC 사용으로 구어발달을 촉진한다. 다섯째, 의사소통을 지속적으로 시도함으로써 독립적인 생활을 촉진하여 취업기회의 확대에 도움을 준다(정해동, 1999).

[그림 6-5] 보완대체 의사소통 기기

보완대체 의사소통 적용 알아보기

보완대체 의사소통 체계(AAC system)는 의사소통 능력에 제한이 있는 장애아동이 통합된 환경 내에서 비장애 또래 학생들과의 상호작용을 통해 우정 관계를 형성하고 소속감을 느낄 수 있도록 하는 데 큰 역할을 한다.

ASHA(미국 언어병리학회)에 따르면, 한 개인의 의사소통 체계는 말(speech)과 다양한 보완적 테크닉(쓰기, 제스처, 얼굴 표정 등)을 다 포함하며, 누구나 타인과 상호작용을 할 때 자신의 의사소통 욕구를 충족하기 위해서는 두 요소를 다 사용하게 된다.

ASHA는 AAC에 대한 정의를 다음과 같이 제시하였다.

AAC란 언어치료사 및 청능 치료사들이 중도(重度)의 표현 의사소통장애(말, 언어 및 쓰기 장애)를 지니는 사람들의 장애를 일시적으로 혹은 영구적으로 보충하고 촉진하고자 임상, 연구 및 교육의 실제를 담당하는 영역과 관련된다.

따라서 AAC로부터 혜택을 받을 심한 의사소통장애를 지니는 이들이란 몸짓하기, 말하기, 쓰기가 자신의 모든 의사소통 욕구를 충족하는 데 일시적으로나 영구적으로 충분하지 않은 사람들이며, 여기에서 의사소통장애의 일차적인 요인이 청각장애인 사람은 제외된다.

ASHA는 AAC 체계를 "의사소통 촉진을 위해 사용되는 상징, 보조도구, 전략 및 테크닉의 통합군"이라 정의하였는데, 이는 의사소통을 위해서는 다양한 구성요소와 다양한 양식을 사용할 것을 강조한 것이라 하겠다.

의사소통 시 얼굴 표정, 응시, 몸의 자세, 손 움직임과 같은 제스처의 사용도 AAC 내에 포함됨을 의미하며, 최중도 지적장애인에게 제스처 양식을 통해 의사소통 능력을 신장시키고자 하는 중재 또한 AAC 전문가의 책임 영역임을 의미한다.

또 하나의 구성요소인 '보조도구(aid)'란 "의사소통 책, 의사소통 판, 차트, 기계 혹은 전자장치와 같이 메시지를 전하고 받는 데 사용되는 물리적 도구"를 말한다.

〈중 략〉

따라서 AAC 사용자들이 사회에서 의사소통을 더 활발히 할 수 있도록 하기 위해서는 AAC 체계가 사회적으로 수용 가능한 것이어야 하고, 장애인과 비장애인 모두 쓸 수 있는 보편적 설계 기반의 기기를 제시하여 많은 의사소통 옵션들 때문에 발생하는 의사소통 오류를 줄일 수 있도록 해야 한다는 필요성이 크게 대두되고 있으며, 이에 따른 보편적 설계 기반의 기기를 이용한 AAC 이용에 대한 연구와 개발도 이뤄지고 있다.

또한, 과거 AAC는 여러 장애유형 중에서도 지체장애학생에 편중되어 적용되어 왔으나, 근래에 들어서 지적장애 및 자폐성장애 학생들을 대상으로 AAC를 활용하는 등 적용 영역 확장이 눈에 띄고 있으며, 그 효과 역시 긍정적으로 나타나고 있어 기대할 만하다고 하겠다.

출처: 김경식(2015. 03. 23). 에이블 뉴스.

3) 통합교육 지원

의사소통장애아동이 일반학급 내에 배치되어 또래와 같은 조건에서 같은 활동에 얼마나 많이 참여할 수 있도록 할 것인가는 가장 중요한 사안 중에 하나다. 말이나 언어상의 문제를 보이는 의사소통장애아동이지만, 일반교육의 모든 교육과정에 참여할 수 있는 능력을 지니고 있다는 점을 잊지 않고 담임교사가 그들을 위한 방안을 수립한다면 통합교육의 효과는 배가 될 것이다.

(1) 말 · 언어 기술의 촉진

교사나 또래는 의사소통장애아동 스스로 천천히 말하고, 주도적인 활동을 할 수 있도록 지원해 주어야 하고, 그들의 바람직한 모델이 되어 의사소통 기술을 향상시키고 의사소통장애아동이 말하는 것을 편안하게 수용할 수 있는 환경을 조성하여야 한다. 이러한 환경 조성은 그들의 실수에 대해 민감하게 보이지 않기 때문에 상호작용을 촉진하고 말 · 언어 기술을 발달시키기에 충분하다.

조윤경과 김수진(2015)은 어휘와 개념 발달을 촉진하기 위한 교수방법을 다음과 같이 제시하고 있다.

- 유아 주도 따르기
- 적절한 속도로 말하기
- 서로 주고받는 대화 격려하기
- 주의 깊게 사물과 행동에 적합한 단어 사용하기
- 유아의 발달적 수준에 맞도록 사물이나 사건의 특징을 주의 깊게 묘사하기
- 반복과 중복 사용하기
- 좀 더 발달적 수준이 높은 유아에게는 개방형 질문하기
- 폐쇄형 질문하기
- 인과관계를 이해하도록 격려하기

(2) 수용적 환경 조성

조음·음운장애, 유창성장애 등을 지닌 말장애아동은 사회적 활동과 학습에 모두 참여할 수 있어야 한다. 말·언어 기술을 촉진하기 위해 의사소통 기회를 최대한으로 확장시키면서 또래들 간의 수용도를 증진시킬 수 있도록 장애아동과 또래가 서로 의사소통할 수 있는 기회를 제공하고 언어장애를 가진 아동을 위해서 수용적인 환경을 조성해 주는 것이 매우 중요하다.

실수를 했을 때 웃거나 놀리는 태도를 취하면, 의사소통장애아동은 위축되고 고립될 수밖에 없다. 의사소통장애아동이 말할 때 관심 보이기, 그들의 실수 허용하기, 완전한 말로 듣기 어렵지만 내용에 관심 보이기, 의사소통장애아동 스스로 말하는 연습하기 등을 통해 서로 노력하여야 한다.

그러나 수용적 환경을 조성한다는 것이 의사소통장애아동의 자립심이나 자존감에 상처를 주지 않도록 하여야 한다. 도명애 외(2016)는 다음과 같은 원칙을 통해 자연스럽게 접근하는 방법을 제시하고 있다.

- 아동의 필요 욕구를 예측하지 않는다.
- 새롭거나 독특한 사건을 일으킨다.

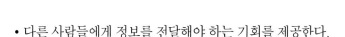

- 다른 사람들에게 정보를 전달해야 하는 기회를 제공한다.
- 아동 스스로 선택하게 한다.

(3) 전문가 간 소통

통합학급은 일반교사와 특수교사가 함께 있는 공간이다. 의사소통장애아동의 발전을 위해 효과적인 교수방법을 제시하는 것은 당연하다. 서로의 전문적 지식과 장점, 교수방법을 논의하여 통합교육에 배치된 장애아동에 대한 대안을 마련하여야 한다. 또한 아동이 현재 받고 있는 관련 서비스, 즉 언어치료, 심리치료 등을 담당하는 치료사와의 밀접한 관계도 중요하다.

언어치료사는 의사소통장애가 있거나 일반교사, 특수교사의 충분한 도움을 받을 수 없는 아동에게 전문적인 치료를 제공하게 된다. 언어치료사는 의사소통장애아동의 언어에 관한 검사를 진행하고 이에 따라 치료 목표를 계획하고 실행함으로써 큰 도움을 제공한다. 전문가 간의 소통은 긍정적 언어학습을 위한 환경을 조성하고 언어치료사, 일반교사 및 특수교사의 지지는 의사소통장애아동의 전반적인 생활에 활력이 된다.

 요점정리

1. 의사소통장애의 정의
1) 의사소통의 정의 – 사회생활을 하는 인간이 그들의 생각이나 느낌을 표현하고 전달하는 의사소통을 위해 산출하는 음성을 의미하는 말, 말처럼 생각을 표현하는 신호 및 부호를 이해하고 사용하는 방법을 포함하는 규칙을 지닌 의사소통 방법인 언어, 그리고 느낌이나 생각 등을 언어 또는 비언어를 통하여 인간과 인간이 서로 그들의 메시지를 교환하는 과정인 의사소통으로 나눌 수 있음
2) 의사소통장애의 정의
(1) 반 리퍼의 정의 – 한 사람의 말이 다른 사람들의 말과 달라서 그 말 자체에 주의를 끌거나, 의사소통이 원만히 이루어지지 않거나, 말하는 사람이나 그 말을 듣는 사람에게 정서적 긴장 상태를 불러일으키는 것

(2) 「장애인복지법」 – 음성 기능 또는 언어 기능에 영속적으로 상당한 장애가 있는 사람
(3) 「장애인 등에 대한 특수교육법 시행령」 – 언어의 수용 및 표현 능력이 인지 능력에 비하여 현저하게 부족한 사람, 조음 능력과 말 유창성이 현저하게 부족하여 의사소통이 어려운 사람, 기능적 음성장애가 있어 의사소통이 어려운 사람

2. 의사소통장애의 분류
1) 말장애 – 조음 · 음운장애, 유창성장애, 음성장애
2) 언어장애 – 단순언어장애, 실어증

3. 의사소통장애의 원인
1) 기질적 요인(생리학적 결함) – 중추신경계나 입, 후두 등에 손상을 가져오는 질병이나 사고에 의한 것으로 모든 시기(출산 전, 출산 중, 출산 후 또는 아동기나 성인기 등)에 걸쳐서 발생
2) 기능적 요인(환경적 요인) – 환경, 즉 가정이나 언어생활 환경 내에서 언어의 발달을 지연시키는 원인이 됨

4. 의사소통장애의 특성
1) 언어적 특성 – 수용언어의 결함은 반응, 추상, 암기, 기억 등의 기술에서 나타나게 되며, 표현언어의 결함은 문법, 구문론, 유창성, 어휘, 따라하기 등에서 나타나 관계 안에서 의사소통에 어려움이 있음
2) 지능 및 학업 성취 – 지적 능력과 성취도 평가에서 평균보다 낮게 평가되며, 의사소통의 문제를 불러일으킴
3) 사회정서적 · 심리적 특성 – 또래나 주변인에게 거절당하거나 창피를 당하고 열등감을 느끼게 되고, 이는 낮은 자존감을 유발함. 또한, 좌절, 분노, 적대감, 위축행동 등으로 나타나 말을 하는 상황을 피하려고 하거나 고립된 행동을 선택하기도 함

5. 의사소통장애아동의 교육
1) 유형별 교수방법 – 조음 · 음운장애, 음성장애, 유창성장애, 단순언어장애 등 각 유형의 특성을 파악하고 그에 따라 중재
2) 보완대체 의사소통(AAC)의 활용 – 일상생활에서 의사소통을 할 수 없는 사람들을 돕기 위해 제안된 의사교환 방법으로 의사소통판, 의사소통책, 컴퓨터에 장착된 기기 등을 활용
3) 통합교육 지원 – 말 · 언어 기술의 촉진, 수용적 환경 조성, 전문가 간 소통

생각 나누기

1. 연령별 언어발달에 대해 정리해 봅시다.
2. 이중언어를 사용하는 다문화가정 아동의 경우, 우려되는 부분은 무엇이 있는지 생각해 봅시다.

추천자료

- 국립특수교육원 장애이해 사이트(http://edu.knise.kr): 알기 쉬운 장애, 장애 이해 교육, 보조공학 활용하기, 장애인 편의시설, 정보마당 등 활용
- 의사소통을 돕는 APP, '나의 AAC(보완대체의사소통)'를 검색하여 APP 활용

참고문헌

고은(2015). 의사소통장애아교육. 서울: 학지사.

국립특수교육원(2009). 특수교육학 용어사전. 서울: 하우출판사.

김미숙, 김향지(2014). 특수아동의 이해와 교육. 서울: 창지사.

김종현(2016). 특수교육학개론. 서울: 창지사.

도명애, 서석진, 최성욱, 김성화, 박순길, 윤치연, 양경애, 조규영(2016). 특수아동의 이해. 서울: 창지사.

심현섭, 김영태, 이윤경, 박지연, 김수진, 이은주, 표화영, 한진순, 권미선, 윤미선(2012). 의사소통장애의 진단과 평가. 서울: 학지사.

정해동(1999). 장애학생을 위한 보완·대체 의사소통 지도. 경기: 국립특수교육원.

조윤경, 김수진(2015). 유아교사를 위한 특수아동의 이해. 경기: 공동체.

Leonard, L., Sabbadini, L., & Volterra, V. (1987). Specific language impairment in children: A cross-linguistic study. Brain and Language, 32, 233-252.

Leonard, L. (1998). Children with specific language impairment. Cambridge, MA: MIT Press.

Van Riper, C., & Erickson, R. L. (1996). Speech correction: An introduction to speech pathology and audiology(9th ed.). Boston: Allyn and Bacon.

김경식(2015. 3. 23.), "보완대체의사소통 적용 알아보기", 에이블뉴스.

보건복지부 국가정보포털 http://health.mw.go.kr/Main.do

제7장

지체장애 및 건강장애

  신체적 장애의 대표적인 유형이 지체장애 및 건강장애다. 신체적인 손상은 신체적 움직임 뿐만 아니라 다양한 영역의 어려움을 동반하며, 심각한 경우 사망에 이르기까지 한다. 이들에 대한 보조공학기기의 지원과 적합한 교육을 통해 조금이나마 도움이 되어야 하고, 비장애인의 올바른 이해를 통해 일상생활에 적응하고 스스로 자신감을 갖도록 하는 것이 중요하다.

  이 장에서는 지체장애 및 건강장애의 개념에 대한 정의를 살펴보고, 원인과 특성을 알아본 후, 어떻게 교육해야 하는지 구체적으로 살펴보고자 한다.

⚽ 마인드 맵

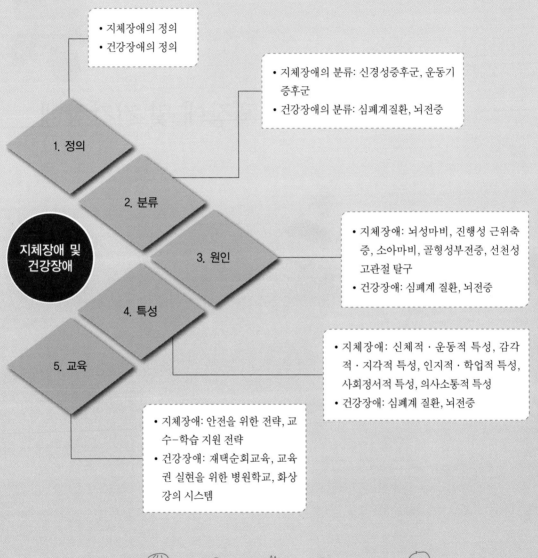

• 지체장애의 정의
• 건강장애의 정의

• 지체장애의 분류: 신경성증후군, 운동기 증후군
• 건강장애의 분류: 심폐계질환, 뇌전증

1. 정의

2. 분류

지체장애 및 건강장애

3. 원인

• 지체장애: 뇌성마비, 진행성 근위축증, 소아마비, 골형성부전증, 선천성 고관절 탈구
• 건강장애: 심폐계 질환, 뇌전증

4. 특성

• 지체장애: 신체적·운동적 특성, 감각적·지각적 특성, 인지적·학업적 특성, 사회정서적 특성, 의사소통적 특성
• 건강장애: 심폐계 질환, 뇌전증

5. 교육

• 지체장애: 안전을 위한 전략, 교수-학습 지원 전략
• 건강장애: 재택순회교육, 교육권 실현을 위한 병원학교, 화상강의 시스템

⚽ 학습목표

1. 지체장애 관련 용어에 대해 설명할 수 있다.
2. 지체장애 및 건강장애의 정의를 구술할 수 있다.
3. 지체장애 및 건강장애의 유형을 분류할 수 있다.
4. 지체장애 및 건강장애의 원인과 특성을 기술할 수 있다.
5. 지체장애 및 건강장애아동에 대한 교육방법을 나열할 수 있다.

⚽ 주요 용어

지체: 체간과 사지 또는 몸통과 팔다리

지체장애: 기능·형태상 장애를 가지고 있거나, 몸통을 지탱하거나, 팔다리의 움직임 등에 어려움을 겪는 신체적 조건이나 상태로 인해 교육적 성취에 어려움이 있는 사람

건강장애: 만성질환으로 인하여 3개월 이상의 장기 입원 또는 통원치료 등 계속적인 의료적 지원이 필요하여 학교생활과 학업수행 등에 어려움이 있는 사람

보조공학기기: 장애인이 과제나 작업을 할 때 그것이 없으면 할 수 없거나, 또는 더 쉽고 나은 방법으로 할 수 있게 해 주는 등 장애인의 기능적인 능력의 개선·유지·확대에 필요한 도구나 물품 및 생산 시스템

사례

만 7세인 나영이(가명)는 장애전문어린이집에 다니고 있다. 나영이는 위루관을 하고 있고, 장애명은 뇌병변장애다. 나영이는 사지마비이고, 몸이 항상 강직되어 있는 아동으로 피더시트나 맞춤형 의자에 앉아 생활한다. 바퀴가 달린 의자에 의지하고, 누군가의 도움 없이 움직이는 것은 매우 어렵다. 친구들의 웃음소리나 움직임을 보며 행복한 미소를 짓고, 누군가 옆에서 울면 따라 울 듯 입을 삐죽거린다. 자신의 감정을 아주 잘 표현하는 편이고, 눈맞춤을 매우 잘한다.

담임교사는 나영이의 위루관 상태를 매일 먼저 체크하고 일과를 시작한다. 나영이에게 급식 및 간식 시간은 매우 중요하다. 하루에 4~5회 먹여야 하는 유동식은 조심스럽게 주사기로 공급한다. 너무 빨리 공급하면 위험하기 때문에 어머니가 알려 준 대로 천천히 공급한다. 또한, 나영이는 뇌전증도 함께 갖고 있어 주의해야 한다. 집에서 약을 복용한 지 3년 이상이 넘어 현재는 발작이 거의 일어나지 않지만, 나영이의 발작을 잘 관찰하여 가장 편안한 자세로 눕히는 것이 관건이다.

나영이가 어린이집에 있는 시간만큼은 담임교사가 건강을 주로 챙기게 되므로, 항상 주의 깊게 살펴보고 응급 상황에 대처하기 위한 준비를 하여야 한다.

1. 지체장애 및 건강장애의 정의

1) 지체장애의 정의

(1) 지체장애 관련 용어

지체란 용어는 체간과 사지라는 뜻을 지니고 있으며, 몸통과 팔다리를 의미한다고 볼 수 있다. 몸통은 척추가 가운데 자리하고 머리 부분을 받치고 있는 중요한 부분이다. 팔다리는 우리 몸에 팔 2개, 다리 2개, 즉 사지가 있으며, 사지는 상지와 하지로 나뉜다. 상지는 일상생활과 작업 활동에 관련이 있고, 하지는 서기, 걷기 등과 같은 이동 기능에 관련이 있다(전헌선 외, 2012).

(2) 법적 정의

「장애인 등에 대한 특수교육법」,「장애인복지법」, 미국의「장애인교육법(IDEA)」
을 중심으로 지체장애에 대한 정의를 살펴보고자 한다.

① 장애인 등에 대한 특수교육법의 정의

「장애인 등에 대한 특수교육법」에서는 지체장애를 "기능·형태상 장애를 가지고
있거나, 몸통을 지탱하거나, 팔다리의 움직임 등에 어려움을 겪는 신체적 조건이나 상
태로 인해 교육적 성취에 어려움이 있는 사람"으로 정의한다. 이는 앞서 살펴본 지체
에 대한 개념과 지체의 손상, 무능력 등을 이유로 학업성취에 어려움을 보이는 특수교
육대상자를 말한다.

「장애인 등에 대한 특수교육법」의 옛 법인「특수교육진흥법」에서는 지체장애라는
용어 대신 지체부자유라는 용어를 사용하였다. 서울대학교 교육연구소(1995)의『교육
학용어사전』의 정의는 "신체적인 결함을 통틀어 가리키고 학습이나 적응에 방해를 받
는 상태를 말하며 일반적으로 불구(不具)나 만성적인 건강문제를 지칭한다. 맹(盲)이
나 농(聾)과 같은 단순 감각장애(單純感覺障碍)는 여기에 포함되지 않는다."고 하였다.

② 장애인복지법

「장애인복지법」에서는 지체장애를 신체적 장애의 중분류 중 하나로 보고 지체장애
인과 뇌병변장애인으로 나누어 정의하고 있다.「장애인복지법」의 지체장애인과 뇌병
변장애인에 대한 구체적인 내용은 〈표 7-1〉과 같다.

③ 미국의 장애인교육법(IDEA)

미국의「장애인교육법」에서는 "지체장애를 아동의 학습에 불리하게 영향을 미치는
심각한 지체의 장애로 선천적 기형에 의한 손상(내반족, 일부사지 결손 등), 질병에 의
한 손상(회백수염, 골결핵 등) 및 기타 원인에 의한 손상(뇌성마비, 절단장애, 골절 등)
에 기인하여 체력, 활력 혹은 기민성에 제한이 발생하는 것으로 아동의 교육 수행에

불리하게 작용한다."고 정의하고 있다.

표 7-1	「장애인복지법」상의 분류와 기준
장애인의 종류	장애 기준
지체장애인	• 한 팔, 한 다리 또는 몸통의 기능에 영속적인 장애가 있는 사람 • 한 손의 엄지손가락을 지골(指骨: 손가락뼈) 관절 이상의 부위에서 잃은 사람, 또는 한 손의 둘째 손가락을 포함한 두 개 이상의 손가락을 모두 제1지골 관절 이상의 부위에서 잃은 사람 • 한 다리를 리스프랑(lisfranc: 발등 뼈와 발목을 이어 주는) 관절 이상의 부위에서 잃은 사람 • 두 발의 발가락을 모두 잃은 사람 • 한 손의 엄지손가락 기능을 잃은 사람, 또는 한 손의 둘째손가락을 포함한 손가락 두 개 이상의 기능을 잃은 사람 • 지체(肢體)에 위 각목의 어느 하나에 해당하는 장애 정도 이상의 장애가 있다고 인정되는 사람
뇌병변장애인	뇌성마비, 외상성 뇌손상, 뇌졸중(腦卒中) 등 뇌의 기질적 병변으로 인하여 발생한 신체적 장애로 보행이나 일상생활의 동작 등에 상당한 제약을 받는 사람

2) 건강장애의 정의

(1) 장애인 등에 대한 특수교육법

「장애인 등에 대한 특수교육법」에서는 건강장애를 "만성질환으로 인하여 3개월 이상의 장기 입원 또는 통원치료 등 계속적인 의료적 지원이 필요하여 학교생활과 학업 수행 등에 어려움이 있는 사람"이라고 정의한다. 건강장애를 지닌 특수교육대상자를 교육 관련 법에 넣은 것은 2005년 「특수교육진흥법」의 개정 시기부터다.

교육부에서 건강장애를 지닌 특수교육대상자를 선정할 때 다음의 세 가지 조건이 모두 부합되어야 한다. 첫째, 만성질환 치료를 위한 장기 의료처치가 요구되어, 둘째, 연간 수업일수의 3개월 이상 결석 및 이로 인해 유급이 예견되거나 유급 위기에 처해 있으면서, 셋째, 학교생활 및 학업 수행에 어려움이 있어 지속적으로 특수교육 지원이 요구되는 자다. 그런데 만성질환을 앓고 있으나 학교에 출석하고 있는 아동은 제외하고 있다.

(2) 미국의 장애인교육법(IDEA)

미국 「장애인교육법(IDEA)」의 정의에 따르면, 건강장애는 "심장 상태, 결핵, 류마티스, 신장염(nephritis), 천식(asthma), 겸상 적혈구성 빈혈(sickle cell anemia), 혈우병(hemophilia), 간질(epilepsy), 납중독, 백혈병(leukemia) 또는 아동의 교육에 악영향을 미치는 당뇨병과 같은 만성 또는 급성 건강 문제에 의한 제한된 근력, 지구력 등의 장애"를 포함한다. 우리나라의 「장애인 등에 대한 특수교육법」보다 자세히 설명하고 있는 것을 볼 수 있다.

2. 지체장애 및 건강장애의 분류

1) 지체장애의 분류

「장애인복지법」에서는 신체적 장애로 분류하여 지체장애, 뇌병변장애, 신장장애, 심장장애, 간장애, 장루·요루장애, 뇌전증, 호흡기장애, 안면장애 등 신체와 관련된 유형으로 자세히 나누었다. 신체적 장애라 분류한 장애유형이 지체장애를 비롯한 건강장애와 모두 관련된 유형에 속한다. 그러나 「장애인복지법」에서는 건강장애라는 용어를 사용하지 않고 신체적 장애의 유형에 지체장애와 뇌병변장애를 포함시킨다는 것을 기억하여야 한다.

지체장애는 절단, 관절, 지체기능, 변형 등의 장애로 뇌병변장애는 중추신경계의 손상으로 뇌성마비, 뇌졸중 등을 예로 들 수 있다. 또한, 전헌선(2003)의 분류에서는 지체장애를 신경성 증후군(뇌성마비, 진행성 근위축증, 척수성 소아마비 등)과 운동기 증후군(결핵성 증후군, 골 증후군, 관절 증후군, 외상성 증후군, 형태 이상 증후군 등)으로 제시하고 있다.

| 표 7-2 | 지체장애의 분류 |

유형	분류	종류
신경성 증후군	뇌성마비	경직형, 불수의운동형, 운동실조형, 강직형, 전진형
	진행성 근위축증	듀센형, 베커형, 안면건갑상완형, 지대형, 위축성 근 경직형
	소아마비	척추성, 뇌성
운동기 증후군	결핵성 증후군	결핵성 고관절염, 무릎관절 결핵, 관절 결핵, 골 결핵, 척추 카리에스
	골 증후군	골형성 부전증, 연골무형성증, 골단염, 레그-페르데스병, 구루병, 모르퀴오병, 골수염
	관절 증후군	선천성 고관절 탈구, 병적 탈구, 관절 류머티즘, 관절염, 관절구축
	외상성 증후군	절단, 반혼구축, 가관절
	형태 이상 증후군	만곡족, 내반슬, 외반슬, 척추측만, 척추후만, 척추전만, 척추파열(이분척추), 단지증

출처: 전헌선 외(2003).

(1) 신경성 증후군

① 뇌성마비

뇌병변장애의 세 분류에 속하는 뇌성마비(cerebral palsy)는 뇌병변장애라는 용어가 보편화되기 전까지 '뇌성마비'라고 명명되었고, 현재까지도 뇌성마비에 대한 의미를 먼저 떠올리게 된다. 뇌성마비는 중추신경계의 손상으로 인한 운동기능 관련 장애로 근육마비와 경직, 팔다리 변형, 불수의운동, 경련, 근육 약화 등이 나타난다.

뇌성마비는 미국 뇌성마비학회(the American Academy on Cerebral Palsy: AACP)의 분류에 따라 생리적 분류와 부위별로 분류할 수 있다. 부위별 분류는 〈표 7-3〉과 같이 우리 몸의 일부인 사지의 마비 부위에 따라 단마비(monoplegia), 편마비(hemiplegia), 양지마비(diplegia), 사지마비(quadriplegia), 삼지마비(triplegia), 대마비(paraplegia)로 나눌 수 있고, 생리적 분류는 운동장애의 유형에 따라 경직형, 무정위운동형, 운동실조형, 혼합형 그리고 거의 드물게 나타나는 강직형, 진전형이 있다.

| 표 7-3 | 뇌성마비의 부위별 분류와 분포 |

분 류	분 포
단마비	사지 중의 한쪽 마비(매우 희박)
편마비	몸 한쪽의 팔과 다리 마비
양지마비	모든 사지마비: 팔보다는 다리가 더 포함
사지마비	모든 사지마비: 팔, 다리가 똑같이 포함
삼지마비	몸 세 부분의 마비
대마비	오직 다리만 마비(매우 희박)

출처: Marilyn (2005).

② 진행성 근위축증

일반적으로 근육의 약화가 진행되어 일어서기 어렵고 걷거나 뛰는 것이 힘든 경우에 해당된다. 유전적 원인에 의해 발병되는 진행성 근위축증(muscular dystrophy)은 근이영양증, 척수성 근위축증 등 다양한 용어로 불린다.

진행성 근위축의 주된 유형에는 가성근비대성 근이영양증과 안면견갑상완 근이영양증이 있다. 가성근비대성 근이영양증은 남아에게서만 발견되는 것으로 보행 시 처음으로 인지되며, 달리기가 어렵고 점점 다리의 근력 저하가 생기면서 상체를 좌우로 뒤뚱거리고 뒤꿈치를 들고 발가락을 세워 걷게 된다. 또한, 허리의 근력 저하로 가슴과 배를 쑥 내민 자세를 보인다. 사춘기 초기에 보통 휠체어를 사용하게 되고, 척추측만, 관절구축이 진행, 운동량 부족으로 비만이나 순환장애 등이 발생한다. 이후에는 거의 침대에 누워 생활하게 되고, 신장기능이 저하되며 호흡곤란 증세를 보인다. 안면견갑상완 근이영양증은 남아와 여아 모두에게서 발견되며, 보통 사춘기에 시작된다. 다리의 쇠약보다는 어깨와 팔의 쇠약이 더 현저하며, 안면근육도 영향을 받는다(이은주, 최지은, 박숙희, 2014; 전헌선 외, 2012).

전헌선(2005)이 제시한 유전 성향과 임상 양상에 따른 유형은 〈표 7-4〉와 같다.

표 7-4   유전 성향과 임상 양상에 따른 유형

유 형	특 성
듀센형	① 초기 운동발달이 느려 18개월까지 독립 보행을 못하는 경우다. ② 종아리 근육이 가성 비대[실제 근육이 비대해지는 것이 아니고 근섬유가 괴사된 자리에 지방 및 섬유화가 진행되어 단단해지고 커진 것처럼 보이는 것-의사 성장(false growth)]를 보인다. ③ 하지에서 근위축이 시작되며 10세 무렵에는 휠체어에 의존하게 된다.
베커형	① 6세에서 19세에 주로 출현하며 하지의 근력이 약화되고 종아리 근육의 통증, 근경련 등이 일어난다. ② 듀센형에 비해 느리고 다양하다.
안면견갑상완형	① 안면근, 견갑근(어깨근), 상완(어깨와 팔꿈치 사이 근육)과 허리, 엉덩이 근육 등이 약화된다. ② 어깨뼈가 날개같이 튀어나오는 익상견갑(scapular winging)을 형성한다.
지대형	① 소아기부터 50세 이후까지 다양하게 나타나며, 초기 견관절부와 고관절부의 근육 약화가 시작된다. ② 어깨, 허벅지 주위 근육이 약화되고, 팔을 얼굴 높이로 들기 힘들다. ③ 보행이 어려워지며 전신 관절이 굳어지는 것으로 듀센형과 비슷하다.
위축성 근 경직형	① 20~40세에 처음 나타나며, 엉덩이와 어깨 근육에서 위축이 나타나는 다른 근위축증과 달리, 목에 제일 처음 위축이 나타난다. ② 얼굴, 다리, 팔, 손 등에 나타난다. 진행 초기에 안면과 턱, 목 근육의 약화 및 퇴화가 일어난다. ③ 남자의 경우, 이마 앞쪽이 벗겨지고 증상이 잘 나타나지 않아 본인이 모를 수 있다.

출처: 전헌선(2005).

③ 소아마비

소아마비는 척수성 소아마비와 뇌성 소아마비로 나눌 수 있는데, 척수성 소아마비는 폴리오 바이러스(polio virus)의 감염으로 하지나 상지에 움직이지 않는 손발을 다른 사람이 강제로 구부리거나 펴면 흐늘흐늘 움직이는 이완성 마비를 나타낸다. 뇌성 소아마비는 출산 전후의 원인으로 뇌신경이 손상을 당해 일어나는 것으로 손발의 근육이 뻣뻣해지는 경직성 마비를 일으킨다(이은주, 최지은, 박숙희, 2014).

예방 백신으로 접종을 하면 발생률이 현저히 감소되지만, 여전히 국가에 따라 소아마비는 존재하고 있다. 바이러스는 경도부터 중도에 이르는 신체 마비의 원인이 되고 뇌에 침범할 수도 있고, 생애 초기에 소아마비를 가진 사람은 근육 위축, 부분 마비를 일으킬 수도 있다.

(2) 운동기 증후군

① 척추 카리에스
척추 카리에스(spinal caries)는 결핵성 증후군의 대표적인 유형으로, 척추염이나 척추결핵, 포트병이라고도 한다. 결핵균이 척추로 들어가 괴사를 일으켜 빈 공간을 형성하게 되고 척추가 둥글게 굽는 척추후만(kyposis)이 된다.

② 골형성 부전증
골형성 부전증(osteogensis imperfecta)은 골 증후군의 하나로서 운동장애를 동반하게 된다. 선천적인 유전질환으로 특별한 원인이 없어도 뼈가 쉽게 부서지는 질병으로 남녀 모두에게서 나타나며, 태내에서 많은 골절이 일어나 사망하기도 한다.
증상에 따라 사지의 길이가 차이가 나거나 결절이 자주 일어나기도 한다. 성장하면서 골절을 수없이 반복하기 때문에 장관골(長管骨)에 변형이 생겨 발육부진으로 신체가 작고 척추가 휘거나 튀어나와 있으며, 머리가 크게 보이고 턱이 앞으로 나온다. 또한, 골형성 부전증은 청색 각막, 난청을 수반하기도 한다(전헌선 외, 2012).

③ 선천성 고관절 탈구
선천성 고관절 탈구(congenital dislocation of hip)는 관절 증후군의 하나로, 엉덩이뼈와 다리뼈를 연결하는 관절인 고관절이 태어날 때부터 어긋나 있다. 난치성 질환으로 분류되며, 다른 기형과 함께 나타나기도 한다.

④ 반흔구축

외상성 증후군 중 반흔구축에 대해 살펴보면, 반흔과 구축으로 나누어 설명해 볼 수 있다. 반흔이란 딱지가 떨어지고 난 후 생긴 흉터를 의미하고, 구축이란 쪼그라 들러 붙는 것을 의미한다. 즉, 외상(화상이나 교통사고 등)으로 인한 손상 또는 수술로 상처 부위가 당겨지고 오그라들어 생긴 흉터를 말한다. 예를 들어, 상처가 아물면서 과성장 하거나 쪼그라들어 팔이나 손가락 등이 잘 펴지지 않는 경우가 해당된다.

⑤ 이분척추

국립특수교육원(2009)의 『특수교육학 용어사전』에서는 이분척추(spinal bifida)를 다음과 같이 설명한다. "태아 발달기에 등뼈(척추)가 완전히 만들어지지 못하고 갈라져서 생기는 선천성 척추 결함이다. 대부분 척추의 뒤쪽에서 발생하며 하위 요부와 천골부에서 가장 흔히 발생하나 척추의 상부와 말단 사이 어디에서나 나타날 수 있다. 척추가 폐쇄되지 않았기 때문에 척수가 삐져나와 신경 손상과 마비를 일으키고, 결함이 있는 쪽 밑으로 기능장애가 발생한다. 이분척추는 잠재 이분척추(spina bifida occulta), 수막류(meningocele), 척수 수막류(myelomeningocele) 등 여러 가지 유형이 있다."

이분척추는 수두증을 동반하는데, 수두증은 척수액이 두뇌에서 막혀서 뇌 밖으로 나오지 못해 여러 기능을 방해한다. 이때, 뇌수액을 임의로 뽑아내기 위해 션트(shunt) 수술을 한다.

2) 건강장애의 분류

「장애인복지법」에 규정된 「장애인 등에 대한 특수교육법」의 건강장애와 관련이 있는 장애로는 신장장애, 심장장애, 호흡기장애, 간장애, 안면장애, 장루·요루장애, 뇌전증이 있다. 3개월 이상의 치료를 요하는 질병은 거의 모두 해당되므로 유형이 너무나 많다. 그중 심폐계 질환과 뇌전증을 살펴보면 다음과 같다.

(1) 심폐계 질환

김미숙과 김향지(2014)에 따르면, 심장, 혈액 및 폐 질환으로 크게 나눌 수 있는데, 심장질환은 협심증, 심근경색, 심부전증, 선천적 심장기형, 심장판막증, 부정맥 등으로 나누고, 혈액과 관련된 질환은 백혈병, 겸상적혈구 빈혈, 혈우병 등으로 분류할 수 있다. 또한, 천식, 낭포성 섬유증 등은 폐질환으로 볼 수 있다.

(2) 뇌전증

예전에는 간질장애라는 용어로 불렸으나, 2015년 11월 4일부터 뇌전증으로 바꿔 부르기 시작하였다. 위키백과에서는 "뇌전증(腦電症, epilepsy) 또는 간질(癎疾)은 만성적인 신경 장애의 하나로서 이유 없는 발작을 특징으로 한다. 뇌신경 세포의 불규칙한 흥분으로 뇌에 과도한 전기적 신호 발생을 원인으로 보고 있다. 옛날에는 지랄병으로 불렸다. 뇌전증은 발작(convulsion)과 경련(seizure) 을 동반하는 경우와 그렇지 않은 경우 등으로 구분된다. 뇌의 전기 활동에 기인하는 운동, 감각, 행동, 의식장애를 나타내는 발작증세로 신경세포 중 일부가 짧은 시간 동안 발작으로 과도한 전기를 발생시킴으로써 일어나는 신경계 증상"으로 설명한다.

아동기 발생하는 뇌전증의 80%는 약물로 조절할 수 있으며, 이 중에서 30~40%는 완치가 가능하지만, 약물복용을 중단하면 재발하는 아동이 많다. 뇌전증 아동은 일상생활이 가능하지만, 예측할 수 없는 발작 증세로 인해 주변에서 편견과 부정적 시선을 받는 경우가 많다(도명애 외, 2016).

3. 지체장애 및 건강장애의 원인

1) 지체장애의 원인

지체장애의 원인은 뇌성마비, 진행성 근위축증, 소아마비, 골형성 부전증, 선천성 고관절 탈구로 나누어 살펴보고자 한다.

(1) 뇌성마비

출생 전(미성숙, 산소결핍), 출생 시(난산, 뇌손상, 산소 부족, 무산소증), 출생 후(외상, 고열 등)의 뇌손상 등 두뇌발달기 동안의 모든 뇌손상이 원인이 된다. 또한 확실한 감염(풍진 포함), 모체와 태아 간의 RH 불일치, 조기 출산 혹은 저체중 출산, 임신 기간 동안 영양 섭취 부족, 불필요한 방사선 노출, 태아를 침범하는 미생물, 아동학대, 운송사고를 원인으로 제시한다(도명애 외, 2016).

(2) 진행성 근위축증(근이양증)

근육이 점점 힘을 잃어가는 질병으로 근육을 유지하는 디스트로핀이라는 단백질의 결핍에 의해 팔, 다리 등의 근육이 퇴행과 약화가 진행되면서 굳어져 결국 전혀 움직이지 못하게 되는 것이다.

(3) 소아마비

장 바이러스(enterovirus)인 폴리오 바이러스 혈청형 1, 2, 3형에 의한 감염으로, 경구 감염 잠복기는 3~21일(대부분은 1~2주)이다.

(4) 골형성 부전증

뼈가 약하여 신체에 큰 충격이나 특별한 원인이 없이도 뼈가 쉽게 부러지는 유전질환으로 상염색체의 우성, 열성으로 유전된다. 인체 내의 콜라겐 생성에 관여한 유전자의 결손이 원인이 된다. 출생 시 사망률이 높다.

(5) 선천성 고관절 탈구

인대나 관절낭의 이완 등으로 인한 내적 요인과 태내에서 접혀 있는 고관절이 출생 시 타동적으로 진전되는 등의 외적 요인으로 발생한다(김미숙, 김향지, 2014).

2) 건강장애의 원인

건강장애는 매우 다양하여 모두 열거하기 어렵다. 심폐계 질환 중 선천적 심장기형, 백혈병, 낭포성 섬유증에 대한 원인을 알아보고, 뇌전증의 원인에 대해 살펴보고자 한다.

(1) 심폐계 질환
① 선천적 심장기형
원인은 불명확하지만 임신 초기에 풍진에 걸리는 것이 영향을 미치고, 유전적 요인으로 인한 가족력이 일부 있다고 여겨진다. 경미한 심장기형의 경우, 어린 시기 수술을 하여 호전되기도 하지만 조기치료 시기를 놓치면 사망하기도 한다.

② 백혈병
발병 원인을 밝히는 것은 대부분 불가능하지만, 유전적 요인, 방사선, 화학약품(벤젠, 담배 흡연 성분, 페인트, 제초제, 살충제, 전자기장 등), 항암제 등에 의하여 발생 확률이 올라가는 것으로 알려져 있다. 또한, 일부 림프구성 백혈병에서는 HTLV, EBV 등 특정 바이러스들의 감염이 관여하는 것으로 알려져 있다.

③ 낭포성 섬유증
염소(CL) 수송을 담당하는 상염색체 7번 열성으로 나타나는 유전자 결함이 원인이다. 부모 양쪽 모두에게 결함이 있는 유전자를 물려 받은 사람만 걸린다.

(2) 뇌전증
뇌전증은 일시적 이상을 일으킨 뇌의 신경세포가 전기에너지를 비정상적으로 방출할 때 일어난다. 뇌전증으로 인해 뇌손상을 입으면 경련이 일어날 가능성이 높긴 하지만 그 원인은 알 수 없다.

4. 지체장애 및 건강장애의 특성

1) 지체장애의 특성

지체장애의 특성을 신체적 · 운동적 특성, 감각적 · 지각적 특성, 인지적 · 학업적 특성, 사회정서적 특성, 의사소통적 특성으로 나누어 구체적으로 살펴보고자 한다.

(1) 신체적 · 운동적 특성

운동장애로 인해 전반적으로 근육운동의 협응이 어렵고, 비정상적인 근긴장도나 반사작용을 유지하기도 한다. 비정상적인 반사와 자세의 문제, 근긴장도의 이상이라는 특징을 보인다. 바르게 앉기, 기기, 서기, 걷기 등의 정상적 발달을 하는 데 어려움을 보인다.

김일명 등(2013)은 근육 협응성의 곤란 및 근육이 마비 또는 위축됨으로써 자세 유지 및 이동에 어려움을 겪는 경우가 많다고 하였다. 특히 뇌성마비 아동은 구강주변 근육의 조절과 협응의 문제로 인해 침을 흘리거나 혀를 조절하기 힘들거나 말을 잘 하지 못하거나 알아듣기 힘든 말을 하거나 말을 매우 천천히 하는 특성이 있다.

(2) 감각적 · 지각적 특성

감각장애로 분류할 만큼 지체장애는 시지각, 청지각, 운동 감각, 촉지각 등의 감각 기관의 손상, 호흡 기능이나 체온 조절 등 생리 조절 면에서의 문제를 지니고 있다(김영욱 외, 2009). 특히, 시각과 관련된 시지각은 기능의 습득뿐만 아니라 개념의 습득에 커다란 영향을 미치기 때문에 감각의 손상은 지각의 어려움을 의미한다. 일반적인 지능을 가졌다 하더라도 시각적 부호의 지각이 왜곡되어 혼란을 가져온다.

(3) 인지적·학업적 특성

심한 인지적 결함을 나타내는 수준부터 우수한 수준을 나타내는 다양한 수준을 보인다. 신체적·의료적 문제로 학습에 어려움을 보이기도 한다. 학습의 준비성을 이루는 경험적 배경 면에서 직접경험은 물론, 간접경험마저 제한되어 있어 각종 사물이나 사상에 관한 개념 형성이 왜곡된다. 지각-운동장애, 언어장애, 정서 불안정, 학습장애, 전경-배경 변별 장애 등의 현상이 나타나서 사고력에도 영향을 미친다(도명애 외, 2016).

(4) 사회정서적 특성

신체적 장애에서 오는 열등감, 부모의 과잉보호나 주위의 태도 등으로 인해 의존적이거나 위축되는 모습을 보인다. 신체적으로 남에게 많이 의존하게 됨으로써 학습된 무기력(learmed helplessness)을 보이기도 하고, 침을 흘리는 모습이나 보장구를 하고 있는 모습 등으로 인한 욕구불만이나 부적응으로 성격발달에 결함을 나타내는 경향이 있다.

(5) 의사소통적 특성

중추신경계 기질적 손상인 뇌성마비의 경우, 지적장애, 발달장애, 감각·지각장애 등 의사소통장애를 일으키는 원인으로, 의사소통 기술에 제한을 가져온다. 다른 지체장애아동은 발달 초기의 놀이 경험 부족으로 인한 의사소통 기술의 제한, 비언어적인 몸짓, 제스처 등을 주로 사용하며, 교사나 친구 말을 듣고 이해하거나 책을 읽고 이해하는 능력에는 문제가 없으나 자신의 의견을 말로 표현하거나 글로 써서 나타내지 못하기 때문에 다른 사람과의 의사소통 문제를 가지는 경우가 있다. 표현 언어 결함으로 인해 사회적 상호작용에 방해받으며 통합된 환경에서 적응에 어려움이 나타날 수 있다(이소현, 박은혜, 2011).

2) 건강장애의 특성

건강장애는 주로 병원에서 치료를 받는 경우이므로, 치료과정에서 투약되는 약물의 부작용으로 신체적인 고통을 유발하고, 우울증, 낮은 자아존중감과 불안 및 두려움, 열등감 등을 동반하고, 불안 등이 나타날 수 있다. 건강장애를 심폐계 질환과 뇌전증으로 나누어 증상에 따른 특성을 살펴보면 다음과 같다.

(1) 심폐계 질환

심폐계 질환의 유형별 특성은 〈표 7-5〉와 같다.

표 7-5   유형별 특성

질환	유형	증상의 특성
심장	협심증	목과 팔로 퍼지는 통증, 호흡곤란, 가슴 통증이 있다.
	심근경색	가슴 통증, 뒷목 통증, 어깨 자주 뻐근함, 통증이 팔로 방사되는 느낌, 복통이나 구토를 동반, 호흡곤란을 보인다.
	심부전	빠른 맥박과 호흡, 심비대 및 체중 증가 부진, 운동 시 호흡곤란, 과도한 땀, 야뇨증 및 청색증이 있다.
	선천적 심장기형	가슴의 통증, 호흡장애, 피로, 빈약한 성장과 발달, 현기증을 나타낸다.
	심장판막증	초기에는 증상이 잘 나타나지 않지만, 정상적인 심근이 혹사를 당하게 되면서 심장이 비대하게 된다. 조금만 움직여도 숨이 차오르게 되고 심장이 과하게 뛰게 되고, 쉽게 지치기도 하고 어지럼증이 생기면서 발작적으로 일어나고 가래가 생기기도 하고 심하면 가래에서 피가 나오기도 한다.
	부정맥	심박출현의 감소, 실신, 사망으로 나타난다.
혈액	백혈병	빈혈 증상으로 인한 어지러움, 두통, 호흡곤란 등의 증상과 함께 고열, 피로감, 뼈의 통증, 설사, 의식 저하, 출혈 증상도 발생하고, 면역력 저하를 일으켜 세균감염에 의한 패혈증 등도 발생한다.
	겸상적혈구 빈혈	피로감, 호흡곤란, 창백한 피부와 손톱, 복부 등 팔 다리의 재발성 통증, 황색 피부와 흰색 안구(황달), 느린 성장과 사춘기 지연이 있다.
	혈우병	외상, 치아 발치, 외과적 수술 이후에 나타나는 계속적인 출혈이 있다.

| 폐 | 천식 | 천명, 기침, 흉부 압박, 호흡곤란 등으로 복합적이며 자주 변화한다. |
| | 낭포성 섬유증 | 호흡기관과 위장관에 진하고 끈적한 점액 분비물이 달라붙어 있고 만성적 기침, 재발성 폐렴, 점진적인 폐기능 상실을 가져온다. |

출처: 김미숙, 김향지(2014).

(2) 뇌전증

뇌전증은 발작장애라고도 하는데, 부분발작과 일반발작이 있다. 발생 위치와 강도에 따라 눈만 깜빡거리는 발작부터 쓰러져 몸을 떨며 거품을 쏟아내는 발작까지 다양한 증상을 나타낸다. 일상생활이 가능하지만, 대발작에 대한 편견으로 병명만 이야기하여도 소외되거나, 부정적인 시선을 받게 되는 경우가 많다.

5. 지체장애 및 건강장애아동의 교육

1) 지체장애아동의 교육

(1) 안전을 위한 전략

전반적인 도움이 필요한 지체장애아동은 특히 신체적 상태에 따라 건강과 안전에 더욱 힘을 기울여야 한다. 뇌전증을 함께 갖고 있는 아동은 뇌전증의 양상을 파악하고 이에 따라 적절한 대처기술을 익혀야 한다. 또한, 위루관을 하고 있는 아동은 관이 막히지 않도록 유의하여야 하고, 특히 음식물을 공급할 때의 자세 유지 방법, 음식물 공급 양과 속도 등을 반드시 숙지하고 있어야 한다. 기본적인 안전 확보가 되어 있지 않다면 생명에 큰 지장을 줄 수 있다는 것을 잊어서는 안 된다.

지체장애아동이 복용하고 있는 약물의 종류 및 특성에 대해 알고 주의를 기울여야 한다. 특히, 약물에 대한 부작용이 오는 경우, 그에 따라 교사의 응급 상황에 대한 대처방안은 매우 중요하다. 기관 내 안전매뉴얼 대로 따르고 적절한 조치를 취해야 한다. 알러지를 유발하는 식품, 음식, 물질 등을 파악하여 반드시 숙지하고 있어야 한다. 생명과 직결되는 안전은 백번 강조해도 지나침이 없다.

(2) 교수-학습 지원 전략

지체장애아동은 신체적 제약으로 인하여 비장애아동과 함께하는 통합교육의 현장에서 배제되는 경우가 종종 있다. 기관 내 활동과 달리, 실외활동 시 이동을 위한 인력의 부족, 지체장애아동의 건강 여부 등 다양한 이유에서 현장의 어려움을 호소하고 있다.

누구를 막론하고 장애를 이유로 다른 사람과 차별을 받아서는 안 된다는 인권의 개념으로 통합교육에서 배제됨이 없이 함께 하여야 한다. 어떻게 하면 지체장애아동과 통합교육을 실천할 수 있을까? 지체장애아동을 위한 교수-학습 전략은 다음과 같다.

① 일상생활 지도

비장애아동과 함께하는 프로그램에 참여한 지체장애아동이 신체를 움직이는 일은 매우 어려운 상황이다. 그러나 '누구나 똑같이'라는 말을 명심하면서 그들의 교육 참여를 돕기 위해 노력하여야 한다. 일반화를 유지할 수 있도록 일상생활 내에서의 반복 지도가 필요하며, 다양한 경험 또한 매우 중요하다.

가장 중요한 내용은 일상생활과 밀접한 적응행동 영역, 자조기술이다. 모든 아동에게 신발 벗고 신기, 대소변 지도, 물건 정리하기, 옷 벗고 입기 등을 지도하는 이유는 기본적인 생활습관으로 자리매김시켜 성인기까지 일반화된 기술로 살아가야 하기 때문이다.

② 보조공학기기 지원

소근육발달과 대근육발달, 언어발달 등 여러 면에서 어려움을 보이는 지체장애아동에게 보조공학기기의 지원은 필수조건이다. 보조공학기기(assistive technology devices)란 장애인이 과제나 작업을 할 때 그것이 없으면 할 수 없거나, 또는 더 쉽고 나은 방법으로 할 수 있게 해 주는 등 장애인의 기능적인 능력의 개선·유지·확대에 필요한 도구나 물품 및 생산 시스템이다(국립특수교육원, 2009). 보조공학기기를 통해 자신의 의사를 표현할 수 있도록 하고 서기와 걷기 준비를 하고 이동을 돕는 등 그들의 삶의 질을 높혀 주기 위한 방안이다.

- 보완대체 의사소통(AAC) 보조기기: 의사소통을 위해 사용되는 기기로서, 본인의 의사를 직접 표현하기 위해 보완대체 의사소통 기기의 조작법을 이해하고, 최대한 본인의 의사가 반영되도록 하기 위한 보조공학기기다.
- 이동 및 자세 유지를 위한 보조기기: 지체장애아동 중 스스로 자리에 앉거나 이동하기 어려운 경우, 자세를 유지하거나 이동하기 위한 보조 수단으로 이용할 수 있다. 바른 자세를 지도한다는 것은 기능적 활동성을 증가시킨다는 것이다.

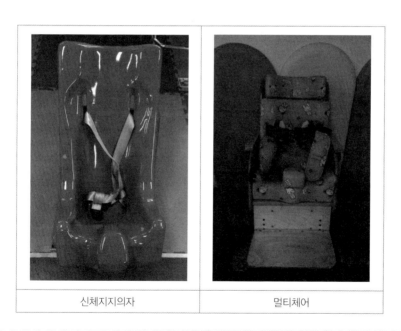

| 신체지지의자 | 멀티체어 |

[그림 7-1] 자세 유지를 위한 보조기기

　　한 자세를 항상 유지하는 경우에는 욕창이나 염증 등 다른 문제를 발생시킬 수 있으므로 자세를 바꿔 주는 것도 중요하다. 개개인의 신체 특성에 적합한 의자나 보조기기 등을 제공하여야 한다.

　　보행과 이동을 위한 연습을 돕는 지원도 중요하다. 현재 움직임 없이 가만히 있는 조건을 변화시켜 자립적 생활능력을 향상시키는 데 크게 기여한다. 스스로 움직이는 것을 돕는 것은 운동발달을 강화하는 계기가 되고 적절한 신체활동을 통한 치료 효과를 유지하기 때문이다.

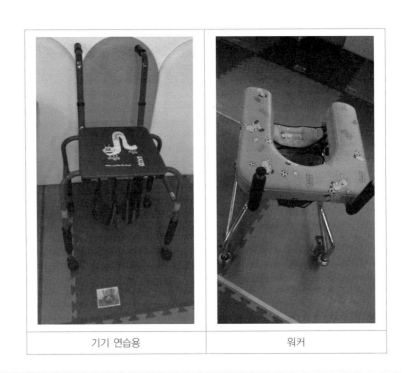

| 기기 연습용 | 워커 |

[그림 7-2] **이동용 보조기기**

③ 교수 환경의 보완 및 수정

스스로 이동하거나 움직이는 데 어려움이 없는 비장애인에 비해 보조기기를 활용하여 이동하거나 자세를 유지하는 지체장애아동은 물리적 환경의 변화가 매우 중요하다. 수업 참여가 용이하고 사회적 상호작용을 촉진할 수 있는 물리적 환경 수정이 필수요소가 된다. 이동용 보조기기를 사용하여 이동하는 지체장애아동은 움직임에 있어 걸림돌이 될 만한 요소들은 제거해 주어야 하고 충분한 공간이 확보되어야 한다.

예를 들어, 점심식사하기, 학습하기 등을 하려면 자신이 이용하던 의자와 가까이 접근할 수 있는 책상을 활용하여야 한다. 이러한 경우, 책상과 의자가 함께 있는 보조기기를 활용하면 큰 도움이 된다. 또한, 다른 장소로 이동하는 데 계단이 있다면 이동이 쉽지 않을 것이다. 무빙워크나 엘리베이터를 이용하는 것 등이 활용되어야 한다.

[그림 7-3] 책상을 부착한 의자

2) 건강장애아동의 교육

(1) 재택순회교육

학교에 나가지 못하는 기간 동안에도 계속 교육의 기회를 제공하기 위해 병원이나 가정으로 찾아가는 순회교육을 지원한다. 특히, 가정에서 학교로 등하교가 불가한 건강장애아동에게 제공되는 서비스 중의 하나다.

중도·중복장애학생 재택순회교육

대전동부교육지원청(교육장 이기자)은 중도·중복장애로 인해 학교교육을 받기 어려운 특수교육대상자를 위해 직접 찾아가서 수업을 진행하는 순회교육을 운영한다고 23일 밝혔다.

재택순회교육은 장애정도가 심하거나 이동 및 운동 기능의 심한 장애로 인해 교육기관에서 교육을 받지 못하고 가정, 복지시설, 병원 등에 있는 특수교육대상자에게 순회학급교사 및 특수교육지원센터 특수교육교원이 직접 찾아가 제공하는 교육 서비스다. 동부교육청은 특수교육대상학생의 독특한 교육적 요구와 학부모의 의견 등을 반영해 방문교육, 가정교육, 체험교육 등 다양한 방법으로 교육과정을 편성·운영해 교육을 실시할 계획이다.

동부교육청은 재택순회교육을 통해 특수교육대상자의 장애정도 및 교육욕구 등을 바탕으로 개별학생의 학습권이 보장되며, 특수교육대상학생의 장애특성을 고려한 맞춤형 1:1 개별 수업 및 소집단 수업을 진행하기로 했다. 신상현 유초등교육과장은 "중증장애학생을 위한 재택순회교육의 발전을 위해 더욱 노력하고 담당 특수교육교원을 위해 순회교육 지도방법 및 지도 프로그램 개발 등에 관한 연수를 강화, 체계적이고 효과적인 순회교육을 위해 최선을 다하겠다."고 말했다.

출처: 성낙희(2016. 3. 23.), 금강일보.

---

(2) 교육권 실현을 위한 병원학교

인간은 누구나 교육을 받을 권리를 갖고 있다. 아픈 사람이든, 현재 건강한 사람이든 모두에게 교육권은 당연히 주어지는 것이며, 이는 매우 중요하다. 병원에 3개월 이상 장기간 입원하게 되는 학생(영유아를 포함) 중 특수교육대상자로 선정된 경우, 교육기회의 보장, 심리적 지원, 개별화교육도 함께 이루어진다.

학업의 연속성 및 또래관계를 유지할 수 있도록 도와 결손 및 학교 출석의 부담감을 최소화하고 심리적ㆍ정서적 안정을 통해 이후 학교 복귀를 지원하는 것을 목적으로 한다.

건강장애아동의 교육을 지원하기 위해 설치된 병원학교는 각 지방자치단체 교육지원청에 소속된 특수교사 1인을 병원 내에 설치된 병원학급으로 파견하는 것이다. 건강장애아동에게 학업의 연속성과 또래관계를 유지시키고 치료 효과를 향상시키는 장점이 있다.

(3) 화상강의 시스템

건강장애아동과 요보호학생(화상, 교통사고 등으로 인한 3개월 이상의 장기결석 예상자)의 학습권을 보장하고 개별화된 학습지원과 친구 및 교사와의 교류를 통해 학교생활의 적응을 도모하는 등 다양한 서비스로 미래에 대한 희망과 용기를 심어 주고 치료효과를 증진시키는 데 목적이 있다. 병원학교가 설치되어 있지 않은 병원에서 통원치료 중이거나 요양 중 또는 장기입원으로 인해 학교교육을 받을 수 없는 건강장애아동에게 개인용 컴퓨터를 무상으로 제공하여 1:1 원격 화상강의로 이루어지는 쌍방향 또는 시공간을 초월하여 학습하는 형태를 말한다. 화상강의를 통해 본인의 해당학년에 맞게 학교 수업을 수강하고 출석을 인정받을 수 있다.

화상강의 시스템 정보는 〈표 7-6〉과 같다.

표 7-6 화상강의 시스템 정보

화상강의 시스템	담당기관	운영 범위	홈페이지
꿀맛무지개학교	서울시교육청 (교육연구정보원)	서울, 경기, 강원, 충북, 대전	http://health.kkulmat.com
인천사이버학교	인천광역시교육청	인천	http://ighs.edukor.org
꿈사랑학교	부산광역시교육청	경남, 부산, 대구, 광주, 울산, 전북, 전남, 경북, 제주	http://www.nanura.org
꿈빛나래학교	충청남도교육청 (교육연구정보원)	충남, 세종	http://hope.edus.or.kr

 점정리

1. 지체장애 및 건강장애의 정의
1) 지체장애의 정의
(1) 지체장애 관련 용어 – 지체란 체간과 사지라는 뜻을 지니고 있으며, 몸통과 팔다리를 의미
(2) 법적 정의
  • 「장애인 등에 대한 특수교육법」: 기능·형태상 장애를 가지고 있거나, 몸통을 지탱하거나, 팔다리의 움직임 등에 어려움을 겪는 신체적 조건이나 상태로 인해 교육적 성취에 어려움이 있는 사람
  • 「장애인복지법」: 신체적 장애의 중분류 중 하나로 보고 지체장애인과 뇌병변장애인으로 나누어 정의
2) 건강장애의 정의
(1) 「장애인 등에 대한 특수교육법」 – "만성질환으로 인하여 3개월 이상의 장기 입원 또는 통원치료 등 계속적인 의료적 지원이 필요하여 학교생활과 학업수행 등에 어려움이 있는 사람
(2) 미국 「장애인교육법(IDEA)」 – 심장 상태, 결핵, 류마티스, 신장염, 천식, 겸상 적혈구성 빈혈, 혈우병, 간질, 납중독, 백혈병 또는 아동의 교육에 악영향을 미치는 당뇨병과 같은 만성 또는 급성 건강 문제에 의한 제한된 근력, 지구력 등의 장애 포함

2. 지체장애 및 건강장애의 분류
1) 지체장애의 분류 – 신경성 증후군과 운동기 증후군으로 나눌 수 있음
2) 건강장애의 분류 – 심폐계 질환과 뇌전증 등으로 나눌 수 있음

3. 지체장애 및 건강장애의 원인
1) 지체장애의 원인 – 뇌성마비는 출생 전, 출생 시, 출생 후 요인에 따라 달라지고, 진행성 근위축증은 단백질의 결핍으로, 소아마비는 폴리오 바이러스, 골형성 부전증은 인체 내의 콜라겐 생성에 관여한 유전자의 결손, 선천성 고관절 탈구는 인대나 관절낭의 이완과 태내 고관절이 출생시 타동적으로 진전되는 등으로 발생
2) 건강장애의 원인 – 원인은 거의 불명확하나 다양함

4. 지체장애 및 건강장애의 특성
1) 자체장애의 특성 – 신체적 · 운동적 특성, 감각적 · 지각적 특성, 인지적 · 학업적 특성, 사회정서적 특성, 의사소통적 특성이 있음
2) 건강장애의 특성 – 주로 병원에서 치료를 받는 경우이므로, 치료과정에서 투약되는 약물의 부작용으로 신체적인 고통을 유발하고, 우울증, 낮은 자아존중감과 불안 및 두려움, 열등감 등을 동반하고 불안 등이 나타날 수 있음

5. 지체장애 및 건강장애 아동의 교육
1) 지체장애아동의 교육 – 안전을 위한 전략, 교수–학습 지원전략, 교수 환경의 보완 및 수정을 통해 교육
2) 건강장애아동의 교육 – 재택순회교육, 교육권 실현을 위한 병원학교, 화상강의 시스템 제공

 생각 나누기

1. 통합교육 상황에서 비장애아동에게 지체장애아동을 소개할 때, 어떻게 소개해야 할지 생각해 봅시다.
2. 건강장애를 지닌 특수교육대상자의 선정 및 배치 과정에 대해 이야기 나눠 봅시다.

참고문헌

국립특수교육원(2009). 특수교육학 용어사전. 서울: 하우출판사.

김미숙, 김향지(2014). 교사를 위한 특수아동의 이해와 교육. 서울: 창지사.

김영욱, 김원경, 박화문, 석동일, 윤점룡, 정재권, 정정진, 조인수(2009). 특수교육학. 경기: 교육과학사.

김일명, 김원경, 조홍중, 허승준, 추연구, 윤치연, 박중휘, 이필생, 문장원, 서호정, 유은정, 김자경, 이근민, 김미숙, 김종인, 이신동(2013). 최신특수교육학. 서울: 학지사.

김종현(2016). 특수교육학개론. 서울: 창지사.

도명애, 서석진, 최성욱, 김성화, 박순길, 윤치연, 양경애, 조규영(2016). 특수아동의 이해. 서울: 창지사.

서울대학교교육연구소(1995). 교육학용어사전. 서울: 하우동설.

이소현, 박은혜(2011). 특수아동교육. 서울: 학지사.

이은주, 최지은, 박숙희(2014). 특수아동의 이해. 경기: 공동체.

전헌선, 오세철, 박재국, 한경임, 노선옥, 박순길(2003). 중복 · 지체부자유아교육. 대구: 대구대학교출판부.

전헌선(2005). 지체부자유 학생 근위축 증후의 양상 및 대처 자원 연구. 중복 · 지체부자유아교육, 45, 21-39.

전헌선, 윤치연, 공나영, 김성화, 도명애, 박순길, 서석진, 서영란, 송호준, 양경애, 이수진, 이정남, 최성욱(2012). 특수교육학개론. 경기: 양서원.

Marilyn, S. W. (2005). *Cerebral Palsy: Resource Guide*. NY: Tomson Delmar Learning.

성낙희(2016. 3. 23.), "중도ㆍ중복장애 학생의 재택순회교육", 금강일보.

위키백과 https://ko.wikipedia.org.

제8장

시각장애

"인간이 세상을 살아가면서 가장 중요한 감각 수단은 무엇인가?"라고 묻는다면, 다른 감각도 중요하지만 시각을 우선 꼽을 수 있다. 인간은 시각으로 정보를 빨리 습득하고 한꺼번에 들어오는 다양한 감각 정보를 통합하는 역할을 한다. 시각에 손상을 입었다는 것은 일상생활이나 학업생활 등 모든 활동에 제약이 따를 수밖에 없다.

이 장에서는 시각장애아동에 대한 올바른 이해를 통해 시각 손상으로 인한 어려움을 돕기 위한 노력과 방안을 마련해 보고자 한다.

⚽ 마인드 맵

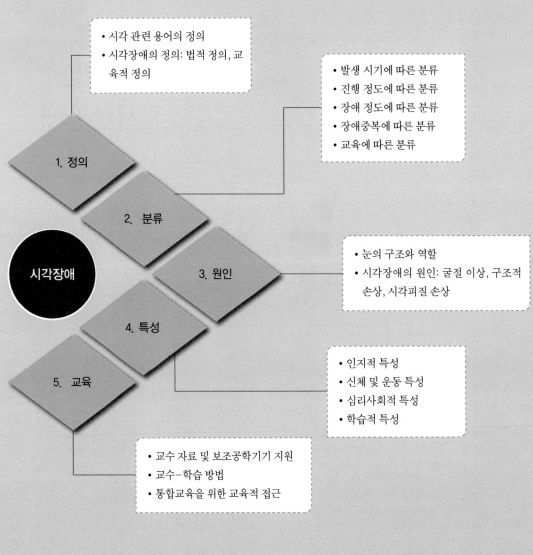

- 시각 관련 용어의 정의
- 시각장애의 정의: 법적 정의, 교육적 정의

- 발생 시기에 따른 분류
- 진행 정도에 따른 분류
- 장애 정도에 따른 분류
- 장애중복에 따른 분류
- 교육에 따른 분류

시각장애

1. 정의

2. 분류

3. 원인

- 눈의 구조와 역할
- 시각장애의 원인: 굴절 이상, 구조적 손상, 시각피질 손상

4. 특성

- 인지적 특성
- 신체 및 운동 특성
- 심리사회적 특성
- 학습적 특성

5. 교육

- 교수 자료 및 보조공학기기 지원
- 교수-학습 방법
- 통합교육을 위한 교육적 접근

1. 시각 관련 개념을 구별할 수 있다.
2. 시각장애의 정의를 기술할 수 있다.
3. 시각장애의 유형을 분류할 수 있다.
4. 시각장애의 원인과 특성을 제시할 수 있다.
5. 시각장애아동에 대한 교육방법을 나열할 수 있다.

⚽ 주요 용어

시력: 눈으로 구별할 수 있는 존재나 형태 등을 인식하고 그 이미지를 해석하는 능력
시야: 한 점을 주시하였을 때 눈을 움직이지 않고 볼 수 있는 범위
색각: 가시광선 중 파장을 느껴 색채를 구별하는 감각, 즉 물체의 색채를 구별하여 인식하는 능력
시각: 보는 감각을 통한 지각작용의 결과
시각장애: 시각 기능을 전혀 이용하지 못하거나 보조공학기기의 지원을 받아야 시각적 과제를 수행할
　수 있는 장애유형

만 2세 하늘이(가명)는 시각에 큰 어려움을 보이지만, 병원에서 아직 진단을 해 주지 않은 상태다. 아침에 어린이집 버스에서 내리면 선생님과 악수하며 인사를 나눈다. 그리고 계단 난간에 한 손을 올리며 계단을 오른 후 현관까지 스스로 도착한다. 계단을 오르다 간혹 계단을 여러 차례 오르락내리락 하기도 하지만 언제나 현관문까지 잘 찾아온다.

현관문 앞에 도착한 하늘이는 신발장을 잘 찾을 수 있다. 담임교사가 신발장 이름표 테두리에 백업을 붙여 하늘이의 자리를 쉽게 찾을 수 있도록 해 주었기 때문이다. 하늘이는 자리에 앉은 후, 손을 더듬어 자신의 자리를 찾고 신발을 정리한다.

하늘이는 벌떡 일어나 벽을 손으로 짚으며 자신의 교실에 도착한다. 오늘도 교사의 칭찬 소리와 박수 소리가 들린다.

"와, 우리 하늘이 교실까지 잘 찾아왔구나. 너무 잘했어요. 선생님은 하늘이가 자랑스러워요."

1. 시각장애의 정의

1) 시각 관련 용어의 정의

보통 '시각'이라는 말을 들으면 단순히 '눈'이라는 기관만을 의미하는 것처럼 생각한다. 그러나 '눈'은 보는 것을 담당하지만, 뇌와 연결되어 지금 내가 보고 있는 것이 어떠한 것이라는 것을 알아내는 역할이 더 중요하다. '눈'으로 보기만 하고 뇌와 연결되어 지각하는 것이 결여된다면 보는 것으로 끝나는 것이고, 이것이 곧 큰 손상이 된다.

(1) 시력

시력(visual activity)을 이해하기 위해 건강검진에서 실시하는 시력검사에 대해 생각해 보자. 시력검사를 하기 위해 앞에 보이는 시력 측정판을 향해 지정된 자리에 서게 된다. 그리고 좌측 또는 우측 눈을 번갈아가며 가리며 지시하는 글자나 숫자, 모양이 무엇인지 읽어 나간다.

시력을 측정한다는 것은 앞에서 가리키고 있는 숫자나 글자, 모양의 형태를 인식하고 해석하는 능력이 얼마나 되는지 측정하는 것을 의미한다. 렌즈나 안경 등을 착용하고 시력 측정하는 경우도 있는데, 이를 교정시력이라 한다. 즉, 시력이란 눈으로 구별할 수 있는 존재나 형태 등을 인식하고 그 이미지를 해석하는 능력으로 눈의 기능과 관련지을 수 있다.

(2) 시야

시야(visual field)는 마치 터널에 들어갔을 때 앞에 보이는 출구를 바라보는 것으로 이해하면 쉽다. 눈으로 한 점을 주시할 때 볼 수 있는 눈에 보이는 범위를 말하며, 정상적인 시야 범위(이진학 외, 2011), 또는 한 점을 주시하였을 때 눈을 움직이지 않고 볼 수 있는 범위로 시계(視界)라고도 한다(국립특수교육원, 2009). 시야가 넓거나 좁다는 이야기를 하는데, 인간의 시야는 주어진 범위가 정해져 있고 정해진 시야를 누가 얼마나 잘 활용하느냐에 따라 달라진다.

(3) 광각

광각(the optic sense)은 빛을 느끼는 기능을 의미한다. 빛의 유무를 판단하며 빛의 강도 차이를 구별할 수 있는 능력을 말하는 것으로서 암순응(밝은 곳에서 어두운 곳으로 들어갈 때 눈이 어두움에 적응하는 것)이 불량하여 어두운 곳에서 물체를 잘 식별하지 못하는 야맹과 밝은 곳에서 물체의 식별이 어려운 주맹이 있다(김영한 외, 2015).

(4) 색각

잠을 자고 있을 때 누군가 형광등을 켜면 자신도 모르게 인상을 찌푸리고 바로 눈의 밝기에 순응하는 것을 경험(명순응)한다. 또한, 깜깜한 밤에 형광등을 켜고 있다 끄면 느끼는 눈의 밝기에 순응하는 것(암순응)은 색각(color vision)과 관련지을 수 있다.

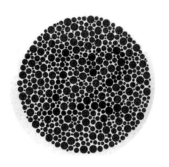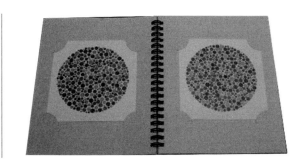

[그림 8-1] 한식 색각검사표

출처: 한천석(1992).

색각에 결함이 있다면 색약 또는 색맹이라는 진단을 받게 되는데, 건강검진 시 수많은 색점들 중 숫자를 읽어 내는 것이 색약, 색맹, 색시증 등을 가려 내는 것이다. 색각은 가시광선 중 파장을 느껴 색채를 구별하는 감각, 즉 물체의 색채를 구별하여 인식하는 능력이다.

(5) 시각

시각(vision)은 인간이 세상을 살아가는 데 필요한 감각 중 가장 중요한 감각이며, 이 감각을 통해 크기, 형태, 밝기, 공간의 위치 등을 지각하는 결과다.

지각과정이 함께 이루어지지 않는다면 의미가 없다. 우리 눈앞에 보이는 것이 무엇인지 인식하려면 반드시 지각작용을 거쳐야 하므로 뇌와의 밀접한 연관성을 지니고 있다.

표 8-1	시각 관련 용어의 정의

구 분	내 용
시력	눈으로 구별할 수 있는 존재나 형태 등을 인식하고 그 이미지를 해석하는 능력
시야	한 점을 주시하였을 때 눈을 움직이지 않고 볼 수 있는 범위
광각	빛을 느끼는 기능, 즉 빛의 유무를 판단하며 빛의 강도 차이를 구별할 수 있는 능력
색각	가시광선 중 파장을 느껴 색채를 구별하는 감각, 즉 물체의 색채를 구별하여 인식하는 능력
시각	보는 감각을 통한 지각작용의 결과

2) 시각장애의 정의

(1) 법적 정의

① 장애인복지법

「장애인복지법 시행령」 제2조에서는 시력과 시야를 중심으로 다음과 같이 정의하고 있다.

- 나쁜 눈의 시력이 0.02 이하인 사람
- 좋은 눈의 시력이 0.2 이하인 사람
- 두 눈의 시야가 각각 주시점에서 10도 이하로 낮은 사람
- 두 눈의 시야 2분의 1 이상을 잃은 사람

「장애인복지법 시행규칙」 별표 1에서는 시각장애인을 6개의 등급으로 나누어 기준을 설명하고 있다.

- 제1급: 두 눈 시력(만국식 시력표 의하여 측정, 굴절 이상 있는 사람 대하여 교정시력 기준, 이하 같다) 0.02 이하 사람
- 제2급: 두 눈 시력 0.04 이하 사람

- 제3급: ① 두 눈 시력 0.08 이하 사람

    ② 두 눈 시야 각각 주시점에서 5도 이하 남은 사람
- 제4급: ① 두 눈 시력 0.1 이하 사람

    ② 두 눈 시야 각각 주시점에서 10도 이하 남은 사람
- 제5급: ① 두 눈 시력 0.2 이하 사람

    ② 두 눈 시야 1/2 이상 잃은 사람
- 제6급: 한 눈 시력 0.02 이하 사람

② 장애인 등에 대한 특수교육법의 정의

「장애인 등에 대한 특수교육법 시행령」은 시각장애를 "시각계의 손상이 심하여 시각 기능을 전혀 이용하지 못하거나 보조공학기기의 지원을 받아야 시각적 과제를 수행할 수 있는 사람으로서 시각에 의한 학습이 곤란하여 특정의 광학기구, 학습매체 등을 통하여 학습하거나 촉각 또는 청각을 학습의 주요 수단으로 사용하는 사람"이라 정의한다.

③ 미국 장애인교육법(IDEA)

미국 「장애인교육법(IDEA)」은 "교정을 해도 시력이 아동의 교육적 수행에 불리한 영향을 주는 것"으로 시각과 학습의 관계를 강조한다. 시각장애아동도 시각적 능력은 전맹부터 잔존 시력이 조금 있는 경우까지 광범위한 범주를 나타낸다. 법률적 맹을 결정하기 위해 사용되는 시력과 시야에 대한 정밀한 의학적 측정은 교육자에게는 별로 준거가 되지 않는다. 대신에 교육자는 학습을 위해 시각 및 촉각적 수단을 사용하는 정도에 근거하여 시각장애를 분류한다.

- 맹: 교정시력으로 잘 보이는 눈이 20/200 이하이거나 좋은 측 눈의 시야가 20° 이내인 경우 법적 실명으로 간주
- 저시력: 교정시력으로 잘 보이는 눈의 시력이 20/70~20/200(김종현 외, 2015)

(2) 교육적 정의

① 특수교육학 용어사전(2009)

시각장애는 시각계의 손상에 의하여 시기능에 제한이 있는 장애(impairment)다. 시력(視力), 시야(視野)의 제한 정도에 따라 맹과 저시력으로 구분된다. 교육적 정의로는 시각 활용이 가능하지 않아서 청각과 촉각 등 다른 감각으로 학습하는 학생은 맹(盲, blind)에 해당하며, 시각을 학습의 주된 수단으로 사용하는 학생은 저시력(低視力, low vision)에 해당한다.

② 국립특수교육원(1999)

- 시각장애: 두 눈 중 좋은 쪽 눈 교정시력 0.3 미만이거나 교정한 상태에서 학습 활동에 어려움을 겪는 자
- 맹: 두 눈 중 좋은 쪽 눈의 교정시력 0.05 미만이거나 두 눈 중 좋은 쪽 눈의 시야 20도 이하인 자 또는 학습에 시각을 주된 수단으로 사용 못하고 촉각이나 청각을 주된 수단으로 사용하는 자
- 저시력: 두 눈의 교정시력 0.05 이상, 0.3 미만인 자 또는 저시력 기구나 시각적 환경이나 방법 수정 및 개선을 통하여 시각적 과제를 학습하는 자

③ 임안수(2008)

시각장애아동이 시력을 학습의 주요 도구로 사용하는가의 여부를 기준으로 교육적 맹과 교육적 저시력으로 구분하였다.

- 교육적 맹: 시력을 사용하지 않고 청각과 촉각 등 다른 감각으로 학습하는 아동
- 교육적 저시력: 시력을 학습의 주요 수단으로 사용하는 아동

2. 시각장애의 분류

1) 발생 시기에 따른 분류

실명 시기에 따른 분류라고 할 수 있으며, 보통 선천적인지 혹은 후천적인지 여부에 따라 분류하게 된다. 발생 시기가 늦을수록 시각장애에 대한 어려움을 더 느끼는 것으로 알려지고 있다.

- 선천성 시각장애: 출생 전, 출생 시, 출생 직후에 진단이 내려진 경우
- 후천성 시각장애: 출생 시 정상 시력이었으나 사고나 질병으로 인해 장애가 발생한 경우

2) 진행 정도에 따른 분류

인간발달에 따라 우리의 시력은 달라진다. 예를 들어, 40대 후반~50대 중반 정도가 되면 거의 모든 사람에게 노안이 찾아오는 것처럼 시력은 시간에 따라 변화된다. 현대사회의 스마트폰 보급은 우리의 시력 문제와 밀접한 관련을 갖고 있으며, 컴퓨터의 과도한 사용 역시 시력을 서서히 나쁘게 하는 주범이 되고 있다. 진행 정도에 따른 분류는 시각장애아동에게는 실명의 상태로 진행되는 속도, 정상 시력을 가졌던 사람이 어떠한 원인에 따라 시각장애가 진행되는 속도에 대한 분류다. 급성과 진행성으로 나눌 수 있다.

- 급성: 시각장애의 진행이 급격히 이루어지는 경우
- 진행성: 시각장애가 서서히 진행되면서 이후 실명하게 되는 경우

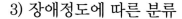

3) 장애정도에 따른 분류

시각장애인에게 주어지는 보조기기의 양이나 질, 서비스와 관련이 있으며, 여기서는 Faye(1976)의 집단 분류에 따라 다섯 집단으로 나누어 살펴보고자 한다(김종현, 2016).

- 정상근접 시력집단: 교정렌즈나 읽기 보조기를 통해 특수한 훈련을 받지 않아도 정상적인 기능을 할 수 있는 집단
- 중등도 기능집단: 시각 예민도가 중간정도로 감소되었으나, 시야의 손실은 없는 아동으로 특수한 보조기기나 조명이 필요한 집단
- 중심시야 감소집단: 중등도의 시야 손실이 발생하여 신체적·심리적으로 대처하지 못할 가능성이 있으며, 법적 맹인으로 특수한 서비스를 받을 권리가 부여되는 집단
- 기능적 시력이 낮아서 중심시력이 낮을 가능성이 있는 집단: 시야손실 현저하고 신체적 적응에 문제가 따르고 표준적인 굴절 이득이 거의 없거나 전혀 없는 집단
- 맹 집단: 독립적으로 기능할 수 있기 위해서는 교육, 자활, 재활 서비스가 필요한 집단

4) 장애중복에 따른 분류

어떠한 장애를 막론하고 단순하게 그 하나의 장애만을 지닌 아동도 있지만, 중복장애를 가진 장애아동이 존재한다. 특히 박순희(2014)에 따르면, 시각장애아동의 50~60%는 다른 장애를 추가해서 보일 수 있다.

(1) 농맹

청각장애아동이나 시각장애아동만을 위한 특별 프로그램에 적용될 수 없는 심한

의사소통과 발달, 교육 문제가 복합되어 있는 경우로 시각과 청각손상이 중복되어 있는 경우를 의미한다.

(2) 시각장애 영유아가 시각장애 외에 중복적으로 보인 장애
- 중추신경계 손상, 발달지체, 섭식장애, 청각장애, 지체장애, 건강장애, 유전적 증후군 등 시각장애 외에 중복적인 장애로 나타날 수 있는 경우
- 지적장애–시각장애, 중도 행동장애–시각장애, 시각장애–청각장애, 감각장애–기타장애 등

5) 교육에 따른 분류

일반학급이나 학습 도움실에서의 학습활동에 필요한 특수교육적 요구를 기초로 중등도, 고도 및 최고도로 분류한다(김종현, 2016).

- 중등도 시각장애: 일반학급이나 학습 도움실에서 시각 보조기기의 활용으로 거의 완전하게 교정될 수 있는 아동을 가리킨다.
- 고도 시각장애: 시각보조기기의 도움을 어느 정도 받을 수 있고, 시각을 학습수단으로 사용할 수 있는 아동으로 약시에 해당된다.
- 최고도 시각장애: 교육에서 시각을 교육수단으로 사용할 수 없으며, 촉각과 청각을 주요 학습수단으로 사용하는 아동으로 맹에 포함된다.

3. 시각장애의 원인

1) 눈의 구조와 역할

눈은 마음의 창이라고 할 만큼 눈을 통해 사물을 보고 지식과 정보를 얻는 것이며, 또한 눈을 통해 내 마음, 내 생각이 다른 사람들에게 읽힌다. 눈은 신체 부위 중 가장 중요한 뇌와 연결되어 있고, 어느 한 곳에 문제가 발생하면 시각장애를 초래할 만큼 모두 중요한 역할을 한다. 그러나 우리가 바깥에서 바라보는 눈은 눈의 구조 중 일부일 뿐이다. 눈의 구조는 [그림 8-2]와 같다.

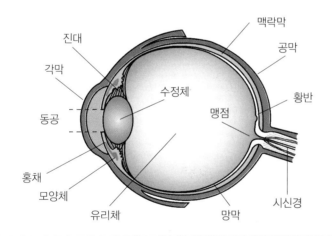

[그림 8-2] 눈의 구조

눈의 구조 중 각막, 홍채, 수정체는 카메라와 기능이 비슷하다. 각막은 밖에서 들어오는 빛을 굴절시켜 동공을 보호하는 역할을 하며, 홍채는 카메라의 조리개 역할처럼 동공의 크기를 조절하여 눈 안으로 들어오는 빛의 양을 조절한다. 또한, 수정체는 카메라의 원리와 같이 렌즈의 역할을 한다. 자세한 눈의 구조와 역할은 〈표 8-2〉와 같다.

표 8-2   눈의 구조와 역할

구 성	세부 구성	기 능
내막	망막	시각에 가장 중요한 역할/빛의 파장 탐지, 색각 기능/상을 시신경을 통해 대뇌로 보냄
안내용물	수정체	굴절 기능/망막에 정확히 상이 맺도록 함
	유리체	모양체와 맥락막으로부터 영양을 공급받음/내압에 의해 눈의 모양 유지
	방수	일정한 안압 유지/수정체, 각막후면, 섬유 주위 대사에 필요한 영양 공급
시신경		망막에 맺힌 상을 뇌로 전달

출처: 서화자 외(2009).

2) 시각장애의 원인

시각장애의 원인은 굴절 이상(굴절 오류), 구조적 손상, 시각 내피의 손상 등의 세 가지 영역으로 나눌 수 있다(Stiles & Knox, 1996)

(1) 굴절 이상(굴절 오류)

굴절이란 빛이 투명 조직에서 다른 조직으로 통과할 때 구부러지는 과정을 의미하며, 눈은 정확한 이미지(상)가 망막에 지각되도록 광선을 굴절시킨다. 대부분의 사람들은 눈의 크기와 형태에 따라 굴절이 불완전해진다. 각막과 수정체가 제 역할을 하지 못하면 망막 위에 또렷한 초점을 형성하지 못하게 한다.

① 근시

눈의 앞에서 뒤로의 거리가 정상보다 더 멀다. 망막에 또렷한 이미지가 생기는 것이 아니라 좀 더 앞에 이미지가 형성된다. 이런 경우, 가까이 있는 물체는 잘 볼 수 있지만, 멀리 떨어져 있는 물체는 흐릿하거나 전혀 보이지 않게 된다. 가까이 있는 물체를 명확히 보고, 멀리 있는 물체를 희미하게 보기 때문에 오목렌즈로 교정이 가능하다.

② 원시

근시의 반대로 멀리 있는 물체를 볼 때는 초점을 잘 맞출 수 있지만 가까이 있는 물체를 정확하게 보는 데는 어려움이 있다. 안경이나 렌즈를 이용하여 빛의 경로를 변경시키면 가능한 한 초점을 명확하게 맞출 수 있고, 특히 볼록렌즈로 교정이 가능하다.

③ 난시

수정체나 각막의 표면이 매끄럽지 못하여, 굴곡이 생기고, 망막 위에 맺힌 상이 다소 넓은 영역으로 흩어져서 상이 흐려지거나 왜곡되는 현상을 말한다. 난시에는 정 난시와 부정 난시가 있으며 렌즈로 교정이 가능하다.

근시   원시   난시

[그림 8-3] **눈의 굴절 이상**

④ 노안

나이가 많아지면서 자연스럽게 일어나는 원시와 시력이 떨어지는 현상이 동시에 발생하는 것으로, 다초점 교정렌즈 착용으로 보완이 가능하다.

(2) 구조적 손상

시각장애는 시각 또는 근육체계의 한 부분이나 여러 부분의 발달이 제대로 이루어지지 않거나 손상되고, 기능 부전에 의해 일어날 수 있다. 눈 자체의 손상 또는 구조적인 기능의 분열로 생기는 시각 손상의 원인 중 많은 비중을 차지하는 대표적인 것이 백내장과 녹내장이다.

① 안구운동의 이상

- 사시: 안구의 움직임을 조절하는 눈 주위의 근육 수축과 이완에 문제가 발생하여 양쪽의 눈이 같은 물체에 초점을 맺을 수 없게 된다. 한쪽 눈의 시선은 똑바로 목표물을 향하고 있는데 다른 쪽 눈의 시선이 목표물을 향하지 않는 상태로 한쪽 눈 또는 양안의 편향성 때문에 발생하는 현상이다. 제대로 치료하지 않으면 안구운동의 다른 장애처럼 영구적으로 시력을 상실할 수도 있다. 안구가 한쪽으로 치우친 외사시와 내사시가 있고, 이는 교정이 비교적 용이한 편이다.
- 복시(이중시): 두 눈의 협응 결핍으로 한 물체가 두 개의 상으로 나타나는 현상을 말한다.
- 안구진탕증: 안구가 불수의적으로 앞뒤로 빠르게 움직이는 현상으로서 초점을 맞추고 문자를 읽는 데 문제를 발생시킬 수 있다. 눈을 조절하고 움직이는 근육의 이러한 기능장애는 아동이 효과적으로 보는 것을 어렵게 하거나 불가능하게 만들 수 있다.

② 눈 질환

- 백내장: 백내장은 선명하게 보는 데 필수적인 빛을 막음으로써 수정체가 혼탁해져 빛이 망막에 도달하지 못하는 현상이고, 이로 인해 눈이 빛을 받아들이는 능력이 감소되고, 중심 및 주변 시각 예민도가 떨어지게 된다. 종류로는 노인성, 선천성, 당뇨성, 외상성 백내장이 대표적이다. 특히, 노인성 백내장은 후천적으로 50~60대 정도에 수술로 치료가 가능하다.
- 녹내장: 정상적으로 순환하는 액이 막히거나 장애로 인해 눈 내부의 안압이 증가하여 망막 유두에 병적 변화가 일어나는 질환으로서 시야가 좁아지는 현상이 나타난다. 증가된 안압이 시신경을 손상시킬 경우, 중심과 주변부 시력이 손상되

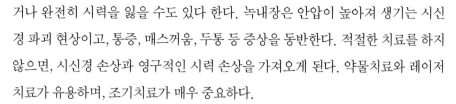

거나 완전히 시력을 잃을 수도 있다 한다. 녹내장은 안압이 높아져 생기는 시신경 파괴 현상이고, 통증, 매스꺼움, 두통 등 증상을 동반한다. 적절한 치료를 하지 않으면, 시신경 손상과 영구적인 시력 손상을 가져오게 된다. 약물치료와 레이저 치료가 유용하며, 조기치료가 매우 중요하다.

- 황반변성: 망막의 시세포 중 추체에서 발생한다. 처음에는 사물이 흐리게 보이는 경우도 있고, 글자가 흔들려 보이거나, 시야 가운데가 흐릿하기도 하고, 직선이 굽어보인다. 이후 망막 황반부가 변성되어 시야의 중심부가 잘 보이지 않아 시력이 악화된다. 정기적인 안과 검진과 심리적 안정이 중요하다.

③ 망막과 시신경 이상

- 망막 색소변성: 망막이 점진적으로 퇴화하는 유전적 질환으로, 청소년기에 많이 나타난다. 망막 주변에서 일어나기 때문에 중심 시력은 양호하다. 그러나 이후 시야가 좁아지는 현상이며, 특별한 치료법이 없다.
- 망막박리: 신경성 세포가 분포되어 있는 망막이 맥락에서 떨어져 망막의 감각기능이 저하되어 시세포층에 영양 공급을 제대로 못하여 벗겨진 망막이 창백하게 보이고, 망막의 갈라진 틈이 붉게 보이는 심각한 시각장애 상태이며, 시력이 감퇴되는 현상이다. 약물치료도 하지만 수술요법이 유용하다.
- 백색증: 신체 전반의 색소(pigment)가 부족하거나 없는 병으로서 선천적 · 유전에 기인한다. 피부, 모발, 눈의 선천성 색소결핍 현상으로서 망막, 홍채, 맥락막에 색소결핍증을 일으키며, 눈동자가 진홍색을 띠고, 홍채가 회색빛이나 연청색 또는 연보라색을 띤다. 시력 저하, 광선공포증, 안구진탕증을 보인다.

(3) 시각피질 손상

시각장애아동 중에는 시각에 문제가 없고 시각피질만 손상된 경우가 있다. 시각피질 손상은 시각적 정보를 해석하는 뇌의 일부분이 상해나 기능 부전으로 생긴 시력 손상이나 맹을 말한다. 대뇌피질성 시각장애(cortical visual impairment)의 원인은 출산 시의 산소부족(무산소증), 뇌손상, 뇌수종, 중추신경계의 감염 등이 있다. 대뇌피질성 시각장애를 가진 아동 중에는 주변 시야를 사용하는 아동도 있고 밝은 빛을 좋아하여 태양을 응시하기도 한다. 시각피질이 손상되면 반대쪽 시야가 안 보이게 된다.

시신경 감퇴가 대표적이며, 시신경 섬유의 손상으로 전기적 자극이 망막에서 두뇌의 시각 중추로 전달되지 못해 시력이 상실되고, 광선혐기증(수명현상)이 일어나기도 한다. 두뇌에 대한 전기 충격의 결과로 시신경의 역기능이 일어난다.

4. 시각장애의 특성

1) 인지적 특성

일반적으로 일반아동에 비해 지능이 낮지 않지만, 유아기에 인지적 능력을 발달시키는 데에는 제한이 있고, 생리학적 변인이나 환경적인 변인, 시간, 위협, 불안 등의 변인 때문에 개념 형성에 지체를 가져올 수 있다. 선천적 시각장애아동은 시각적 모방의 제한으로 언어발달이 지연되고 추상적인 표현이 많은 언어주의에 빠지기 쉽다.

2) 신체 및 운동 특성

비장애아동의 성장발달 과정과 유사하지만, 시력 손상으로 인한 부모의 과잉보호나 소홀함에 의해 신체적 기술발달의 기회가 제한되기도 한다. 기초적인 체력이나 기본적인 운동 발달에 시각장애 자체가 영향을 주지는 않지만, 운동량의 부족과 운동 경험의 제한으로 체력이나 운동의 여러 가지 면에서 발달이 지체되기도 한다. 운동 환경의 조성과 적절한 운동의 기회를 제공해야 한다.

3) 심리사회적 특성

움직임의 폭이 좁은 경우가 많아 또래 아동과 어울리거나 주변 환경에 능동적으로 참여하는 데 어려움을 갖는다. 임안수(2008)는 완전 맹인에 대한 사회의 부정적 반응이 정서적 문제를 갖게 한다고 하였으며, 반면에 시각장애 자체나 사회적 장애의 영향보다 자아에 대한 왜곡된 태도와 내적·심리적 요인이 더 심각한 영향을 끼친다고 하였다.

가족 간의 상호작용이나 사회적 상황 인식을 어렵게 하고 우연적인 관찰을 통한 사회적 기술의 습득 기회를 제한한다. 사회적으로 상호작용하고 행동을 모방할 기회가 적어 사회적 상황을 파악하기가 어렵다. 교사는 시각장애아동과 주위 사람과의 관계에 대해서 배려하는 것이 중요하다.

4) 학습적 특성

시각장애아동의 학습과 관련된 특성은 비장애아동과 큰 차이는 없으나, 모방과 관찰의 기회가 없어 정보 습득이 어렵고 교수 절차의 구체성 부족으로 학습지체를 보인다.

그러나 공학기기의 발달로 글자 확대나 점자 사용이 용이하고 멀티미디어 기기의 활용으로 학습에 많은 도움이 되고 있다.

맹인벽(盲人癖 , blindisms)

시각장애인이 자기 자신에게 자극을 주기 위해 습관적으로 하는 행동의 총칭으로, 손가락을 눈, 코, 입에 찔러 넣거나 귀, 코, 입술, 머리카락을 손으로 자극하는 행동을 보인다. 또한 자신의 신체에 필요한 자극을 주기 위해 몸 흔들기, 몸 돌리기, 한쪽으로 머리 기울이기, 팔이나 어깨 움직이기를 반복하기도 한다. 잔존 시력이 남아 있는 경우에는 빛과 그림자를 느끼기 위해 눈앞에서 손이나 손가락을 반복해서 흔드는 행동을 보인다.

이와 같은 습관적 행동이 중도 정신지체와 자폐성 장애 등의 다른 장애 영역에서도 나타나 맹인만의 독특한 행동 양식이 아니라는 점을 들어 맹인벽이란 용어를 더는 사용하지는 않는다. 현재는 시각장애인 보여 주는 습관적 행동을 상동행동(stereotyped behaviors)으로 명명하고 있다.

출처: 국립특수교육원(2009).

5. 시각장애아동의 교육

1) 교수 자료 및 보조공학도구 지원

잔존 시력을 활용하도록 독서대, 큰 활자를 이용한 교재 등 시각적 도구를 활용하고, 시각적 · 청각적 · 촉각적 보조도구(점자 도서, 점자타자기, 점판과 점필, 맹인용 주판, 촉각그림 세트, 촉각 지도와 지구본, 점자 측정도구) 등의 촉각적 도구를 사용하도록 지원한다. 또한, 청각적 보조도구(카세트 녹음기, 녹음도서, 컴퓨터 음성출력, 대독자, 음성전자계산기, 음성시계), 교육과 재활에 많은 도움이 되는 기자재와 보조공학도구(점자기, 확대 독서기, DC 독서기, 음성전환 독서기, 스크린리더 등)를 사용한다.

| 탁상용 확대독서기 | 한소네 브레일 라이트 |

[그림 8-4] 보조공학도구

2) 교수-학습 방법

(1) 보행지도

보행은 방향정위(시각 외의 잔존 감각기관 통해서 자신과 주위 환경과 관계 이해하는 능력)와 이동성(물리적 환경에서 안전하고 독립적으로 다닐 수 있는 능력)으로 구성되어 있다. 안전하고 독립적이며 효율적으로 이동할 수 있는 보행 기술을 습득하여 독립적인 생활을 할 수 있도록 돕는 것이다.

① 안내 보행

비장애인이 시각장애인을 안내하는 것으로, 시각장애인이 안내자의 왼쪽에 서고 안내자와 반 보 차이로 서서 오른팔은 안내자의 왼쪽 팔꿈치 윗부분을 잡고 걷는다. 팔로 전달되는 근육감각적인 지각을 통해 안내인의 움직임을 따라갈 수 있게 된다.

② 흰지팡이 보행

스스로 보행하기 위한 기본적인 보행 방법으로, 지팡이를 두드려 나는 소리와 진동으로 장애물의 출현이나 보행 길의 표면의 변화를 파악한다. 그러나 상체 위의 장애물을 피하기는 어렵다.

[그림 8-5] 흰지팡이 보행법

③ 안내견 보행

시각장애인의 일상생활에 도움을 주기 위한 보행법으로, 안내견을 활용한 안내견 보행을 하기 위해서는 시각장애인이 방향정위와 이동기술을 잘 터득하고 있어야 한다.

④ 전자보행기구에 의한 보행

진로 음향기나 모와트 감각기, 레이저 지팡이 등을 활용하여 보행한다.

(2) 감각 훈련과 점자 지도

① 감각 훈련

대소근육 운동 기능을 향상시키고 운동 간 협응을 통해 지각 기능을 기르기 위한 방법이다. 점자를 배우기 전 예비점자 훈련으로 사물을 손으로 펴서 두드리거나 쥐기, 잡기, 집기, 누르기, 당기기를 통해 움직임을 조절할 수 있도록 한다. 주변 환경과 접촉 기회를 많이 가질 수 있도록 경험 중심의 프로그램을 제공한다.

② 점자 지도

점자는 시각장애인의 중요한 정보 획득 수단이며, 이들이 사용하는 점자(braille)는 1829년 프랑스 루이 브라유(Louis Braille)에 의해 창안되었다. 우리나라는 1926년에 박두성이 '훈맹정음(訓盲正音)'이란 이름으로 한글판 점자를 창안했다. 점자는 6점(세로 3점, 가로 2점)으로 구성되고, 왼쪽 위에서 아래로 1-2-3점, 오른쪽 위에서 아래로 4-5-6점의 고유 번호를 붙여 사용한다.

임안수(2008)는 점자의 특징에 대해 다음과 같이 설명하고 있다.

- 초성 자음과 종성 자음이 다르게 제자(製字) 된다.
- 점자에서는 초성 'ㅇ' 사용하지 않는다.
- 초성 'ㄲ, ㄸ, ㅃ, ㅆ, ㅉ'을 적을 때에는, 앞의 'ㄱ, ㄷ, ㅂ, ㅅ, ㅈ' 대신 된소리표를

적는다.

- 부피를 줄이고, 읽기와 쓰기 속도를 증가시키기 위하여 27개의 약자와 7개의 약어를 사용한다.
- 약자 '영'은 그 앞에 'ㅅ, ㅆ, ㅈ, ㅉ, ㅊ'이 올 때에는 '엉'이다.
- 모음 겹글자 '얘'는 '야+이'가 아니라 '야+애'로, 위는 '우+이'가 아니라 '우+애'로 쓴다.
- 모음 겹글자 '왜'는 '오+애'가 아니라 '와+애'로, 웨는 '우+에'가 아니라 '워+애'로 쓴다.
- 점자는 모아 쓰지 않고 풀어 쓴다. 예를 들면, '국'을 'ㄱ, ㅜ, ㄱ'으로 적는다.

이러한 점은 시각장애학생이 점자 배우는 데 어려움이 되므로 교사는 시각장애학생에게 점자를 가르칠 때 이러한 특성을 유의하여야 한다.

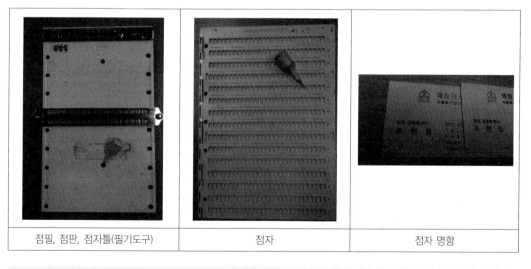

| 점필, 점판, 점자틀(필기도구) | 점자 | 점자 명함 |

[그림 8-6] 점자 도구와 사용 예

3) 통합교육을 위한 교육적 접근

통합교육의 필요성은 인식하고 있으나, 대부분의 시각장애아동은 대부분 기숙제 혹은 통학제 시각장애학교에 다니고 있다. 효과적인 통합교육을 하기 위해 잘 훈련된 교사 확보, 특수 장비와 광학보조기기 이용, 점자 번역 서비스, 적절한 프로그램이 다양하게 제시되고 개발되어야 한다.

이소현과 박은혜(2014)는 시각장애아동을 위한 교수지침을 다음과 같이 제시하고 있다.

① 교수방법은 꼭 필요할 때만 수정하도록 하고, 교육목표는 시각장애 학생과 일반 학생 모두에게 동일하게 적용된다.
② 일반학급에서 사용하는 인쇄자료를 시각장애아동이 필요로 하는 형태의 자료로 제공한다.
  • 특수교사와 협의하여 확대 복사물, 점자 또는 녹음된 교재를 준비한다.
  • 필요한 때 제공할 수 있도록 충분한 시간을 두고 자료를 준비한다.
  • 수업 내용뿐 아니라 시험, 과제물 등에도 대안적 방법을 활용한다.
  • 책 읽을 때 충분한 시간을 준다. 시각장애학생은 책을 찾고, 읽기 시작할 곳을 찾는 데 시간이 더 걸릴 수 있다.
  • 워드프로세서의 사용을 장려한다.
    −묵자(보편적으로 사용하고 있는 일반 문자/한글)로 자신의 의사를 표시할 수 있도록 하기 위해 워드프로세서를 사용하도록 지도하는 것이 좋다.
    −자신이 쓴 묵자를 컴퓨터가 읽어서 확인해 주는 프로그램이 국내에서도 개발되어 있으므로 이를 이용하여 스스로 워드프로세서를 사용할 수 있도록 지도한다.
  • 칠판에 OHP를 사용할 때 내용을 크게 말하면서 적는다.
  • 시각장애학생에게도 강도 높은 운동이 필요하다. 가능한 한 일반 또래와 경쟁

하도록 한다.

- 시각장애학생으로 하여금 사용하는 다양한 특수기기에 익숙해지도록 한다. 점자타자기, 점필과 점판 등이 점자를 쓰는 데 필요한 대표적인 필기도구다.
- 저시력아동을 위하여 가능한 대비 효과가 큰 자료를 사용하도록 한다.
  - 배경 그림 위에 글씨가 있는 자료를 사용하지 않는다.
  - 흐린 부분은 사인펜으로 진하게 한다.
  - 칠판은 항상 깨끗이 지운 후에 사용한다.
  - 종이의 한쪽 면만 사용한다.
  - 한 페이지에 글자가 너무 많이 몰려 있어 혼돈스럽지 않도록 한다.

 점정리

1. 시각장애의 정의
1) 시각 관련 용어의 정의 – 눈으로 구별할 수 있는 존재나 형태 등을 인식하고 그 이미지를 해석하는 능력으로 눈의 기능과 관련지을 수 있는 시력, 눈으로 한 점을 주시할 때 볼 수 있는 눈에 보이는 범위인 시야, 빛을 느끼는 기능인 광각, 가시광선 중 파장을 느껴 색채를 구별하는 감각, 즉 물체의 색채를 구별하여 인식하는 능력을 의미하는 색각, 보는 감각을 통한 지각작용의 결과인 시각이 있음
2) 시각장애의 정의
(1) 「장애인복지법」 – 나쁜 눈의 시력이 0.02 이하인 사람, 좋은 눈의 시력이 0.2 이하인 사람, 두 눈의 시야가 각각 주시점에서 10도 이하로 낮은 사람, 두 눈의 시야 2분의 1 이상을 잃은 사람
(2) 「장애인 등에 대한 특수교육법 시행령」 – 시각계의 손상이 심하여 시각 기능을 전혀 이용하지 못하거나 보조공학기기의 지원을 받아야 시각적 과제를 수행할 수 있는 사람으로서 시각에 의한 학습이 곤란하여 특정의 광학기구, 학습매체 등을 통하여 학습하거나 촉각 또는 청각을 학습의 주요 수단으로 사용하는 사람
(3) 미국 「장애인교육법(IDEA)」 – 교정을 해도 시력이 아동의 교육적 수행에 불리한 영향을 주는 것
2. 시각장애의 분류 – 발생 시기에 따른 분류(선천성 시각장애, 후천성 시각장애), 진행 정도에 따른 분류(급성, 진행성), 장애정도에 따른 분류(정상근접 시력집단, 중등도 기능집단,

중심시야 감소집단, 기능적 시력이 낮아서 중심시력이 낮을 가능성이 있는 집단, 맹 집단), 장애중복에 따른 분류(농맹, 기타), 교육에 따른 분류(중등도, 고도, 최고도 시각장애)

3. 시각장애의 원인 – 굴절 이상(굴절 오류), 구조적 손상, 시각 내피의 손상 세 영역으로 나누어질 수 있음

4. 시각장애의 특성
1) 인지적 특성 – 일반적으로 일반아동에 비해 지능이 낮지 않지만, 유아기에 인지적 능력을 발달시키는 데에는 제한이 있음
2) 신체 및 운동 특성 – 비장애아동의 성장발달 과정과 유사하지만, 시력 손상으로 인한 부모의 과잉보호나 소홀함에 의해 신체적 기술발달의 기회가 제한되기도 함
3) 심리사회적 특성 – 움직임의 폭이 좁은 경우가 많아 또래 아동과 어울리거나 주변 환경에 능동적으로 참여하는 데 어려움이 있음
4) 학습적 특성 – 비장애아동과 큰 차이는 없으나, 모방과 관찰의 기회가 없어 정보 습득이 어렵고 교수 절차의 구체성 부족으로 학습지체를 보임

5. 시각장애아동의 교육
1) 교수 자료 및 보조공학도구 지원
2) 교수-학습 방법 – 보행지도, 감각 훈련과 점자 지도를 함
3) 통합교육을 위한 교육적 접근 – 잘 훈련된 교사 확보, 특수 장비와 광학보조기기 이용, 점자 번역 서비스, 적절한 프로그램이 다양하게 제시되고 개발되어야 함

 생각 나누기

1. 중복장애를 지닌 시각장애아동의 교육방법에 대해 생각해 봅시다.
2. 시각장애인의 안내견 보행 시, 비장애인이 지켜야 할 예절에는 무엇이 있는지 생각해 봅시다.

추천자료

- 한국시각장애인연합회(www.kbuwel.or.kr): '점역교정사' 공인자격증 안내, 시각장애 관련 자료 제공
- 서울시각장애인복지관(http://www.bokji.or.kr): 음성도서 듣기 활용 등 시각장애 관련 자료 제공

 참고문헌

국립특수교육원(1999). 특수교육 요구아동 출현율 조사.

국립특수교육원(2009). 특수교육학 용어사전. 서울: 하우출판사.

김영한, 김정현, 김하경, 박선희, 박정식, 엄태식, 이미순, 임채식, 조재규, 홍정숙(2015). 신특수교육학개론. 서울: 태영출판사.

김종현(2016). 특수교육학개론. 서울: 창지사.

김종현, 윤치연, 이성현, 이은림(2015). 특수아동의 이해. 경기: 공동체.

박순희(2014). 시각장애아동의 이해와 교육. 서울: 학지사.

서화자, 박순길, 박현옥, 조정연(2009). 특수아동의 이해. 서울: 학지사.

이소현, 박은혜(2014). 특수아동교육. 서울: 학지사.

이진학, 이하범, 허원, 홍영재(2008). 안과학(8판). 서울: 일조각.

임안수(2008). 시각장애아 교육. 서울: 학지사.

한천석(1992). 한식색각검사표. 서울: 한일사.

Faye, E. (1976). Clinicaldefinition and classification of the low vision patiant, In E. Faye (Ed.), *Clinical low vision*. New York: Little, Brown.

Stiles, S., & Knox, R. (1996). Medical Issues, treatment, and Professionals. In M.C. Holbrook (Ed.), *Children With visual Impairments: A Parent's guide*. Bethesda, MD: Woodbine House.

제9장

청각장애

청력의 손실로 청각장애를 가진 아동의 선별과 재활은 매우 중요한 과제다. 청각에 있어서의 장애는 단지 소리를 잘 듣지 못하는 기능의 장애뿐만 아니라 언어의 획득과 말을 통한 의사소통에 어려움을 초래한다. 그리고 이로 인해 언어와 의사소통의 발달뿐만 아니라 사회적·정서적인 적응에도 어려움을 겪게 된다. 그러므로 청각장애아동의 효과적인 교육을 위하여 이들의 특성에 맞는 학습 환경을 만들어 줌과 동시에 아동의 잠재력을 최대한 키워 주기 위한 교사의 노력이 필요하다.

이 장에서는 청각장애의 정의와 분류, 원인, 진단과 특성에 대하여 살펴보고, 나아가 청각장애아동에게 소리를 보완하거나 대체하는 학습지원의 전략을 소개하고자 한다. 더불어 청각장애아동의 언어 및 의사소통 양식과 기술을 발달시키고 돕기 위한 교육적 중재에 관하여 살펴보고자 한다.

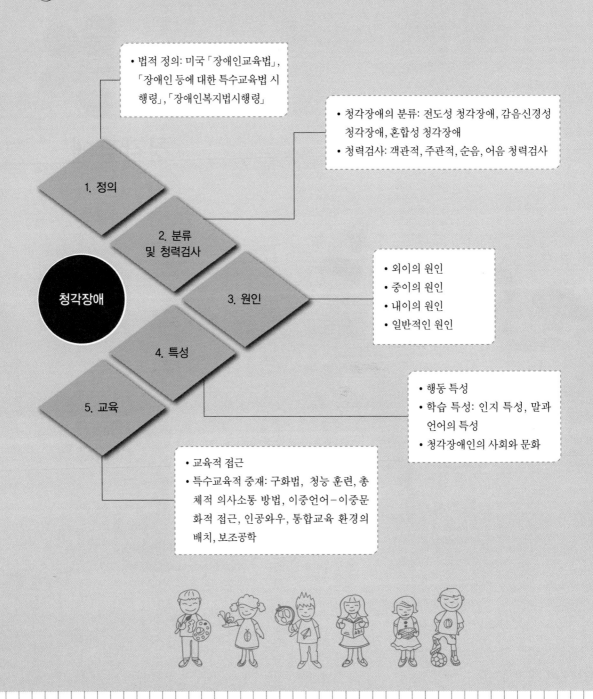

⚽ 마인드 맵

• 법적 정의: 미국 「장애인교육법」, 「장애인 등에 대한 특수교육법 시행령」, 「장애인복지법시행령」

• 청각장애의 분류: 전도성 청각장애, 감음신경성 청각장애, 혼합성 청각장애
• 청력검사: 객관적, 주관적, 순음, 어음 청력검사

청각장애

1. 정의

2. 분류 및 청력검사

3. 원인

4. 특성

5. 교육

• 외이의 원인
• 중이의 원인
• 내이의 원인
• 일반적인 원인

• 행동 특성
• 학습 특성: 인지 특성, 말과 언어의 특성
• 청각장애인의 사회와 문화

• 교육적 접근
• 특수교육적 중재: 구화법, 청능 훈련, 총체적 의사소통 방법, 이중언어-이중문화적 접근, 인공와우, 통합교육 환경의 배치, 보조공학

1. 청각장애의 정의를 설명할 수 있다.
2. 청각장애를 분류할 수 있다.
3. 청각장애아동에 대한 교육방법을 구술할 수 있다.

난청: 청각만 사용해서 일상 대화를 완전히 못 듣는 것은 아니지만 듣는 데 어려움이 있는 청손실의 정도

어음수용역치: 개인이 어음청력검사 시 단어들의 50%를 이해할 수 있는 가장 낮은 데시벨 수준을 말하며, 각 귀의 어음이해 역치가 측정되고 기록됨

어음청력검사: 다른 강도 수준에서 이음절 단어들의 목록을 제시하여 개인의 말의 이해도와 인지도를 검사(음압)

와우각: 내이에 위치한 주요 청각수용기, 와우각 내의 섬유세포는 기계적 에너지를 신경적 자극으로 변환시키며, 이는 청신경계를 통과하여 뇌에 도달함

외이도: 외이에서 중이로 음파를 증폭시켜 전달하는 관

인공와우이식: 고심도 감각신경성 난청 또는 농이 된 청각장애인의 달팽이관(와우관)에 전극을 삽입하여 청신경에 전기 자극을 직접적으로 제공함으로써 소리를 들을 수 있도록 해 주는 수술

잔존청력: 청각장애인의 손상되지 않고 남아 있는 약간의 청력

헤르츠(hertz: Hz): 진동 수의 단위. 진동 운동에서 물체가 일정한 왕복 운동을 지속적으로 반복하여 보일 때 초당 이러한 반복 운동이 일어난 횟수

사례

대호(가명)는 건청인으로 태어났다. 신생아 때에는 큰 소리에 놀라기도 하고 돌을 지나서도 이름을 부르면 고개를 돌아보는 반응이 있었다. 그러나 두 살 때 심하게 고열로 앓은 후 어느 순간부터 천천히 청력을 잃어버렸다. 대호는 청력이 좋지 않아 잔존 청력을 활용하지는 못하지만 어머니와 4세 때부터 청각훈련기관에 다니며 잠도 못자고 발화 연습을 한 덕분에 지금은 매우 놀라운 구화 실력을 갖고 있다. 수화를 전혀 사용하지 않고 구화로만 거의 완벽하게 의사소통이 가능할 정도로 구화를 잘한다. 자기 의사를 정확하게 전달할 뿐만 아니라 책을 많이 읽어서 어휘력 및 문장력, 독해력도 좋아지고, 학업성취수준도 높게 나타났다. 뿐만 아니라 대호는 어릴 때부터 농인교회를 다녀 농인 친구들과 자연스럽게 어울리며 농인으로서의 자신의 정체감을 확립하고 자연식수화도 습득하게 되어 건청인들과의 통합도 잘 이루고 있다. 일반학교에서 고3 학생인 대호가 가장 좋아하는 과목은 음악이며, 가장 싫어하는 과목은 영어다. 이유는 음악은 주변의 사물이나 물통이 흔들리는 진동을 느낄 때 음악을 느끼고 흥이 나며 즐거워지지만, 영어는 스피커를 통해 들리는 영어 발음을 명확하게 들을 수 없어 발음에 자신이 없고 발음을 하려고 하면 긴장되어 자꾸 소리가 고음으로 올라가서 그때마다 친구들에게 창피하기도 하다. 또한 항상 낮게 나오는 영어듣기시험 점수 때문에 영어를 가장 싫어한다.

1. 청각장애의 정의

1) 미국 장애인교육법

미국 「장애인교육법(IDEA)」(2004)에서는 청각장애를 의학적 관점과 교육적 관점으로 나누어 정의하고 있다.

첫째, 청각장애에 대한 의학적 관점의 정의는 청각의 구조나 기능의 이상으로 교육적 성취에 악영향을 미쳐서 특수교육이 필요한 아동을 말한다. 즉, 듣는 데 어려움이 있는 것이다.

둘째, 교육학적 관점의 정의는 청각장애를 농과 난청을 포괄하는 개념으로 소리의 강도를 기준으로 하여 어느 정도 크기의 소리를 들을 수 있는지를 기준으로 한다. 청력손실을 농(deaf)이나 난청(hard of hearing)으로 나누어 정의하면, 보청기를 사용하더라도 청각만을 통해서는 의사소통이 불가능할 때에 농으로 정의하고, 정상 청력의 범위를 벗어나지만 잔존청력이 남아 있어서 청각통로를 통해 보청기를 사용하지 않았을 때 또는 사용하더라도 일정 크기의 소리를 들을 수 있는 정도의 어려움을 난청으로 정의한다. 청각장애(hearing loss, hearing impairment)의 용어 및 정의는 〈표 9-1〉과 같다.

표 9-1　청각장애의 용어 및 정의

용어	정의
청각장애	청력손실의 모든 범위를 지칭하는 일반적인 용어로 경도에서 최중도에 이르는 농과 난청이 모두 여기에 속한다.
농	청력 손실이 심하여 시각적인 의사소통의 수단을 이용해야 하며 보청기를 착용하고도 청각만을 통해서는 언어적 정보를 주고받지 못하며 아동의 교육적 수행에 부적 영향을 미치는 대단히 심한 청각장애를 의미한다.
난청	유의한 수준의 청력손실이 있으며 청각을 우선적인 의사소통의 수준으로 이용할 수 있는 정도이며 보청기를 착용했을 때의 잔존 청력의 정도가 청각을 통한 정보교환이 어렵지만 가능한 수준이다. 아동의 교육적 수행에 부적 영향을 미치는 영구적인 또는 변동하는 청각장애를 의미한다.

2) 장애인 등에 대한 특수교육법 시행령

「장애인 등에 대한 특수교육법 시행령」(2016)에서는 청각장애를 지닌 특수교육대상자는 청력손실이 심하여 보청기를 착용해도 의사소통이 불가능 또는 곤란한 상태이거나, 청력이 남아 있어도 보청기를 사용하여야 청각을 통한 의사소통이 가능하여 청각에 의한 교육적 성취가 어려운 사람으로 명시하고 있다.

3) 장애인복지법 시행령

「장애인복지법 시행령」(2013)에서는 청각장애를 다음과 같이 분류하고 있다.

- 제2급: 두 귀의 청력이 각각 90dB 이상 잃은 사람
- 제3급: 두 귀의 청력이 각각 80dB 이상 잃은 사람
- 제4급: 두 귀의 청력이 각각 70dB 이상 잃은 사람. 두 귀에 들리는 보통 말소리의 최대의 명료도가 50% 이하인 사람
- 제5급: 두 귀의 청력이 각각 60dB 이상 잃은 사람. 심한 이명이 있으며 청력장애 정도가 6급인 경우 5급으로 한다.
- 제6급: 한 귀의 청력이 80dB 이상 잃은 사람. 다른 귀의 청력손실이 40dB 이상 잃은 사람. 심한 이명이 있으며 양쪽의 청력이 각각 40~60인 경우 6급으로 판정한다. 단, 한쪽 귀가 완전 청력손실 상태인 경우에도 반대 측 청력이 남아 있는 경우는 청각장애인이 아니다.

2. 청각장애의 분류 및 청력검사

1) 청각장애의 분류

(1) 전도성 청각장애

전도성 청각장애(conductive hearing loss)는 전음성이라고도 불리며, 소리의 왜곡현상은 나타나지 않으나 진동을 내이로 전도하거나 진동하는 문제를 포함하여 내이까지 도달하는 소리의 양이 줄어들어 청각에 장애가 생기는 것을 말한다. 외이와 중이에서 선천성 기형을 가지고 태어나거나 또는 외이도 내에 과도한 귀지가 쌓이거나 중이염 등에 의해서 일시적으로 생기는 경우가 많다. 수술이나 약물의 의학적 처치를 받으

면 교정되며, 계속적인 청각장애를 보이는 경우에도 보청기를 사용하여 소리를 확대해 주면 곧 없어진다.

(2) 감음신경성 청각장애

감음신경성 청각장애(sensorineural hearing loss)는 내이의 달팽이관이나 청각신경섬유에 손상을 입은 경우로서 소리가 왜곡된 형태로 뇌에 전달되거나 전혀 전달되지 않는 장애다. 전음성보다 청력손실이 심하고 예후도 좋지 않다.

풍진, 뇌염, 홍역, 수두 등의 바이러스성 질환이나 RH 혈액형의 부적합 또는 유전적인 요인으로 초래되며, 노화 현상이나 큰소리에 오래 노출되어 감음신경성장애가 생기는 경우도 있다. 감음신경성 청각장애는 외과적 수술이나 약물치료 등의 의학적 치료로 회복이 안 되기 때문에 재활치료적인 접근이 필요하다. 최근에는 인공와우이식, 청각 뇌간 이식술이 개발되어 치료의 가능성이 높아졌다.

(3) 혼합성 청각장애

전도성 청각장애와 감음신경성 청각장애가 공존하며 만성중이염과 같이 염증에 의하여 중이의 증폭기능이 장애를 받고 내이까지 염증이 파급되어 내이의 감각신경성 난청까지 일으키게 되는 경우다. 중이의 전도성 장애는 치료가 가능하나 감각신경성 장애는 치료가 불가능하다. 골도 청력보다 기도 청력의 손실이 더 크게 나타난다.

2) 청력검사

청력은 데시벨(decible: dB)의 단위로 표시하는데, dB이 높아진다는 것은 소리의 크기가 커지는 것을 의미한다. 소리의 주파수는 초당 사이클 수로 측정하며 헤르츠(Herz: Hz)를 단위로 사용한다. 1Hz란 초당 사이클이 한 번 있다는 것을 의미하며, 일반적으로 구어를 듣는 데 중요한 주파수 대역은 500~2,000Hz에 해당한다.

정상인의 경우 25dB 이하이며 청각장애는 26~40dB일 때 경도, 41~55dB일 때 중등도, 56~69dB일 때 중등고도, 71~90dB일 때 고도, 그리고 91dB 이상일 때를 농으로 분류한다(Hallahan, Kauffman, & Pullen, 2009). 이때의 청력역치는 최초로 음을 탐지하는 수준을 말한다.

교육학적 관점에서는 단순히 소리의 강도를 기준으로 삼기보다는 청력손실이 아동의 말과 언어 능력에 얼마나 영향을 미치는가를 기준으로 삼는다.

청력검사는 주로 이비인후과나 언어치료실에서 이루어지며, 난청진단의 방법으로 객관적 청력검사, 주관적 청력검사, 순음청력검사, 어음청력검사가 있다.

첫째, 객관적 청력검사는 소리자극에 의해 발생하는 청각계의 다양한 신호(뇌파 등)로 측정한다. 유아ㆍ소아나 위난청(malingering)이 의심될 때 주로 사용하며, 이 외에도 임피던스 청력검사, 이음향방사검사, 청성유발반응검사 등이 있다.

둘째, 주관적 청력검사는 소리자극에 대한 인지 여부를 주관적 표현(손들기, 버튼 누르기)에 의존하여 판단하는 것으로 음차검사, 순음청력검사, 어음청력검사, 자기청력검사, 누가현상검사, 청각피로검사 등이 있다.

셋째, 순음청력검사(pure tone audiometry)는 소리의 높이(Hz)와 강도(dB)를 변화시키면서 개인의 청력역치를 측정하는 방법이다. 대부분 3세 이상의 아동이나 성인에게 사용된다.

넷째, 어음청력검사는 언어청취 및 이해 능력을 측정하기 위해 일상생활 속에서 많이 사용되는 쉬운 단음절 혹은 이음절 단어를 이용하여 이에 대한 청취와 이해 능력을 측정한다. 어음청력검사 방법으로는 어음청취역치검사, 어음명료도검사 등이 있다.

임상에서는 순음청력검사와 어음청력검사가 주로 많이 시행되고 있다.

3. 청각장애의 원인

1) 외이의 원인

귀의 구조는 매우 복잡하고 정밀한 신체기관으로 외이, 중이, 내이로 나누어진다. [그림 9-1]은 귀의 구조를, [그림 9-2]는 귀의 내부 구조를 보여 준다.

[그림 9-1]을 보면 외이는 바깥귀라고도 하며, 외부의 귓바퀴, 즉 이개와 외이도로 이루어져 있다. 이개는 연골로 되어 있으며, 외이도에 음파를 모으고 소리의 방향을 알려 주는 기능을 한다. 외이도는 고막에 이르는 관을 말하며, 이물질을 침입하는 것을 막는 방어 작용과 공명기의 역할을 한다.

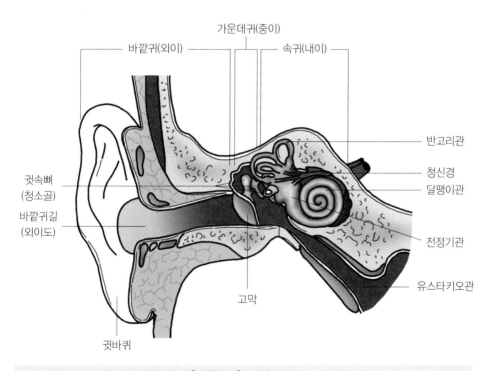

[그림 9-1] 귀의 구조

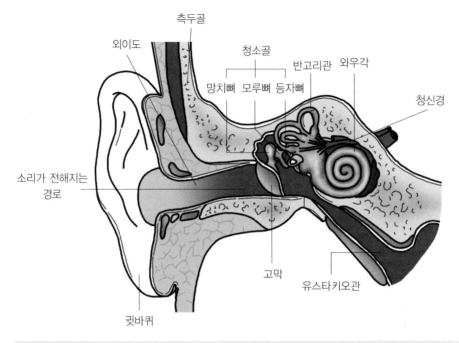

측두골

외이도

청소골

반고리관 와우각

망치뼈 모루뼈 등자뼈

청신경

소리가 전해지는
경로

고막

유스타키오관

귓바퀴

[그림 9-2] **귀의 내부 구조**

외이의 손상만으로 청각장애가 되는 경우는 드물다. 그러나 임신 중 태아에게 영향을 주는 바이러스성 감염(풍진, 인플루엔자)에 의해 귓바퀴나 외이도가 형성되지 않거나 미발달된 선천성 기형, 외이도의 피부에 염증이 생기는 외이염, 고막이 파열되는 경우에 문제가 될 수 있다.

2) 중이의 원인

중이는 공기 중의 소리를 고체 진동으로 바꾸어 내이의 임파액으로 전달하는 기능의 기관이다. 만약 중이의 기관이 없다면 공기 진동으로 이루어지는 외계의 소리가 액체로 차 있는 내이에서는 0.1%밖에 듣지 못하여 약 30dB의 청력손실을 갖게 된다.

구조로는 소리가 닿으면 진동하는 얇은 막의 고막과 이소골이 있으며, 이소골은 고막의 진동을 약 22배로 증폭시켜 그 파동을 내이로 전달한다. 중이는 일종의 음압 변환기 역할을 해서 30dB의 손실을 보충하는 역할을 한다.

중이의 이상은 외이의 경우보다 심각한 청력손실을 가져온다. 중이의 장애를 일으키는 가장 흔한 원인은 중이염이다. 중이의 박테리아나 바이러스에 의한 감염은 중이 점막에 염증이 생겨 중이강이 액체로 채워져 소리의 전달을 방해하는 질병이다. 주로 아동기에 많이 나타나며 항생제나 수술로 치유가 가능한 경우가 많다. 그러나 치료하지 않고 방치하면 만성 중이염이 되어 청각장애를 일으킬 수 있다. 중이염은 일시적 전음성 청각장애를 초래하기도 한다. 중이의 또 다른 질환은 이경화증이다. 등골이 난원창에 비정상적으로 붙어 있게 하는 질병이며, 아동에게는 거의 나타나지 않고 20대 초반까지도 자각 증상이 거의 없으며 보청기의 사용이나 수술이 불가피하다.

3) 내이의 원인

내이는 완두콩만한 크기로 가장 중요하고 복잡한 부분이다. 두개골 내에 위치하고 수액으로 가득 차 있다. 균형감각을 담당하는 전정기관과 청각의 주 수용기관인 와우각(달팽이관)의 두 부분이 독립적으로 작용한다.

달팽이처럼 생긴 와우각은 중이의 기계적 자극을 청신경의 전기적 자극으로 바꾸는 역할을 한다. 중이의 이소골의 영향으로 난원창이 흔들리면 와우각 내의 액체인 외임파액과 중앙계의 내임파액이 흔들리고 그 영향으로 코로티기관의 내유모세포와 외유모세포가 움직이며 이때의 파동이 전기자극을 일으킨다. 발생된 전기신호는 청신경을 통해 뇌로 전달된다.

이러한 청신경의 자극이 뇌의 측두엽에 위치한 청각중추에 도달하면 이곳에서 청각정보를 지각, 기억, 분석한다. 이때 우리가 자신의 목소리를 듣는 것은 기도를 통한 음성뿐 아니라 턱뼈의 골도 음성 또한 듣게 된다.

내이의 손상은 가장 큰 청력손실을 가져온다. 따라서 내이의 이상으로 인한 청각장애는 의학적이나 교육적으로 큰 문제가 된다. 태어날 때부터 나타나는 선천적 청각장애의 약 50%는 유전자에 이상이 있다(Tran & Grunfast, 1999). 가장 심한 손실은 뇌막

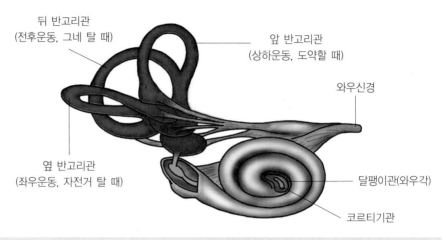

뒤 반고리관
(전후운동, 그네 탈 때)

앞 반고리관
(상하운동, 도약할 때)

와우신경

옆 반고리관
(좌우운동, 자전거 탈 때)

달팽이관(와우각)

코르티기관

[그림 9-3] 내이의 구조

염, 모체 풍진감염의 유전적 요인이다. 뇌막염으로 인한 중추신경계의 박테리아 감염은 내이의 민감한 청각신경기관을 손상시킨다. 특히 고열은 내이의 손상을 가져오며, 임신 중 3개월 이내에 모체가 풍진에 감염되면 태아의 청력, 시력의 장애를 발생시킬수 있다. 또는 태아와 모체의 RH 혈액형이 일치하지 않을 때에도 청각장애를 포함한 다른 장애도 일으킬 수 있다. 청각장애는 다운 증후군, 어셔 증후군, 태아 알코올 증후군과 같은 유전 중에 많이 알려진 하나의 특성이다. 내이의 가장 흔한 유형이 감각신경성 청각장애다.

4) 청각장애의 일반적인 원인

청각 장애인은 전체 장애인 인구에서 10.9%로 높은 비율을 차지하고 있다(한국 장애인 고용공단 장애인 통계, 2015). 그러나 청력손실의 원인은 매우 다양하여 청각장애아동의 50%는 정확한 청력손실의 원인을 알 수 없으며(Gallaudet University, 1998; Moores, 2001), 일반적으로 유전, 약물, 음향, 외상 등에 의한 원인으로 알려져 있다. 태어날 때부터 나타나는 선천적 청각장애의 약 50%는 유전자에 이상이 있거나(Tran & Grunfast, 1999), 유전적 청각장애의 약 80~90%는 건청 부모에게서 출생하며, 청각장애아동의 약 30% 정도는 친척 중에 청각장애가 있는 것으로 보고되고 있다(Moores, 2001). 선천성 청각장애는 출생 시에 청력에 손상을 가지고 태어난 경우이며, 최근에는 신생아 청력 선별검사를 통해 조기에 발견할 수 있다. 후천성 청각장애는 출산 후 청력에 손상을 입게 되는 경우다.

(1) 가족력

유전적 청각장애는 출생 시에는 이상이 없다가 점차 청력 손실이 진행되는 유전적 청각장애의 경우, 가족력을 가지는 경우가 있다. 워덴버그 증후군, 어서 증후군, 트리처−콜린스 증후군, 밴더후버 증후군 등은 다른 증상과 함께 난청을 동반하며 청력손실의 양상은 다르게 나타날 수 있다.

(2) 청각기관의 기형

선천성 외이도 폐쇄증은 선천성으로 이개의 이상으로 외이도가 형성되지 않은 경우다. 남아에게서 높은 출현율을 보이며, 이개를 인위적으로 만들어 주는 수술을 하여 청력을 회복할 수 있다. 중이 기형은 이소골이 변형되어 전음성 난청을 나타내며, 이비인후과적 수술을 통해 청력을 회복할 수 있다. 내이 기형은 감음성 난청을 나타내며, 고도 난청인 경우가 많고 의학적 치료가 청력 회복에 도움이 되지 않는 경우가 많다.

(3) 약물 및 바이러스 감염

중추 신경계 전반에 영향을 받아 청력이 손상되는 경우와 청신경에만 영향을 미치는 약물로 인해 난청, 이명 등과 청력을 잃게 되는 경우가 있다. 항생제, 아스피린, 일산화탄소, 수은과 같은 약물에 의해 청력을 잃기도 하며, 홍역, 볼거리, 백일해 등의 바이러스에 의한 감염도 청각장애의 원인이 된다.

(4) 소음성 난청

소음에 오랫동안 노출되어 청력에 손상을 입는 경우로 소음의 크기와 노출 시간에 따라 청력손상의 정도와 양상이 달라진다. 큰 음량의 음악 소리, 비행기 소리, 공장 작업장에서의 소음과 같이 반복적이고 지속적인 소음에 노출될 경우 영구적인 청각장애를 가질 수 있다.

오랜 시간 90dB 이상의 소음에 노출되면 점진적인 청력손실을 유발하고, 110dB의 아주 높은 소음에 1분 이상 정기적으로 노출되면 영구적인 청력손실을 일으킨다(김진호 외 공역, 2013). 소음으로 인한 청력의 손상은 점진적으로 진행되는 경우와 갑자기 청력의 이상이 인식되는 경우가 있다.

(5) 외상에 의한 난청

청각기관의 외부의 상처나 압력으로 인해 중이나 내이가 손상을 받기도 하고, 기압의 급격한 변화나 사고 등으로 인해 머리의 손상으로도 청신경의 손상을 초래할 수 있다.

(6) 노인성 난청

생리적 연령의 변화로 청력이 나빠지는데, 개인마다 정도와 기능의 차이가 있다.

(7) 유아 · 소아 난청

임신 초기에 풍진, 수두, 인플루엔자 및 이하선염 등의 바이러스에 감염되어 난청이 야기될 수 있다. 출생 시 미숙아로 태어나거나 신생아 황달이 심한 경우, 발열성 바이러스 감염이나 감기로 인한 만성중이염도 청력이 저하될 수 있다.

청각은 소리 파장을 신경적 충동으로 바꾸고 두뇌에 정보로 전달해 주는 일련의 과정이다. 청각장애는 어느 특정 부분에서의 손상으로 여러 가지 요인에 의해 일어날 수 있다. 각 체계의 어느 부분에 결함이 있는가에 따라 청력손상의 유형이 달라진다.

4. 청각장애의 특성

1) 행동 특성

청각장애의 행동 특성은 청력손실의 유형, 정도, 청력손실의 발생 시기, 아동의 지능, 가정과 지역사회의 지원의 능력, 청각장애아동의 교육적 경험 등에 따라 다양한 정도로 나타난다. 청각장애아동의 사회정서적 발달은 일반아동과 많이 다르지 않다. 유아기에는 청각장애아동과 일반아동 간에 차이가 별로 없이 잘 어울리나 점차 나이가 많아질수록 언어발달 및 의사소통이 원활하지 않으므로 친구관계의 형성과 사회정서적 발달에서 친밀한 친구관계 형성이 어려워진다. 난청의 경우 일상적인 상호작용에는 장애가 잘 드러나지 않을 수 있으나, 어휘력의 부족이나 문법상의 오류로 이들의 특별한 요구가 간과될 수 있다. 또한 농인 경우에도 시각적인 방법으로 타인의 언어를 이해해야 하며 구어 사용에도 제한을 받는다.

따라서 농과 언어의 어려움으로 나타나는 고립감, 좌절감이나 무력감은 청력손실의 정도와 비례한다. 농아동은 건청아동에 비해 안정감이 없고, 소유욕이 강하며, 의존적이고, 복종심이 적고, 소란하고, 우울하고, 파괴적이고, 정직하지 못한 성향이 있는 것으로 나타났다(한국통합교육학회, 2007).

이러한 결과는 타고난 성향이라기보다 의사소통의 문제와 상호작용의 어려움으로 인해 그들의 요구가 수용되지 않는 상황에서 비롯된 좌절에서 비롯된 것이라고 볼 수 있다. 김영한 등(2009)은 청각장애부모를 둔 청각장애아동은 건청부모를 둔 청각장애아동보다 더 높은 수준의 의사소통, 사회성, 청각장애에 대한 적응력, 행동력, 자기 통제력 등을 갖고 있다고 한다. 이러한 결과는 부모와 아동이 모두 수화에 능통하기 때문에 일찍 획득한 언어를 통한 가족 상호작용의 경험으로 학업성취가 더 높은 것으로 나타난 것과 무관하지 않다(한국통합교육학회, 2014). 따라서 언어 및 의사소통의 어려움은 청각장애아동이 가지는 문제의 근원이 될 수 있으므로 일반아동과 청각장애아동의 서로에 대한 이해와 의사소통 양식의 중재가 우선되어야 할 것이다.

2) 학습 특성

(1) 인지 특성

1950년대까지의 연구에서는 청각장애아동의 지능이 일반아동에 비해 낮으며 인지발달도 3~4년 뒤떨어지는 것으로 보고하였다(한국통합교육학회, 2014). 대부분 지능검사는 주로 언어 능력을 사용하여 학업적성(scholastic aptitude) 또는 학업지능(academic intelligence)을 측정하는 것으로 볼 수 있다. 그러나 언어적 표현력이나 신체 운동기능에 장애가 있는 아동은 지적 능력을 객관적으로 비교할 수 있는 측정도구가 부족한 실정이기 때문에 개별적인 지적 성장 잠재력을 평가받을 기회가 상대적으로 적다(임호찬, 송진숙, 2001).

오늘날에는 청각장애아동의 지능도 정상분포 안에 포함된다는 인식으로 변화되었다. 즉, 청각장애아동에게 알맞은 검사도구와 의사소통의 양식을 사용하면 청각장애아동의 잠재 능력이 정상이라는 것을 알 수 있다(Paul & Quigley, 1990).

임호찬과 송진숙(2001)에 따르면, 정상아동과 청각장애아동 간에는 평균에 있어 다소의 차이는 있었으나 통계적으로 유의한 차이를 보이지는 않았다. 연구에서 사용된 한국형 유아 그림 지능검사(Colored Progrossive Matrices: CPM)는 비언어성 검사도구로서 언어장애를 가진 아동이라 할지라도 검사 요령을 설명하는 데 문제가 없었고, 문제를 해결하는 데 제한사항이 없었기에 일반아동과 청각장애아동 간의 지능에 차이가 없다는 결과가 도출된 것으로 보고 있다.

(2) 말과 언어의 특성

청각장애 분야에서 가장 큰 과제는 언어다. 청각장애로 인한 듣기와 말하기 결손은 언어발달의 지체를 가져오며, 언어발달의 지체는 사고하고 행동하고 학습하는 데 끊임없는 방해 요소가 된다.

언어표현 능력이 생기기 이전에 청력손실이 발생한 경우에는 듣기 기능의 결함으로 구어 기술을 습득하는 데 어려움이 많다. 일반아동은 다른 사람의 말을 들으면서 자연스럽게 말과 언어를 습득하지만, 청각장애아동은 직접적인 반복과 교정 훈련을 통하여 배워야 하기 때문에 같은 또래의 일반아동에 비해 말하기 능력이 많이 떨어진다.

혀 및 조음기관의 움직임이 제한되어 억양이나 높이의 어색함과 속도나 운율의 부적절함이 포함되는데, 자신의 음도가 높은지 혹은 너무 낮은지에 대한 피드백이 없으므로 음도는 건청인과 비교하여 매우 높다. 또한 말의 비음이나 지나치게 탁한 소리를 내거나 숨찬 소리를 내기도 한다(이소현, 박은혜, 2014). 청각장애아동의 읽기는 문자가 소리로 변환하는 것에 대한 어려움을 겪는다. 이로 인해 낮은 어휘지식을 갖게 될 뿐만 아니라 단어 의미 파악에도 어려움이 있으며, 한정적 어휘 목록을 가지는 읽기 특성을 보인다.

수화는 일반 구어와는 다른 또 하나의 언어체계다. 그러나 수화에 익숙한 청각장애아동이 수화통역사가 없는 일반학교에서 수업을 하는 것은 어려움이 있다. 이러한 언어 능력의 결여는 국어뿐 아니라 전반적인 교재, 과제, 시험 등의 학업성취에도 청력손상으로 인한 부정적인 영향을 미친다.

3) 청각장애인의 사회와 문화

청각장애인은 자신들만의 독특한 사회문화(예: 청각장애인 교회, 미국의 청각장애인 대학)를 형성하여 공통적인 의사소통의 수단인 수화 및 구화를 사용함으로써 효과적인 의사소통을 하고, 공동체의식을 형성하면서 스스로의 자부심과 긍정적인 자아개념을 발달시킨다. 청각장애인을 위한 배려에서 반드시 필요한 우선순위는 수화통역이다. 그러나 현실에서 이러한 여건이 충분히 충족되지 못하기 때문에 청각장애인은 또래집단에서 소외되고, 지식 정보 전달과정에서도 소외된다. 이러한 경험으로 인하여 일반인보다는 의사소통이 가능한 청각장애인을 선호함으로써 농문화의 형성에 쉽게 적응할 수 있다. 청각장애의 단체로는 한국농아인협회나 한국청각장애인협회 등의 단체가 활성화되어 청각장애인의 사회적응을 돕고 그들만의 사회와 문화를 형성하고 있다.

5. 청각장애아동의 교육

1) 청각장애아동을 위한 교육적 접근

청각장애아동의 교육적인 중재에서 청력손실이 언제 발생했는지의 시기가 매우 중요한데, 언어 습득 이전인지 또는 그 이후인지가 교육적이고 재활적인 접근에서 많은 차이를 갖게 한다. 청각장애아동의 경우 청력손실로 인하여 기본적인 언어발달이 지체되며, 독자적으로 형성된 수화의 통사구조로 인해 청각장애아동에게 문자 지도를 하는 데 어려움이 있다(정미아, 전우천, 2010). 선천적이거나 언어 형성 이전의 1~2세 때 청각장애가 발생한 경우에는 교육적으로도 언어발달에 심각한 영향을 받는다. 반면, 어휘나 읽기 능력 언어 구조 등이 어느 정도 갖추어진 10세 무렵에 장애가 발생한 경우에는 지속적으로 발전을 기대할 수 있다.

청각장애아동의 효과적인 교육을 위하여 교사는 장애아동의 요구를 잘 파악할 수 있고 청각장애아동을 위한 적절한 교수방안을 고안할 수 있어야 한다. 발달에 적합한 인쇄물 환경을 조기부터 제공하여 문어를 탐구할 수 있게 지원해야 한다. 청각장애아동의 문해 발달을 위해서는 시각을 최대한 활용하기 위한 시각적 자료로 칠판에 과제물 적기, 노트 빌려 주기 등을 부가적으로 제공해 주어야 한다. 독화나 청음이 불가능할 때는 수화통역사가 도움을 줄 수 있어야 하며, 보청기를 통하여 소리를 잘 들을 수 있도록 주변 환경과 교사의 행동을 조절해 주어야 한다. 이와 같이 청각장애아동의 교육은 적절한 도움과 교수방법의 수정이 이루어질 때 효과적인 학업성취를 이룰 수 있다.

2) 청각장애아동을 위한 특수교육적 중재

(1) 구화법

청각장애인은 수화를 의사소통 수단으로 가장 많이 사용하지만, 구화교육을 통한 말로써 일반인과 의사소통을 할 수 있다. 구화교육이란 구화법이라고도 하며, 오직 말소리만을 통해 전형적인 구어를 발달시키는 것을 목적으로 하고 있다.

구화교육에서는 독화(speech reading) 능력의 발달이 매우 중요한데, 독화란 시각적으로 구어의 메시지를 이해하는 과정이다. 순수하게 입술의 모양만으로 말소리를 판별하기 어려울 때에는 전후 문맥에 근거하여 단어를 유추하기도 하고, 분석적이고 포괄적으로 화자의 입술 모양, 얼굴 표정, 혀, 턱의 위치와 움직임 등의 모든 정보를 활용하여 무슨 말을 하는지 알 수 있다. 구화교육은 조기교육이 필수적이다. 조기에 적절히 훈련을 받았을 때 잔존청력과 조음 능력의 개발이 활용 가능한 수준까지 이를 수 있다.

(2) 청능 훈련

청능 훈련이란 많은 청각장애아동들이 자신이 가지고 있는 잠재적인 잔존 청지각 능력을 충분히 활용할 수 있도록 청지각 의사소통 조건을 만드는 과정이라 할 수 있다. 일상생활 속에서의 자신이 선호하는 의사소통 방식을 이용하여 매일 청취 능력을 향상시키는 학습 환경에서 수업에 참여하는 경험으로 소리의 방향, 위치, 음의 변별 등의 소리를 인지 · 변별 · 판별하는 청능 훈련은 중요한 교육적 접근이다.

(3) 총체적 의사소통 방법

구화법만을 사용하였을 때 청각과 말을 통해 주고받을 수 있는 정보가 제한된다는 생각에 의해 총체적 의사소통이 개발되었다. 실제로, 청각장애 영유아를 조기중재할 때 중심으로 하는 의사소통 양식은 청능 구어법이 47.9%, 총체적 의사소통 방법이 27.5%, 구화가 23.2%, 수화가 1.4%로 조사되었다(윤미희, 윤미선, 2007). 구화법에 의해 교육받은 아동의 17%만이 구화에 능숙하였으며 약 75%의 아동들은 수화에 능하였는데, 특히 조기에 수화를 배우면 의사소통에 많은 도움이 된다.

이러한 접근법은 독화, 수화, 지문자를 모두 포함하여 이용하는데, 수화는 청력을 통한 의사소통에 장애가 심한 농아의 경우에 활용도가 높으며, 지문자는 몸짓을 많이 사용하는 수화에 비해 손가락을 이용해 자음과 모음을 나타내는 것으로 구화와 달리 수화를 모르는 사람들과의 의사소통에는 어려움을 겪게 된다.

(4) 이중언어-이중문화적 접근

청각장애인이 사용하는 수화는 손을 이용하여 표현하는 시각·운동체계로서 표현의 양식과 1문법적 구조를 가지고 있다.

수화기호를 시각적으로 이해하는 자연수화, 손의 운동으로 음성언어의 문법을 표현하는 체계인 문법수화, 시각·운동언어로 음성언어를 사용하는 지화로 구분된다.

이중언어-이중문화적 접근이란 청각장애아동이 청각장애인의 수화를 모국어로 일반 언어를 외국어로 사용하도록 하는 것이다. 그리고 청각장애인의 문화와 일반 문화를 모두 습득하도록 하는 것(Turnbull et al., 2009)으로 일차적으로 수화를 습득하고 이중언어로 모국어를 가르치는 것이다. 또한 청각장애 아동의 청각장애문화 접근태도와 언어의 선호도는 청각장애인으로서의 정체성의 형성에 도움이 되고 수화의 사용빈도가 높아지는 자연스러운 환경에서 의사소통의 양식이 될 수 있다.

(5) 인공와우

인공와우(Cochlear Implant: CI) 이식은 보청기로 효과를 기대하기 어려운 양측 고도 이상의 감각신경성난청 환자에게 유용한 청력을 제공하기 위한 수단으로 미국의 FDA에서 승인을 받았다(유은정 외, 2013). 단지 귀에 증폭된 소리만을 전달하는 보청기와 달리 인공와우는 손상된 유모세포를 인공적 장기로 대체하여 청신경을 자극한다. 인체에 이식하는 외과적 수술로서 말의 지각 및 산출, 언어 기술의 유의한 향상을 위한 방법이다. 인공와우가 정상 청력으로 회복되거나 만들어지는 것은 아니지만, 잔

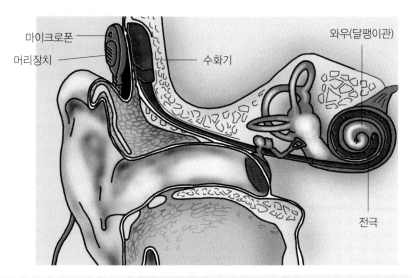

마이크로폰
머리장치
수화기
와우(달팽이관)
전극

[그림 9-4] 인공와우 기계 삽입 부위

존 청력이 거의 없는 농인에게 청각적인 이해와 말, 언어, 사회적 기술을 획득하도록 돕는다.

　수술로 체내에는 보내진 자극을 수신하여 전기적 정보로 바꾸어 주는 수신기와 이를 청신경으로 적접 보내는 전극이 수술로 삽입된다. 와우이식은 외부의 음원으로부터 전달되어 온 소리 에너지를 내이를 대신하여 전기 에너지로 변환시키고 달팽이관에 삽입된 전극을 통하여 청신경을 자극하여 소리를 들을 수 있도록 하는 수술이다. 인공와우기기는 체내와 체내 외의 두 부분으로 되어 있어서 외부에 착용하는 송화기, 언어 처리기, 안테나와 인체 내에 있는 부분은 수용 · 자극기, 전극으로 구성된다.

(6) 통합교육 환경의 배치

　청각장애아동의 교육적 욕구를 충족하고 강점을 최대화하는 다양한 프로그램과 전문화된 교육기관의 배치는 매우 중요하다. 다른 장애와 마찬가지로 청각장애아동의 경우도 일반학급으로 통합되는 경우가 늘어나고 있는 추세다.

　학교 교육을 받고 있는 청각장애학생의 숫자는 2015년 기준 3,491명(특수학교 952명,

특수학급 765명, 일반학급 1,752명, 특수교육지원센터, 22명)이다(국립특수교육원, 2015). 인공와우 시술을 받은 학생은 전체 청각장애학생의 약 42%에 해당하는 1,453명(특수학교 289명, 특수학급 319명, 일반학급 845명)으로 집계된다(국립특수교육원, 2014).

통합학급에서 청각장애아동을 배려하는 물리적 환경은 보청기를 통해 소리를 잘 들을 수 있도록 소음이 없는 곳, 말하는 다른 학생들의 얼굴을 볼 수 있는 곳, 독화가 용이하도록 조명이 적절한 곳과 이야기를 할 때 화자가 청각장애아동 쪽으로 얼굴을 향하거나 다가와서 말을 하는 배려가 필요하다. 청각장애아동의 통합교육이 성공적으로 이루어지기 위해서는 일반학교는 특별한 교육이 적절한 지원이 되는 통합교육의 환경이 되어야 하며, 특수학교는 청각장애아동의 특성을 고려한 전문교육기관으로 거듭나야 한다.

(7) 청각장애아동의 교육을 위한 보조공학

① 보청기

보청기는 청각장애아동에게 소리에 대한 인식을 할 수 있게 해 주며 잔존청력을 최대한 활용하기 위한 효과적인 기기다. 보청기는 귀에 걸거나 귓속에 넣는 등 다양한

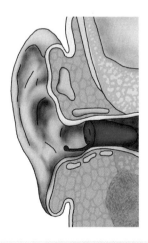

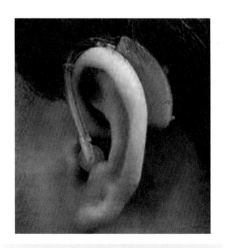

[그림 9-5] 보청기 삽입 모습   [그림 9-6] 보청기 착용 모습

출처: 차병원 건강칼럼(http://blog.naver.com/sorisemna/40127381809).

형태와 크기로 제작된다. 보청기는 소리의 강도를 증폭시켜서 좀 더 잘 들을 수 있도록 돕는 기구이지만 청력을 증가시키거나 반드시 소리를 명료하게 해 주는 것은 아니다. 소음과 소리가 반사되는 교실에서는 소음도 크게 들리기 때문에 청각장애아동이 수업을 따라가기가 어렵다.

② FM보청기

FM보청기는 소음이 심한 방이나 울림이 큰 공간에서 어음변별 효과와 언어청취의 명료도의 효과를 증진시킬 목적(이규식 외, 2004)으로 사용하며, 특히 학급에서 많이 사용하는 도구다.

교사가 작은 마이크를 착용하고 말하면 무선으로 개인 보청기보다 2배나 강한 소형

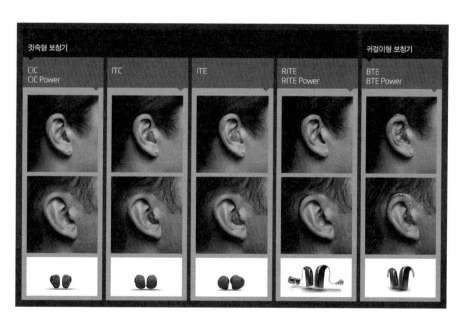

[그림 9-7] 보청기의 종류

출처: 오티콘 코리아(www.facebook.com/oticonkorea).

라디오와 같은 트랜스미터인 수신기를 통해 아동이 귀에 착용하고 있는 보청기로 확대된 음성이 전달된다. 교사가 교실 내에서 자리를 옮겨도 동일하게 음성이 전달되고 목소리 외의 소음이 상대적으로 감소되는 장점이 있다.

③ 청각장애인용 전화기

문자 전화기와 골도 전화기의 두 종류가 있다. 문자 전화기는 한글판과 액정 화면, 문자 전송기는 단추 등을 추가로 설치하고 통화 내용을 상대방의 전화기로 문자로 보낼 수 있도록 만들어져 있다. 골드 전화기는 유선수화기 부분에 특수진동자를 부착하여 귀에 대지 않고 머리에 대어 뇌에 진동을 전달함으로써 소리를 들을 수 있도록 한 것이다.

④ 텔레비전 자막 서비스

텔레비전의 하단에 글자가 나오는 것을 말한다. 텔레비전이나 영화에 자막이 삽입되면 청각장애인이 자막만 볼 때보다 시각자극의 정보를 통해 이해를 증진시키고, 청각장애인이 영화나 텔레비전의 프로그램의 활용을 통하여 다양한 어휘와 구문을 접하게 됨으로써 읽고 쓰는 언어 능력을 신장시킬 수 있는 것으로 보고되고 있다.

⑤ 컴퓨터 테크놀로지

컴퓨터는 일반적인 사용 외에도 발음 연습, 청능 훈련, 수화 교육, 독화 연습, 언어 보충학습 등 다양한 방법으로 청각장애 아동을 위하여 활용된다.

⑥ 경보기

어떤 소리나 사건을 알려 주는 기구를 사용한다. 전화, 초인종 또는 화재를 알리는 비상벨의 소리를 대신하여 전동자나 불빛으로 대체하여 필요한 정보를 알 수 있다.

요점정리

1. 청각장애의 정의 – 청각장애는 청력기관의 손상으로 인해 일상적인 소리를 듣는 데 어려움을 나타내는 듣는 기능의 장애

2. 청각장애의 분류 및 청력검사
   1) 청각장애의 분류
      (1) 전도성 청각장애 – 진동을 내이로 전도하거나 진동하는 문제를 포함하여 내이까지 도달하는 소리의 양이 줄어들어 청각에 장애가 생기는 것
      (2) 감음신경성 청각장애 – 내이의 달팽이관이나 청각신경섬유에 손상을 입은 경우 소리가 왜곡된 형태로 뇌에 전달되거나 전혀 전달되지 않는 장애
      (3) 혼합성 청각장애 – 전도성 청각장애와 감음신경성 청각장애가 공존
   2) 청력검사 – 소리자극에 의해 발생하는 청각계의 다양한 신호로 측정하는 객관적 청력검사, 소리자극에 대한 인지 여부를 주관적 표현에 의존하는 주관적 청력검사, 소리의 높이와 강도를 변화시키면서 개인의 청력역치를 측정하는 순음청력검사, 언어 청취 및 이해 능력을 측정하기 위한 어음청력검사가 있음

3. 청각장애의 원인
   1) 외이의 원인 – 선천성 기형, 외이염, 고막이 파열되는 경우
   2) 중이의 원인 – 중이염, 이경화증
   3) 내이의 원인 – 뇌막염, 모체풍진감염, 혈액형의 불일치, 다운 증후군, 어셔 증후군 등
   4) 청각장애의 일반적인 원인 – 유전, 약물, 음향, 외상 등에 의한 원인. 가족력, 청각기관의 기형, 약물 및 바이러스 감염, 외상에 의한 난청, 유아 · 소아 난청 등
4. 청각장애아동의 특성
   1) 행동 특성 – 농과 언어의 어려움으로 인한 고립감, 좌절감, 무력감은 청력손실의 정도와 비례
   2) 학습 특성
      (1) 인지 특성 – 정상아동과 청각장애아동은 통계적으로 유의한 차이를 보이지 않음
      (2) 말과 언어의 특성– 듣기 기능의 결함으로 구어 기술을 습득하는 데 어려움
   3) 청각장애인의 사회와 문화 – 청각징애인은 자신들만의 독특한 사회문화를 형성. 공동체의식을 형성하면서 스스로의 자부심과 긍정적인 자아개념을 발달시킴

5. 청각장애아동의 교육
   1) 청각장애아동을 위한 교육적 접근 - 시각을 최대한 활용하기 위한 자료, 수화통역사, 주변 환경과 교사의 행동 조절
   2) 청각장애아동을 위한 특수교육적 중재 - (1) 구화법, (2) 청능 훈련, (3) 총체적 의사소통 방법, (4) 이중언어-이중문화적 접근, (5) 인공와우, (6) 통합교육환경의 배치, (7) 보조공학(보청기, FM보청기, 청각장애인용 전화기, 텔레비전 자막 서비스, 컴퓨터 테크놀로지, 경보기, 컴퓨터 테크놀로지)

생각 나누기

1. 교실 내에서 청각장애가 있는 아동을 알아 볼 수 있는 방법에 대해 논의해 봅시다.
2. 청각장애인만의 문화가 그들에게 어떤 영향을 미치는지에 대해 토론해 봅시다.
3. 청각장애아동의 의사소통수단 중, 구화, 수화, 독화의 장점과 단점에 대해 논의해 봅시다.

추천자료

- 국립특수교육원(http://www.knise.kr): 특수교육에 관한 전반적인 정보, 특수교육의 교육과정 및 교수-학습 자료, 특수교육 정보화에 관한 정보 제공
- 한국농아인협회 (http://www.deafkorea.com): 수화통역사 자격관리, 관련 정책 개발, 농아인복지 관련 자료 제공
- 스타키보청기(http://sedu.go.kr.): 지역 특수교육지원센터, 특수교육서비스 지원, 장애이해교육, 장애등록 방법, 선정 및 배치 절차 등 관련 자료 제공.

 참고문헌

국립특수교육원(2014). 특수교육실태조사(2014). 교육부.

국립특수교육원(2015). 특수교육통계. 교육부.

김영한, 김정현, 김하경, 박선희, 박정식, 엄태식, 연미희. 임채식, 조재규, 한석실, 홍정숙 (2009). 특수아동의 이해. 서울: 태영출판사.

김진호, 박재국, 방명애, 안성우, 유은정, 윤치연, 이효신 공역(2013). 최신 특수교육. 서울: 시그 마프레스.

윤미희, 윤미선(2007). 청각장애 영유아의조기중재에 관한 실태 조사. 언어치료연구, 16(4).

유은정, 백무진, 안성우, 최상배, 서중현, 이광렬, 서유경, 허민정(2013). 청각장애아동교육. 서울: 학지사.

이규식, 국미경, 김종현, 김수진, 유은정, 권요한, 강수균, 석동일, 박미혜, 김시영, 권순황, 정은 희, 이필상(2004). 청각장애아 교육. 서울: 학지사.

이소현, 박은혜(2014). 특수아동교육. 서울: 학지사.

임호찬, 송진숙(2001). 지능검사를 통한 정상아동과 청각장애아동의 비교연구. 한국영유아보육 학, 25-6, 243-259.

정미아, 전우천(2010). 청각장애인의 읽기 능력 향상을 위한 2Bi 접근 모형을 활용한 모바일학 습 시스템의 설계 및 구현. 정보교육학회논문지, 14(1), 1-12.

한국장애인고용공단 경기고용개발원 (2015). 장애인통계. 보건복지부.

한국통합교육학회(2007). 통합교육. 강영심, 구효진, 김경숙, 김동일, 김성애, 김용욱, 김윤옥, 김 종현, 박재국, 신현기, 이대식, 이신동, 전병운 공저. 서울: 학지사.

한국통합교육학회(2014). 통합교육(2판). 강영심, 구효진, 김경숙, 김동일, 김성애, 김용욱, 김 윤옥, 김종현, 박재국, 신현기, 이대식, 이신동, 전병운, 정대영, 정정진, 조용태 공저. 서 울: 학지사.

Gallaudet University (1998). *1996-1997 Annual survey of deaf and hard-hearing children and youth*. Washington, DC: Gallaudet University, Center for Assessment and Demographic Studies.

Hallahan, D. P, Kauffman, J. M,. & Pullen, P.(2009). *Exceptional learners: An introduction to special education* (11th ed.). Boston: Allyn and Bacon.

Moores, D. F. (2001). *Educating the deaf: Psychology, principles and practices* (5th ed.).
    Boston, MA: Houghton Mifflin.

Paul, P., & Quigley, S. (1990). *Eduction and deafness.* White Plain, NY: Longman.

Tran, L. P., & Grunfast, K. M.(1999). Hereditary hearing loss. *Volta Review, 99*(5), 63-69.

Turnbull, R., Turnbull, A., Shank, M., & Smith, S. J. (2009). *Exceptional lives: Special
    education in today's school* (6th ed.). Upper Saddle River, NJ: Merrill/Prentice-Hall.

제10장

자폐스펙트럼장애

　자폐스펙트럼장애는 그 출현율의 빠른 증가로 인해 많은 관심을 가지고 활발한 연구가 진행되고 있는 영역이지만, 현재까지 자폐스펙트럼장애의 정확한 발생 원인이 규명되지 않고 있다. 그러나 일 반적으로 생물학적 근거의 신경학 및 생화학적 원인으로서 뇌의 특정 부분 이상으로 인해 기질적 요인과 관련이 있다는 것에 대부분의 전문가들이 동의하고 있다.

　자폐스펙트럼장애를 가진 모든 아동은 인지, 언어, 의사소통, 행동적인 학습문제에서 저마다의 독 특한 요구와 개인차가 있으며, 사회적인 기능, 의사소통의 기능, 행동적 기능의 세 가지 주요 영역 에서 다양한 수준의 결함을 보이는 공통점을 가지고 있다.

　이 장에서는 자폐스펙트럼장애의 정의와 진단, 원인 및 특성 그리고 다양한 교육적 지원 방안에 대해 살펴봄으로써 자폐스펙트럼장애와 관련된 기초적인 이해를 돕고자 한다.

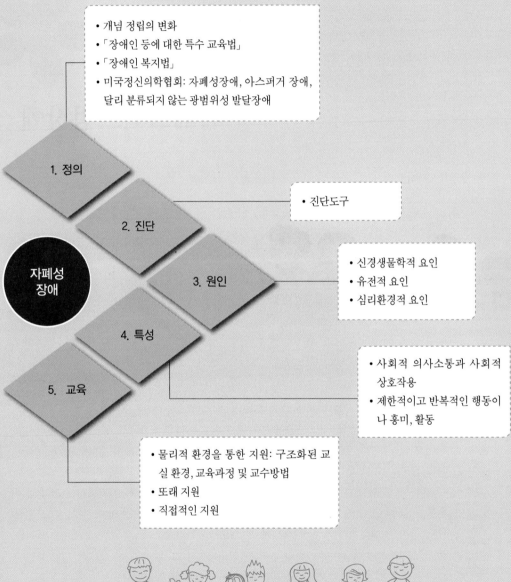

- 개념 정립의 변화
- 「장애인 등에 대한 특수 교육법」
- 「장애인 복지법」
- 미국정신의학협회: 자폐성장애, 아스퍼거 장애, 달리 분류되지 않는 광범위성 발달장애

1. 정의

- 진단도구

2. 진단

자폐성
장애

3. 원인

- 신경생물학적 요인
- 유전적 요인
- 심리환경적 요인

4. 특성

- 사회적 의사소통과 사회적 상호작용
- 제한적이고 반복적인 행동이나 흥미, 활동

5. 교육

- 물리적 환경을 통한 지원: 구조화된 교실 환경, 교육과정 및 교수방법
- 또래 지원
- 직접적인 지원

⚽ 학습목표

1. 자폐스펙트럼장애 정의를 설명할 수 있다.
2. 자폐스펙트럼장애를 분류할 수 있다.
3. 자폐스펙트럼장애의 특성을 설명할 수 있다.
4. 자폐스펙트럼장애아동에 대한 교육방법을 구술할 수 있다.

⚽ 주요 용어

자폐성장애: 사회적 상호작용과 의사소통에 결함이 있고 제한적이고 반복적인 관심과 활동을 보임
으로써 교육적 성취 및 일상생활 적응에 도움을 필요로 하는 사람

스펙트럼: 빛이나 복사선이 분광기(빛을 분산시키는 기구)를 통과할 때 파장의 순서에 따라 분해되
어 배열되는 빛깔의 띠. 어떤 현상을 어떤 기준에 맞추었을 때 넓은 범주의 해석을 의미하는 것
으로 사용함

사회적 기술: 개인이 생태적 환경 내에서 성공적으로 적응하는 데 필요한 대인관계와 관련된 여러
가지 말과 행동

자기자극행동: 신체의 일부분이나 사물을 반복적으로 움직임으로써 자신의 감각기관을 자극하는 행
동으로 자기자극행동은 하나의 감각 또는 모든 감각을 포함함

반향어: 상대방이 말한 것을 의미도 모르면서 메아리처럼 그대로 따라하는 말. 자폐증의 전형적인
한 증후

구어행동: 청자에 의해 강화되는 행동. 음성-구어적 행동(예: "물 좀 줘."라고 말하는 것과 물을 가
지러 가는 것)과 비음성-구어적 행동(예: 물을 달라고 물 컵을 가리키는 것)이 둘 다 포함됨

상동: 반복적이며 비기능적인 움직임(예: 손을 아래위로 흔드는 것, 몸을 앞뒤로 흔드는 것)

오늘도 인희(가명)는 텔레비전 앞에 앉아 광고를 콧노래로 따라 부르며 흥얼거리고 있다. 인희의 어머니가 주방에서 "인희야! 인희야!"라고 이름을 부르지만 인희는 반응이 없다. 외형적으로 인희를 보면 다른 일반아동과 별로 다름이 없다. 그러나 인희가 일반적인 아동과 다르다는 사실을 알게 되는 데는 그다지 오랜 시간이 걸리지 않는다. 인희의 어머니는 인희가 더 어렸을 때부터 사람들과 눈을 마주치거나 이름을 부르면 반응하는 등의 당연한 행동을 하지 않는 것을 알았지만 성격이나 기질이 소극적이고 내성적이라고 생각하며 시간이 지나면 나아질 거라고 생각했다. 인희는 네 살이 되었을 때 자신이 원하는 물건을 스스로 선택할 수 있었으며 그 물건이 어디에 있는지도 매우 잘 기억했다. 그러나 자신만의 소통 방법으로 의사를 전달하였다. 그림책을 이용하여 원하는 물건의 그림을 성인에게 주며, 소통이 되지 않아서 자신의 의사를 전달할 수 없는 경우에는 소리를 지르거나 지나친 흥분 상태를 보인다. 인희는 하루에도 몇 번씩 흥분하거나 행복할 때 자신의 뺨을 꼬집고 이상한 소리도 내고 때때로 미소를 짓기도 하는 자기자극행동을 보이곤 한다. 책의 표지, 그림, 텔레비전 광고나 지하철 노선 등에 매우 집착하여, 텔레비전에서 들은 광고를 외워서 혼자 반복하거나, 다른 공간에서 들리는 광고 소리에도 매우 민감하여 광고소리가 들리면 뛰어 들어오기도 하고, 지하철 노선의 순서를 모두 외우기도 한다. 어린이집에서는 또래에게 관심이 없어서 함께 인형을 가지고 놀거나 소꿉놀이를 하는 등의 어울림이 없이 늘 혼자 있으며, 대신 항상 가지고 다니는 플라스틱 물고기에 집착하고 물고기를 한 줄로 배열하거나 색깔별로 배열하기를 반복하는 놀이를 한다. 인희는 집에서 항상 입는 물고기 그림의 옷만 입으려 하고 다른 어떤 옷도 입으려고 하지 않는다. 이처럼 옷 입기뿐만 아니라 양치하기, 목욕하기와 같은 단순한 일상이 아침마다 반복되는 어려움이며 고통이다. 최근 여섯 살이 되어서야 인희는 청각장애가 아니라 자폐스펙트럼장애로 진단받았다.

1. 자폐스펙트럼장애의 정의

1) 개념 정립의 변화

'자폐(autism)'라는 용어는 1911년 스위스의 정신과 의사인 Bleuler가 정신분열증 환자를 기술하기 위해 처음 사용한 단어이다. 자신만의 세계로 고립되는 의미로 '자기(self)'라는 의미의 그리스어 'autos'라는 의미로 사용되었다.

자폐는 1943년 당시 미국의 소아정신과 의사였던 Kanner가 자신이 임상한 11명의 아동들에게 '유아 자폐(early infantile autism)'라고 기술하며 사용되기 시작하였다. 카너 이전에 자폐증(autism)은 소아 정신병(infantile schizophrenia)과 혼동되어 사용되었으며, 심지어 소아 정신의학자들은 유아가 냉담한 어머니(refrigerator mother)로부터 박탈감을 느껴 자폐증이 나타난다고 생각하였고, 이러한 잘못된 신념은 자폐아동을 둔 부모에게 큰 상처가 되었다. 그러나 1960년대 후반에 Kanner가 자폐증이라는 용어를 다시 사용함으로써 자폐증이 발생하는 양상이 새롭게 조명되기 시작하였다(권석만, 2012).

1960년대를 지나면서 자폐가 단지 영유아기에 국한된 것이 아니라 성인기까지 지속된다는 연구가 보고되면서 자폐를 위한 교육적 접근이 새로운 국면으로 접어들게 되었고, 최근에는 신경학 및 생화학적 접근으로 자폐가 뇌의 특정 부분의 이상으로 인한 복잡한 발달장애임이 밝혀지고 있다. 미국정신의학회(American Psychiatric Association: APA)가 편찬하며 세계적으로 널리 알려진 『정신장애 진단 및 통계 편람』(Diagnostic and Statistical Manual of Mental Disorders, Fifth Edition: DSM-5)에서는 자폐의 공식적인 진단명을 자폐성장애(austic disorder)에서 자폐스펙트럼장애(Autism Spectrum Disorders: ASD)로 제시하였다.

자폐스펙트럼장애의 개념은 명확하게 구분되는 장애라기보다는 자폐적 성향을 보이면서 다양하고 독특한 결함의 폭넓은 증상들을 나타내는 모든 아동을 포함하는 포괄적인 용어로 사용된다. 즉, 자폐스펙트럼장애라는 용어는 광범위하며, 30개월 이전에 사회적 상호작용과 의사소통에서의 장애, 상상력 및 제한적, 반복적, 상동적 행동의 세 가지 손상을 공유하는 다양한 장애의 유사성을 포함한다. 동시에 각 개인에게는 자폐스펙트럼장애의 특성과 증상도 다르고, 독특한 기술이나 지식, 특정 분야에서 그 범주가 매우 다양하게 나타난다. 예를 들어 지능의 측면을 보면, 지적장애를 가진 아동이 70~80%를 차지하는 반면 약 20%는 고기능자폐(High Functioning Autism: HFA)를 가지고 있다. 즉, 자폐스펙트럼장애는 평균 또는 그 이상의 지능과 의사소통 능력을 가진 경우부터 중도 지적장애나 구어의 완전한 결손까지 그 범위가 매우 다양하게 나타난다(Myles & Simpson, 2003). 제한적이고 반복적인 행동과 흥미는 다른 사람과의 의사소통에서의 어려움과 더불어 자폐스펙트럼장애의 핵심적인 진단 기준이자 주요 특성이다. 따라서 자폐스펙트럼장애는 생후 30개월 이전에 인지, 언어 및 행동에서 사회적 상호작용의 결함, 의사소통의 결함, 제한적이고 반복적인 상동행동이 공통적인 특성으로 나타난다. 동시에 다양한 상황과 사람들의 관계에서 자기만의 세계에 갇혀 있어서 발생하는 심각한 사회적 고립과 동일성에 대한 지나친 집착, 강박적이고 반복적인 행동의 결함이 독특한 양상으로 나타나는 장애다.

2) 장애인 등에 대한 특수교육법

2008년에 시행된 우리나라 「장애인 등에 대한 특수교육법 시행령」의 개정에서는 기존의 「특수교육진흥법」에서 '정서장애'에 포함되어 있던 '자폐성장애'가 독립장애로 분리되었다.

「장애인 등에 대한 특수교육법 시행령」에서는 자폐성장애를 지닌 특수교육대상자를 "사회적 상호작용과 의사소통에 결함이 있고 제한적이고 반복적인 관심과 활동을 보임으로써 교육적 성취 및 일상생활 적응에 도움을 필요로 하는 사람"으로 정의하고 있다.

3) 장애인복지법

「장애인복지법 시행령」의 '장애인의 종류 및 기준'은 자폐성장애인을 "소아기 자폐증, 비전형 자폐증에 따른 언어 · 신체표현 · 자기조절 · 사회기능 및 능력의 장애로 인하여 일상생활이나 사회생활에 상당한 제약을 받아 다른 사람의 도움이 필요한 사람"으로 명시하고 있다.

4) 미국정신의학회

미국정신의학회(APA, 2013)는 DSM-5에서 자폐스펙트럼장애에 대한 정의 및 진단 기준을 〈표 10-1〉과 같이 명시하고 있다.

표 10-1　DSM-5의 자폐스펙트럼장애의 정의 및 진단 기준

A. 다양한 분야에 걸쳐 나타나는 사회적 의사소통 및 사회적 상호작용의 지속적인 결함으로 현재 또는 과거 력상 다음과 같은 특징으로 나타난다(예시들은 실례이며 증상을 총망라한 것이 아님).
　1. 사회적 · 감정적 상호성의 결함(예: 비정상적인 사회적 접근과 정상적인 대화의 실패, 흥미나 감정 공유 의 감소, 사회적 상호작용의 시작 및 반응의 실패)
　2. 사회적 상호작용을 위한 비언어적인 의사소통 행동의 결함(예: 언어적 · 비언어적 의사소통의 불완전한 통합, 비정상적인 눈 맞춤과 몸짓 언어, 몸짓의 이해와 사용의 결함, 얼굴 표정과 비언어적 의사소통의 전반적 결핍)
　3. 관계 발전, 유지 및 관계에 대한 이해의 결함(예: 다양한 사회적 상황에 적합한 적응적 행동의 어려움, 상 상 놀이를 공유하거나 친구 사귀기가 어려움, 동료들에 대한 관심 결여).
　현재의 심각도를 명시할 것:
　심각도는 사회적 의사소통 손상과 제한적이고 반복적인 행동 양상에 기초하여 평가한다.
B. 제한적이고 반복적인 행동이나 흥미, 활동이 현재 또는 과거력상 다음 항목들 가운데 적어도 2가지 이상 나 타난다(예시들은 실례이며 증상을 총망라한 것이 아님).
　1. 상동증적이거나 반복적인 운동성 동작, 물건 사용 또는 말하기(예: 단순 운동 상동증, 장난감 정렬하기, 또는 물체 튕기기, 반향언어, 특이한 문구 사용)

2. 동일성에 대한 고집, 일상적인 것에 대한 융통성 없는 집착, 또는 의례적인 언어나 비언어적 행동 양상 (예: 작은 변화에 대한 극심한 고통, 변화의 어려움, 완고한 사고방식, 의례적인 인사, 같은 길로만 다니기, 매일 같은 음식 먹기)

3. 강도나 초점에 있어서 비정상적으로 극도로 제한되고 고정된 흥미(예: 특이한 물체에 대한 강한 애착 또는 집착, 과도하게 국한되거나 고집스러운 흥미)

4. 감각 정보에 대한 과잉 또는 과소 반응, 또는 환경의 감각 영역에 대한 특이한 관심(예: 통증/온도에 대한 명백한 무관심, 특정 소리나 감촉에 대한 부정적 반응, 과도한 냄새 맡기 또는 물체 만지기, 빛이나 움직임에 대한 시각적 매료)

현재의 심각도를 명시할 것:

심각도는 사회적 의사소통 손상과 제한적이고 반복적인 행동 양상에 기초하여 평가한다.

C. 증상은 반드시 초기 발달 시기부터 나타나야 한다(그러나 사회적 요구가 개인의 제한된 능력을 넘어서기 전까지는 증상이 완전히 나타나지 않을 수 있고, 나중에는 학습된 전략에 의해 증상이 감춰질 수 있다).

D. 이러한 증상은 사회적, 직업적 또는 다른 중요한 현재의 기능 영역에서 임상적으로 뚜렷한 손상을 초래한다.

E. 이러한 장애는 지적장애(지적발달장애) 또는 전반적 발달지연으로 더 잘 설명되지 않는다. 지적장애와 자폐스펙트럼장애는 자주 동반된다. 자폐스펙트럼장애와 지적장애를 함께 진단하기 위해서는 사회적 의사소통이 전반적인 발달 수준에 기대되는 것보다 저하되어야 한다.

주의점: DSM-5의 진단기준상 자폐성장애, 아스퍼거 장애 또는 달리 분류되지 않는 광범위성 발달장애로 진단된 경우에서는 자폐스펙트럼장애의 진단이 내려져야 한다. 사회적 의사소통에 뚜렷한 결함이 있으나 자폐스펙트럼장애의 다른 진단 항목을 만족하지 않는 경우에는 사회적(실용적) 의사소통장애로 평가해야 한다.

다음의 경우 명시할 것:

지적 손상을 동반하는 경우 또는 동반하지 않는 경우

언어 손상을 동반하는 경우 또는 동반하지 않는 경우

알려진 의학적 · 유전적 상태 또는 환경적 요인과 연관된 경우

(부호화 시 주의점: 관련된 의학적 또는 유전적 상태를 식별하기 위해 추가적인 부호를 사용하시오.)

다른 신경발달, 정신 또는 행동장애와 연관된 경우

(부호화 시 주의점: 관련된 신경발달, 정신 또는 행동 장애를 식별하기 위해 추가적인 부호를 사용하시오.)

긴장증 동반(정의에 대해서는 다른 정신질환과 관련이 있는 긴장증의 기준을 참조하시오.)

(부호화 시 주의점: 공존 긴장증이 있는 경우에는 자폐스펙트럼장애와 관련이 있는 긴장증에 대한 추가적인 부호 293.89[F06.1]을 사용할 것)

출처: 권준수 외 역(2015). pp, 50-51.

DSM-5의 진단기준상 자폐성장애, 아스퍼거 장애 또는 달리 분류되지 않는 광범위성 발달장애로 진단된 경우에는 자폐스펙트럼장애 혹은 ASD로 진단이 내려져야 한다. 이에 자폐성장애, 아스퍼거 장애 또는 달리 분류되지 않는 광범위성 발달장애에 대하여 구체적으로 살펴보면 다음과 같다.

(1) 자폐성장애

자폐성장애(autistic disorder)는 자폐스펙트럼장애(ASD) 내의 하위 분류로, 생애 초기에 발생하며, 빈약한 사회적 발달을 가지고, 언어 발달의 결함과 융통성 없는 행동으로 특징지어지는 심각한 발달장애다(이소현, 박은혜, 2011). 증상은 반드시 초기 발달 시기부터 나타나야 하며, 사회적 의사소통 및 사회적 상호작용의 문제, 제한적이고 반복적인 행동이나 흥미, 활동의 영역에서의 결함이 진단기준이 된다. 개인마다의 다양성으로 성, 연령, 지능, 언어능력에 따라 특성의 정도가 다르게 나타난다. 자폐성장애를 가진 경우 폭은 매우 넓어서 아주 낮은 지능지수에서부터 정상 이상까지 분포되어 있다. 다양한 지능을 보이지만 대부분의 지능은 35~50이며, 그중 75%가 지적장애를 가지고 있다. 실제로 자폐성장애로 진단받은 사람들 가운데 특정 영역에서 뛰어난 능력을 보이는데, 이것을 서번트 증후군(savant syndrome)이라고 부른다. 하지만 이러한 특정영역에서 평균 이상으로 뛰어난 능력을 보이는 경우는 적은 수에 불과하며, 특정 영역 이외의 부분인 아동의 전반적 지적 능력이나 수행능력과는 무관하다. 평균 이상의 지능을 가진 자폐성장애 아동이라 하더라도 상징적, 언어적 기능을 필요로 하는 수용성 언어와 어휘 표현과 같은 표현성 언어가 평균 수준보다 낮다.

자폐성장애아동은 다른 사람과의 접촉을 기피하며 눈을 마주치거나 얼굴 표정, 몸짓언어와 같은 비 언어적 행동의 사용에 현저한 장애가 있다. 다른 사람과의 대화에서도 일반적인 의사소통이 어려워 질문이나 농담에서 상황에 맞지 않는 대답을 하고 앵무새처럼 질문을 따라서 반복하기도 하는데, 이러한 주요 특성들은 서로 연관되어 있다. 또한 특정한 장난감이나 사물을 가지고 상동적이고 반복적으로 노는 것에 집중하며 몸을 앞뒤로 흔들기도 한다. 또한 청각 및 시각의 자극에 대한 반응이 일반적이지 않은 민감성과 둔감성을 동시에 지니는 특징이 있어서 주변에 있는 물건의 위치가 바뀌는 것에 대해 민감하다. 더불어 부수적인 특징으로 과잉행동, 짧은 집중 시간, 충동성, 자해 행동과 같은 다양한 행동을 보이며, 통증에 둔감하거나, 소리 또는 촉감, 냄새, 빛에 대한 과민 감성, 특정 자극에 과도하게 집중하는 것과 같은 이상 반응을 보이기도 한다(여문환, 2008). 일반아동의 정상적인 발달과정에서도 발달적으로 퇴행하는 시기가 관찰될 수 있으나 자폐성장애와 같이 심하거나 지속적이지 않다. 이와 같이 자폐성장애는 사회적 상호작용과 의사소통의 장애를 핵심 증상으로 하는 신경발달학적 장애로 보고, 여러 원인 요소에 의해 표현되는 행동증후군이므로 단일 질환이 아닌 포괄적인 개념으로 이해해야 하며 자폐성장애는 전반적인 발달장애, 인지기능 저하, 학습장애, 언어장애, 행동장애 등이 동반되어 정상적인 성장과 발달에 지장을 초래하는 경우가 많으므로 인지와 기능수준까지 포괄적으로 고려하여 판단하여야 한다.

(2) 아스퍼거 장애

1944년에 오스트리아 소아과 의사였던 Asperger는 인지와 구어가 적절함에도 불구하고 사회적 상호작용에서 어려움을 보였던 남아 4명에 대한 논문을 발표하였다. 그 후 1981년에 영국 의사인 Lorna Wing에 의해 Asperger' Syndome(AS: 아스퍼거 증후군)으로 명명하여 널리 알려지게 되었다.

아스퍼거 장애는 자폐성장애와 공통된 특성을 보이지만 지적장애를 동반하지 않으며, 초기 발달 시기에는 언어나 인지 발달에서 임상적으로 심각한 지연이나 어려움은 보이지 않는다. 그러나 학령기에 사회적 상호작용의 손상이 뚜렷해지며, 제한적이고 반복적인 행동이나 흥미, 활동양상의 발달에서는 결함을 나타낸다. 이들의 지능은 지적 결함 수준에서 매우 우수한 수준까지 다양하며, 지능검사에서 일반적으로 어휘력, 기계적인 청각적 기억 등의 언어영역에서 비교적 높은 항목 점수를 보이고, 비언어 영역인 시각-운동기술, 시각-공간기술에서는 어려움을 보이는 경향이 있다(APA, 2000).

아스퍼거 장애아동은 별다른 언어 지연은 나타나지 않으나 언어의 습득이나 다른 사람들과의 대화에서 독특한 언어 사용이 나타난다. 어린 나이에도 상당히 어려운 단어를 사용하기도 하고, 갑자기 자신이 관심 있는 특정 분야로 대화의 화제를 돌리기도 한다. 그리고 자신이 가지고 있는 많은 정보로 말이 많아지며, 오랜 시간 그 주제에 관해 말을 하기도 한다. 그러나 적절한 언어의 사용 및 이해와 관련하여 언어적 결함의 문제가 나타나고, 비언어적 메시지를 읽거나 보내는 데 어려움을 보인다. 더불어 분석적인 언어처리 기술의 제한으로 인해 문장의 범위가 제한적이며, 구어의 사용에서 억양과 운율이 독특하다. 또한 말을 지나치게 많이 하거나 적게 하고, 대화의 흐름에 적합한 일관성이 부족하며, 반복적인 패턴의 말을 자주 사용하는 등의 특성이 있다. 이로 인해 또래와의 관계 형성에 부정적인 영향을 미친다. 그리고 사회적 상호작용의 결함으로 눈 맞춤과 얼굴 표정에서 현저한 손상을 보인다.

더불어 상동적인 행동, 관심, 활동의 양상이 매우 제한된 흥미 범위에서 반복적이며, 비정상적으로 몰입하려는 경향이 있다. 그리고 생활환경 내에서도 유연성이 결여될 뿐만 아니라 동일성을 유지하려는 고집으로 인해 일상생활의 새로운 변화에 적응하거나 대처하지 못하는 특성이 있다. 또한 과다한 감각자극에 대하여 자폐성장애아동보다도 더 민감한 반응의 방해 행동을 보인다. 예상치 못한 변화에 대해서는 파괴적 행동을 보이기 때문에 우발적 상황과 사회적 상황에 대한 예측이 필요하다. 운동 기능에서의 결함은 소근육을 이용하는 부분에서 알아보기 어려운 필체, 협응 및 균형 문제와 함께 빈약한 운동 기능에서의 어려움을 나타내는 것으로 알려져 있다. 사회적 활동에 대한 불안으로 활동과 선택이 제한되어 또래 사이에서 이상하거나 독특하게 여겨져 또래관계의 형성이 어렵다.

(3) 달리 분류되지 않는 광범위성 발달장애

달리 분류되지 않는 광범위성 발달장애에 대해서는 구체적인 진단의 준거가 제시되어 있지 않다. 그러나 일반적으로 자폐성장애나 아스퍼거 장애아동과 유사하지만 의사소통, 사회적 상호작용의 결함과 관련된 몇 가지 기준에 부합될 때 달리 분류되지 않는 광범위성 발달장애로 진단된다. 즉, 늦은 발생 시기, 비전형적 증상 또는 경미한

증상의 이유로 자폐성장애나 아스퍼거 장애의 진단준거를 충족시키지 못하는 가벼운 정도의 증상일 경우 달리 분류되지 않는 광범위성 발달장애 진단이 내려진다. 이들은 다양한 임상적 특성들로 나타나므로 이와 관련된 다른 장애들과의 차별적인 진단이 요구된다.

2. 자폐스펙트럼장애의 진단

교육 목표와 내용을 결정하기 위해서는 진단이 매우 중요하며, 자폐스펙트럼장애 (ASD) 아동에게 적절한 조기개입을 하기 위해서는 정확한 진단이 필요하다. 그리고 정확한 진단과 더불어 진단의 시기 또한 매우 중요하다. 왜냐하면 조기변별과 조기진단 그리고 적절한 조기개입은 예후에 상당한 영향을 미칠 수 있기 때문이다.

ASD를 영유아기에 조기발견하고 진단 및 중재하는 과정은 각 시기마다 적절한 긍정적인 지원으로 이어질 수 있다. 그리고 이후에 발생할 수 있는 행동상의 결함을 예방하고 다른 대안 활동을 습득함과 동시에 발달기술을 촉진하는 등의 긍정적인 결과로 이어질 수 있다. 그럼에도 불구하고 현실적으로 자폐장애를 조기에 진단하는 것은 쉬운 일이 아니다. 이는 ASD의 조기진단이 기존의 의학적 검사만으로는 위험요인을 명확하게 찾기 어려우며, 또한 의학적 검사결과가 나왔다 하더라도 이에 따른 치료방법이 나와 있지 않다는 점(Tsai, 1999), 그리고 ASD의 여러 가지 원인론이 발표됨에도 불구하고 아직까지 정확한 원인이 밝혀지지 않았다는 것과(Johnson, Mayers, & the Council on Children with Disabilities, 2007) ASD의 원인에 대한 연구결과가 다양하게 나타나고 있어서 자폐 진단을 위한 임상적 규준이 모든 ASD에 그대로 적용하기가 어렵기 때문이다.

현재 ASD는 뇌의 기능적인 면에 생물학적인 결함을 갖는 신경발달장애로 간주되고 있어 ASD도 아동기에 발병하는 다른 심리장애와 마찬가지로 이른 시기에 변별이 가능한 장애 영역이라고 볼 수 있다(김기영, 2014).

ASD의 진단은 전문가에 의한 검사 이외에도 부모 혹은 주 양육자와의 면담이나 아동의 행동관찰을 포함하는 정보 수집을 통해 이루어진다(한국통합교육학회, 2014). 이러한 임상적인 판단은 표준화된 관찰 척도와 함께 사용하는 것이 바람직하다. ASD를 진단하기 위해 일반적으로 사용되는 진단도구는 심리교육프로파일(PER-R), 자폐진단 관찰척도, 아동기 자폐증 평정척도(CARS), 자폐증 진단 면담지 개정판, 자폐아동 부모면담 도구 등이 있다. 이러한 진단 및 평가도구들은 개별아동에 대한 심리적 · 발달적 · 인지적 평가를 병행하여 실시해야 한다.

특히 자폐성장애가 의심될 경우 자폐성장애아동을 위한 선별 검사도구인 M-CHAT (Modified Checklist for Autism in Toddlers), 자폐 선별도구-3(Autism Screening Instrument for Educational Planning-3), 그리고 길리암 자폐 평정척도-2(Gilliam Autism Rating Scale-2), ASSQ(High-Functioning Autism Spectrum Screening Questionnaire)와 같은 질문지를 작성하거나 다음과 같은 이상 증상이 나타날 경우에는 전문가의 진단평가가 이루어져야 한다(김희규 외, 2010).

- 12개월까지 옹알이가 나타나지 않는다.
- 12개월까지 몸짓(지적하기, 인사하기 위해 손을 흔들기 등)이 나타나지 않는다.
- 16개월까지 반향언어(echolalia)를 제외한 한 단어 수준의 발화가 나타나지 않는다.
- 24개월까지 반향언어를 제외한 두 단어 수준의 자발적인 발화가 나타나지 않는다.
- 언어 또는 사회적 기술에서 기능 이상을 보인다.

3. 자폐스펙트럼장애의 원인

1) 신경생물학적 요인

자폐스펙트럼장애(ASD)를 유발하는 생물학적 요인으로 ASD 아동의 두뇌의 크기와 구조, 신경전달 물질 등의 두뇌의 다양한 영역과 기능을 연구한 결과에서 전두엽의 손상은 언어적 문제와 어려움을 설명해 주고 있다. 그리고 해마와 편도핵이 있는 측두엽의 문제는 기억 기능의 결함을 보인다. 또한, 전두엽과 편도, 혹은 변연계 전체와 전두엽의 연결의 변화로 인해 편도 기능의 이상 현상이 발생하면, 일반인에게는 미약하게 다가올 환경 자극이 ASD 환자에서는 엄청나게 강하게 느껴지고 이 때문에 '자율신경계 폭풍(autonomic storm)' 현상이 일어난다(정윤진 외, 2015).

최근 들어 많은 연구에서 ASD 아동에게서 근육수축과 신경활동에 영향을 주어 기분 정서, 사고과정에 영향을 주는 중추신경계 중 신경전달물질인 세로토닌이 정상인에 비해 높은 수준인 점(권석만, 2013)과 신경세포의 시냅스에서의 기능 이상이 드러나고 있어 ASD의 원인이 신경화학물질과 관련성이 있는 것으로 입증되고 있다. 그러나 뇌의 기능 이상이나 신경생물학적에 요인에 관해서 아직 정확한 원인이 밝혀지지는 않았다.

2) 유전적 요인

부모의 양육방식이나 능력이 ASD를 발생시키지는 않지만 ASD의 유전적인 요소는 비교적 직접적인 영향을 미치고 있는 것으로 나타났다. 가족 중 ASD로 진단받은 구성원이 있는 경우 가족에게서 그와 관련된 장애의 위험이 높아지며, ASD 아동의 형제자매에게서 눈 맞춤, 사회적 미소 짓기, 언어와 인지능력의 결함 등이 나타나는 것으로 보고되어 유전적인 이상으로 인해 ASD가 발생한다는 것이다. 이러한 유전적인 원인의 근거는 ASD의 쌍생아 일치율로 보고 있다. ASD를 지닌 쌍생아의 발병 일치율을 조사한 결과, ASD 발단자의 일란성 쌍생아가 ASD를 보일 확률은 약 60%며, 이란성 쌍생아의 경우에는 약 4.5%의 일치율과 ASD가 있는 친척까지 있는 경우, 형제자매의 발병률은 8%에 이른다(Wicks-Nelson, 2009: 배다정, 2016 재인용). 그러나 이처럼 일란성 쌍생아에게서 한 명이 자폐일 때 다른 아동도 자폐로 진단되는 비율이 100%가 아닌 것은 자폐에 미치는 유전적 요인과 함께 다른 발생 요인이 있다는 것을 의미한다(이성봉 외, 2015).

3) 심리환경적 요인

정신분석학자들은 자폐스펙트럼장애(ASD)가 심리적 원인에 의해 유발될 수 있다고 본다. 일반적으로 영유아는 출생 후에 감각을 경험하지만 자신의 신체, 외부 대상을 인식하지 못하는 정상적인 발달 단계를 거치는데, 이 단계에서 어머니와의 상호작용에 심각한 문제가 생기면 자신을 어머니로부터 독립된 개체로 인식하지 못하고, 자폐성장애의 위험에 노출될 수 있다(권석만, 2013).

ASD의 환경요인으로는 부모의 나이가 많은 경우에 유전자 돌연변이의 가능성이 높아지는 경향을 보이며(이승희, 2015), 홍역, 볼거리, 풍진의 백신이나 환경오염으로 인한 수은 중독 등 다양한 원인의 요소를 모두 포함한다.

이렇듯 ASD의 정확한 원인에 대해서는 불분명하다. 그러나 ASD에게 나타나는 고령 출산, 태아의 미성숙, 산모의 스트레스, 임신 중 약물복용, 산전·산후 합병증 등과 같은 다양한 요소가 확인됨에 따라 행동적 증후들을 관찰하여 그에 적절하고 다양한 교육적 지원과 ASD의 정확한 원인 규명을 위한 지속적인 연구가 필요하다.

4. 자폐스펙트럼장애의 특성

1) 사회적 의사소통과 상호작용

사회적 의사소통은 말을 하는 사람과 듣는 사람 사이에서의 사고, 정보의 교환으로 의사를 전달하고 공유하며 접촉하는 등의 모든 반응을 포함한 행위라고 할 수 있다. 사회적 의사소통 능력은 사회적 상호작용에서 파트너와 특정한 사회적 목적을 교환하기 위한 언어적 · 비언어적 의사소통 능력을 말한다. 이러한 의사소통 능력은 매우 다양하게 나타나며 일반적으로 의사소통을 위해서는 사람, 행동, 사물(사건)들 사이의 관련성을 이해해야 한다.

영유아 시기에 발달하는 초기 사회적 의사소통 능력은 언어 및 인지, 사회성 등과 밀접한 관련이 있다고 알려져 있다(곽금주, 김민화, 한은주, 2004). 영아는 자신의 이름을 부르는 것에 대해 반응하고 다른 사람을 쳐다보면서 언어 습득은 물론 사회정서적 발달에 토대가 되는 공동주의를 습득하게 된다. 그리고 이러한 경험을 통해 다른 사람과의 관계에서 언어를 이해하고 사회적 기술을 알아 가는 능력이 길러진다. 그러므로 이 시기에 초기 사회적 의사소통 능력이 발달되지 못하면 후일 언어 습득, 학업, 사회적 적응 등에 부정적인 결과를 초래할 수 있다.

자폐스펙트럼장애(ASD)의 대부분은 언어발달 장애를 동반하며, 다양한 범위에서 기능적인 발달을 못하며 제한적이다. 일반적으로 언어를 사용하는 목적이나 규칙과 관련된 부분인 화용론적 언어 및 어휘력 발달의 어려움과 단어의 뜻을 이해하는 의미론적 언어에서 어려움이 있다. 먼저, 화용론적 측면을 보면 비슷한 또래나 일반적인 언어 수준의 아동에 비해 ASD 아동은 운율적인 부분에서 독특한 특성을 보인다. 즉, 높낮이, 억양, 리듬이 있는 언어 사용의 패턴으로 사물을 요청하거나 반응한다. 다른 사람의 관심에 반응하고 화제에 적절히 개입하며 의사소통이 일어나는 여러 가지 상황의 맥락을 고려해야 하는 사회적 화용 능력에서 의사소통의 어려움을 겪는다. 화용론적 의사소통장애는 다른 사람의 몸동작, 억양, 얼굴 표정 등의 비언어적 신호를 잘 이해하지 못하며, 또한 대화 중에 사용되는 농담, 유머, 이중 의미, 비유적 표현 등을 잘 이해하지 못하여 위축되거나 공격행동을 보이기도 한다. 상대방의 관점이나 상황에 따라 대화방식을 변화시키지 못하고, 상황과 맞지 않는 엉뚱한 이야기를 장황하게 늘어놓기도 하며 적절한 화제를 선택하기에도 어려움을 보인다.

다음으로, 의미론적인 언어 사용에 있어서는 구어발달이 잘 이루어지지 않거나, 구어가 발달한 경우에도 다른 사람의 말을 이해하지 못하고, 아무 의미 없이 반복적으로 따라 하는 반향어와 같은 제한된 언어적 체계를 사용한다. 예를 들어, "네 이름은 뭐니?"라고 물었을 때 "내 이름은 ○○야!"로 대답하지 않고 즉각적으로 "네 이름은 뭐니?"로 반응하는 경우다. 이 외에도 ASD는 전반적으로 수용언어와 표현언어가 평균 수준보다 낮다.

사회적 상호작용은 의사소통 기술 및 인지적 능력 수준과 밀접한 관련이 있다. ASD 아동은 정서적인 상호작용이 어려워 양육자와의 애착관계 형성과 더불어 다른 사람과의 유대관계 형성이 어렵다. 일반아동은 사람의 얼굴을 잘 쳐다보며, 눈을 잘 맞춘다. 특히 눈 맞춤은 다른 사람으로부터의 정보를 받아들이거나 관계를 유지하는 데 필요한 수단으로서 타인과의 사회적 상호작용에서 매우 중요한 핵심 요소라 할 수 있다. 그러나 ASD 아동은 다른 사람과의 눈 맞춤을 피하거나, 비정상적인 각도로 눈을 맞추며, 다른 사람과 지나치게 가까이 눈 맞춤을 하는 등의 결함을 가지는 경우가 있다. 이러한 요인은 사회적 상호작용을 어렵게 만드는 요소이기도 하다. 그리고 얼굴 표정에서도 다른 사람에게 자신의 정서를 전달하기에 애매모호한 표정을 짓기도 하고, 다른 사람의 정서나 감정을 이해하지 못하는 어려움이 있다. 또한 자신의 이름을 부르는 소리에도 별 반응을 보이지 않으며, 주변 사람의 존재를 전혀 의식하지 않는 것처럼 행동하기도 하고, 신체적 접촉이 어려워 또래와의 놀이나 사회적 상호작용을 적절하게 하지 못한다. 이와 더불어 다른 사람들과의 공통된 관심사나 흥미, 즐거움 등에 대해 무관심한 일탈적 특성을 갖고 있어 사회적 상호작용을 더욱 어렵게 한다.

　자폐스펙트럼장애아동이 보이는 사회적 결함 및 그에 따른 행동 특성은 〈표 10-2〉와 같다.

表 10-2　자폐스펙트럼장애의 사회적 결함 및 그에 따른 행동 특성

진단기준상의 결함	행동 특성
사회적 상호작용을 조절하기 위한 비구어적 행동의 사용에 있어서 결함	• 눈 맞춤이나 응시 행동에 있어서의 문제 • 대화 중 몸짓을 거의 사용하지 않음 • 얼굴 표정을 거의 사용하지 않거나 이상하게 사용함 • 독특한(평범하지 않은) 억양이나 음성을 사용함
연령에 적절한 또래 관계 형성의 실패	• 친구가 없거나 매우 적음 • 자기보다 나이가 많거나 적은 아동 또는 가족 구성원과만 관계를 형성함 • 특별한 관심을 근거로 관계를 형성함 • 집단 상황에서 상호작용하는 데 어려움을 보이며, 게임의 협동적인 규칙을 지키기 어려워함
다른 사람들과 즐거움, 성취 또는 관심을 나누지 않음	• 자신이 좋아하는 활동, TV 프로그램, 놀잇감만을 즐기고 다른 사람들과 나누려고 하지 않음 • 활동이나 관심이나 성취에 대한 다른 사람의 관심을 요구하지 않음 • 칭찬에 거의 관심을 보이지 않거나 반응하지 않음
사회적 또는 정서적 상호성의 결여	• 다른 사람에게 반응하지 않음(청각장애가 있는 것처럼 보임) • 다른 사람을 의식하지 않음(다른 사람의 존재를 염두에 두지 않음) • 다른 사람이 다치거나 흥분할 때 관심을 보이지 않음(위로하지 않음)

출처: 이소현, 박은혜(2011), p. 224.

2) 제한적이고 반복적인 행동이나 흥미, 활동

　ASD 아동은 일반적이지 않은 특정한 사물에 지나치게 독특한 관심을 보이며 매우 제한적인 범위의 활동에서 흥미를 보이는 경향이 있는데, 이는 놀이에서도 나타난다. 사물의 전체적인 부분보다는 특정한 부분을 선호하기도 한다. 예를 들면, 장난감 자동차를 가지고 놀 때에도 자동차를 굴리며 놀기보다는 자동차의 일부분인 바퀴의 움직임에 집중하여 계속 바퀴를 돌리거나, 일렬로 늘어놓기를 좋아하는 등의 한정된 놀이

활동에 몰입한다. 이와 같이 제한적이고 반복적인 행동을 하거나, 사물의 동일성에 대하여 비합리적인 집착을 보인다.

그리고 일상생활에서의 변화나 전환에 적응하는 것이 어려워 갑자기 상황이 바뀌거나 방해를 받았을 경우에는 흥분 및 과도한 반응을 보이기도 한다. 또한 높은 수준의 불안, 흥분, 공포, 분노, 압박감을 느낄 때는 반복적이고 부적절한 행동, 자기자극 행동 혹은 상동행동(stereotypies)을 보인다. 즉, 몸을 앞뒤로 흔들거나 손을 아래위로 펄럭이기도 하고, 눈앞에서 손가락을 튕기기도 하며, 발끝으로 걷거나 뛰는 등의 움직임을 반복한다. 이러한 행동의 원인을 행동주의 관점에서는 목적이나 기능이 포함되지 않은 단순한 병적인 행동으로 보고 있다. 기능주의적 관점에서는 어떤 특정한 의사소통의 의도나 기능이 포함되어 있음을 강조하고 있으며, 또 다른 관점에서는 자신의 안정감을 얻기 위한 기제로 보기도 한다.

ASD 아동이 보이는 제한적이고 반복적인 행동이나 흥미, 활동에서의 구체적인 행동 예시는 〈표 10-3〉과 같다.

표 10-3　자폐스펙트럼장애의 행동 특성에 따른 구체적인 행동 예시

진단기준상의 결함	구체적인 행동 예시
제한된 범위의 관심 영역에 지나치게 강도 높은 독특한 관심을 보임	• 특정 주제에만 지나친 관심을 보이고 다른 주제에는 전혀 관심을 보이지 않음 • 특정 주제나 활동을 종료하는 데 어려움을 보임 • 다른 활동에 방해가 됨(예: 활동에 집착하느라 식사나 화장실 가는 일을 지체함) • 독특한 주제에 관심을 보임(예: 물뿌리개, 영화등급, 우주 물리학, 라디오 방송에서 읽어주는 편지) • 특정 관심 영역에 대한 비상한 암기력
특정 비기능적인 일과나 의례적 행동에 융통성 없이 집착함	• 정확한 순서에 따라 특정 활동을 수행하기를 원함(예: 자동차에서 내려 문을 닫을 때 정해진 순서에 따라서 행동함) • 일과의 사소한 변경에 대하여 쉽게 흥분함(예: 학교에서 집으로 돌아가는 길을 다른 길로 변경할 때) • 모든 변화에 대하여 사전 통보를 필요로 함 • 일과나 의례적인 행동이 지켜지지 않을 때 매우 불안해함

상동적이고 반복적인 운동성 습관을 보임	• 흥분했을 때 양손을 펴서 흔듦 • 손가락을 눈앞에 대고 흔들거나 꿈틀거림 • 손의 자세가 특이하거나 기타 손의 움직임을 보임 • 장시간 빙빙 돌거나 몸을 앞뒤로 흔듦 • 발뒤꿈치를 들고 걷거나 뜀
사물의 특정 부분에 대하여 지속적인 집착을 보임	• 사물을 비기능적으로 사용함(예: 인형의 눈을 손가락으로 두들김, 장난감 자동차 문을 계속 열었다 닫았다 함) • 사물의 감각적인 부분에 관심을 보임(예: 사물의 냄새를 맡거나 눈 가까이에서 봄) • 움직이는 사물을 좋아함(예: 선풍기, 흐르는 물, 돌아가는 바퀴) • 독특한 사물에 집착함(예: 오렌지 껍질, 줄)

출처: 이소현, 박은혜(2011), p. 230.

지금까지 살펴본 ASD 아동의 핵심적 특성인 의사소통과 사회적 상호작용 · 제한적 · 반복적 · 상동적인 행동은 DSM-5의 진단기준에서 제시된 것이다. 이 밖의 특성으로 ASD 아동은 원하는 자극 이외의 자극이 과잉으로 투입되는 경우 필요한 자극을 선택적으로 사용할 수 없는 어려움이 있다. 따라서 비정상적인 감각 반응에 대한 처리로 촉각, 시각, 청각, 시각, 후각 등의 자극에 대해 지나치게 둔감하거나 민감하게 반응하기도 하지만, 위험 상황에서는 둔감한 반응을 보이기도 한다.

5. 자폐스펙트럼장애아동의 교육

1) 물리적 환경을 통한 지원

(1) 구조화된 교실 환경

자폐스펙트럼장애(ASD) 아동은 예측 가능성이 높고 일상적인 방식으로 정보를 제시하였을 때 학습과 환경에 대해 좀 더 사회적으로 반응하고 주의를 기울이지만 늘 하던 일이나 일정에 아주 조그만 변화만 생겨도 금방 혼란스러워하고 어려워한다(김희규 외, 2010). 즉, 일반적으로 ASD 아동은 일상적인 활동에 변화가 생기거나, 시각적 · 청각적 자극을 받을 경우 불안해하는 특성을 가지고 있다. 그러므로 이들의 불안을 감소시켜 주기 위해서는 사전에 자폐장애의 특성을 고려한 물리적 교육환경의 지원을 위해 교실 환경을 구조화해 줄 필요가 있다. 왜냐하면 이들은 구조화된 교수환경에서 보다 안정적으로 과제를 수행할 수 있기 때문이다. 따라서 구조화된 물리적 환경 조성을 위해서는 ASD 아동의 시각적 혼란을 줄이도록 칸막이, 책장, 서랍장, 커튼 등을 이용하여 특정 장소를 시각적으로 구분해 놓는 것이 효과적이며, 물리적 환경 조성을 위해 〈표 10-4〉와 같은 질문을 해보는 것도 도움이 된다(이은주, 최지은, 박숙희, 2011).

표 10-4   물리적 환경조성을 위한 질문

- 흥미 영역별 명칭을 붙이거나 교구장 배치 등 시각적 경계를 만들어 흥미 영역의 기능을 알도록 교실을 구분하였는가?
- 청각적 혼란을 줄이기 위해 부분 양탄자를 펼치거나 소음을 흡수하는 장식용 벽걸이 천을 올림으로써 과도한 소음 수준을 줄였는가?
- 시각적 · 청각적 산만함을 줄이기 위해 빛이나 소리를 최소화하거나 창가나 출입문을 피하여 자리를 배치하였는가?

(2) 교육과정 및 교수방법

다른 감각보다 시각적처리가 강점인 ASD 아동에게는 그림, 사진, 사물모형 등 시각적으로 구성하는 교육내용과 교재를 활용한 교수방법이 가장 효과적이다. 유용한 시각적 자료에는 활동일정표, 달력, 규범을 적은 포스터, 선택판 등이 있다(김희규 외, 2010).

ASD의 특성인 사회적 상호작용의 결함 및 의사소통의 제한으로 인해 나타나는 결함을 최소화하기 위해 다른 사람과의 의견이나 느낌을 공유하는 사회성 및 사회적 기술을 익히는 교육과정을 통하여 다양한 비구어적 기술을 학습할 수 있도록 한다. 언어의 화용론을 중심으로 자신의 환경 안에서 자신이 습득한 기술을 어떻게 적절하게 사용할 것인가를 가르침으로써 의사소통의 문제를 완화할 수 있도록 도와주어야 한다. 즉, 상대방의 감정을 인식하고 이해하는 능력을 향상시키기 위해 관심사 공유하기, 긍정적 피드백 주고받기, 상대방의 입장을 이해하기 등의 구체적인 기술을 개별적인 교수로 적용해야 한다. 그리고 개별 수준을 고려한 사진, 그림 혹은 글자로 학급의 일과와 ASD 아동 개인의 일과를 구조적으로 제시할 수 있는 일과표로 만들어서 벽에 붙여 놓거나 매일 아침마다 나누어 줄 수 있다. 시간의 구조화를 위해 제시된 일과 중 성취한 일과는 하나씩 지워 나가게 하는 것도 효과적인 방법이다.

ASD 아동을 대상으로 자연스러운 환경에서 다양한 사회성의 경험을 제공하거나 일반화를 위한 교수방법의 중재가 교육현장에서 적용되고 있다. 이들에게는 학습된 기술이 다양한 상황과 대상에 따라 중재자 없이도 자발적으로 발생할 수 있는 일반화가 중요하다. 그러나 이들은 일반화의 능력이 부족하여 습득한 지식과 기술을 유사한 일반 상황에서도 자연스럽게 적용하지 못하므로 다양한 맥락에서 다양한 기술을 습득하도록 하는 다각적인 접근이 필수적이다. 그러므로 교실, 가정, 지역사회 등의 모든 환경에서 배경, 대상, 상황, 시간에 관계없이 적용할 수 있는 기술을 확립하도록 지원하는 것이 일반화계획의 궁극적인 목표다.

교사는 ASD 아동이 일반적으로 추상적인 설명이나 실제적 상황을 추측하기 어렵다는 것을 인식하고, 실물을 이용하여 간단명료하게 간결한 전보식 문장을 사용하여 정확한 정보를 제공해 주어야 한다. 그리고 변화에 대한 정보를 반복해서 알려주는 것도 매우 중요하다. 또한 습득해야 하는 기본적인 기능이나 개념들을 분석하여 최소한의 단위로 만든 후 시각적인 자료를 이용하여 예측이 가능하도록 지도해야 한다. 아울러 주변 환경에서 파생되는 자극들에 대한 선택적 주의집중, 의사소통, 사회적 행동 모방, 수용 및 표현 언어, 놀이, 사회적 상호작용 등의 기술을 습득하고, 이를 일반화할 수 있는 기회가 제공될 수 있도록 교육과정 및 교수방법의 수정이 이루어져야 한다.

2) 또래 지원

통합교육 환경은 자폐스펙트럼장애(ASD) 아동에게 있어 일반학급에서 또래와 함께 일반 교육과정이 이루어지는 매우 중요한 환경이라 할 수 있다. 통합교육 환경은 ASD 아동이 또래와 우정을 형성하고 또래와의 긍정적인 관계를 형성할 수 있으며, 사회적 기술 및 상호작용을 배울 수 있는 좋은 기회다. 이에 담임교사와 함께 또래의 적절한 역할은 사회적 기술 및 언어발달에 있어서 훌륭한 모델의 역할을 함으로써 통합교육의 효과에 결정적 요인이 된다. 따라서 또래와의 관계 형성을 지원하기 위해서는 일반적인 친구 사귀기 기술(예: 차례 주고받기, 안부 묻기, 친구의 관심사에 대해 함께 관심 보이기)과 함께 갈등해결 기술, 긍정적인 상호작용 기술(예: 친구의 말을 적극적으로 듣기, 긍정적인 피드백 제공하기, 질문하기, 친구의 요구에 반응하기), 상대방의 입장 이해하기, 친구에 대한 신의 지키기(예: 친구와의 약속 지키기, 친구의 권리 인정하기, 친구의 비밀 지켜주기) 등의 구체적인 기술을 개별적인 교수목표로 포함시키고 가르쳐야 한다(Kluth, 2003; McConnell, 2002: 이소현, 박은혜, 2011 재인용).

또래를 매개로 한 교수방법으로는 또래모델링, 교실 내 또래교수, 협력집단 등이 있으며, 또래를 활용한 효과적인 전략으로는 같은 학급의 또래를 통하여 사회적 상호작용 및 사회적 기술, 의사소통 방법을 모델링함으로써 일반화를 촉진할 수 있다. 그러므로 일반아동에게 지속적으로 ASD에 대한 정보를 제공하여 자폐증상에 대한 지식과 이해도를 높임으로써 또래아동이 ASD 아동과 적절한 상호작용을 할 수 있도록 기회를 제공해야 한다.

3) 직접적인 지원

의사소통 능력과 사회적 상호작용의 결함 및 자폐스펙트럼장애의 행동적 특성인 동일성과 반복성에 대한 집착으로 인하여 특정한 요구가 충족되지 않을 때 나타나는 문제행동에 대하여 최대한의 배려로 교육적인 중재를 할 수 있어야 한다. 장애의 특성을 고려한 교육환경으로는 ASD 아동이 지니고 있는 시각적 학습이 뛰어난 강점을 활용하여 상황 이야기나 그림카드, 시각적 스케줄을 사용하여야 한다. 그리고 동일성에 대한 집착이 강하다는 특성을 고려하여 일관성 있는 교육을 계획하는 등의 개별화된 지원은 학습의 성취를 효과적으로 도울 수 있다.

- **보완대체 의사소통(AAC):** 언어를 통한 의사소통에 어려움을 가진 ASD 아동이 자신이 원하는 사물이나 활동을 획득하는 데 필요한 수단을 언어 대신 해당 의미를 내포하는 특별한 기법이나 도구를 이용하여 의사소통을 하는 체계를 의미한다. 주로 몸짓, 발성, 수화나 그림 상징을 대체하여 교수하여 왔으나, 최근에는 하이테크 의사소통 기자재와 컴퓨터 소프트웨어도 활용된다.
- **응용행동 분석:** 모든 학습 및 행동은 선행 사건과 후속 결과에 의해 조절된다는 사실을 기본 개념으로 한다. 인간의 행동을 설명하는 규칙인 행동 원리와 행동을 관찰하고 평가하기 위한 행동 측정 그리고 행동 변화에 따른 다른 중재를 결정하기 위한 평가의 세 가지 요소로 구성되어 있다. 인간과 환경 간의 관찰 가능한 상호작용을 중심으로 한 기능평가를 통해 행동의 실제적인 변화를 유도한다. 교육과정, 학급 구조, 교수활동, 적절한 자극 조절의 포괄적 환경을 분석하여 새로운 행동이나 바람직한 행동의 증진, 문제행동의 감소 또는 행동의 일반화에 적용한다.
- **긍정적 행동지원:** 장애아동의 문제행동에 대한 행동 수정 및 중재의 수준을 넘어 문제행동에 대한 긍정적 대체행동을 지원해 줌으로써 문제행동을 예방하고 감소시키는 접근 방법이다. 기능적 행동평가에 기초하여 바람직하고 적절한 행동으로 대체할 수 있도록 개별적이고 체계적이며 포괄적인 환경을 제공하는 데 초점을 둔다. 이는 사회적·학습적 성과를 위해 문제행동의 원인을 수정하거나 제거하는 것을 의미한다. 새로운 긍정적 행동의 지도를 통해 바람직한 대안적 행동을 지도하고 강화하며, 생활방식의 긍정적 변화를 유도하는 것이다. 중재 기법의 구성요소는 문제행동의 기능평가, 중다 요소의 중재, 실제 행동에서의 행동 지도, 문제행동을 발생시키는 선행 사건의 조작, 적응 행동을 위한 대안 기술의 지도,

효과적인 결과를 위한 환경의 조성 등이 있다.

- **비연속 개별 시도 교수방법**: 복합적이고 체계적인 학습기회를 아동의 개별적인 요구에 맞추어 제공하는 1:1 상황에서 각 회기마다 아동의 새로운 행동을 형성시키거나, 요구에 정확한 반응을 불러오기 위해 고안된 단서 및 교사의 지시로 시작한다. 단서와 촉구, 반응의 사용으로 정반응 시 강화를 제공한다.

- **사회적 상황 이야기**: ASD 아동의 관점에서는 빠르게 변화하는 많은 상황이나 정보가 일상에서의 혼란을 초래한다. 이러한 어려움이 일어날 수 있는 여러 가지 상황에 대해 구체적이고 의미 있는 형식의 구어 및 글 그리고 시각적인 삽화를 이용해 이들이 주변 상황을 파악하고 적절한 반응을 할 수 있도록 기술해서 도와주는 것이다. 짧은 이야기 형식으로 아동에게 사회적 개념과 규칙을 제시하며 상호작용 시작하기, 전환하기, 게임하기, 현장학습 가기와 같이 수많은 사회적 · 행동적 개념을 아동에게 가르치는 데 사용될 수도 있다(서경희, 이효신, 김건희, 2015).

- **자기관리**: 자기관리(self-management) 기술이란 일반적인 목표 행동을 정하고 자기의 행동을 스스로 인지하고 발생 여부를 기록하게 하는 자기점검 기술을 의미하며, 행동 발생에 대해 스스로를 강화한다. 이를 통해 사회에서의 독립적인 기능을 신장하고, 사회적 기술의 결함을 보완하며, 일반적인 환경에서의 성공적인 적응을 위한 접근이 되도록 하는 것이다.

이와 같은 다양한 방법이 ASD 아동 모두에게 특별히 효과적이라 할 수는 없다. 그러므로 ASD 아동이 갖고 있는 다양한 특성과 어려움을 이해하는 전문가들과 협력하여 효과에 대해 충분한 근거를 지니고 있는 여러 가지 중재방법들을 통합하여야 한다. 즉, 각각의 특성에 적합한 중재를 제공하였을 때 교육적 지원은 최대의 효과를 얻을 수 있다.

요 점정리

1. 자폐스펙트럼장애의 정의 – 사회적 상호작용과 의사소통에 결함이 있고 제한적이고 반복 적인 관심과 활동을 보임으로써 교육적 성취 및 일상생활 적응에 도움을 필요로 하는 사 람(『장애인 등에 대한 특수교육법 시행령』)

2. 자폐스펙트럼장애의 진단 – 진단도구: 심리교육프로파일(PER–R), 자폐진단 관찰척도, 아동 기 자폐증 평정척도(CARS), 관찰척도, 아동기 아스퍼거 장애 검사, 아스퍼거 장애 진단척 도, 자폐증 진단 면담지 개정판, 자폐아동 부모면담 도구 등

3. 자폐스펙트럼장애의 원인
   1) 신경생물학적 요인 – 두뇌의 크기와 구조, 신경전달 물질, 뇌간이나 전두엽, 측두엽, 소뇌, 변연계 편도핵 등의 손상, 중추 신경계의 신경전달물질인 세로토닌과 신경세포의 시냅스에 서의 기능 이상
   2) 유전적 요인 – 유전적인 원인의 근거는 자폐장애의 쌍생아 일치율 및 가족 중 자폐성장 애로 진단받은 경우 가족에게서 그와 관련된 장애의 위험이 높아짐
   3) 심리환경적 요인 – 어머니와의 상호작용에 심각한 문제가 생기거나, 홍역, 볼거리, 풍진 의 백신이나 환경오염으로 인한 수은 중독 등 다양한 원인

4. 자폐스펙트럼장애의 특성
   1) 사회적 의사소통과 상호작용
      • 구어발달이 잘 이루어져 있지 않거나 반향어를 사용하기도 하며, 다른 사람의 몸동작, 억양, 얼굴 표정 등의 비언어적 신호를 잘 이해하지 못함
      • 양육자와의 애착관계, 유대관계, 눈 맞춤 등 정서적인 상호작용의 결함
        – 비언어적 발성으로 자신만의 의사소통, 다른 사람들과의 공유 실패
   2) 제한적이고 반복적인 행동이나 흥미, 활동 – 한정된 놀이 활동에 몰입, 반복적이고 부적 절한 행동, 자기자극행동 혹은 상동행동 등

5. 자폐스펙트럼장애아동의 교육
   1) 물리적 환경을 통한 지원
      (1) 구조화된 교실 환경 – 물리적 교육환경의 지원을 위해 교실 환경 구조화
      (2) 교육과정 및 교수방법 – 시각적인 학습 장점을 활용한 교육과정 및 일반화를 위하여 교육과정 및 교수방법 수정

2) 또래 지원 – 또래와의 관계 형성 지원 및 또래 모델링
3) 직접적인 지원 – 의사소통, 응용행동 분석, 긍정적 행동지원, 비연속 개별 시도 교수방법, 사회적 상황 이야기, 자기관리

 생각 나누기

1. 자폐스펙트럼장애 아동의 특성을 완화 혹은 수정할 수 있는 교육적 지원방안에 대하여 토의해 봅시다.
2. 자폐스펙트럼장애 아동의 의사소통 능력을 향상시킬 수 있는 방안에 대하여 토의해 봅시다.
3. 자폐스펙트럼장애 아동에게 사회적 기술을 가르치는 것이 왜 중요한지 생각해 보고, 이를 지원할 수 있는 방법에 대하여 토의해 봅시다.

추천자료

• 국립특수교육원(http://www.knise.kr): 특수교육에 관한 전반적인 정보, 특수교육과정 및 교수-학습 자료, 특수교육 정보화에 관한 정보 제공
• 한국 정서·행동장애아 교육학회(http://www.ksebd.ors): 정서·행동장애 및 자폐성장애, 학습 관련 장애아동을 위한 교육 및 연구 자료 제공
• 한국교육개발원(http://www.kedi.re.kr.): 교육정책과 교육 동향, 연구 보고서 등의 자료 제공

 참고문헌

곽금주, 김민화, 한은주(2004). 한국 영아들의 초기 비언어적 의사소통에서 보이는 의도성 발달. 인간발달연구, 11(1). 49-69.
교육과학기술부(2012). 교육과학기술부. 고시, 제2012-32호에 따른 특수교육과정해설. 교육과학기술부.

교육부(2016). 장애인 등에 대한 특수교육법 시행령.

국립특수교육원(2009). 특수교육학 용어사전. 경기: 도서출판 하우.

권도하, 이명순, 신후남, 신혜정, 정분선(2011). 언어 발달. 경기: 박학사.

권석만(2012). 현대 이상심리학. 서울: 학지사.

권석만(2013). 현대 이상심리학(2판). 서울: 학지사.

권준수, 김재진, 남궁기, 박원명, 신민섭, 유범희, 윤진상, 이상익, 이승환, 이영식, 이헌정, 임효덕, 강도형, 최수희 공역(2015). DSM-5 정신질환의 진단 및 통계 편람(제5판). 서울: 학지사.

김기영(2014). 자폐성장애아동의 문제 해결 과정에서 나타나는 수학적 언어 특성 연구. 이화여자대학교 교육대학원 석사학위논문.

김희규, 강정숙, 김은영, 김의정, 김주영, 김형일, 박계신, 오세철, 옥정달, 정동일, 정동훈, 정해진, 채희태, 홍은숙, 황복선(2010). 특수교육학개론. 서울: 학지사.

배다정(2016). 자폐 스펙트럼 장애 아동 미술치료의 치료적 요인 별 매체 활용 분석 연구. 이화여자대학교 교육대학원 석사학위논문.

보건복지부(2015). 보육사업 안내.

서경희, 이효신, 김건희 역(2015). 자폐스펙트럼장애. 서울: 시그마프레스.

여문환(2008). 자폐아동의 이해와 프로그램적용. 경기: 양서원

이성봉, 방명애, 김은경, 박지연(2015). 정서 및 행동장애. 서울: 학지사.

이소현, 박은혜(2011). 특수아동교육(3판). 서울: 학지사.

이승희(2015). 자폐스펙트럼장애의 이해(2판). 서울: 학지사.

이은주, 최지은, 박숙희(2011). 특수아동의 이해. 경기: 공동체.

정윤진, 손정우, 김붕년, 유희정(2015). 자폐증에 대한 진화적 관점. 소아청소년정신의학, 26(2), 67-74.

한국통합교육학회(2014). 통합교육(2판). 강영심, 구효진, 김경숙, 김동일, 김성애, 김용욱, 김윤옥, 김종현, 박재국, 신현기, 이대식, 이신동, 전병운, 정대영, 정정진, 조용태 공저. 서울: 학지사.

American Psychiatric Association (2000). *Diagnostic and Statistical Manual of Mental Disorders* (4th ed., text rev.) (DSM-IV-TR). Washington DC: American Psychiatric Association.

American Psychiatric Association (2013). *Diagnostic and statistical manual of mental disorders*

(5th ed., text rev.). Washington, DC: American Psychiatric Association.

Johnson, C. P., Mayers, S. M., & the Council on Children with Disabilities. (2007). Clinical report-identification and evaluation of children with autism spectrum disorders. *Pediatrics, 120*(5), 1183-1215.

Kaale, A., Fagerland, M. W., Martinsen, E. W., & Smith, L. (2014). Preschool-Based Social Communication Treatment for Children With Autism: 12-Month Follow-Up of a Randomized Trial. *Journal of the American Academy of Child & Adolescent Psychiatry, 53*(2), 188-198.

Kluth, P. (2003). *You're going to love this child: Teaching students with auitism in the inclusive classroom.* Baltimore: Brookes.

Myles, B. S., & Simpson, R. L. (2003). Asperger Syndrome: A Guide for Parents and Educators. Pro-Ed. *disorders, 33*(3), 329-341.

Poustka, R. (2007). The neurobiology of autism. In F. Volkmar(Ed.), *Autism and pervasive developmental disorders*(2nd ed.) (pp.179-220). Cambridge: Cambridge University Press.

Tsai, L. Y. (1999). Psycholpharmacology in autism. *Psychosom Med, 61*, 651-665.

Tsai, L. Y. (2014). Impact of DSM-5 on epidemiology of Autism Spectrum Disorder. *Research in Autism Spectrum Disorders, 8*(11), 1454-1470.

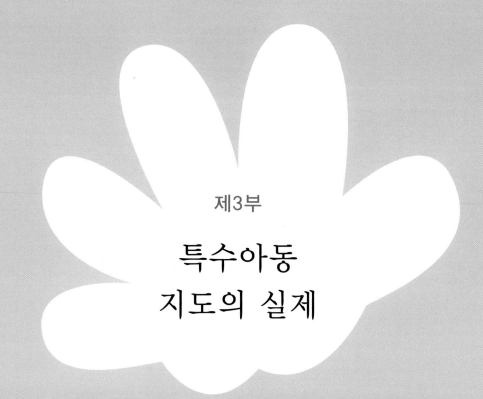

제3부

특수아동
지도의 실제

제11장

장애가족과 가족지원

 한 가정에 장애아동이 태어나면서부터 그 가정은 일반적으로 많은 어려움에 봉착하게 된다. 이러한 어려움은 전반적으로 가족 전체에 영향을 미치며, 가족의 삶을 변화시키는 요인으로 작용하기도 한다. 따라서 이러한 요인을 극복할 수 있도록 가족에게 힘을 실어 주는 가족 역량강화를 위한 적절한 지원이 이루어져야 한다.

 이 장에서는 장애가족을 이해하고 이에 대한 적절한 지원 방안을 수립하기 위해서 먼저 장애부모와 장애형제·자매를 가진 비장애 형제·자매가 겪는 심리적인 변화를 살펴본다. 또한 가족지원을 이해하기 위하여 가족지원의 개념, 지원 목적, 지원의 유형 및 범주, 지원 원칙, 가족지원 프로그램의 구성요소를 살펴보고자 한다.

⚽ 마인드 맵

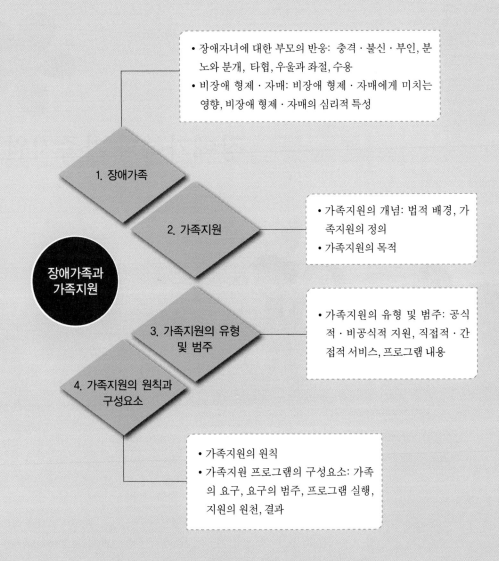

• 장애자녀에 대한 부모의 반응: 충격·불신·부인, 분노와 분개, 타협, 우울과 좌절, 수용
• 비장애 형제·자매: 비장애 형제·자매에게 미치는 영향, 비장애 형제·자매의 심리적 특성

1. 장애가족

2. 가족지원

• 가족지원의 개념: 법적 배경, 가족지원의 정의
• 가족지원의 목적

장애가족과 가족지원

3. 가족지원의 유형 및 범주

• 가족지원의 유형 및 범주: 공식적·비공식적 지원, 직접적·간접적 서비스, 프로그램 내용

4. 가족지원의 원칙과 구성요소

• 가족지원의 원칙
• 가족지원 프로그램의 구성요소: 가족의 요구, 요구의 범주, 프로그램 실행, 지원의 원천, 결과

⚽ 학습목표

1. 장애부모의 심리적 변화 단계를 정리할 수 있다.
2. 비장애 형제·자매의 심리적 특성을 설명할 수 있다.
3. 가족지원의 개념을 정의할 수 있다.
4. 가족지원의 목적을 구술할 수 있다.

⚽ 주요 용어

가족지원: 특수교육대상자들과 그들의 가족을 위해 의료, 복지, 심리, 치료, 교육 등 다양한 발달적 요구에 대응하기 위한 총체적 서비스

퀴블러-로스 사이클 이론: Kübler-Ross가 임종을 앞둔 사람들을 연구해 죽음에 이르기까지 심리 상태의 변화를 부정, 분노, 타협, 우울, 수용이라는 5단계로 구분한 이론

사례

  수민이(가명)는 어려서부터 장애를 가진 동생을 잘 보살펴 주었다. 수민이가 동생과 놀
아 주는 사이에 어머니는 밀린 집안일과 저녁식사를 준비할 수 있었다. 그러나 수민이가
사춘기에 접어들면서 장애동생을 멀리하고 친구들을 집에 데리고 오지 않는다. 그리고 쾌
활하고 명랑했던 성격이었는데 어느 날부터 말이 없고 우울해 보였다. 동생과 같은 학교
를 다니고 있었는데, 동생이 같은 반 친구들 몇 명에게 집단구타를 당하고 나서부터 이
러한 현상은 더 심해졌다. 수민이의 부모는 수민이에게도 부모의 관심이 필요하다는 것
은 알고 있었지만, 장애자녀의 교육과 치료 때문에 동생과 두 살 터울인 수민이에게 관
심을 기울이지 못했고, 다만 부모가 죽고 난 후에 동생을 잘 돌보려면 공부를 열심히 해
야 한다고만 강조했다. 특히 어머니는 수민이가 혼자서도 모든 것을 잘하고 있었기 때문
에 수민이가 느끼고 있는 외로움이나 소외감보다는 오로지 장애동생에게만 관심이 집중
되어 있었다. 수민이의 우울증이 심각한 것을 느낀 부모는 상담실을 찾은 후에야 장애동
생을 가진 비장애 형제가 심리정서적인 문제가 더 많을 수 있다는 사실을 깨달았다. 상담
소의 권유로 비장애 형제를 위한 캠프에 수민이를 보냈다. 캠프에 다녀온 후 수민이는 조
금씩 예전의 명랑한 모습을 찾아가고 있으며, 장애동생을 더 많이 이해하는 것 같았다.

1. 장애가족

1) 장애자녀에 대한 부모의 반응

  일반적으로 자녀를 양육한다는 것은 부모에게 시행착오와 더불어 여러 가지 문제
가 발생하는 가운데 서로 유기적인 관계로 영향을 주고받는다. 더구나 한 가정에 장애
를 지닌 자녀가 있을 경우 장애자녀의 부모는 장애의 유형이나 특성에 관계없이 많은
심리적인 어려움과 더불어 사회의 편견에 부딪히게 되며, 또한 경제적인 어려움에 봉
착하게 된다. 즉, 장애아동이 태어났을 때 발생하는 문제점과 어려움은 장애아동 개인
에게 국한된 것이 아니라 가족 내로 이어지고, 그로 인해 장애아동의 가족은 비장애가

족이 자녀를 양육하면서 생길 수 있는 문제점뿐만 아니라 장애아동의 치료, 교육, 미래에 대한 불안, 사회의 부정적 인식과 같은 물질적·사회적·심리적 어려움을 극복해 내야 하는 이중적 고통과 긴장 속에서 생활하게 된다. 이러한 가정 내의 긴장은 가족 구성원의 관계 및 기능에 부정적인 영향을 주게 되고, 또한 가족 구성원의 상호 관계 속에서 순환한다. 특히 우리나라처럼 가족주의가 강한 사회에서는 장애자녀로 인한 사회적 고립과 편견으로 인해 가족의 양육 스트레스는 증가될 수밖에 없다. 장애자녀의 양육 스트레스로 인해 부모는 자신에 대해 부정적인 자아개념을 갖게 되거나 자신감이 결여될 수 있고, 이는 장애자녀에게 부정적인 영향을 미칠 수 있다. 따라서 이를 완화시켜 줄 수 있는 가족지원에 대한 대책이 절실한 상황이며(임경옥, 2011), 가족 중에 장애 아동이 있다는 사실은 여러모로 가족들에게 많은 것을 요구하게 된다. 따라서 장애아 가족은 장애아에게 가장 중요한 환경으로서 가족 구성원 각자는 내부, 외부의 변화에 민감하게 반응하고, 상호영향을 주고받게 되며, 장애아는 장애유형과 장애정도에 따라 차이는 있지만 생애주기에 걸쳐서 가족의 돌봄과 지원이 필요하다(정영선, 조영숙, 2013).

특히, 장애아동의 가족은 장애아동의 출생 시부터 양육을 하면서 상실감, 충격, 부인, 슬픔, 분노 등의 부정적 정서를 경험한다. 이러한 부정적 정서는 장애아동의 진단 초기에는 심각하지 않다가 장애인의 성장과 생활과정 동안 슬픔과 스트레스가 고조되어 장애에 대한 적응과 재조직의 단계에 이를 때까지 지속되는 경향이 있다. 이러한 부모의 심리적 변화과정을 살펴보면, 많은 부모가 장애아동에 대해 가지게 되는 심리정서적 반응들로서 일반적으로 슬픔의 단계라고 불리는 퀴블러-로스 사이클(Kübler-Ross Cycle)을 단계적으로 경험한다. 그 단계는 충격·불신·부정, 분노·분개, 타협, 좌절·우울, 수용으로 분류된다(박지연 외 공역, 2007).

Kübler-Ross(1969: 김선해, 2010 재인용)는 슬픔의 단계와 함께 각 단계별로 전문가가 가족을 도울 수 있는 방법에 대해 다음과 같이 제안하였다.

첫째, 충격, 불신과 부인(shock, disbelif, & denial)의 단계다. 이 시기에 장애아동가족은 죄책감 혹은 수치심을 경험하고, 장애가 있음을 부인하려고 할 수 있다. 또한, 의료

진단을 받으러 여러 병원을 전전하기도 하지만, 진단을 수용하거나 필요한 지원의 제공을 완전히 거부할 수도 있다. 이 단계에 있는 가족에게 전문가는 수용하는 태도로 경청하고, 가족이 감정을 표현하도록 격려하며, 가족에게 이러한 감정이 정상적인 것임을 확신시킨다. 그리고 아동과 관련하여 가족이 공유할 수 있는 강점을 찾아 주고, 가족이 준비가 되었을 때 필요한 자원과 서비스를 제공한다.

둘째, 분노와 분개(anger & resentment)의 단계다. 이 시기에 장애아동가족은 도움을 주려는 이들(배우자, 전문가, 가족)에게 화를 내거나 비장애아동을 키우는 친구들에게 분개할 수 있으며, 진단의 정확성에 대해 전문가와 논쟁을 벌이기도 한다. 이 단계에 있는 가족에게 전문가는 사려 깊은 경청의 태도로 대하고, 가족의 분노와 분개를 표현·표출할 수 있도록 격려한다. 전문가는 가족이 느끼는 느낌에 대해 논쟁하지 않으며, 공격적인 말에 방어하지 않는 태도로 대해야 한다.

셋째, 타협(bargaining)의 단계다. 이 시기에 장애아동가족은 장애가 없어질 수만 있다면 무엇이든 하려는 믿음을 갖게 되고, '장애를 사라지게 해 준다면 무엇이든 하겠다.'라는 극단적인 생각을 표출하기도 한다. 이 단계에 있는 가족에게 전문가는 적극적인 경청을 하며 지지를 보여 주어야 한다. 그리고 부모에게 전문적인 견해를 강요하지 않으며, 비평을 삼가도록 한다.

넷째, 우울과 좌절(depression & discouragement)의 단계다. 이 시기에 장애아동가족은 현실을 수용하기 시작하고, 기대했던 아동을 잃어버렸음에 대해 슬퍼한다. 또한, 아동의 잠재력을 보지 못하고 단지 아동의 결함만을 보려 한다. 이 단계에 있는 가족들에게 전문가는 더욱 적극적이고 사려 깊은 경청을 하며, 부모지원 집단 같은 자원을 제안한다. 만약 우울증이 만성적으로 나타난다면 상담을 받을 수 있도록 의논할 수 있어야 하며, 아동의 강점에 대해 지속적으로 의논하도록 한다.

다섯째, 수용(acceptance)의 단계다. 이 시기에 오면 장애아동가족은 아동의 요구에 초점을 맞추는 대신 아동의 강점을 보기 시작하며, 아동의 삶을 향상시키기 위해 긍정적이고 주도적인 입장을 나타내기 시작한다. 이 단계에서 전문가는 계속 경청하면서 진전에 대해 격려한다. 그리고 아동의 강점에 대해 지속적으로 강조하면서도 가족에

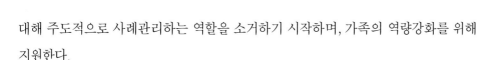

대해 주도적으로 사례관리하는 역할을 소거하기 시작하며, 가족의 역량강화를 위해 지원한다.

퀴블러-로스 사이클(Kübler-Ross Cycle) 이론은 부모와 전문가에게 모두 유용하다. 부모는 이 이론을 통해 자신의 감정을 설명하거나 같은 경험을 겪는 부모와 정서적 공감을 할 수 있고, 전문가는 부모가 어떤 단계인지 살펴보고 그와 관련된 지식을 제공할 수 있다(박지연 외 공역, 2007). 특히 장애자녀를 출산하고 돌보면서 장애아동부모가 경험하는 부정적 정서는 장애에 대한 적응과 수용 단계에 이를 때까지 순환하는 경향이 있다. 이러한 부모의 심리적 변화과정과 관련하여 Cook, Tessier와 Klein(2004)은 부모가 자녀의 장애를 알고 난 이후에 받는 심리적 적응과정을 충격 부인·거부, 분노, 타협, 우울·좌절, 수용 등의 다섯 단계로 설명하였다. [그림 11-1]은 장애아동의 부모가 경험하는 적응과정과 각 단계에서 나타나는 부모의 반응 및 전문가의 역할을 잘 보여 주고 있다

한편 이근매와 조용태(2014)는 장애자녀 부모의 심리변화 7단계를 초기, 중기, 후기 세 단계로 나누어 설명하고 있다. 초기단계에는 충격단계, 거부 및 부정의 단계, 불안단계의 심리적 변화를 거친다. 장애라는 사실을 인식하는 초기 단계로 자기자녀가 장애아동이라는 사실에 대해 수치와 모욕을 느끼고 타인에게 알려질까 두려워하는 시기다. 중기단계에는 책임과 죄책감의 단계, 고통의 단계, 과잉단계 혹은 배척의 단계로 장애자녀를 인정하면서 우울, 슬픔, 무력감에 시달린다. 나아가서 그 괴로움과 고통에 대한 분노를 공격적인 행동으로 나타내기도 한다. 아울러 아동에 대한 지나친 동정심과 배척의 행동이 발생하는 단계를 거쳐 후기에는 인정과 적응의 단계로 자녀의 장애와 장애로 인한 결과를 인정하고 심리적으로 수용하게 된다.

모든 장애 아동의 부모가 동일하게 심리적 변화를 순차적으로 겪는 것은 아니다. 가족이 가지고 있는 배경, 즉 아동의 장애유형이나 장애정도, 종교, 가족의 경제력, 부모의 학력, 장애에 대한 이해 정도, 가족 구성원 간의 유대관계, 방계가족의 지원 및 가족이 가지고 있는 자원 등 여러 가지 요소들이 영향을 미치게 된다. 이러한 영향들로 인해 어떤 단계는 거치지 않고 지나가기도 하고 경우에 따라서는 한 단계에 오래 머물기

도 하면서 각각의 단계들이 반복되기도 한다. 따라서 심리적 변화 과정을 잘 극복한 부모는 부부간의 유대가 오히려 강해지면서 서로 협력하여 장애아동의 교육과 치료에 주력하게 되고, 비장애 형제·자매도 장애에 대해 긍정적인 반응을 보인다. 반면, 장애를 수용하지 못하고 부정적인 심리정서적 반응들이 지속되는 경우에는 가정불화가 일어나거나 경우에 따라서는 가정이 와해되기도 한다. 그리고 장애아동을 과잉보호하거나 또는 방치하여 적절한 교육 및 치료의 기회를 제공하지 못하게 될 뿐만 아니라 이로 인해 장애아동의 성장발달에 부정적인 영향을 미칠 수 있다.

[그림 11-1] 부모의 반응 단계

출처: Cook, Tessier, & Klein (2004).

2) 비장애 형제 · 자매

(1) 비장애 형제 · 자매에게 미치는 영향

Gallagher, Beckman과 Crass(1983)는 일반적으로 장애를 가진 아동의 비장애 형제 · 자매는 장애아동을 보살펴야 하는 책임을 부모와 함께 져야 하기 때문에 부모에게 지지의 요인이 될 수도 있지만, 만일 비장애 형제 · 자매가 장애를 가진 형제 · 자매를 잘 수용할 수 없을 때에는 가족과 다른 사람에게 부정적인 영향을 초래하게 된다고 하였다.

먼저 부정적인 측면을 살펴보면, 부모는 비장애 형제 · 자매가 스트레스를 받을까 봐 장애아동의 장애를 숨기거나, 부모의 관심이 장애아동에게만 집중됨으로써 소외감이나 외로움 등을 비롯하여 다양한 양가적 감정을 느낄 수 있다. 즉, 장애아동이 존재하는 가정에 있어서 비장애 형제 · 자매는 부모의 장애아동에 대한 우선적인 관심으로 인해서 부모-자녀 관계에서 충족되어야 할 욕구의 지연뿐만 아니라 상대적인 무관심이나 거부를 경험하게 된다. 그리고 장애아동을 대신하여 성공하려는 심리적 부담감을 느끼기도 하고, 장애아동으로 인해 수치심과 위축적인 행동, 장애에 대한 거부반응을 나타내면서도 이러한 감정에 대해 죄책감을 가질 수도 있다. 또한, 장애 형제 · 자매와 자신을 과잉동일시(overidentification)하고, 장애형제로 인해 당황함을 경험하고, 수치심, 소외감, 외로움, 상실감, 분노, 가중되는 책임감, 성취에 대한 압력을 느낀다(Meyer & Vadasy, 1994). 이로 인하여 비장애 형제 · 자매는 가족관계에서 욕구 불만을 경험하며, 기타 대인관계에서의 어려움을 느끼게 된다(정영선, 조영숙, 2013).

하지만 모든 비장애 형제 · 자매가 이러한 부정적인 영향만 받는 것은 아니다. 가족의 장애아동에 대한 태도나 양육방식을 통해 긍정적인 영향을 받을 수도 있다. Simeonsson과 McHale(1981)에 따르면 장애아동의 형제는 또래의 다른 아동들보다 더욱 성숙하고 책임감을 지닌 것으로 밝혀졌으며, Grossman(1972)은 장애아동의 일반 형제 · 자매는 장애를 겪는 형제 · 자매를 자주 대함으로써 개인 간의 차이를 수용하는 것을 배운다고 하였다. 그리고 Meyer와 Vadasy(1994)는 장애아동의 형제 · 자매는 또래에 비하여 성숙하고, 반사회적인 행동을 덜하며, 자아의식 및 사회적 능력을 키울 수 있게 되며, 통찰력과 참을성을 기를 수 있고, 성실함과 책임감을 보이며, 직업적 기회를 더욱 많이 갖게 된다고 하였다. 또한 장애아동의 비장애 형제·자매는 장애를 가진 형제·자매와의 경험을 통하여 자신뿐 아니라 다른 사람에 대한 통찰력을 지니기도 하는데, 비장애 형제·자매는 장애를 가진 형제·자매가 자신의 인식과 철학에 큰 영향을 미쳤다는 사실을 알고 자신의 능력에 대해 감사하는 마음을 지녔다고 밝혔다. 그리고 Grossman(1972)의 장애아동의 대학생 형제들을 대상으로 한 연구에서도 장애아동의 형제 중 45%가 장애 형제가 있음으로써 오히려 자신에게 도움이 되었다는 결과를 보고하였다.

Croker(1981)는 장애아동이 가족 및 비장애 형제·자매에게 미치는 영향을 다음과 같이 기술하였다(Powell & Gallagher, 1992 재인용).

첫째, 정상적인 가족 생활의 흐름이 변한다. 휴가와 같은 가족 활동을 장애아동의 욕구에 맞추기 위해 많은 것들을 고려해야 하는 불편함이 따른다.

둘째, 부모의 관심과 지원이 제한적이다. 부모는 장애아동을 보살피기 위해 많은 시간을 할애해야 하며, 가정의 경제적 비용도 장애아동을 위해 더 많이 쓰게 된다.

셋째, 비장애 형제·자매는 장애아동에 대해 잘못된 인식을 가질 수도 있다. 손위 비장애 형제·자매는 장애아동으로 인해 자신이 어떤 영향을 받을지도 모른다고 걱정하였으며, 손아래 비장애 형제·자매 역시 장애아동을 돌보는 것에 대해 걱정하게 된다.

넷째, 비장애 형제·자매는 부모의 대리 역할을 수행해야 한다. 손아래 비장애 형제·자매는 장애아동을 돌보아야 한다는 책임감이 비장애 아동과 비교했을 때 보통 수준 이상이었다. 그리고 손위 비장애 형제·자매는 일생 동안 장애아동을 돌봐야 한다는 책임감을 가진다. 이런 책임감은 비장애 형제·자매의 사회생활에 영향을 미치게 된다.

다섯째, 비장애 형제·자매는 장애아동이 하지 못하는 일을 자신이 보상해야 할 의무가 있다고 생각할 수 있다. 부모가 비장애 형제·자매에게 장애아동이 하지 못하는

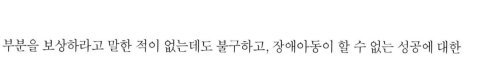

부분을 보상하라고 말한 적이 없는데도 불구하고, 장애아동이 할 수 없는 성공에 대한 압박감을 간접적으로 경험하게 된다.

여섯째, 비장애 형제·자매는 부모가 어떤 경우에는 장애아동에게 지나치게 사랑을 보이고, 어떤 경우에는 미워하는 등 부모의 반응에 대해 혼란을 경험할 수 있다. 부모의 이런 반응은 가족기능은 물론이고 비장애 형제·자매에게 영향을 미치게 된다.

따라서 장애아동으로 인해 비장애 형제·자매가 받을 수 있는 긍정적 혹은 부정적 영향을 정리하면 〈표 11-1〉과 같다.

표 11-1 비장애 형제·자매에게 미치는 영향

긍정적 영향	부정적 영향
• 성숙 • 책임감 • 개인 간의 차이 수용 • 자아의식 함양 • 사회적 유능감(능력) • 인내(참을성) • 성실함 • 통찰력 • 감사하는 마음 • 직업적인 기회(이타성)	• 장애형제·자매와 자신을 과잉동일시 • 친구 관계에서의 어려움 • 죄의식, 수치심 • 소외감, 외로움, 상실감 • 위축된 행동 • 가족관계에서 욕구불만 경험 • 가족 상황에 대해 분노 • 가중된 책임감 • 성취에 대한 압력 • 장애 형제·자매를 대신하여 성공하려는 심리적 부담감

(2) 비장애 형제·자매의 심리적 특성

장애 형제·자매를 가졌다는 것은 다른 아동이 경험하지 못하는 독특한 상황이다. Turnbull과 Turnbull(1990)에 따르면, 장애아동의 비장애 형제·자매는 초기 아동기(0~5세)에는 자신의 욕구에 대한 부모의 시간과 에너지를 쓰는 시간 및 관심이 줄어드는 것에 대한 질투의 감정, 장애에 대한 잘못된 이해와 관련된 두려움을 갖는다. 그리고 학령기(6~12세)에는 신체적 보호의 욕구에 대한 책임을 분담하는 것, 장녀가 장애 형제·자매에 대한 부담감을 많이 가질 가능성, 레크리에이션과 여가를 위해 가족의 자원이 제한되는 것, 친구나 교사에게 장애를 가진 형제·자매에 대해 말하는 것, 동생이 장애를 가진 형제·자매를 능가할 가능성, 통합교육을 위해 장애를 가진 형제·자매와 같은 학교에 다니게 되는 문제, 장애에 대한 기본적인 정보의 욕구에 대해 관심을 가지게 된다고 하였다.

특히 김진우(2014)는 장애를 가진 형제·자매가 자신에게 미칠 영향에 대한 불확실성, 친구들이 보이는 반응에 대한 부담감, 자신은 방치되었다는 느낌, 장애를 가진 형제·자매를 위해 많은 것을 해야 한다는 부담감을 가지기도 한다고 하였다. 이는 장애 아동의 비장애 형제·자매는 부모 이상으로 오랫동안 장애를 가진 형제·자매와 함께 가족 구성원으로 살아야 하기 때문이다. 그러므로 부모가 자신도 인식하지 못한 채 생활 속에서 주입시키는 장애아동에 대한 보호 및 양육 요구에 대한 부담감, 부모의 사랑과 관심의 부족으로 인한 외로움, 친구관계에 있어서의 어려움 등을 경험하면서 이러한 감정은 비장애의 형제·자매에게 심리적·사회적 부담이 될 수 있으며 스트레스로 작용하게 된다.

실제로 특수교육을 받고 있는 아동들의 80%가 형제·자매가 있다(Dunst, Trivette, & Deal, 1988). 따라서 이들이 겪는 문제가 많을 수 있으므로 장애아동의 형제·자매에게도 특별한 관심이 필요하다. 왜냐하면 장애아동의 형제·자매는 생활 속에서 장애 아동과 지속적이고 밀접한 관계를 가지고 있으므로 이들이 겪을 수 있는 많은 상황들이 존재하고 있다. 즉, 장애아동의 형제·자매는 외부의 상황과 더불어 가족 내에서 장애아동의 존재에 의해 가족 간의 관계에서 다양한 심리적 부담감을 경험하게 된다.

이러한 영향 속에서 비장애 형제·자매가 심리적으로 적응하는 단계를 살펴보면 다음과 같다(Turnbull & Ruef, 1996).

첫 번째 단계는 출생과 학령기 전의 시기다. 이 시기에 장애를 가진 아동이 태어날 때 비장애 형제·자매가 학령 전의 아동이라면 그들이 보이는 문제는 가족이 장애아동에 대해 적응하는 과정 속에서 경험하는 혼란의 결과로 인한 것이다.

두 번째 단계는 가족의 생활주기가 학령기에 이르렀을 때다. 장애아동보다 어린 비장애 형제·자매는 학교에 입학하면서 자신의 장애 형제·자매를 발달적으로 이해하게 되지만, 손위 형제 · 자매는 장애아동의 학교 입학으로 새로운 문제에 접하게 된다. 이 시기의 비장애 형제 · 자매는 장애아동으로 인해 또 다른 요구를 지니게 된다.

　세 번째 단계는 사춘기에 접어들었을 때다. 비장애 형제 · 자매는 낯선 사람이 장애를 응시하거나 또래의 질문 때문에 당혹감을 점점 느끼게 된다. 그리고 장애 형제 · 자매에 대한 보호 및 책임이 떠맡겨지거나, 장애 형제 · 자매에 대한 보상으로서 많은 것을 성취해야 된다고 여기면서 커다란 압박감을 느끼게 된다.

　네 번째 단계는 성인기에 접어들어 자신들의 개인적인 문제에 부딪히는 것이다. 비장애 형제 · 자매가 성인기에 이르면 대개 결혼과 자신의 자녀에 대해 공포심을 느끼게 되는데, 이는 장애를 가진 형제 · 자매가 유전성이 아닌 경우에도 장애아동을 갖게 되지 않을까 하는 공포심을 실제적으로 나타내는 것이다. 또한 부모가 사회에서 은퇴하는 시기에 있거나 노년기에 접어드는 단계에서 장애를 가진 형제 · 자매에 대한 보호와 책임이 점점 비장애 형제 · 자매에게로 이동하게 되는데, 이때 비장애 형제 · 자매는 그 어느 때보다 강한 압박감을 느끼게 된다.

　최근 가족중심 서비스라는 개념이 강조됨에 따라 장애아동의 형제 · 자매에 대한 관심이 기울여지기 시작하였다. 일반적으로 형제 · 자매는 같은 공간에서 생활하면서 서로에게 지지자가 되어 주고, 때로는 상담자의 역할을 하기도 하면서 사회성을 발달시킨다. 특히 장애를 가진 비장애 형제 · 자매는 성인기가 되었을 때 부모를 대신하여 장애 형제 · 자매를 보호할 수 있는 가장 중요한 자원이다. 그러므로 이들을 위한 다양한 지원 프로그램이 개발되어 비장애 형제 · 자매가 정서적 · 심리적으로 겪을 수 있는 부정적인 감정을 완화시켜 주어야 한다. 왜냐하면 장애아동의 형제들은 그들을 위한 프로그램 속에서 자신들의 감정과 고민을 자연스럽게 표현할 수 있는 기회를 가질 뿐만 아니라, 자신과 같은 기분을 느끼며 같은 방식으로 행동하는 많은 친구들을 통해 연대감을 느낄 수 있기 때문이다(Meyer & Vadasy, 1994). 따라서 이와 유사한 다양한 프로그램들을 통해 비장애 형제 · 자매의 심리적인 부분이 완화될 수 있도록 적절한 지원이 이루어져야 할 필요가 있다.

2. 가족지원

1) 가족지원의 개념

(1) 법적 배경

장애아동을 양육하는 가족은 경제적인 부담 외에도 장애아동의 미래에 대한 불안과 더불어 사회적 고립과 부정적인 정서 경험 및 가족 갈등을 겪음으로써 많은 스트레스를 받을 수 있다. 특히 우리나라의 장애인 복지정책은 장애인에 대한 지원에 초점을 맞추고 있기 때문에 장애인의 가족으로서 생활하면서 겪는 경제적·교육적·의료적 접근성, 사회정서적 돌봄 관련 어려움과 욕구를 포괄적으로 지원할 수 있는 법률적 근거나 지원정책이 미약한 수준이다. 뿐만 아니라 대부분 심리정서적 차원의 프로그램 수준에 머무르고 있어 장애인가족으로서 겪을 수 있는 총체적 어려움을 지원할 수 있는 지원정책이 부족한 실정이다(양공실, 2012).

이에 미국과 우리나라의 가족지원과 관련된 법적인 부분을 살펴보면 다음과 같다.

최근의 장애아동에 대한 개입은 기존의 아동중심(child-focused)의 접근방법에서 아동에 대한 총체적 접근인 가족지원(family support)으로 변화하였다. 이러한 경향은 미국의「장애인교육법 PL 99-457」에 잘 나타나 있는데, 장애아동에게 제공하는 프로그램에 장애아동의 치료와 교육 이외에도 가족 지향적 접근을 시도하고 있다. 미국도 발달장애에 대한 국가 주도의 가족지원은 1990년 후반에 와서야 본격적으로 이루어졌다고 볼 수 있다. 그러나 가족을 위한 다양한 비공식적 자원도 증가하는 추세이며, 가족지원의 중요성이 점차 강조되어 그에 상응하는 정책적·경제적 지원이 이루어지고 있다(김진우, 2014). 즉, 미국의 장애아동에 대한 개입의 가족지원 방향은 가족중심적인 접근을 강조하고 있다. 이에 비해 우리나라는 아직도 장애가족의 욕구나 어려움을 지원할 수 있는 법률적 근거나 지원정책이 빈약한 실정이다. 우리나라의「장애인 등에 대한 특수교육법」과 같은 법 시행령에 명시된 가족지원 관련 법을 살펴보면 다음과 같다.

「장애인 등에 대한 특수교육법」

제28조(특수교육 관련서비스)

① 교육감은 특수교육대상자와 그 가족에 대하여 가족상담 등 가족지원을 제공하여야한다.

② 교육감은 특수교육대상자가 필요로 하는 경우에는 물리치료, 작업치료 등 치료지원을 제공하여야 한다.

③ 각급학교의 장은 특수교육대상자를 위하여 보조인력을 제공하여야 한다.

④ 각급학교의 장은 특수교육대상자의 교육을 위하여 필요한 장애인용 각종 교구, 각종 학습보조기, 보조공학기기 등의 설비를 제공하여야 한다.

⑤ 각급학교의 장은 특수교육대상자의 취학 편의를 위하여 통학차량 지원, 통학비 지원, 통학 보조인력의 지원 등 통학 지원 대책을 마련하여야 한다.

⑥ 각급학교의 장은 특수교육대상자의 생활지도 및 보호를 위하여 기숙사를 설치·운영할 수 있다. 기숙사를 설치·운영하는 특수학교에는 특수교육대상자의 생활지도 및 보호를 위하여 교육부령으로 정하는 자격이 있는 생활지도원을 두는 외에 간호사 또는 간호조무사를 두어야 한다.

⑦ 제6항의 생활지도원과 간호사 또는 간호조무사의 배치기준은 국립학교의 경우 교육부령으로, 공립 및 사립 학교의 경우에는 시·도 교육규칙으로 각각 정한다. 〈신설 2013. 4. 5.〉

⑧ 각급학교의 장은 각급학교에서 제공하는 각종 정보(교육기관에서 운영하는 인터넷 홈페이지를 포함한다)를 특수교육대상자에게 제공하는 경우 특수교육대상자의 장애유형에 적합한 방식으로 제공하여야 한다. 〈개정 2013. 4. 5.〉

⑨ 제1항부터 제8항까지의 규정에 따른 특수교육 관련서비스의 제공을 위하여 필요한 사항은 대통령령으로 정한다. 〈개정 2013. 4. 5.〉

「장애인 등에 대한 특수교육법 시행령」

> 제23조 (가족지원)
> ① 법 제28조제1항에 따른 가족지원은 가족상담, 양육상담, 보호자 교육, 가족지원프
>   로그램 운영 등의 방법으로 한다.
> ② 제1항에 따른 가족지원은 「건강가정기본법」 제35조에 따른 건강가정지원센터,
>   「장애인복지법」 제58조에 따른 장애인복지시설 등과 연계하여 할 수 있다.

(2) 가족지원의 정의

가족지원(family support)은 1980년대부터 사용되기 시작한 용어로 가족체계를 강화하고 유지하기 위해서 제공되는 모든 활동, 특히 가족이 자녀의 장애를 이해하고 조정할 수 있도록 도와주는 것을 의미한다(박지연 외 공역, 2007). 이는 가족이 장애자녀를 양육하면서 해결해야 할 많은 스트레스와 문제를 가족 스스로 해결하여 삶의 질을 높이고, 가족기능이 원활할 수 있도록 지원하는 것을 말한다.

특히 가족지원은 가족 구성원 중 부모를 대상으로 이루어지는 경우가 많은데, 전문가 중심의 일방적인 중재보다는 부모의 의사결정과 요구를 존중하는 방식으로 이루어져야 하며, 장애아동에만 초점을 둔 프로그램이 아닌 가족 구성원 모두를 위한 다양한 형태의 교육 및 복지 프로그램이어야 한다. 장애아동의 가족은 가족 환경에 따라 다양한 요구를 가지고 있으며, 이러한 요구는 아동의 발달에 따라 지속적으로 일어나므로 어느 한 시점에서 해결되는 것이 아니다. 따라서 장애아동의 가족은 그들이 가지고 있는 자원과 강점을 찾고 스스로 문제를 해결할 수 있는 역량을 강화(empowering)시켜서 가족의 기능을 원활하게 유지해야 할 것이다(김선해, 2010).

Dunst(1990)는 가족지원에 대해 개인 및 가족 구성원 전체의 기능을 강화시키는 방식으로 가족에 대한 자원과 지원의 흐름을 촉진하기 위해 고안된 노력이라고 정의하였고, 이러한 가족지원은 가족의 역량을 강화시켜 가족과 가족 구성원이 더 능력 있게 되도록 돕는다고 하였다. 그리고 Weissbourd와 Kagan(1989)도 가족지원에 대해 부모 및 양육자 그리고 의식주의 제공자로서의 역할이라는 측면에서 성인의 능력과 역량

을 강화시키는 서비스를 가족에게 제공하는 것이라고 하였다. Dunst와 Trivette(1994)이 제시한 정의에 따르면, 가족지원 프로그램은 가족강화 모델을 근거한 것으로 가족의 기능을 강화하고, 가족구성원의 발달과 성장을 촉진하기 위하여 자원과 지원을 계획하는 것이다. 박지연(2004)은 가족지원이란 가족이 장애아동의 교육이라는 팀 활동에 동등한 협력자로서 참여할 수 있도록 가족을 준비시키고 가족의 역량을 강화하기 위해 제공되는 지원을 의미한다고 하였다. 그러므로 가족지원의 정의는 부모에게 직접적인 서비스를 제공하는 것이 아니라, 가족과 그 자녀를 돕기 위해 가족에게 능력을 주고, 부모에게 힘을 실어 주는 것이라고 할 수 있다(Zigler & Berman, 1983). 즉, 가족지원의 핵심적인 개념은 가족의 요구와 자원, 강점에 기초한 실행이라고 볼 수 있다. 따라서 가족의 기능을 강화하기 위해서는 가족이 가지고 있는 강점을 바탕으로 스스로 자원을 활용할 수 있도록 가족 전체의 능력을 강화해 주어야 한다. 이를 위해서는 각 가족이 가지고 있는 요구를 파악하여 융통성을 가지고 다양한 자원을 개발하여 개별적으로 지원하여야 한다.

2) 가족지원의 목적

최근 장애아동 출현은 급격히 증가하고 있고, 사회와 국가가 장애에 대한 책임을 지는 방향으로 인식의 전환이 이루어지고 있다. 이는 가족지원 서비스가 장애가족의 어려움을 해결할 뿐 아니라 국가적으로도 여러 측면에서 효율적이라는 공감대가 형성되고 있기 때문이다.

장애아동 가족지원은 장애아동의 양육과 관련된 가족의 욕구와 문제를 파악하고 그 욕구를 충족시킬 수 있는 다양한 자원과 서비스를 확인하여 가족의 기능을 강화하는 방향으로 자원을 얻도록 함으로써 자녀의 안정된 발달을 촉진할 뿐만 아니라 가족 구성원의 복지를 향상시킴으로써 궁극적으로 가족의 자립 역량을 증진시키는 목적을 가지고 있다(김성천 외, 2009). 즉, 가족을 하나의 전체적인 체계로 보고 장애아동 가족에게 자녀의 양육과 도구에 대한 도구적 지원, 정보적 지원, 사회정서적 지원을 제공하여 가족역량을 강화하고 궁극적으로 가족의 삶을 향상시키는 데 있다(Zuna et al., 2011: 강영주, 2014 재인용). 이와 관련하여 Zigler와 Berman(1983), Dunst, Trivette 과 Deal(1988)은 가족지원의 궁극적인 목적을 가족에게 능력을 주고 힘을 실어 주는 것이라고 하였다. 즉, 직접적인 서비스 제공 자체를 뛰어넘어 서비스를 받는 발달지체 영유아 가족의 내적 역량을 강화할 수 있도록 하는 것을 말한다. 이러한 가족지원의 목적을 다섯 가지 측면에서 설명하면, ① 가족에게 능력주기(enabling families), ② 가족에게 힘 실어 주기(empowering families), ③ 강화하기(enhancing)와 촉진하기(promoting), ④ 가족의 능력(family capability), ⑤ 가족기능 지원 및 강화(support/strengtheningfamilyfunctioning)' 등이다. '가족에게 능력주기'는 가족 구성원의 요구나 기대에 충족되는 자원들을 동원하기 위한 새로운 능력을 학습하고 잠재된 능력을 발휘할 수 있도록 기회를 제공하는 것을 의미하며, '가족에게 힘 실어 주기'는 가족의 이해를 반영하는 행동과 신념을 의미한다. '강화하기와 촉진하기'는 가족에게 힘을 실어 주는 것에 대한 이해를 높이기 위한 행동의 긍정적인 측면과 순향적인 측면을 강조하고 촉진하는 의미다. '가족의 능력'은 가족기능 수행을 충족시키기 위한 자원들을 동원하기 위해서 사용하는 지식, 기술, 재능 등을 의미한다. 마지막으로 '가족기능 지원 및 강화'는 가족의 요구를 충족시키기 위한 자원으로서 더욱 확장된 범위의 지역사회 사람과 지원의 활용을 강조한다(이병인, 2006 재인용). 따라서 가족지원은 가족이 가지는 자원을 최대한 활용하여 가족의 기능을 강화할 수 있는 방향으로 접근해야 하며, 가족의 다양한 요구에 따라 서비스를 계획하고 제공할 때 효율적이다. 아울러 가족지원 프로그램의 다양화 등이 필수적인 요소라고 할 수 있다(이병인, 2012).

지금까지 살펴본 가족지원의 목적을 종합해 보면, 가족지원 모델의 기본적인 철학은 긍정적인 인간관에서 출발한다. 또한 모든 사람에게 내재되어 있는 잠재력을 지지하면 긍정적인 성장을 할 가능성이 강화된다고 보는 것인데, 이는 장애에 대한 시각을 병리적 관점에서 강점 지향적 관점으로 전환하는 것을 의미한다. 강점 관점에서 중요한 실천의 특징은 장애인 자신, 가족 그리고 그들의 지역에 존재하는 자원을 발견하도록 돕는 역할을 강조한다는 것이다. 이와 같이 가족지원은 장애인과 가족에 대한 문제

중심적 관점에서 강점중심의 지향을 통해 가족의 긍정적인 역량강화를 도모하여 그들의 복지적 욕구를 충족시키고 궁극적으로 자립을 도모하는 목적을 갖는다(김성천 외, 2009).

이처럼 가족지원의 목적이 가족을 단위로 하는 이유는 장애아동 개인에 대해서 개입하는 것보다 가족 단위로 개입했을 때 그 효과가 높을 뿐 아니라 효과가 지속적으로 유지되며, 가족의 스트레스도 완화될 수 있기 때문이다. 따라서 장애아동을 양육하면서 가족 구성원이 직면하게 되는 여러 가지 어려운 문제들을 독립적으로 해결할 수 있도록 가족을 지원해 준다면 가족의 역량 및 독립성이 강화될 수 있을 것이다.

3. 가족지원의 유형 및 범주

가족지원의 유형과 범주는 학자들의 관점에 따라 공식적 지원과 비공식적 지원, 직접적인 서비스와 간접적인 서비스, 프로그램 내용 등으로 다양하게 분류될 수 있으며, 지원의 범주와 중첩되기도 한다. 먼저, 가족지원의 유형과 관련하여 Dunst, Trivette과 Deal(1988)은 공식적 지원과 비공식적 지원으로 구분하였다. 공식적 지원은 의사, 교사, 사회사업가, 치료사 등의 전문가 및 학교나 병원 및 국가기관을 통해 공식적으로 조직화된 지원을 의미한다. 비공식적 지원은 일상생활의 여러 측면에서 지원을 제공하기 쉬운 가족과 친척, 친구, 이웃 등의 개인적 지원, 그리고 종교기관, 사회단체 등의 사회적 지원을 말한다. 이소현(2000)은 전문가가 가족에게 제공하는 내용(정보, 조언, 정서적 지원 등), 가족이 프로그램과 전문가에게 제공하는 내용(기금조성, 기관선전, 정보 수집 등), 가족이 프로그램의 연장으로 아동에게 제공하는 내용(가정과 학교에서의 직접교육 등), 가족과 전문가가 함께 하는 내용(교육계획, 평가, 훈련, 토론, 협력교수 등)의 네 가지로 구성될 수 있다고 하였다. 오혜경과 정소영(2003)은 가족지원을 직접적 서비스와 간접적 서비스로 나누었다. 직접적 서비스에는 가족상담, 양육 상담, 주간보호, 부모교육, 가족기능강화 프로그램, 가족캠프, 부모역할훈련, 형제자매지원 프로그램, 장애형제 기능강화, 자조집단, 가족지지체계 지원사업, 가족관계증진 프로그램, 자녀양육기술, 가족통합지원, 가정도우미, 쉼터 제공, 부모여가활동 프로그램 등이 있다. 그리고 간접적 서비스에는 장애아동 부양수당, 장애수당, 의료비지원, 교육비지원, 주택보급, 조세감면, 이용료감면, 공교육의 의무교육 등이 있다.

　장애아동이 있는 가족에 대한 지원은 국가마다 다소간에 특성을 갖고 다양하게 제시되고 있으나, 그 공통적인 요소들을 정리하면 〈표 11-2〉와 같다. 지원의 범주는 다소 중복이 있으나, 경제, 의료, 교육, 양육, 정서, 사회적 지원, 지역사회의 영역으로 분류하였다(김성천 외, 2009).

표 11-2 장애아동가족 지원서비스의 범주와 내용

구 분	항 목
경제	교육비나 치료비에 대한 재정적 지원, 이동서비스, 교통비 지원, 장애인 차량 구입비 및 연료비 지원, 장애수당 지급, 장애아동 부양수당 지급, 장애아동 의료비 지원, 장애아동 재활보조기구/보장구 구입 지원, 장비개조 서비스, 세금 감면(소득세, 승용자동차에 대한 특별소비세, 장애인용 수입물품 관세 등), 요금 할인(통행료, 교통비, 공공시설 요금, 전화, PC, TV, 이동통신 등) 등
의료	장애아동 진단/평가서비스, 치료/의료상담, 가정방문치료, 물리치료/작업치료/언어치료, 수술, 보장구 처방, 가정건강서비스
교육	조기개입/취학 전 서비스, 장애아동 행동관리/생활훈련, 직업재활/고용지원 서비스, 정보제공/의뢰서비스, 부모와 가족교육, 가정방문 교육
양육	주간보호, 단기보호, 위탁보호, 그룹홈, 가사도우미/수발자/케어서비스/교육보조 도우미, 활동보조서비스, 가정 내 휴식/돌봄 서비스, 휴식(respite service)/가정 외 서비스, 위기개입 서비스
정서	개인/가족상담, 부모/형제/가족 지지집단, 부부간 지원서비스, 여가활동서비스/가족휴식지원 서비스
사회적 지원	법률에 관한 무료 전문상담, 재활병/의원 이용, 장애인복지시설 이용, 사회심리서비스(사회적응훈련, 재활정보 제공 등), 장애아동/가족 옹호 서비스, 후견인/미래계획, 보호작업장
지역 사회	장애인 시설개선(주택개선 등), 가정봉사(이미용, 반찬, 목욕, 외출, 심부름 등), 지역사회 아웃리치 서비스(outreach service), 사례관리

4. 가족지원의 원칙과 구성요소

1) 가족지원의 원칙

장애아동의 가족을 적절하게 지원하기 위해서는 가족의 다양한 요구에 기초한 실행(needs-based practices) 및 자원에 기초한 실행(resource-based practices)을 통해서 가족의 능력을 강화하는 것이어야 한다. 이와 관련하여 Dunst와 Trivette(1994)은 가족지원 원리를 다음의 여섯 가지 원칙으로 제시하고 있다(김성천 외, 2009 재인용).

첫째, 공동체 의식의 강화로 가족지원 프로그램은 사람들 간의 강력한 상호의존성을 나타내는 공동체 의식의 강화를 목표로 한다. 지역사회 구성원과 가족 단위간의 상호 의존성을 구축하며 모든 사람들의 공통된 요구와 지원을 강조하면서 가족지원이 이루어진다.

둘째, 자원과 지원의 동원으로 가족들에게 사회적 지원망을 구축하고 동원할 수 있는 기회를 만들어 줌으로써 가족들이 가족의 기능, 특히 양육의 책무성을 수행하기 위한 시간, 에너지, 지식 및 기술을 갖도록 하는 것이다. 이 원리는 비공식적 지원망을 구축하고 강화하는 것, 그리고 융통성 있고, 개별화되고, 가족의 변화하는 요구에 반응적인 방법으로 자원과 지원이 제공되는 것을 강조한다.

셋째, 책임의 공유 및 협력으로 자원 동원 및 지역사회 구축을 위한 기제로써 동반자 의식과 협력을 촉진하며, 가족과 가족지원 프로그램 직원 간에 생각, 지식 및 기술을 공유하는 것을 강조한다. 이 원리는 전문가와 가족 간의 전통적인 관계가 변화될 것을 요구한다. 이러한 원리를 위해 중재는 가족의 기능 지원 및 강화의 주요 기제로써 부모와 전문가 간의 동반자 관계를 유지해야 하며, 가족과 서비스 제공자 간의 자원 및 지원 동원의 상호작용은 상호 간의 존경 및 관련된 정보를 공유하는 것에 기초해야 한다.

넷째, 가족의 개별성 존중으로 가족의 신념과 가치를 존중하고, 가족이 외부 사람들에 의해 그러한 믿음을 침해받지 않도록 보호한다. 따라서 자원과 지원은 모든 가족 구성원 간의 건전하고, 안정적인 관계를 조장하고, 개발하고, 유지하는 방법으로 자원과 지원을 가족들에게 제공해야 한다. 중재는 가족의 개인적·문화적 가치와 신념을 수용, 존중, 보호하는 방법으로 시행되어야 한다.

다섯째, 가족의 기능 강화로 가족들에게 다양한 발달적 과제와 기능을 숙달할 수 있는 기회와 경험을 강조함으로써 자원을 동원하고 양육의 책무성을 수행하는 데 필요한 가족의 능력을 강화하는 것을 말한다. 따라서 중재는 가족의 기능을 지원하고 강화하는 주요 방법으로써 가족의 단점이나 결함을 교정하기보다는 가족의 강점에 의존해야 하며, 가족들이 그들이 받는 서비스에 대한 통제와 의사결정 권한을 최대한 보장받을 수 있는 방법으로 자원과 지원을 이용할 수 있어야 한다. 가족이 통제를 하는 위치에 있음을 보장하는 한 가지 방법은 현금 혹은 지불보증전표(voucher)의 형태로 이들 가족에게 직접 자원을 제공하는 것이다.

여섯째, 적극적인(proactive) 인간 서비스의 실천으로 적극적인 인간 서비스를 실천하기 위해 가족 기능을 강화하는 체계로서 치료적 접근방법보다는 예방적·조장적 접근방법이 선호된다. 예방적 중재는 문제 혹은 질병의 발생을 줄이거나 예방하며, 부적절한 결과의 발생을 줄이기 위해 부정적 기능이 나타나기 이전에 이루어진다. 조장적 중재는 긍정적인 기능의 발달을 강화하고 최적화하며, 기능과 적응적 능력을 강화하는 능력의 습득에 초점을 둔다(Dunst, Trivette, & Thompson, 1990). 또한 서비스 제공자 중심 혹은 전문가에 의해 규정된 개입방법보다 자원 중심 및 수요자 중심의 개입방법을 적용한다. 이것은 명백하게 인간발달에 대한 생태학적, 사회체계 관점을 강조하는 통합적인 개입(holistic intervention)의 적용을 필요로 한다(Bronfenbrenner, 1979).

2) 가족지원 프로그램의 구성요소

Dunst와 Trivette(1994)은 가족지원 프로그램을 구성하기 위해서 여섯 가지의 요소가 포함되어야 한다고 주장하였다([그림 11-2] 참조). 첫째, 가족강화 철학을 기반으로 한다. 둘째, 서비스의 대상이 가족임을 전제로 가족의 필요를 조사해야 한다. 셋째, 가족지원의 원칙에 근거하여 프로그램을 실행하여야 한다. 넷째, 가족이 활용할 수 있는 자원과 가족의 강점을 조사하여야 한다. 다섯째, 이러한 조사결과를 근거로 하여 가족의 필요를 충족시키고 가족이 활용할 수 있는 자원을 확장하여야 한다. 여섯째, 그 결과 가족의 기능을 정상화하고 삶의 질이 향상될 수 있게 해야 한다.

Beach Center on Disability(2005)는 가족을 관심의 단위로 보기, 협력적인 서비스 제공, 가족이 원하는 바에 대해 가족이 의사결정을 하도록 하기, 가족의 결함보다는 강점을 고려하기, 가족 구성원 전체의 요구를 고려하기, 지지적 정보 제공하기, 서비스 받는 사람의 인식을 존중하기, 침해적이지 않은 서비스 제공하기를 가족중심 서비스의 주요한 요소로 보고 있다(임경옥, 2011 재인용).

이처럼 가족지원 프로그램은 가족의 역량을 강화한다는 철학과 앞서 제시한 여섯 가지 지원원칙을 기반으로 하여 가족의 요구, 요구의 범주, 프로그램의 실행, 지원의 원천, 결과 등의 다섯 가지 구성요소로 이루어진다(Dunst & Trivette,1994). 결국 가족중심 접근(family-centered approaches)은 적용되는 분야를 막론하고 가족으로부터 얻는 충분한 정보에 의해 이끌어지며, 가족의 강점과 가능성에 초점을 맞추고 있다. 그러므로 가족지원은 이러한 가족지원 원칙을 기본 전제로 하여, 지원 방법에 있어서는 가족요구에 기초한 가족중심의 서비스가 제공되어야 하며, 가족 스스로 자신들만이 가지고 있는 강점과 자원을 통합적으로 활용할 수 있도록 가족의 능력을 향상시킬 수 있는 방향으로 개발되어야 한다(임경옥, 2011 재인용).

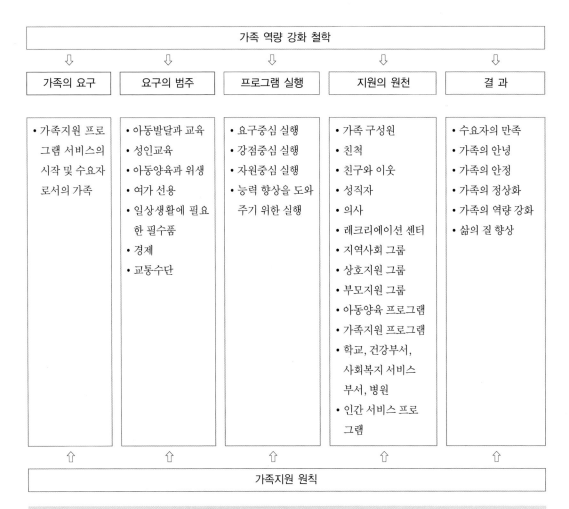

[그림 11-2] 가족지원 프로그램의 중요 요소를 기술하기 위한 모델

출처: Dunst & Trivette (1994), p. 42.

요점정리

1. 장애가족
1) 장애자녀에 대한 부모의 반응 - 1단계: 충격, 불신, 부인, 2단계: 분노와 분개, 3단계: 타협, 4단계: 우울과 좌절, 5단계: 수용
2) 비장애 형제 · 자매
   (1) 비장애 형제 · 자매에게 미치는 영향 - ① 정상적인 가족생활의 흐름 변화, ② 부모의 관심과 지원이 제한적, ③ 비장애 형제 · 자매는 장애형제에 대해 잘못된 인식을 가질 수도 있음, ④ 비장애 형제 · 자매는 부모 대리 역할 수행, ⑤ 장애형제 · 자매 대신 자신이 보상해야 할 의무가 있다고 생각, ⑥ 부모가 장애형제 · 자매를 대하는 반응에 대해 혼란 경험
   (2) 비장애 형제 · 자매의 심리적 특성
   • 긍정적 측면 - 성숙, 책임감, 개인 간의 차이 수용, 자아의식 함양, 사회적 유능감(능력), 인내(참을성), 성실함, 통찰력, 감사하는 마음, 직업적인 기회(이타성)
   • 부정적 측면 - 장애형제와 자신을 과잉동일시, 친구관계에서의 어려움, 죄의식, 수치심, 소외감, 외로움, 상실감, 위축된 행동, 가족관계에서 욕구불만 경험, 가족 상황에 대해 분노, 책임감, 성취에 대한 압력, 성공하려는 심리적 부담감

2. 가족지원
1) 가족지원의 개념
   (1) 법적 배경 - 미국「장애인교육법」인 공법 99-457조에서 그 기원을 찾을 수 있고, 우리나라의「장애인 등에 대한 특수교육법」과 같은 법 시행령에 명시
   (2) 가족지원의 정의 - 가족체계를 강화하고 유지하기 위해서 제공되는 모든 활동, 특히 가족이 자녀의 장애를 이해하고 조정할 수 있도록 도와주는 것을 의미. 즉, 가족의 기능을 강화하고, 가족구성원의 발달과 성장을 촉진하기 위하여 자원과 지원을 계획하는 것
2) 가족지원의 목적 - 장애아동 가족의 욕구를 충족시킬 수 있는 다양한 자원과 서비스를 확인하여 가족의 기능을 강화하는 방향으로 자원을 얻도록 함으로써 자녀의 안정된 발달 촉진뿐만 아니라 가족 구성원의 복지를 향상시킴으로써 궁극적으로 가족의 자립역량을 증진시키는 것

3. 가족지원의 유형 및 범주 - 가족지원의 유형과 범주는 학자들의 관점에 따라 공식적 · 비공식적 지원, 직접적 · 간접적 서비스, 프로그램 내용 등으로 다양하게 분류

4. 가족지원의 원칙과 구성요소
    1) 가족지원의 원칙 – 공동체 의식의 강화, 자원과 지원의 동원, 책임의 공유 및 협력, 가
       족의 통합 보장, 가족의 기능 강화, 적극적인 인간 서비스의 실천
    2) 가족지원 프로그램의 구성요소 – ① 가족강화 철학을 기반으로, ② 가족의 필요 조사,
       ③ 가족지원의 원칙에 근거하여 프로그램 실행, ④ 가족이 활용할 수 있는 자원과 가족
       의 강점 조사, ⑤ 이를 근거로 하여 가족의 필요를 충족시키고 자원 확장, ⑥ 그 결과
       가족의 기능을 정상화하고 삶의 질이 향상될 수 있게 해야 함

생각 나누기

1. 장애가족이 겪을 수 있는 어려움에 대해 토의해 봅시다.
2. 부모의 심리적 변화 단계에 따라 교사로서 지원해 줄 수 있는 방안을 강구해 봅시다.
2. 비장애 형제 · 자매를 지원해 줄 수 있는 프로그램에 대해 토의해 봅시다.
3. 가족(부모 및 조부모)을 지원해 줄 수 있는 방안에 대해 토의해 봅시다.

추천자료

• 보건복지부(http://www.mw.go.kr): 장애아동의 가족지원 정책에 대한 정보 제공 및 장
  애인 생활지원 정책 등 제공
• 서울특별시교육청특수교육지원센터(www.sen.go.kr/sedu/sedu/index.do): 특수교육지
  원서비스와 관련된 다양한 정보 및 관련 자료 등 제공
• 전국장애인부모연대(http://www.bumo.or.kr): 장애아 부모교육 및 상담 등에 관한 정보
  제공

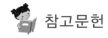 참고문헌

강영주(2014). 장애인 가족지원을 위한 가족치료 도입에 관한 고찰. 발달장애연구, 18(3), 21-42.

교육부(2007). 장애인 등에 대한 특수교육 시행령.

교육부(2013). 장애인 등에 대한 특수교육법.

김선해(2010). 장애아동의 통합촉진을 위한 가족 지원 프로그램이 장애아동 어머니의 양육스트레스와 양육효능감 및 가족 역량 강화에 미치는 효과. 이화여자대학교 교육대학원 석사학위논문.

김성천, 권오형, 최복천, 심석순, 신현욱, 임수경(2009). 가족중심의 장애아동 통합지원 체계구축 연구. 보건복지가족부.

김진우(2014). 발달장애인복지론. 서울: EM커뮤니티.

박지연(2004). 가족참여 및 지원의 실제(특수교사직무연수자료). 경기: 국립특수교육원.

박지연, 김은숙, 김정연, 김주혜, 나수현, 윤선아, 이금진, 이명희, 전혜인 공역(2007). 장애인가족지원. 서울: 학지사.

양공실(2012). 장애아동 가족지원 프로그램의 실태. 영남대학교 교육대학원 석사학위 청구논문.

오혜경, 정소영(2003). 학령기 장애아동의 양육부담과 가족지원. 서울: 신정.

이근매, 조용태(2014). 장애아동미술치료. 서울: 학지사.

이병인(2006). 장애아동가족지원의 이해. 서울: 단국대학교출판부.

이병인(2012). 특수교육과 관련된 가족지원 및 상담지원에 대한 요구 분석 연구. 지적장애 연구, 14(3), 217-238.

이소현(2000). 특수교육에 있어서 바람직한 가족 참여를 위한 지원 및 중재방안 고찰. 언어청각장애연구, 5(1), 174-191.

임경옥(2011). 발달지체영유아 아버지의 가족지원에 대한 인식 및 요구. 단국대학교 대학원 박사학위논문.

정영선, 조영숙(2013). 장애아 부모상담. 장애아동인권연구, 4(2), 47-61.

Cook, R. E., Tessier, A., & Klein, M. D. (2004). *Adapting early childhood curricular for children in inclusive setting.* Upper Saddle River, NJ: Peason Prentice Hall.

Dunst, C. J. (1990). Family support principles: Checklists for program builders and practitioners. *Family Systems Intervention Monograph, 2*(5). Morganton, NC: Family, Infant and Preschool Program, Western Carolina Center.

Dunst, C. J., & Trivette, C. M. (1994). Aims and principles of family supportprograms. In C. J. Dunst, C. M. Trivette, & A. G. Deal (Eds.), *Supporting and strengthening families* (p. 42). Cambridge, MA: Brookline Books.

Dunst, C. J., Trivette, C. M., & Deal, A. G. (1988). *Enabling and empowering families.* Cambridge, MA: Brookline Books.

Gallagher, J. J., Beckman, P., & Crass, A. H. (1983). Families of handicappedchildren: Sources of stress and ITS amelioration. *Exceptional Children, 50*(1), 10-19.

Grossman, F. K. (1972). *Brothers and sisters of retarded children: An exploratory study.* Syracuse, NY: Syracuse University Press.

Kübler-Ross, E. (1969). *Locus of control: Current trends in theory and research.* Hillsdale, NJ: Earlbaum.

Meyer, D. J., & Vadasy, P. F. (1994). *Sibshops: Workshops for siblings of children with special needs.* Baltimore, MD: Paul. Bookes.

Powell, T. H., & Gallagher, P. A. (1992). *Brothers and sisters: A special part of exceptional families* (2nd ed.). Baltimore: Paul H. Brookes Co.

Simeonsson, R., & McHale, S. (1981). Review: Research on handicapped children: Sibling rerationships. *Child: Care, Health and Development, 7,* 153-171.

Turnbull, A. P., & Ruef, M. (1996). Family perspectives on inclusive lifestyle issues for people with problem behavior. *Exceptional Children, 63*(2), 211-227.

Turnbull, A. P., & Turnbull, H. R. (1990). *Families, professionals, and exceptionality: A special partnership* (2nd ed.). Merrill Publishing Company.

Weissbourd, B., & Kagan, S. L. (1989). Family support program: Catayst forchange. *American Journal of Orthopsychiatry, 69,* 20-31.

Zigler, E., & Berman, W. (1983). Discerning the future of early childhood intervention. *American Psychologist, 38,* 894-906.

제12장

장애 영유아 선별 및 진단 · 평가

　발달에 있어 지체를 보이는 경우 그 아동이 특수교육대상자인지 또는 어떤 장애유형인지를 파악하려면 먼저 선별 및 평가를 거친 진단이 이루어져야 한다. 이러한 과정들은 특수교육의 실행에 있어 가장 먼저 이루어져야 한다. 선별은 조기발견 및 특수교육의 적격성을 판정하고, 진단은 아동의 장애원인 및 발달 수준을 가늠할 수 있는 과정이다. 그리고 이를 바탕으로 장애정도를 결정하여 특수교육 및 관련서비스를 제공하게 된다.

　이장에서는 선별 및 진단 · 평가의 개념, 진단 · 평가의 법적 근거, 장애 영유아 선별검사 및 진단 · 평가 검사의 유형, 장애 영유아 선별과 진단 · 평가 절차의 실제에 대하여 살펴보고자 한다.

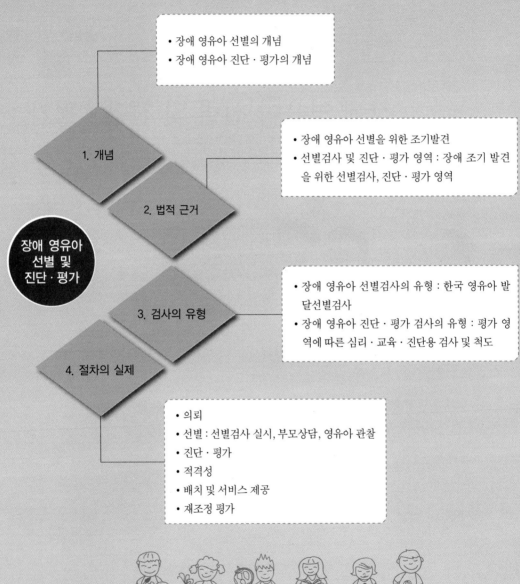

• 장애 영유아 선별의 개념
• 장애 영유아 진단 · 평가의 개념

1. 개념

• 장애 영유아 선별을 위한 조기발견
• 선별검사 및 진단 · 평가 영역 : 장애 조기 발견을 위한 선별검사, 진단 · 평가 영역

2. 법적 근거

장애 영유아 선별 및 진단 · 평가

3. 검사의 유형

• 장애 영유아 선별검사의 유형 : 한국 영유아 발달선별검사
• 장애 영유아 진단 · 평가 검사의 유형 : 평가 영역에 따른 심리 · 교육 · 진단용 검사 및 척도

4. 절차의 실제

• 의뢰
• 선별 : 선별검사 실시, 부모상담, 영유아 관찰
• 진단 · 평가
• 적격성
• 배치 및 서비스 제공
• 재조정 평가

사례

진아(가명)는 15개월이 지나도 엄마, 아빠 소리도 못하고 걸음도 잘 못 걸었다. 부모는 한편으로는 걱정하였지만, 주변에서는 늦되는 아이들도 많으니 걱정하지 말라는 말을 듣고 안심하고 있었다. 조금씩 좋아지고 있긴 하였지만, 32개월이 되어도 또래와 비교하면 진아는 여러모로 달랐다. 어린이집에 보내면 좋아지리라 기대하고 보냈지만, 몇 개월이 지난 후 담임교사가 어머니에게 상담을 요청하였다. 담임교사는 진아가 또래와 어울리지도 못하고, 모든 영역에서 많이 뒤떨어지는 것 같다고 하였다. 그리고 병원에서 무상으로 실시한 선별검사 결과 장애가 의심되므로 정확한 진단을 받기 위해 병원에서 검사를 받아 보거나 특수교육지원센터를 방문해 보는 것이 어떻겠냐고 조심스럽게 의견을 전했다. 진아의 부모는 며칠 동안 고민을 하다가 특수교육지원센터를 찾게 되었다. 특수교육지원센터에서는 아동 관찰과 상담 후 진단·평가를 시행하였는데, 이는 특수교육의 적격성 여부, 즉 특수교육을 받기에 적합한지를 판정하기 위해 실시하는 것이다. 또한 특수교육운영위원회에서 대상 선정 및 학교 지정·배치에 대한 심사도 받았다. 심사결과, 특수교육대상자로 선정되어 특수교육을 받을 수 있게 되었다.

1. 장애 영유아 선별 및 진단·평가의 개념

1) 장애 영유아 선별의 개념

선별(screening)은 잠재적 장애아동을 판별해 내는 과정으로서 문제가 있다고 판단되거나 의심되는 영유아를 심층적인 평가에 의뢰할 것인지를 결정하게 되는 과정이라고 할 수 있다. 즉, 선별이란 전반적인 발달영역을 평가하여 더 심층적인 평가에 의뢰할 것인가를 결정하게 된다. 그러므로 선별은 조기발견 프로그램의 중요한 요소로서 흔히 심층적 혹은 완전한 진단·평가를 필요로 하는 아동을 확인하기 위한 과정이라고 할 수 있다(Bondurant-Utz & Luciano, 1994). 또한 앞으로 문제가 진전될 수 있거나 교정 프로그램이 필요한 아동을 확인하기 위해 사용되며(Taylor, 2004), 선별과정에서 영유아에 대하여 경제적이고 효율적으로 평가하여 심층적인 평가에 의뢰할 것인지를 결정하게 된다(Cohen & Spenciner, 2003). 선별의 정의 및 필요성을 정리하면 다음과 같다(허계형, 2015).

- 선별이란 장애를 지닐 가능성이 있어 보다 심도 있는 평가가 필요한 대상을 파악하는 간단한 과정으로 정의할 수 있다.
- 선별은 중재를 필요로 하는 영유아를 찾아내어 적기에 서비스를 제공하는 체계적 과정의 초기 단계로, 위험 요소를 조기에 발견하여 발달지체 혹은 장애의 발생률을 감소시킬 수 있다.
- 선별은 문제가 더욱 심화되기 전에 가능한 한 문제를 파악하여 적기의 중재를 제공할 수 있으므로 중재서비스의 효과를 극대화할 수 있다.

특히, 발달기에 장애가 있는 영유아에게 있어 선별에 의한 조기교육은 장애로 인한 차이의 정도를 줄일 수 있고, 2차 장애를 예방할 수 있다. 이러한 측면에서 장애 영유아에 대한 선별은 중요한 의미를 지니고 있다.

장애 영유아 선별과정에서는 표준화된 선별검사 도구, 체크리스트, 아동의 관찰, 부모 면담 등과 같은 다양한 방법이 사용된다. 이를 토대로 문제가 있다고 판단되는 영유아를 선별해야 한다. 표준화된 선별검사 도구는 간단하고 신속하게 검사를 실시할 수 있고, 대상 영유아를 빠르게 선별해 낼 수 있다는 장점을 가지고 있다. 그러나 선별과정에서 문제가 발견되거나 발견되지 않을 수 있다. 따라서 정확한 선별이 이루어지기 위해서는 검사도구에 대한 다방면의 검토가 선행되어야 한다.

Meisels(1985)는 소수의 선별검사만이 선별 목적을 위해 사용될 수 있는 신뢰성과 윤리적인 조건을 갖추고 있다고 밝혔다. 그는 장애 영유아를 위한 선별검사 도구를 선정하는 데 중요한 지침을 다음과 같이 제시하였다. 첫째, 간단한 과제와 절차를 포함하고 있어야 한다. 둘째, 장애위험 아동을 변별할 수 있는 행동만을 표본으로 선정한 것이어야 한다. 셋째, 학습적 준비성 과제보다는 발달 과제에 초점을 둔 것이어야 한다. 넷째, 한 영역보다는 다양한 발달 영역을 조사할 수 있는 것이어야 한다. 다섯째, 신뢰도와 타당도, 특히 민감도(sensitivity)와 정확도(specificity) 지수가 확인된 것이어야 한다(Bagnato, & Neisworth, 1991). 이 외에도 과도한 비용의 부담 없이 선별될 수 있도록 하기 위해서 먼저 경제적이어야 하며, 일반적으로 선별검사는 10~15분 정도의 시행 시간이 적절하다. 그리고 선별도구가 부모의 의견을 수렴할 수 있도록 구성되는 것이 아동을 파악하는 데 도움이 되며, 문화적 · 언어적 타당성 및 모니터링 가능성, 즉 선별의 체계가 모니터링 체계로 구성되어 있는 것이 좋은 선별검사도구라고 할 수 있다.

영유아기는 많은 가변성이 있기 때문에 선별은 주기적 · 반복적으로 이루어져야 하며, 또한 선별과정에서 부모 및 다양한 분야의 전문가들이 참여하여 충분한 협의를 거쳐야 한다. 따라서 영유아기의 선별 프로그램에 있어서 중요한 사항은 가능한 한 조기에 아동을 확인한 후 효과적이고, 신속하며, 정확한 프로그램을 운영하는 방법이라고 할 수 있다(Ysseldyke, Algozzine, & Thurlow, 2000).

2) 장애 영유아 진단 · 평가의 개념

평가(evaluation)란 대상에 대한 정보를 모으고 그 정보를 분석하여 장애의 원인과 발달수준을 밝히는 과정이라고 할 수 있다. 그리고 진단(diagnosis)이란 이런 평가를 토대로 의학적 · 교육적 · 발달적 장애정도를 결정하여 치료 처방 및 그 장애에 맞는 특정한 프로그램을 제공하도록 하는 절차라고 할 수 있다. 즉, 진단 · 평가는 특수교육의 적격성 여부를 판정하기 위해 실시된다. 그러므로 어떤 중재를 제공하기 전에 선행해야 할 과제는 아동의 현재 기능, 상태, 문제 등을 평가하는 것이다. 즉, 선별과 진단 · 평가가 정확하게 이루어지기 위해서는 대상 영유아에 대한 전체 정보를 다양하게 수집하여 여러 측면에서 평가하는 것이 적절하다. 진단 · 평가의 목적은 아동에게 적절한 서비스를 결정하기 위하여 그들의 욕구를 파악하고 현 기능 수준과 잠재 능력을 확인하는 데 있다. 따라서 진단 · 평가를 통해 어떤 서비스가 가장 효과적이고 효율적인지를 결정해야 한다. 이를 위해 객관적으로 표준화된 검사 및 영유아를 둘러싸고 있는 환경을 평가하는 생태학적 진단과 아울러 자연스러운 실생활에서 영유아가 수행한 과제를 모아서 평가하거나, 영유아의 실생활에서 일어나는 실제적인 능력을 관찰해서 자료를 모아 평가해야 한다. 영유아의 가족 및 주변인들을 통해 추가 정보를 수집하고, 자연적인 상황에서 영유아의 행동을 관찰을 해야 한다. 아울러 영유아를 평가할 때, 인지, 사회성, 언어, 대근육 운동, 소근육 운동, 신변처리 영역의 평가도 함께 이루어져야 한다. 즉, 진단·평가는 그 절차와 검사도구를 실시하고 해석하는 과정에 있어서 아동을 둘러싼 생태학적 관점에서 종합적으로 평가해야 한다. 또한 평가에 있어서는 객관적이고 양적으로 평가하는 과학적인 방법 및 전문성을 갖춘 평가자의 경험과 직관, 통찰에 의한 임상적 경험에 의해 시행되는 것이 바람직하다. 규준 참조형 검사, 비공식적 진단·평가, 준거 참조형 검사, 생태학적 진단·평가, 역동적 진단·평가 등(Pierangelo & Giuliani, 2002: 정인숙 외, 2008 재인용)이 사용될 수 있다. 지금까지 살펴보았듯이, 진단·평가는 일반적으로 영유아의 장애 및 발달지체의 원인과 특성 및 정도를 밝혀내는 과정을 거치게 되며, 모든 영역에서 종합적인 진단·평가가 이루어져야 한다. 이를 위해서 전체 아동을 대상으로 하는 선별검사에 비해 진단검사는 개인별로 실시해야 하며, 선별검사에 비해 상대적으로 많은 수의 문항을 활용하여야 한다. Losardo와 Notari-Syverson(2001)은 장애 영유아의 진단과 평가에 꼭 포함해야 하는 요소들을 다음과 같이 제시하였다.

- 모든 주요 발달 영역을 진단 내용에 포함시킨다.
- 자연적인 환경에서 진단한다.
- 진단과정에 가족을 참여시킨다.
- 필요하다고 판단된 다양한 영역의 전문가들이 협력하여 진단한다.
- 다양한 근거를 통해서 진단 정보를 수집함으로써 수렴적 진단을 실시한다.

이러한 과정을 통해 특수교육대상자로서의 적격성 여부, 즉 대상 아동이 특수교육대상자로 적격한가를 결정하게 되는 것이다. 그러므로 가족뿐 아니라 각 관련 학문 분야의 전문가에 의한 다학문적 접근을 하는 것이 적절하다. 다영역 팀의 조건은 다음과 같다(Pugach & Johnson, 1995).

- 공유된 목적과 공통적인 철학을 가지고 있는 집단이어야 한다.
- 각 구성원은 솔직하고 개방적인 의사소통이 유지되어야 한다.
- 의사소통 과정에서 발생할 수 있는 갈등을 해결하는 기술들을 필수적으로 개발하여야 한다.

2. 장애 영유아 선별 및 진단 · 평가의 법적 근거

1) 장애 영유아 선별을 위한 조기발견

「장애아동복지지원법」과 「장애인 등에 대한 특수교육법」, 같은 법 시행령과 시행규칙에서는 장애 영유아 선별을 위한 조기발견의 중요성을 인식하고 조기발견 및 진단 · 평가와 관련하여 법적으로 명시하고 있다. 이런 법적 근거에 따라 장애 영유아 선별을 위한 조기발견 등을 살펴보면 다음과 같다.

「장애아동복지지원법」

제12조(장애의 조기발견)
① 시장 · 군수 · 구청장은 「국민건강보험법」 제52조, 「의료급여법」 제14조 및 「모자보건법」 제10조제1항에 따라 영유아에 대하여 정기적인 건강검진 · 예방접종을 실시하는 경우 장애의 유무를 조기에 발견하기 위하여 선별검사를 실시할 수 있다.
② 국가와 지방자치단체는 장애의 조기발견을 위하여 방송 · 신문 및 인터넷 등 다양한 매체를 이용하여 홍보하여야 한다.

「장애인 등에 대한 특수교육법」

제14조 (장애의 조기발견 등)

① 교육장 또는 교육감은 영유아의 장애 및 장애 가능성을 조기에 발견하기 위하여 지역주민과 관련 기관을 대상으로 홍보를 실시하고, 해당 지역 내 보건소와 병원 또는 의원(醫院)에서 선별 검사를 무상으로 실시하여야 한다.

② 교육장 또는 교육감은 제1항에 따른 선별검사를 효율적으로 실시하기 위하여 지방자치단체 및 보건소와 병·의원 간에 긴밀한 협조체제를 구축하여야 한다.

③ 보호자 또는 각급학교의 장은 제15조제1항 각 호에 따른 장애를 가지고 있거나 장애를 가지고 있다고 의심되는 영유아 및 학생을 발견한 때에는 교육장 또는 교육감에게 진단·평가를 의뢰하여야 한다. 다만, 각급학교의 장이 진단·평가를 의뢰하는 경우에는 보호자의 사전 동의를 받아야 한다.

④ 교육장 또는 교육감은 제3항에 따라 진단·평가를 의뢰받은 경우 즉시 특수교육지원센터에 회부하여 진단·평가를 실시하고, 그 진단·평가의 결과를 해당 영유아 및 학생의 보호자에게 통보하여야 한다.

⑤ 제1항의 선별검사의 절차와 내용, 그 밖에 검사에 필요한 사항과 제3항의 사전 동의 절차 및 제4항에 따른 통보 절차에 필요한 사항은 대통령령으로 정한다.

「장애인 등에 대한 특수교육법 시행령」

제9조 (장애의 조기발견 등)

① 교육장 또는 교육감은 매년 1회 이상 법 제14조제1항에 따른 홍보를 하여야 한다.

② 교육장 또는 교육감은 장애의 조기발견을 위하여 관할 구역의 보육시설·유치원 및 학교의 영유아 또는 학생(이하 "영유아 등"이라 한다. 이하 이 조에서 같다)을 대상으로 수시로 선별검사를 하여야 한다. 이 경우 「국민건강보험법」 제52조제1항 또는 「의료급여법」 제14조제1항에 따른 건강검진의 결과를 활용할 수 있다.

③ 교육장 또는 교육감은 선별검사를 한 결과 장애가 의심되는 영유아 등을 발견한 경우에는 병원 또는 의원에서 영유아 등에 대한 장애진단을 받도록 보호자에게 안내하고 상담을 하여야 한다.

④ 교육장 또는 교육감은 선별검사를 받은 영유아 등의 보호자가 법 제15조에 따른 특수교육대상자로 선정받기를 요청할 경우 영유아 등의 보호자에게 영유아 등의 건강검진 결과 통보서 또는 진단서를 제출하도록 하여 영유아 등이 특수교육대상자에 해당하는지 여부를 판단하기 위한 진단·평가를 하여야 한다.

⑤ 교육장 또는 교육감은 제3항에 따라 진단·평가한 결과 영유아 등에게 특수교육이 필요하다고 판단되면 보호자에게 그 내용과 특수교육대상자 선정에 필요한 절차를 문서로 알려야 한다.

⑥ 제2항부터 제5항까지의 규정에 따른 선별검사 및 진단·평가에 필요한 사항은 교육부령으로 정한다. 이 경우 제2항에 따른 선별검사에 관한 사항은 보건복지부 장관과 협의하여야 한다.

「장애인 등에 대한 특수교육법 시행규칙」

제2조(장애의 조기발견 등)

① 교육장 또는 교육감은 「장애인 등에 대한 특수교육법」(이하 "법"이라 한다) 제14조 제1항 또는 제3항에 따른 선별검사나 진단·평가를 실시하는 경우에는 별표에 따른 검사를 각각 실시하여야 한다.

② 보호자 또는 각급학교의 장은 법 제15조제1항 각 호에 해당하는 장애를 가지고 있거나 장애를 가지고 있다고 의심되는 영유아 및 학생을 발견하여 진단·평가를 의뢰하고자 하는 경우에는 별지 제1호서식에 따른 진단·평가의뢰서를 작성하여 교육장 또는 교육감에게 제출하여야 한다.

③ 교육감 또는 교육장은 「장애인 등에 대한 특수교육법 시행령」(이하 "영"이라 한다) 제9조제5항에 따라 진단·평가의 결과를 영유아 및 학생의 보호자에게 알릴 때에는 별지 제2호서식에 따른다.

2) 선별검사 및 진단 · 평가 영역

앞서 살펴본 법적 근거에 의해 「장애인 등에 대한 특수교육법 시행규칙」에서는 특수교육대상자 선별검사 및 진단 · 평가 영역을 명시하고 있다(〈표 12-1〉 참조). 이 시행규칙에 따르면, 장애의 조기발견을 위한 선별검사로는 사회성숙도 검사, 적응행동 검사, 영유아발달검사 등을 활용하도록 하고 있으며, 진단 · 평가 영역에서는 제시된 각종 검사를 실시하도록 되어 있다.

표 12-1 선별검사 및 진단 · 평가 영역(「장애인 등에 대한 특수교육법 시행규칙」 제2조제1항 관련)

구 분		영 역
장애 조기발견을 위한 선별검사		1. 사회성숙도검사 2. 적응행동검사 3. 영유아발달검사
진단 · 평가 영역	시각장애 · 청각장애 및 지체장애	1. 기초학습기능검사 2. 시력검사 3. 시기능검사 및 촉기능검사(시각장애의 경우에 한함) 4. 청력검사(청각장애의 경우에 한함)
	지적장애	1. 지능검사 2. 사회성숙도검사 3. 적응행동검사 4. 기초학습검사 5. 운동능력검사
	정서 · 행동장애, 자폐성장애	1. 적응행동검사 2. 성격진단검사 3. 행동발달평가 4. 학습준비도검사
	의사소통 장애	1. 구문검사 2. 음운검사 3. 언어발달검사

학습장애	1. 지능검사
	2. 기초학습기능검사
	3. 학습준비도검사
	4. 시지각발달검사
	5. 지각운동발달검사
	6. 시각운동통합발달검사

비고: 특수교육대상자 선정을 위한 장애유형별 진단 · 평가 시 장애인증명서 · 장애인수첩 또는 진단서 등을 참고자료로 활용할 수 있다.

3. 장애 영유아 선별검사 및 진단 · 평가 검사의 유형

1) 장애 영유아 선별검사의 유형

장애 영유아를 선별하기 위한 대표적인 발달 선별검사로는 그동안 K-ASQ(Korean-Ages and Stages Questionnaires) 부모작성형 유아모니터링체계와 한국형 Denver II(K-DDST)가 주로 사용되어 왔다. 그러나 2014년부터 한국 영유아 발달선별검사(Korea Development Screening Test for Infants & Children: K-DST)가 공식적으로 사용되고 있다. 이는 2008년 영유아 국가건강검진 도입 이후 발달평가에 적용돼 온 외국 도구 중 우리나라의 실정에 맞게 표준화하여 사용되어 온 검사도구(K-ASQ, DENVER-II)를 대체해 저작권 문제 해소 및 한국 영유아의 특성에 맞는 검사도구의 필요성을 절감하고 보건복지부가 대한소아과학회에 의뢰하여 개발한 것이다.

한국 영유아 발달선별검사(K-DST)는 우리나라 영유아의 특성과 사회정서적 배경 등을 반영해 발달지연에 대한 정확한 검사와 건강관리를 할 수 있도록 한 검사다. 이 검사의 대상 연령은 생후 4~71개월 영유아이며, 주요 특성은 다음과 같다.

- 다양한 영역에서 습득하는 발달기술을 종합적으로 평가하여 발달의 문제가 있는 영유아를 선별하기 위한 부모보고식 검사

- 나이에 따라 총 5~6개의 영역으로 구성되어 있음
- 각 영역은 8개의 문항으로 구성되어 총 40~48문항이 한 연령 구간별 검사지에 포함됨
  - 각 영역 당 8문항으로 구성되어 있으며, 월령별 검사 문항은 4~5개월용부터 16~17개월용까지, 즉 생후 18개월 미만의 영유아를 대상으로 하는 검사지는 40문항, 18~19개월용부터 66~71개월용까지의 검사지는 48문항으로 구성됨
  - 4~5개월용부터 16~17개월용까지는 대근육운동, 소근육운동, 인지, 언어, 사회성 등 총 5개의 발달영역을 다룸, 18~19개월용부터는 자조 영역이 포함된 6개의 발달 영역을 다룸
- 평가하는 발달영역은 대근육운동, 소근육운동, 인지, 언어, 사회성, 자조임. 다만 자조능력의 경우 일정한 발달기술을 획득한 후 계발되는 특성을 지니고 있기 때문에 18개월 이후의 월령부터 검사하도록 구성됨
- 4~5개월용과 6~7개월용은 2개월 간격으로, 24~26개월용과 27~29개월용은 3개월 간격으로, 36~41개월용부터는 6개월 간격으로 구성됨
- '전혀 할 수 없다'(0점), '하지 못하는 편이다'(1점), '할 수 있는 편이다'(2점), '잘 할 수 있다'(3점) 중 알맞은 문항에 표시함
- 발달과정에서 매우 중요하기에 별도로 고려되어야 하는 항목과 발달의 양적인 지연이 뚜렷하지 않으면서도 질적으로 변형된 발달을 보이는 신경발달장애를 탐지할 수 있는 항목을 다루는 추가질문이 포함되어 있음

그중 30~32개월의 월령별 검사의 예는 [그림 12-1]과 같다.

한국 영유아 발달선별검사 (30~32개월용)

✤ 다음 사항을 기재해 주십시오. 빈 칸에 작성하시고 해당 사항에 Ⅴ 표시 하십시오.

아이 이름			(남, 여)	설문 응답자	☐ 어머니 ☐ 아버지 ☐ 할머니 ☐ 할아버지 ☐ 기타( )
생년월일		년 월		일 (조산아인 경우 출산 예정일 : 년 월 일)	
부모정보 (선택사항)	어머니	나이 : 만 ( ) 세	학력 : ☐ 대학원이상 ☐ 대졸 ☐ 대학중퇴 ☐ 고졸 ☐ 중졸이하		
	아버지	나이 : 만 ( ) 세	학력 : ☐ 대학원이상 ☐ 대졸 ☐ 대학중퇴 ☐ 고졸 ☐ 중졸이하		
아이가 신체나 기타 발달상의 문제가 있나요?			☐ 아니오 ☐ 예 (있다면 구체적 병명은?)		

** 이 질문지는 만 30~32개월 유아를 위한 질문지입니다. 아이의 월령에 해당하는 질문지가 아닌 경우, 질문지를 교체해 주세요.

✤ 각 질문 항목에 대하여 다음 네 가지 중 하나에 표기해 주십시오.
  만약 아이가 질문 내용을 할 수 있는지 모르는 경우 직접 시켜보고 답해 주십시오.

잘 할 수 있다 ③	할 수 있는 편이다 ②	하지 못하는 편이다 ①	전혀 할 수 없다 ⓪

🏠 대근육운동

1	계단의 가장 낮은 층에서 두발을 모아 바닥으로 뛰어내린다.	③ ② ① ⓪
2	서있는 자세에서 머리 위로 팔을 높이 들어 공을 앞으로 던진다.	③ ② ① ⓪
3	발뒤꿈치를 들고 발끝으로 네 걸음 이상 걷는다.	③ ② ① ⓪
4	난간을 붙잡지 않고 한 계단에 양발을 모으고 한발씩 계단을 올라간다.	③ ② ① ⓪

5	아무 것도 붙잡지 않고 한 발로 1초간 서 있는다.	③ ② ① ⓪
6	아무것도 붙잡지 않고 한 계단에 양발을 모으고 한발씩 계단을 내려간다.	③ ② ① ⓪
7	아무것도 붙잡지 않고 한발씩 번갈아 내딛으며 계단을 올라간다.	③ ② ① ⓪
8	큰 공을 던져주면 양팔과 가슴을 이용해 받는다.	③ ② ① ⓪

잘 할 수 있다 ③	할 수 있는 편이다 ②	하지 못하는 편이다 ①	전혀 할 수 없다 ⓪

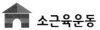
소근육운동

1	문손잡이를 돌려서 연다.	③ ② ① ⓪
2	연필의 아랫부분을 잡는다.	③ ② ① ⓪
3	유아용 가위를 주면 실제로 종이를 자르지는 못해도 한 손으로 종이를 잡고 다른 손으로는 가위 날을 벌리고 오므리며 종이를 자르려고 시도한다.	③ ② ① ⓪
4	신발 끈 구멍이나 구슬 구멍에 끈을 끼운 후 빼낸다.	③ ② ① ⓪
5	수평선 그리는 시범을 보여주면 흉내 내서 그린다(이미 그려져 있는 선 위에 따라 그리는 것은 해당되지 않는다).	③ ② ① ⓪
6	엄지손가락과 다른 손가락 사이로 연필, 크레용 또는 펜 등을 잡는다.	③ ② ① ⓪
7	자신의 옷이나 인형 옷의 단추를 푼다.	③ ② ① ⓪
8	원이 그려진 것을 보여주면 원을 그린다(그리는 과정의 시범을 보지 않고도 그려야 한다).	③ ② ① ⓪

인지

1	빨간, 노란, 파란 토막들을 섞어 놓으면 같은 색의 토막들끼리 분류한다.	③ ② ① ⓪
2	"많다–적다"와 같은 '양'의 개념을 이해한다(예: 사탕 2개와 사탕 6개를 놓고 어떤 것이 더 많은지 물었을 때 많은 것을 가리킬 수 있다).	③ ② ① ⓪
3	6조각으로 된 퍼즐을 맞춘다.	③ ② ① ⓪
4	2개의 선 중에서 길이가 긴 것과 짧은 것을 구분한다.	③ ② ① ⓪
5	"둘"이라는 개념을 이해한다(예 : 사탕 3개를 책상 위에 놓고 "두 개 주세요"라고 하면 두 개를 줄 수 있다).	③ ② ① ⓪
6	크기가 다른 3개의 사물을 놓고, "가장 큰 것", "중간 크기의 것", "가장 작은 것"을 구분한다.	③ ② ① ⓪
7	"안, 밖, 사이"와 같은 공간에 대한 개념을 이해한다("컵을 상자 안에 넣어"라고 시키면 그대로 따라할 수 있다).	③ ② ① ⓪
8	연관성이 없는 두 가지 지시사항을 시키면 2가지를 순서대로 기억하여 수행한다(예: 휴지 버리고 책 가지고 와).	③ ② ① ⓪

언어

1	손으로 가리키거나 동작으로 힌트를 주지 않아도, "식탁 위에 컵을 놓으세요"라고 말하면 아이가 정확하게 행동한다.	③ ② ① ⓪
2	"안에", "위에", "밑에", "뒤에" 중 2가지 이상을 이해한다.	③ ② ① ⓪
3	그림책을 볼 때, 그림에서 일어나는 상황이나 행동을 말한다(예: 아이에게 "멍멍이가 뭐 하고 있지요?"라고 물으면 "잔다", "먹는다", "운다" 등 책에 나와 있는 상황을 말한다).	③ ② ① ⓪
4	"이름이 뭐예요?"하고 물으면, 성과 이름을 모두 말한다.	③ ② ① ⓪
5	"~했어요"와 같이 과거형으로 말한다.	③ ② ① ⓪
6	간단한 대화를 주고받는다.	③ ② ① ⓪
7	"예쁘다" 또는 "무섭다"의 뜻을 안다.	③ ② ① ⓪
8	"할아버지, 할머니, 오빠(형), 누나(언니), 동생"과 같은 호칭을 정확하게 사용한다.	③ ② ① ⓪

❖ 각 질문 항목에 대하여 다음 네 가지 중 하나에 표기해 주십시오.
만약 아이가 질문 내용을 할 수 있는지 모르는 경우 직접 시켜보고 답해 주십시오.

잘 할 수 있다 ③	할 수 있는 편이다 ②	하지 못하는 편이다 ①	전혀 할 수 없다 ⓪

사회성

1	어른이 시키면 "미안해", "고마워"라는 말을 한다.	③ ② ① ⓪	5	어른이 이끄는 집단 놀이에서 규칙을 따른다.	③ ② ① ⓪
2	다른 아이들의 행동을 보고 (간단한) 놀이의 규칙을 따른다.	③ ② ① ⓪	6	자기 차례를 기다린다(예: 놀이터, 미끄럼틀).	③ ② ① ⓪
3	자신의 기분을 말로 표현한다(기분이 좋으면 좋다고 말하고, 나쁘면 나쁘다고 말한다).	③ ② ① ⓪	7	놀이 중에 도움이 필요한 친구를 도와주고 달래준다.	③ ② ① ⓪
4	3~4명과 어울려서 숨바꼭질, 술래잡기 등을 한다.	③ ② ① ⓪	8	혼자서 혹은 또래와 함께 인형놀이(상상놀이)를 한다.	③ ② ① ⓪

자조

1	음식을 먹다 흘리면 손이나 옷으로 닦지 않고 스스로 휴지나 냅킨으로 닦는다.	③ ② ① ⓪	5	물을 틀어주거나 받아주면 혼자서 비누로 손을 씻는다.	③ ② ① ⓪
2	바지에 발끝을 약간만 넣어주면 허리까지 완전히 끌어올린다.	③ ② ① ⓪	6	양말을 혼자서 신는다.	③ ② ① ⓪
3	낮 동안 소변을 가린다.	③ ② ① ⓪	7	도와주지 않아도 혼자서 밥을 먹는다.	③ ② ① ⓪
4	낮 동안 대변을 가린다.	③ ② ① ⓪	8	단추를 풀러주면 셔츠나 내의를 벗는다.	③ ② ① ⓪

추가 질문

예 ①	아니오 ⓪

1	걷지 못한다.	① ⓪	4	청력이 정상임에도 불구하고 이름을 불러도 쳐다보지 않는다.	① ⓪
2	의미있는 단어를 말하지 못한다.	① ⓪	5	어른들의 관심을 끄는 행동을 하지 않는다(멀리 있는 사물을 가리키기, 물건을 가져다 보여주기, 같이 놀자고 건네주기, 소리 내어 부르기, 손가락으로 가리키기 등).	① ⓪
3	아이가 보호자와 이야기를 하거나 놀 때 눈을 맞추지 않는다.	① ⓪			

[그림 12-1] 30~32개월용 검사지 예시

출처: 질병관리본부, 대한소아과학회(2014).

2) 장애 영유아 진단·평가 검사의 유형

진단·평가를 위해서는 영유아가 보이는 문제를 다각적인 차원, 즉 의학적·심리학적·교육학적·사회학적·발달적 측면 등에서 적절한 평가가 이루어져야 한다. 이는 발달에 문제를 보이는 영유아에게 효율적이고 적합한 교육 프로그램을 계획하고 실시하기 위해서 필수적이다. 그러므로 진단·평가를 통해 이를 토대로 교수 계획을 작성하고, 영유아의 진전도를 지속적으로 평가해야 한다. 그리고 이를 바탕으로 교육계획에 대한 수정 및 보완이 이루어져야 한다. 영유아를 진단하기 위한 검사를 평가 영역별로 제시하면 〈표 12-2〉과 같다.

표 12-2　평가 영역에 따른 심리·교육·진단용 검사 및 척도

영역	검사명
지능·인지	웩슬러 유아용 지능검사(K-WPPSI/ K-WISC-III), 그림지능검사(PTI), 카우프만 아동용 인지검사(K-ABC), 한국형 지능검사(KISE-KIT), 레이븐 지능검사(K-CPM), 유아종합창의성검사(K-CCTYC)
지각·운동	벤더도형검사(BGT), 시지각발달검사(K-DTVP-II) 지각-운동발달진단검사(PMDT), 시각-운동통합검사(VMI), 한국판 오세레츠키 운동능력검사
성격·인성	한국아동인성검사(KPI-C), 인물화검사(DAP), 문장완성검사(SCT), 집/나무/사람검사(HTP), 아동용 주제통각검사(CAT), 유아성격검사, 아동용 자아개념검사
발달	한국판-유아발달선별검사, 카이제 발달척도, 카이제-코스 정신발달검사, 덴버발달검사(K-DDST-II), 한국 유아발달검사(K-DIP), 한국 영아발달검사(K-DII), 베일리 영유아발달검사
적응 행동	사회성숙도검사(SMS), 적응행동검사(K-ABS), 적응행동검사(KISE-SAB), 지역사회적응검사(CIS-A)
학습	학습준비도검사(FGST), 기초학력검사(KISE-BAAT), 기초학습기능검사, 읽기진단검사 학습기술검사(LST), 기초학습기능 수행평가체제: 읽기검사

사회성 기술	한국 사회성기술 검사(K-SKRSP), 사회성 기능평가 척도, 사회적 상호작용척도, 아동용 사회성 불안척도
언 어	영유아 언어발달검사(SELSI), 한국판 보스톤 이름대기 검사, 우리말 조음 · 음운평가, 한국 표준 어음검사, 언어이해 · 인지력검사, 그림 어휘력검사, 문장이해력검사, 한국 언어발달검사(K-LDIC), 취학 전 아동의 수용 및 표현언어발달척도(PRES), 한국노스웨스턴구문선별검사
정서 · 행동	소아우울증검사, 소아상태불안검사, 소아특성불안검사, 심리상태검사, 아동 · 청소년행동평가척도(K-CBCL), 자살성향검사, 정신건강검사, 문제행동검사(ECBI)
특정장애 진단	한국-주의력결핍 · 과잉행동진단검사(K-ADHDDS), 한국-자폐증진단검사(K-ADS), 아동기 자폐증 평정척도(CARS), 이화-자폐아동 행동발달(E-CLAC), 자폐아동교육진단검사(K-ASIEP), 교육진단검사(K-PEP)

출처: 김일명 외(2015), p. 154.

4. 장애 영유아 선별과 진단 · 평가 절차의 실제

1) 의뢰 단계

특수교육을 받기 원하는 대상자의 보호자가 특수교육지원센터에 선별 등을 위한 접수 상담을 신청하면, 특수교육지원센터에서는 접수 등록 순서대로 해당 대상자에 대한 접수 상담을 의뢰한 후 2일 이내에 시행하도록 통보한다. 그리고 의뢰 시 상황에 따라 접수 상담과 장애 가능성 유무 선별을 위한 가정방문 실시 여부를 결정한다.

특수교육대상자의 진단 · 평가와 관련된 의뢰서 제출 및 처리 절차는 「장애인 등에 대한 특수교육법」에 명시되어 있으며, 이를 그림으로 나타내면 [그림 12-2]와 같다.

「장애인 등에 대한 특수교육법」

> 제16조(특수교육대상자의 선정절차 및 교육지원 내용의 결정)
> ① 특수교육지원센터는 진단 · 평가가 회부된 후 30일 이내에 진단 · 평가를 시행하여
>   야 한다.
> ② 특수교육지원센터는 제1항에 따른 진단 · 평가를 통하여 특수교육대상자로의 선정
>   여부 및 필요한 교육지원 내용에 대한 최종의견을 작성하여 교육장 또는 교육감에
>   게 보고하여야 한다.
> ③ 교육장 또는 교육감은 특수교육지원센터로부터 최종의견을 통지받은 때부터 2주
>   일 이내에 특수교육대상자로의 선정 여부 및 제공할 교육지원 내용을 결정하여 부
>   모 등 보호자에게 서면으로 통지하여야 한다. 교육지원 내용에는 특수교육, 진로
>   및 직업교육, 특수교육 관련서비스 등 구체적인 내용이 포함되어야 한다.
> ④ 제1항에 따른 진단 · 평가의 과정에서는 부모 등 보호자의 의견진술의 기회가 충분
>   히 보장되어야 한다.

2) 선별 단계

(1) 선별검사 실시

「장애인 등에 대한 특수교육법」제14조에서는 해당 지역 내 보건소와 병원 또는 의원에서 선별검사를 무상으로 실시하도록 명시되어 있다. 그리고 선별검사는 「장애인 등에 대한 특수교육법 시행령」에서 장애의 조기발견을 위하여 영유아를 대상으로 수시로 선별검사를 하도록 규정되어 있다. 이에 우리나라에서는 영유아 발달선별검사(발달평가 및 상담)를 생후 4~71개월 영유아에게 실시하고 있다. 그리고 건강관리공단은 영유아의 보호자가 인터넷을 통해 발달 선별검사지를 작성할 수 있도록 '영유아발달평가 웹(Web)서비스'를 2014년부터 제공하고 있다.

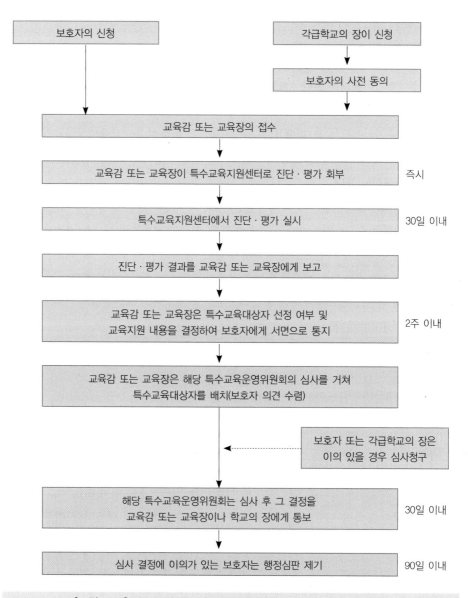

```
┌──────────────────┐                    ┌──────────────────┐
│    보호자의 신청     │                    │   각급학교의 장이 신청   │
└──────────────────┘                    └──────────────────┘
        │                                        │
        │                               ┌──────────────────┐
        │                               │   보호자의 사전 동의    │
        │                               └──────────────────┘
        │                                        │
        ▼                                        ▼
┌──────────────────────────────────────────────────────────┐
│                 교육감 또는 교육장의 접수                        │
└──────────────────────────────────────────────────────────┘
                         │
                         ▼
┌──────────────────────────────────────────────────────────┐   즉시
│       교육감 또는 교육장이 특수교육지원센터로 진단 · 평가 회부        │
└──────────────────────────────────────────────────────────┘
                         │
                         ▼
┌──────────────────────────────────────────────────────────┐   30일 이내
│            특수교육지원센터에서 진단 · 평가 실시                   │
└──────────────────────────────────────────────────────────┘
                         │
                         ▼
┌──────────────────────────────────────────────────────────┐
│         진단 · 평가 결과를 교육감 또는 교육장에게 보고              │
└──────────────────────────────────────────────────────────┘
                         │
                         ▼
┌──────────────────────────────────────────────────────────┐   2주 이내
│         교육감 또는 교육장은 특수교육대상자 선정 여부 및            │
│        교육지원 내용을 결정하여 보호자에게 서면으로 통지            │
└──────────────────────────────────────────────────────────┘
                         │
                         ▼
┌──────────────────────────────────────────────────────────┐
│      교육감 또는 교육장은 해당 특수교육운영위원회의 심사를 거쳐      │
│         특수교육대상자를 배치(보호자 의견 수렴)                   │
└──────────────────────────────────────────────────────────┘
                         ▲          ┌──────────────────┐
                         ┆          │  보호자 또는 각급학교의 장은 │
                         ┆┄┄┄┄┄┄┄┄┄┄│  이의 있을 경우 심사청구    │
                         │          └──────────────────┘
                         ▼
┌──────────────────────────────────────────────────────────┐   30일 이내
│         해당 특수교육운영위원회는 심사 후 그 결정을               │
│       교육감 또는 교육장이나 학교의 장에게 통보                  │
└──────────────────────────────────────────────────────────┘
                         │
                         ▼
┌──────────────────────────────────────────────────────────┐   90일 이내
│       심사 결정에 이의가 있는 보호자는 행정심판 제기              │
└──────────────────────────────────────────────────────────┘
```

[그림 12-2] **특수교육대상자 진단 · 평가의뢰서 제출 및 처리 절차**

(2) 부모상담

부모상담은 영유아의 생태학적 진단·평가에 있어서 매우 중요한 단계로 다양한 정보를 수집하기 위해 실시된다. 평가하려는 아동에 대한 적절한 정보를 효율적이고 체계적으로 수집하기 위해서는 부모와의 상담과정에서 먼저 개인에 대한 정보와 의뢰 이유, 생육사 및 어린이집(유치원), 가정생활에 대한 부분의 정보 수집이 이루어져야 한다. 특히 생육사에 대한 부분은 임신 및 출생과 관련하여 출생 전, 출생 시, 출생 후의 요인들을 폭넓게 조사해야 하며, 영유아의 건강 상태 및 섭식, 수면, 기질에 대한 부분도 파악되어야 한다. 이는 평가과정의 필수적인 부분이다. 정보 수집과 관련된 초기 상담 기록지의 예는 〈표 12-3〉과 같다.

표 12-3 초기 상담 기록지

아동 명		생년월일		연령	만 세 월	성별	남, 여
주소							
보호자 명		관계		직업		전화번호	
의뢰 이유 (문제행동)							
생육사	임신 및 출생	출생 전 (어머니)	1. 약복용: 무, 유(내용:) 2. 질병: 무, 유(내용:) 3. 건강상태( ) 4. 심리·정서상태( ) 5. 기타( )				
		출생 시	1. 분만유형(순산, 가사분만, 난산, 겸자분만, 제왕절개, 조산) 2. 체중(Kg) 3. 원하는 아이(예, 아니오) 4. 울기(강, 약) 5. 인큐베이터 사용(무, 유) 6. 산소호흡기 사용(무, 유) 7. 기타( )				
		출생 후	1. 고열: 무, 유(시기: 체온:) 2. 젖빠는 힘(강, 약) 3. 경기: 무, 유(시기: 정도: 횟수:) 4. 기질( )				
	초기 행동	섭식 및 수면	1. 영양(모유, 우유, 혼합) 2. 이유( ) 3. 영양상태( ) 4. 수면의 유형과 양( ) 5. 수면장애(무, 유) 6. 기타( )				

		신체 발달	1. 목가누기( ) 2. 앉기( ) 3. 배밀기( ) 4. 기기( ) 5. 서기( ) 6. 걷기( ) 7. 기타( )			
		언어 발달	1. 옹알이( ) 2. 첫말단어( ) 3. 기타( )			
		신변처리	1. 옷 입기( ) 2. 옷 벗기( ) 3. 식사하기( ) 4. 대변가리기( ) 5. 소변가리기( ) 6. 기타( )			
가정 및 교육환경		양육자			생활정도	상 중 하
		양육 태도	원만형, 거부형, 방임형, 지배형, 간섭형, 보호형		가족력(가계도)	
	학습 경험	가정 지도				
		교육 기관	장소/기간			
			교육내용			
		학습 준비 도	인 지			
			언 어			
			운동성			
			사회성			
			자조능력			
행동 관찰	외모 및 감각 양상	일반 외모	자세( ) 피부색( ) 옷 상태( ) 옷 유형( ) 위생( ) 키( ) 체중( ) 기타( )			
		시 각	정상( ) 안경( ) 눈 깜박이기( ) 눈비비기( ) 곁눈질( ) 읽을 때 머리돌리기( ) 자료 보기(가까이, 멀리) 눈감기( ) 기타( )			
		청 각	정상( ) 지시 따르기( ) 귀비비기( ) 보청기( ) 반복질문하기( ) 듣지 못함( ) 기타( )			
		근육 운동	정상( ) 소근육( ) 대근육( ) 동작( ) 가만히 있지 못함( ) 무기력함( ) 기타( )			
		신체장애	정상( ) 시각장애, 청각장애, 지체장애, 뇌성마비, 균형곤란, 물체에 부딪힘, (휠체어, 보조기, 흰지팡이, 안경) 사용, 기타( )			

외현 행동	활동 수준	정상( ) 편안함( ) 돌아다님( ) 의자 앉기( ) 손발 두드리기( ) 소리지르기( ) 자주 울기( ) 졸기( ) 위축( ) 소리에 놀라기( ) 기타( )	
	표정 및 자세	정상( ) 슬픔( ) 웃기( ) 망설임( ) 말(다, 소), 입술깨물기( ) 눈맞춤( ) 기타 자세 및 태도( )	
	언어 사용	정상( ) 말더듬, 애깃말, 조음곤란, 목소리(고, 저) 단어수준( ) 퉁명스러움( ) 말의 속도( ) 기타( )	
환경과의 상호작용	검사시 태도		
	또래와의 상호작용	정상( ), 적대적, 호의적, 무관심한, 폭력적, 정중한, 시끄러운, 화내는, 부끄러운, 조용한, 자기주장적, 협조적, 방어적, 수동적, 혼자서 노는 기타( )	
	어른과의 상호작용	정상( ) 적대적, 호의적, 무관심한, 폭력적, 정중한, 경계하는, 시끄러운, 부끄러운, 조용한, 자기주장적, 협조적, 방어적, 수동적, 화내는 기타( )	
아동과의 면접	가정환경에 대한 지각	부모	
		형제	
		대중 매체	
		개인 습관	
	또래관계		
	학교환경		
	자기지각		
상담자 소견			
			20 . . . (서명)

출처: 김일명 외(2015), pp. 147-148.

(3) 영유아 관찰

관찰은 특정 상황에 대한 객관적인 자료를 수집하고 표준화된 검사를 통해 알 수 없는 영유아의 특성을 파악하여 유용한 자료를 수집할 수 있다. 이를 위해 자연스러운 환경, 예컨대 자연적인 놀이 상황에서의 발달 수준이나 다양한 행동을 관찰해야 한다. 이러한 관찰은 생태학적으로 많은 정보를 제공해 준다.

관찰방법에는 평가자가 다양한 장소에서 자연스럽게 나타나는 문제행동을 관찰하는 직접관찰법과 영유아가 같이 생활하고 있는 사람, 즉 부모 및 보호자 교사가 관찰하여 보고하도록 하는 간접관찰법이 있다. 경우에 따라서는 영유아와의 라포(rapport)를 형성한 후 면접을 하는 방법도 있다.

관찰기록 방법은 있는 사실을 그대로 기록하는 서술기록, 관찰 기간 동안 일정한 간격으로 여러 회에 걸쳐 기록하는 간격기록(시간표집법), 관찰대상 행동이 발생할 때마다 기록하는 사건기록(사건표집법), 사전에 준비된 평정 수단을 사용하여 행동의 특성 및 정도 또는 유무를 판단해 기록하는 평정기록법이 있다.

3) 진단·평가 단계

각종 검사, 부모상담, 아동관찰 등을 통해 수집된 정보를 바탕으로 선별을 통해서 의뢰된 영유아의 장애 원인 및 종류와 장애정도 또는 발달지체의 정도를 정확히 판단하기 위한 진단·평가가 이루어져야 한다. 이를 통해 특수교육적인 도움이 필요한지 혹은 기타 프로그램에 적격한지를 결정하게 된다. 특수교육대상에 대한 진단은 교육청 특수교육지원센터가 담당하며, 교육적 사정은 시·도 교육청 및 특수교육운영위원회에서 담당한다.

4) 적격성 단계

다양한 방법으로 수집된 정보를 바탕으로 대상 영유아가 특수교육대상자로 적격한지를 결정하는 단계로 진단단계에서 영유아가 장애가 있는 경우라 할지라도 반드시 특수교육대상자로 선정되지 않을 수도 있다. 이는 장애가 있다 할지라도 반드시 특수교육을 요구하는 것은 아니기 때문에 장애의 특성과 정도에 따라 특수교육대상자에 대한 적격성 판단이 필요하다. 이는 같은 장애라 하더라도 각기 다른 영유아의 개별적 특수교육지원 요구를 파악하여 영유아에게 적합한 교육적 지원 및 배치를 하기 위하여 특수교육대상자 선정 심사를 한다고 볼 수 있다.

5) 배치 및 서비스 제공 단계

특수교육대상자로 선정된 이후에는 영유아에게 어떠한 특수교육적인 도움이 필요한지와 더불어 장애정도에 적합한 프로그램에 영유아의 배치를 결정하고 교육프로그램을 제공하는 단계다. 이 단계에서는 진단에 따라 영유아의 특성에 적합한 개별화 프로그램이나 관련서비스를 계획하여야 한다. 그리고 개별화교육 프로그램에는 인지발달, 수용언어 및 표현언어 발달, 대근육 · 소근육 운동발달, 사회성 및 신변처리 발달영역 등이 포함되어야 한다.

6) 재조정 평가 단계

평가과정에서는 형성평가(formative evailation)와 총괄평가(summstive evalution)가 이루어져야 한다. 먼저, 형성평가는 장애 영유아가 적절한 진전을 보이는가에 대하여 점검하는 것으로, 결과나 성과보다는 과정에 초점을 두고 이루어지는 평가다. 따라서 장애 영유아를 위한 개별화교육계획 프로그램에서 작성된 각 발달영역별 교수목표들을 기준으로 교육계획대로 목표를 잘 성취하고 있는가를 평가하여야 한다. 그리고 이를 통해 다음 단계의 계획을 세우고, 필요한 경우 교육전략을 결정하거나 수정 · 보완하여야 한다. 또한 진도 점검을 효과적으로 하기 위해서는 다양한 방법, 예컨대 놀이 중의 관찰 및 발달점검표나 일과기록 등을 통해서 자료를 지속적으로 수집하여야 한다.

총괄평가는 영유아의 성취 정도와 프로그램의 효과를 확인하기 위한 것이다. 이는 영유아가 예상된 진전을 보였는가를 결정하는, 즉 교육목표가 어느 정도 실현되었는지를 최종적으로 확인하는 평가다.

 점정리

1. 장애 영유아 선별 및 진단·평가의 개념
  1) 장애 영유아 선별의 개념 – 선별이란 장애를 지닐 가능성이 있어 보다 심도 있는 평가가 필요한 대상을 파악하는 간단한 과정으로, 선별과정에서는 표준화된 선별검사 도구, 체크리스트, 아동의 관찰, 부모 면담 등과 같은 다양한 방법 사용
  2) 장애 영유아 진단·평가의 개념 – 평가란 대상에 대한 정보를 모으고 그 정보를 분석하여 장애의 원인과 발달수준을 밝히는 과정. 진단은 이런 평가를 토대로 의학적·교육적·발달적 장애정도를 결정하여 치료 처방 및 그 장애에 맞는 특정한 프로그램을 제공하도록 하는 절차

2. 장애 영유아 선별 및 진단·평가의 법적 근거
  1) 장애 영유아 선별을 위한 조기발견
  「장애아동복지지원법」, 「장애인 등에 대한 특수교육법」 및 같은 법 시행령과 시행규칙에 명시
  2) 선별검사 및 진단·평가 영역 – 「장애인 등에 대한 특수교육법 시행규칙」에서 특수교육대상자 선별검사 및 진단·평가 영역 명시

3. 장애 영유아 선별검사 및 진단·평가 검사의 유형 – 장애 영유아 선별검사는 2014년부터 한국 영유아 발달선별검사가 공식적으로 사용되고 있고, 장애 영유아 진단·평가 검사는 평가 영역에 따라 다양함

4. 장애 영유아 선별과 진단·평가 절차의 실제
  1) 의뢰 단계 – 특수교육을 받기 원하는 대상자의 보호자가 특수교육지원센터에 선별 등을 위한 접수 상담
  2) 선별 단계 – 선별검사 실시 및 부모상담, 영유아 관찰 및 면접 등을 통해 선별이 이루어짐
  3) 진단·평가 단계 – 선별을 통해서 의뢰된 영유아의 장애의 원인 및 종류와 장애 정도

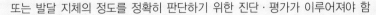

또는 발달 지체의 정도를 정확히 판단하기 위한 진단 · 평가가 이루어져야 함

4) 적격성 단계 - 수집된 정보를 바탕으로 대상 영유아가 특수교육대상자로 적격한지 결정

5) 배치 및 서비스 제공 단계 - 장애 정도에 적합한 프로그램에 영유아를 배치를 결정하고 교육 프로그램을 제공하는 단계

6) 재조정 평가 단계 - 형성평가는 장애 영유아를 위한 개별화교육계획 프로그램에서 작성된 각 발달영역별 교수목표들을 기준으로 교육계획대로 목표를 잘 성취하고 있는가를 평가함. 총괄평가는 교육목표가 어느 정도 실현되었는지를 최종적으로 확인함.

 생각 나누기

1. 선별과 진단 · 평가가 왜 필요한지에 대해 토의해 봅시다.

2. 영유아에게 필요한 관련서비스에 대해 각자의 생각을 나누어 봅시다.

3. 장애 영유아의 선별과 진단 · 평가 절차에 대해 정리해 봅시다.

추천자료

• 서울특별시교육청특수교육지원센터(www.sen.go.kr/sedu/sedu/index.do): 특수교육진단평가와 관련된 다양한 정보 및 관련 자료 등 제공

• 국립특수교육원(http://www.knise.kr): 특수교육에 관한 전반적인 정보, 특수교육과정 및 교수-학습 자료 등 제공

• 에이블뉴스(http://www. ablenews.co.kr): 장애인 관련 정보 및 기사 제공

📖 참고문헌

교육부(2007). 장애인 등에 대한 특수교육법.

교육부(2012). 장애인 등에 대한 특수교육법 시행령.

교육부(2016). 장애인 등에 대한 특수교육법 시행규칙.

김일명, 김원경, 조홍중, 허승준, 추연구, 윤치연, 박중휘, 이필상, 문장원, 서은정, 유은정, 김자
    경, 이근민, 김미숙, 김종인, 이신동(2013). **최신 특수교육학**(3판). 서울: 학지사.

보건복지부(2011). 장애아동복지지원법.

질병관리본부, 대한소아과학회(2014). 한국 영유아 발달선별검사 사용 지침서. 대한소아과학회.

정인숙, 조광순, 조윤경, 홍성두(2008). **장애 영유아 선별 및 진단·평가지침서 Ⅱ**. 경기: 국립특수교
    육원.

허계형(2015). 특수교육지원센터 장애영아 담당자 역량 강화 과정. 경기: 국립특수교육원.

Bagnato, S. J., & Neisworth, J. T. (1991). *Assessment for early intervention: Best practices for professionals*. New York: Guilford Press.

Bondurant-Utz, J. A., & Luciano, L. B. (1994). *A practical guide to infant and preschool assessment in special education*. Boston: Allyn and Bacon.

Cohen, L. G., & Spenciner, L. J. (2003). *Assessnentl for children and youth with special needs* (2nd ed.). Boston, MA: Allyn and Bacon.

Losardo, A., & Notari-Syverson, A. (2001). *Alternative approaches to assessing young children*. Baltimore: Paul H. Brookes.

Meisels, S. J. (1985). A functional analysis of the evolution of public policy for handicapped young children. *Educational Evaluation and Policy Anglysis, 7*(2), 115-126.

Pugach. M. C., & Johnson, L. J. (1995). *Collaborative practitioners, collaborative schools*. Denver: Love Publishing Co.

Taylor, R. (2004). *Assessment of exceptional students: Educational and psychological procedures*. Boston: Allyn & Bacon.

Ysseldyke, J. E., Algozzine, B., & Thurlow, M. L. (2000). *Critical issues in special education*. Boston: Houghton Mifflin Company.

제13장

개별화교육 프로그램

　개별화교육 프로그램은 교육대상자들의 장애로 인한 개인의 능력과 특성에 차이가 있기 때문에 장애 정도나 유형에 따라 대상 아동의 필요를 반영하여 아동의 발달에 적합한 프로그램을 계획하고 시행하기 위해서 반드시 적용되어야 한다. 특히 통합 환경에서는 일반적인 교육방법으로 장애아동을 지도하기가 부적절하므로 개별화교육 프로그램을 적용하여 장애아동의 발달을 도모하여야 한다.
　이 장에서는 개별화교육 프로그램의 개념 및 개발 절차 그리고 개별화교육 프로그램 실행에 대해서 전반적으로 살펴보고자 한다.

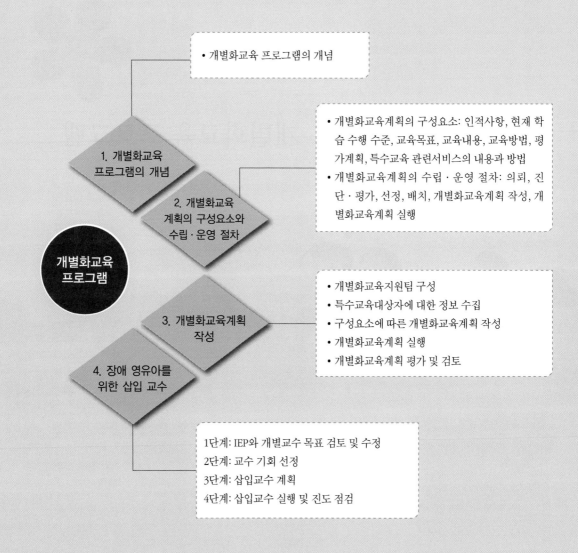

⚽ 마인드 맵

• 개별화교육 프로그램의 개념

1. 개별화교육 프로그램의 개념

2. 개별화교육 계획의 구성요소와 수립·운영 절차

• 개별화교육계획의 구성요소: 인적사항, 현재 학습 수행 수준, 교육목표, 교육내용, 교육방법, 평가계획, 특수교육 관련서비스의 내용과 방법
• 개별화교육계획의 수립·운영 절차: 의뢰, 진단·평가, 선정, 배치, 개별화교육계획 작성, 개별화교육계획 실행

개별화교육 프로그램

3. 개별화교육계획 작성

• 개별화교육지원팀 구성
• 특수교육대상자에 대한 정보 수집
• 구성요소에 따른 개별화교육계획 작성
• 개별화교육계획 실행
• 개별화교육계획 평가 및 검토

4. 장애 영유아를 위한 삽입 교수

1단계: IEP와 개별교수 목표 검토 및 수정
2단계: 교수 기회 선정
3단계: 삽입교수 계획
4단계: 삽입교수 실행 및 진도 점검

⚽ 학습목표

1. 개별화교육 프로그램의 개념을 정의할 수 있다.
2. 개별화교육 프로그램의 구성요소를 구술할 수 있다.
3. 개별화교육 프로그램의 수립·운영 절차를 정리할 수 있다.
4. 개별화교육 프로그램을 작성할 수 있다.

⚽ 주요 용어

개별화교육: 각급학교의 장이 특수교육대상자 개인의 능력을 계발하기 위하여 장애유형 및 장애특성에 적합한 교육목표, 교육방법, 교육내용 및 특수교육 관련서비스 등이 포함된 계획을 수립하여 실시하는 교육

특수교육 관련서비스: 특수교육대상자의 교육을 효율적으로 실시하기 위하여 필요한 인적·물적 자원을 제공하는 서비스로서 상담지원, 가족지원, 치료지원, 보조인력지원·보조공학기기지원, 학습 보조기기지원, 통학지원 및 정보접근지원 등을 말함

기범이(가명)의 부모는 기범이가 첫아이를 키울 때와는 너무 다른 점이 많아 고민하다가 소아정신과를 찾게 되었다. 소아정신과에서는 여러 가지의 검사를 거친 후 각 영역별로 발달이 지체되어 있어 특수교육을 받기를 권했다. 이에 기범이의 부모는 장애통합 어린이집을 방문하게 되었고 다행히 교육을 받을 수 있게 되었다. 통합반 교사와 장애 영유아 담당 교사는 부모 및 특수교육 관련 서비스 담당자와의 회의를 거쳐 기범이의 개별화교육 프로그램을 작성하기로 하였다. 이를 위해 상담과정을 거쳐 인적사항 및 기범이와 관련된 정보를 수집하고, 현재 기범이가 할 수 있는 수행 수준을 파악하였다. 이를 바탕으로 기범이의 특성에 적합한 교육목표, 교육내용, 교육방법 및 평가계획과 아울러 특수교육 관련서비스 등이 포함된 계획을 수립하였다. 그리고 일과를 진행하는 중에 기범이가 참여할 수 있도록 교육과정을 적절히 수정하는 삽입교수를 실행하였다.

1. 개별화교육 프로그램의 개념

개별화교육 프로그램(Individualized Education Program: IEP)은 교육의 질을 보장하고, 장애아동의 특성에 적합한 효과적인 교육을 위해서 각 개인의 요구에 적합하게 계획된 교육과 더불어 관련서비스를 제공하여 특수교육의 효율성을 높일 수 있는 문서다. 이는 장애아동이 가지고 있는 개인적인 특성이나 요구가 다르고 개인차뿐만 아니라 개인내차가 심하기 때문에 이를 고려한 교육이 이루어져야 함을 의미한다. 그러므로 특수교육에서 가장 중요한 부분 중 하나라고 할 수 있다.

이를 위해 개별화교육이 실시되어야 함을 1975년 미국「전(全)장애아동교육법 (the Education for All Handicapped children Act: EHA)」공법 94-142조에서 최초로 규정하였다. 이 법은 여섯 가지의 중요한 원리, 즉 ① 완전 취학(Zero Reject), ② 공정한 평가(nondiscriminatory evaluation), ③ 개별화교육 프로그램(IEP), ④ 최소제한환경(Least Restrictive Environment: LRE), ⑤ 적법 절차(due process), ⑥ 부모참여(parental particpation) 등을 포함하고 있으며, 이는 전 세계 특수교육 정책의 토대가 되었다 (Turnbull & Turnbull, 2000). 이 법은 1990년에「장애인교육법(IDEA)」으로 바뀌었는데, 특히 여기서 주목해야 할 부분은 개별화교육이 포함되어 있다는 사실이다. 이로 인해 많은 국가들이 개별화교육의 체계를 받아들이게 되었고, 이는 장애아동을 위한 교육에 많은 변화를 불러일으켰다. 즉, 개별화교육은 장애아동의 교육과 관련된 부분들을 구체적으로 명시하고 있어 장애아동의 요구, 교육 목적과 목표, 교육과정, 배치 및 평가와 측정의 틀을 제공했다.

1997년 공법 105-17조에서는 개별화교육과 관련하여 모든 장애아동에게 효율적인 교육을 제공하기 위한 방안을 제시함으로써 큰 변화가 있었다. 즉, 장애학생의 일반교육과정 참여 및 학업성과, 장애아동 진단, 일반교육교사의 장애아동 교육 참여 등을 개별화교육 프로그램에 명시하도록 의무화함으로써 개별화교육에 대한 개념과 방법을 제시하였다.

이로 인해 전 세계적으로 개별화교육을 실시하게 되었고, 우리나라도 이에 영향을 받아「특수교육진흥법」을 거쳐「장애인 등에 대한 특수교육법」(2007)에서도 개별화교육에 대한 내용을 법제화하고 있다. 따라서 개별화교육 프로그램을 계획하고 운영하는 것은 의무적인 교육활동임과 동시에 장애아동을 위한 교육과정 운영의 핵심이라 할 수 있다.「장애인 등에 대한 특수교육법」제2조에 명시된 개별화교육의 개념은 다음과 같다.

「장애인 등에 대한 특수교육법」

> "개별화교육"이란 각급학교의 장이 특수교육대상자 개인의 능력을 계발하기 위하여 장애유형 및 장애특성에 적합한 교육목표·교육방법·교육내용·특수교육 관련 서비스 등이 포함된 계획을 수립하여 실시하는 교육을 말한다.

그리고 개별화교육계획이 담고 있는 총체적인 의미를 파악하기 위하여 우선 이 용어를 구성하고 있는 단어의 의미를 살펴보면 다음과 같다.

첫째, '개별화'라는 것은 특수교육대상자의 개별성을 의미하는 것으로 특수교육대상자의 개별적인 특성을 고려하여야 함을 강조하고 있다.

둘째, '교육'이라는 것은 크게 교육과정과 특수교육 관련서비스를 의미한다. 여기에서의 교육과정은 특수교육대상자의 교육적 요구에 적합한 교육과정이며, 교육목표, 교육내용, 교육방법, 평가계획 등을 포함한다. 특수교육 관련서비스는 특수교육대상자의 교육을 효율적으로 실시하기 위하여 필요한 다양한 인적·물적 지원을 말하며, 상담지원, 가족지원, 치료지원, 보조인력지원, 보조공학기기지원, 학습보조기기지원, 통학지원, 정보접근지원 등을 포함한다.

마지막으로, '계획'이라는 것은 개별화교육지원팀이 협력하여 앞으로 수행하여야 하는 특수교육대상자의 교육적 요구에 적합한 교육과정 및 특수교육 관련서비스에 대하여 설계한다는 의미를 함축하고 있다.

이를 요약하면, 개별화교육계획이란 개별화교육지원팀이 협력하여 특수교육대상자의 교육적 요구에 적합한 교육과정 및 특수교육 관련서비스에 대하여 기록한 법적인 문서이며, 교육 설계도라 할 수 있다(교육부, 2015).

2. 개별화교육계획의 구성요소와 수립·운영 절차

1) 개별화교육계획의 구성요소

개별화교육 프로그램은 장애아동에 대한 개인적인 특성을 고려하여 적합한 교육을 시도하기 위한 첫 출발이다. 그러므로 개인적인 요구에 적절한 맞춤교육이 이루어질 수 있도록 아동에 대한 복합적인 정보가 모두 포함되어야 한다. 따라서 1990년 미국「장애인교육법(IDEA)」공법 101-476조와 우리나라의「장애인 등에 대한 특수교육

법 시행규칙」제4조 3항에는 개별화교육 프로그램 작성 시 포함해야 할 구성 요소들
을 명시하고 있다. 구체적인 내용을 살펴보면 다음과 같다.

미국 「장애인교육법」

> ① 아동의 현재의 교육의 성취수준(일반교과 영역, 사회적응기술 영역, 직업기술 영
>   역, 정의적·신체적 기술 영역, 일상생활기술 영역)
> ② 연간교육목표
> ③ 단기교육목표(현재의 장애아동의 수준과 연간목표 사이에 필요한 중간 단계와 구체
>   적인 교육목표)
> ④ 장애아동에게 필요한 특별한 교육서비스와 관련된 서비스
> ⑤ 장애아동의 일반교육에 참가하는 시간
> ⑥ 특수교육의 시작 시기와 예상되는 교육기간
> ⑦ 아동의 성취수준을 평가하는 방법과 절차(연간 단위로 단기교육목표의 성취를
>   알 수 있는 평가의 절차와 시간 계획 제시)
> ⑧ 장애아동의 교육적인 배치가 정당한 이유의 진술
> ⑨ 장애아동의 개별화교육을 실행하는 데 책임이 있는 사람의 명단
> ⑩ 장애아동의 전환교육 프로그램

「장애인 등에 대한 특수교육법 시행규칙」

> • 인적사항   • 현재 학습 수행수준   • 교육목표   • 교육내용
> • 교육방법   • 평가계획   • 특수교육 관련서비스의 내용과 방법

2) 개별화교육계획의 수립 · 운영 절차

개별화교육계획의 합리적인 수립 및 운영 절차는 효율적인 개별화교육을 위한 토대가 된다. 그러므로 개별화교육계획의 수립 · 운영 절차는 의뢰, 진단 · 평가, 선정, 배치, 개별화교육계획 작성, 개별화교육계획 실행, 개별화교육계획 평가 및 검토로 이루어진다. 이러한 절차에 따라 장애 영유아의 개인 특성과 욕구를 반영한 교수계획을 세우고, 개별화교육 프로그램을 개발해야 하며, 이를 바탕으로 체계적인 교육이 이루어져야 한다. 따라서 진단 · 평가를 통해 특수교육대상자로 선정되어 배치된 장애 영유아를 위해서는 개별화 가족서비스 계획을, 장애아동을 위해서는 개별화교육 프로그램을 계획하여야 한다. 이에 교육과학기술부(2009)에서는 개별화교육계획의 수립 · 운영에 대한 전반적인 절차를 [그림 13-1]과 같이 제시하고 있다.

의뢰 장애를 가지고 있거나 장애로 의심이 되는 영유아 및 학생	• 보호자 또는 각급학교의 장이 교육장 또는 교육감에게 진단 · 평가 의뢰서를 작성하여 의뢰 • 각급학교의 장이 진단 · 평가를 의뢰한 경우 보호자의 사전 동의 필수

진단 · 평가 진단평가 실시 및 자료 수집	• 교육장 또는 교육감이 즉시 진단 · 평가의뢰서를 특수교육지원센터에 회부 • 특수교육지원센터는 30일 이내에 진단 · 평가 실시 및 특수교육대상자로의 선정 여부와 필요한 교육지원에 대한 최종 의견을 작성하여 교육장 또는 교육감에게 보고

선정 특수교육대상자 선정	• 교육장 또는 교육감은 특수교육지원센터로부터 최종 의견을 통지받은 때부터 2주 이내에 특수교육대상자로의 선정 여부 및 교육지원 내용을 결정하여 부모 등 보호자에게 서면 통지

배치 일반학급, 특수학급, 특수학교에 배치	• 교육감 또는 교육장은 해당 특수교육운영위원회의 심사를 거쳐 특수교육 대상자 배치 • 특수교육대상자의 장애정도, 능력, 보호자의 의견을 종합적으로 판단하여 거주지에서 가장 가까운 곳에 배치 • 해당 특수교육운영회는 배치 결정을 30일 이내에 교육감 또는 교육장이나 학교의 장에게 통보 • 배치 결정에 이의가 있는 보호자는 90일 이내에 행정심판 제기

개별화교육계획 작성 장애 유형 및 특성에 적합한 특수교육 및 특수교육 관련 서비스 등	• 각급학교의 장은 매 학년의 시작일로부터 2주 이내에 각각의 특수교육대상자에 대한 개별화교육지원팀(보호자, 일반교원, 특수교육교원, 진로 및 직업교육 담당 교원, 특수교육 관련 서비스 담당 인력 등) 구성 • 특수교육대상자에 대한 정보 수집 • 개별화교육지원팀은 매 학기 시작일로부터 30일 이내에 개별화교육계획 작성 • 개별화교육계획 작성 시 특수교육대상자의 인적사항, 특별한 교육지원이 필요한 영역의 현재 학습 수행수준, 교육목표, 교육내용, 교육방법, 교육계획 및 특수교육 관련서비스의 내용과 방법 포함

개별화교육계획 실행 개별화교육계획을 실제 수업에 적용	• 개별화교육지원팀에게 개별화교육계획 복사본 제공

개별화교육계획 평가 및 검토	• 각급학교의 장은 매 학기마다 개별화교육계획에 따른 특수교육대상자의 학업성취도 평가 실시 • 평가결과를 특수교육대상자 또는 그 보호자에게 통보 • 개별화교육계획의 진행 여부 검토 및 수정

[그림 13-1] 개별화교육계획의 수립·운영에 대한 전반적인 절차

출처: 교육과학기술부(2009), p. 10.

3. 개별화교육계획 작성

1) 개별화교육지원팀 구성

의뢰 후 진단·평가를 통해 특수교육대상자로 선정되어 배치된 장애아동을 위해서 각급학교의 장은 매 학년의 시작일부터 2주 이내에 각각의 특수교육대상자에 대한 개별화교육지원팀을 구성하여, 매 학기의 시작일부터 30일 이내에 개별화교육계획 프로그램을 작성하여야 한다. 그리고 개별화교육계획 프로그램 작성 시에는 특수교육대상자의 인적사항과 특별한 교육지원이 필요한 영역의 현재 학습 수행수준, 교육목표, 교육내용, 교육방법 및 제공할 특수교육 관련서비스 등이 포함되어야 한다. 그러므로 개별화교육계획 프로그램 작성은 장애 유형 및 특성에 적합한 특수교육 및 관련서비스 등을 제공할 수 있도록 작성되어야 하며, 이를 위한 첫 단계로 '개별화교육지원팀'이 구성되어야 한다. 이와 관련하여 「장애인 등에 대한 특수교육법」 및 같은 법 시행규칙에서는 다음과 같이 구체적인 내용을 규정하고 있다.

「장애인 등에 대한 특수교육법」

제22조(개별화교육)
① 각급학교의 장은 특수교육대상자의 교육적 요구에 적합한 교육을 제공하기 위하여 보호자, 특수교육교원, 일반교육교원, 진로 및 직업교육 담당 교원, 특수교육 관련서비스 담당 인력 등으로 개별화교육지원팀을 구성한다.
② 개별화교육지원팀은 매 학기마다 특수교육대상자에 대한 개별화교육계획을 작성하여야 한다.
③ 특수교육대상자가 다른 학교로 전학할 경우 또는 상급학교로 진학할 경우에는 전출학교는 전입학교에 개별화교육계획을 14일 이내에 송부하여야 한다.
④ 특수교육교원은 제1항부터 제3항까지의 규정에 따른 업무를 수행하기 위하여 각 업무를 지원하고 조정한다.

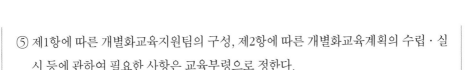

⑤ 제1항에 따른 개별화교육지원팀의 구성, 제2항에 따른 개별화교육계획의 수립·실시 등에 관하여 필요한 사항은 교육부령으로 정한다.

「장애인 등에 대한 특수교육법 시행규칙」

제4조(개별화교육지원팀의 구성 등)
① 각급학교의 장은 법 제22조제1항에 따라 매 학년의 시작일부터 2주 이내에 각각의 특수교육대상자에 대한 개별화교육지원팀을 구성하여야 한다.
② 개별화교육지원팀은 매 학기의 시작일부터 30일 이내에 개별화교육계획을 작성하여야 한다.
③ 개별화교육계획에는 특수교육대상자의 인적사항과 특별한 교육지원이 필요한 영역의 현재 학습 수행수준, 교육목표, 교육내용, 교육방법, 평가계획 및 제공할 특수교육 관련서비스의 내용과 방법 등이 포함되어야 한다.
④ 각급학교의 장은 매 학기마다 개별화교육계획에 따른 각각의 특수교육대상자의 학업성취도 평가를 실시하고, 그 결과를 특수교육대상자 또는 그 보호자에게 통보하여야 한다.

개별화교육지원팀이 구성되고 나면, 개별화교육지원팀은 다음의 단계에 따라 개별화교육계획을 작성하여야 한다(교육인적자원부, 2008).

- 1단계: 초안 작성-개별화교육지원팀의 구성원은 회의 전에 각자 해당 영역에 대한 개별화교육계획의 초안을 작성하여 회의에 참석한다.
- 2단계: 협의 및 결정-개별화교육지원팀은 회의를 통하여 교육목표, 교육내용, 교육방법, 평가 계획 및 특수교육 관련서비스의 내용 및 방법을 협의하여 결정한다.
- 3단계: 최종 기록 및 서명-기록자는 결정된 사항을 종합하여 개별화교육계획서를 작성한다. 개별화교육지원팀 구성원은 작성된 개별화교육계획서에 서명한다.

2) 특수교육대상자에 대한 정보 수집

개별화교육지원팀은 특수교육대상자에 대한 정보 수집을 할 때 과학적이고 객관적으로 검증된 도구나 자료에 의한 정보뿐만 아니라 보호자와의 면담을 통한 자료 수집 및 대상자에 대한 관찰을 통해서도 광범위하게 정보를 수집하여야 한다. 아울러 형식적·비형식적 평가 등도 도움이 될 수 있다. 이와 관련하여 대상자에 대한 정보 수집 방법 및 내용은 다음과 같다(임경옥, 2016).

- 정보 수집 방법: 상담, 관찰, 형식적·비형식적 평가 등
- 정보 수집 내용: 생육사, 병력사, 가계사, 교육력, 인지능력, 의사소통 능력, 신변 처리 능력, 사회성 기술, 이동능력, 대근육·소근육 운동 기술, 주의집중, 문제행동, 진료 기록, 의료적 요구사항, 강점과 재능, 사회정서적 요구, 필요한 특수교육 관련서비스 등

3) 구성요소에 따른 개별화교육계획 작성

(1) 특수교육대상자의 인적사항

특수교육대상자와 관련된 기본적인 개인정보, 즉 생육사와 장애의 유형 및 정도, 장애특성, 개별화교육계획의 시작일과 종료일, 진단·평가 결과, 아동의 강점 및 약점 등과 기타 참고사항 등을 기록한다. 이에 대한 예시는 〈표 13-1〉과 같다.

표 13-1 특수교육대상자의 인적사항

인적사항									
아동 명		생년월일		연 령	만 세 월		성 별	남, 여	
주 소									
보호자 명		관 계		직 업			전화번호		
가족 관계	관 계	성 명	연 령	학 력	직 업	1학기 개별화교육계획 시작일: 종료일:				
						2학기 개별화교육계획 시작일: 종료일:				

장애 유형 및 정도, 특성		1. 장애 유형 및 정도: 2. 특성:

생육사	임신/출생	임 신	
		출 생	
		출생 후	
	초기 행동	수 면	
		섭 식	
		신체 발달	
		언어 발달	
		신변처리	
교육 및 학습 경험	교육 경험	교육기간	
		교육내용	
	학습 준비도	인 지	
		언 어	
		운동성	
		사회성	
		신변처리	

진단·평가	영 역	도구명	검사 일자	검사 결과	평가자
	지 능				
	사회성				
	학 습				
	언 어				
	적응행동				
	진단·평가 요약				

강 점	
약 점	
보호자 희망사항	
기타 사항	

(2) 현행수준

현행수준은 아동의 현재 교육적 요구가 무엇인지를 정확하게 보여 줄 수 있어야 한다. 왜냐하면 아동의 현행수준을 정확하게 파악하는 것은 장단기 교수목표를 설정하는 첫 단계이며, 이후의 진보를 비교할 수 있는 각 영역(예: 언어)의 기초선 역할을 하기 때문이다. 그러므로 현행수준을 구체적이고 정확하게 서술해야 한다. 그리고 장애아동에게 구체적인 교육지원이 필요한 영역과 관련하여 개별화교육지원팀의 모든 구성원들이 이해할 수 있도록 서술해야 하며, 현행수준은 긍정적인 관점에서 장애아동이 할 수 있는 것을 기록하도록 한다(임경옥, 2016). 따라서 표준화된 검사도구뿐만 아니라 수집된 정보 및 다양한 형식적·비형식적 검사 결과를 바탕으로 객관적이고 정확한 평가를 통하여 아동의 현행수준을 파악해야 한다. 즉, 인지, 수용언어 및 표현언어, 대근육·소근육 운동, 사회성, 신변처리 등과 관련해서 영역별로 아동의 현행 수준에 대하여 포괄적으로 기록하여야 한다.

따라서 현행수준을 보다 구체적으로 명시하기 위해서는 Strickland와 Turnbull (1993)이 제시한 작성요령 및 기준을 참고할 필요가 있다.

- IEP의 다른 요소들과 적절한 직접적인 관계가 있어야 한다.
- 결점뿐 아니라 강점을 보는 긍정적 관점에서 서술한다.
- 명확하고 간결하게 서술한다.
- IEP를 작성하는 시점에서 현재 능력의 기록이어야 한다.

(3) 교육목표

교육목표는 장단기로 나누어 서술하며, 목표 선정 시에는 아동에게 우선적으로 필요한 요구와 사회생활 적응에 실제로 도움이 될 수 있는 기능적인 부분을 고려하여야 한다.

① 장기교육목표

장기교육목표(annual goal, long term goal)는 1년 동안 이루어야 할 교육목표로서 1년이 종료되는 시점에 수행될 것으로 기대되는 수준을 서술한다. 그러므로 각 영역별 수행 능력의 강점 및 약점을 고려하여 영역별로 3~4개를 진술하며, 영유아의 과거 성취정도와 현재 수준 및 영유아의 선호도, 교수목표의 실제적인 유용성, 유아의 필요에 대한 우선순위 등을 고려하여 작성하여야 한다.

② 단기교육목표

단기교육목표(short term objectives)는 현행수준에서 연간 교수목표를 성취하기 위해서 교수해야 할 중간 단계들의 목표를 의미하며, 장기목표가 설정되면 그 목표를 달성하기 위하여 과제분석(task analysis)을 통해 단기목표를 설정하여야 한다. 즉, 단기목표는 장기목표를 달성하기 위해 과제분석을 통하여 쉬운 단계부터 어려운 단계로 순차적으로 설정되어야 한다. 그리고 단기목표는 기대되는 행동, 행동발생 조건, 행동의 성취기준을 고려하여 작성하여야 한다. 또한 구체적이고 측정 가능한 문장, 즉 관찰이 가능한 행동적 용어로 기술해야 하므로 행동을 설명하는 동사로 서술하며, 누가 어떤 조건에서 어느 수준으로 무슨 행동을 해야 하는지에 대한 요소를 포함하고 있어야 한다.

- 적절한 예: "영이는 선생님이 교실 안에서 부르면 10초 안에 선생님 앞으로 온다."
- 부적절한 예: "영이는 선생님이 부르면 온다."(조건의 기준이 없고, '온다'는 것의 기준이 주관에 따라 5초, 10초, 20초 등 달라질 수 있으므로 부적절함)

③ 장기목표와 단기목표의 차이

장기목표는 포괄적인 문장으로, 단기목표는 장기목표를 성취하기 위해서 교수해야 할 중간 단계들을 측정 가능한 문장으로 서술해야 한다. 〈표 13-2〉는 장단기 목표의 차이를, 〈표 13-3〉은 장단기 목표의 예시를, 〈표 13-4〉는 영역별 장단기 목표 양식의 예시를 보여 주고 있다.

표 13-2   장단기 목표의 차이

장기목표	단기목표
• 아동의 장단점을 고려해서 1년간의 교육목표를 결정한다.	• 연간 장기 목적을 지도하기 위해서 중간 단계들을 약 3개월 이내의 교육목표로 세분화한다.
• 각 발달 영역마다 포괄적인 문장으로 서술한다.	• 장기목표를 구체적이고 측정 가능한 세부 목표들로 나누어 작성한다. • 자조행동 기술들은 장기목표를 체계적으로 분석하는 과제분석의 방법에 의해 주로 작성되며, 아동의 진보를 알아보는 평가 기준의 역할도 하게 된다.

출처: 제주특별자치도장애인복지관(2014), p. 24.

표 13-3   장단기 목표 예시

발달 영역	신변처리		
장기목표	1. 옷을 스스로 입고 옷매무새를 단정히 정리할 수 있다. 2. 신발을 혼자서 신고 벗을 수 있다. 3. 침을 수시로 삼키고, 스스로 닦을 수 있다.		
단기목표		지도 상황	평가
1-1. 속옷과 바지를 차례대로 올릴 수 있다.		화장실 출입	○
1-2. 엉덩이와 허리 부분에 걸린 옷을 엄지손가락을 허리밴드 안에 넣어 잡은 후 끝까지 올려 입을 수 있다.		화장실 출입	○
2-1. 신발의 오른쪽과 왼쪽을 구분하여 바닥에 내려놓고 발을 넣을 수 있다.		실외활동	○
2-2. 찍찍이를 떼어 내고 신발을 벌려 발을 넣을 수 있다.		실외활동	○
2-3. 손가락을 움직여 발 뒷축을 넣고, 신발의 매무새를 만져 찍찍이를 붙일 수 있다.		실외활동	×
3-1. '쓰~읍' 혹은 '침'의 신호에 침을 삼킬 수 있다.		일상일과	○
3-2. 침이 흘리고 있음을 자각하고 스스로 닦을 수 있다.		일상일과	○

출처: 임경옥(2016), p. 171.

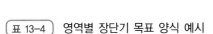

표 13-4　영역별 장단기 목표 양식 예시

영역	장기목표	단기목표	지원전략	실시횟수	평가방법
인지	1~10을 쓸 수 있다.	1~10을 변별할 수 있다.	• 시범 보이기 • 신체적 촉진 • 또래지원	10회	T
		1~10을 읽을 수 있다.			
수용언어					
표현언어					
사회성					
대근육운동					
소근육운동					
신변처리					

* 지원전략: 언어적 촉진, 신체적 촉진, 시범 보이기, 또래지원, 환경적 지원, 아동의 선호도 이용 등
* 평가방법: T-Tests(평가지, 체크리스트); O-Observation(관찰, 일화 기록); W-Daily Work(아동 작업결과물;
*-Others(기타)

④ 장단기 목표 설정 시 고려 사항

• 장단기 목표는 발달상 적합한 기술로 아동의 나이와 발달에 적합한 것으로 아동의 관심, 좋아하는 것이 충분히 고려되어야 한다.

• 부모나 기타 아동 주변의 중요한 사람들에 의해서 그 가치가 인정된 것이어야 한다.

• 기능적이어야 한다. 목표로 선정된 기술이 아동으로 하여금 좀 더 독립적으로 기능할 수 있게 해 주거나, 복잡한 기술을 학습하도록 해 주거나, 덜 제한된 환경으로 이동할 수 있게 해 주어야 한다.

• 매일 일과 안에서 이루어져야 한다. 목표가 매일 일과와 연관이 없으면 안 되며,

아동의 의미 있는 활동 안에서 이루어지도록 한다.

- 자신의 의견 나타내기, 원하는 것 선택하기, 질문하기 등을 스스로 할 수 있게 도와주어야 한다.
- 아동을 수용하고 편안함을 느끼게 하고 자존감을 높여 줄 수 있도록 한다.
- 먼저 시도하기, 스스로하기, 반복해서 연습하기 경험을 하게 해야 한다.
- 교사, 부모, 또래, 물리적 환경과의 상호작용 안에서 이루어지도록 한다.
- 아동의 학습단계(습득, 숙달, 유지, 일반화)를 고려하여 개별 아동에게 적절하게 설정되어야 한다.
- 한 기술을 학습함으로써 다른 기술도 학습할 수 있도록 한다.
- 장애에 대한 낙인을 최소화하는 목표를 수립한다.
- 기능적인 목표로 일반화될 수 있는 목표로 다양한 환경에서 유용하여야 한다(제주특별자치도장애인종합복지관, 2014).

⑤ 개별화교육 프로그램 목표의 일반성

개별화교육 프로그램 목표는 특정한 상황이 아니고 일반적인 상황에서, 다양한 환경, 자료 및 사람에게 일반화될 수 있어야 하는데, 이에 대한 예시는 〈표 13-5〉와 같다

표 13-5 개별화교육 프로그램 목표의 일반성 예시

1. 선정된 목표는 특정한 상황이 아닌 일반적인 상황이어야 한다.
- 특정한 상황의 예
  - 목표: 스스로 한복을 입을 수 있다.
- 일반적인 상황의 예
  - 목표: 스스로 바지를 입을 수 있다.
2. 선정된 목표가 다양한 상황(예: 가정, 교육기관, 지역사회 등)에서 일반화될 수 있어야 한다.
  목표: 1~10을 쓸 수 있다.
- 가정 – 전화번호 메모하기, 달력 읽기, 시계 보기 등
- 교육기관 – 하루 일과표 시간 읽기, 선택활동 시간에 순서대로 수 도장 찍기, 수 쓰기
- 지역사회 – 시간 알려 주기, 약속시간 보기, 버스번호 읽기 등

(4) 교육내용

교육내용은 실제 가르치는 내용이기 때문에 이를 선정할 때는 장애아동의 생활연령 및 특성, 교육내용의 기능성, 교수방법 등을 고려하여야 한다. 아울러 현행수준을 고려하여 실제 교육목표에 도달할 수 있는 교육내용을 선정하여 지도하여야 한다. 교육내용은 영역별로 다음과 같은 내용들이 포함되어야 한다.

- 인지 영역: 수와 한글에 대한 이해, 색과 도형 개념, 방향성 및 공간 지각력, 사건의 인과 관계 이해 등
- 수용언어 및 표현언어 영역: 언어를 이해할 수 있는 수용언어와 표현언어 등의 의사소통 능력
- 사회성 영역: 자신의 생각과 행동을 조절하고 단체 생활에 필요한 여러 가지 능력으로 주변의 다양한 환경에 대처할 수 있는 사회 적응 능력
- 대근육 · 소근육운동 영역: 대근육과 관련한 신체 조절 능력과 기구 사용 능력 및 작업 혹은 미술 등의 표현활동에서 요구되는 소근육 능력과 도구의 조작 능력
- 자조기술 영역: 옷 입고 벗기, 스스로 식사하기, 양치질하기, 화장실 다녀오기 등의 스스로 할 수 있는 신변자립도와 기본생활 습관을 기를 수 있는 내용

(5) 교육방법

교육방법을 선택할 때는 각 영역별로 특수교육대상자의 개별적 요구와 더불어 특성을 고려한 교육방법을 선택하여야 한다. 구체적인 예는 다음과 같다.

- 교수−학습 방법: 직접교수, 또래교수, 모델링, 언어적 · 신체적 촉진 등
- 교수 매체 및 자료: 시청각 자료, 실물, 모형, 교재 · 교구, 개별학습지, 그림책 등
- 집단 형태: 전체 대상, 소집단, 1:1 수업 등

(6) 평가계획

개별화교육계획은 연간교수목표의 성취를 위해서 진도 평가를 어떻게 할 것인가를 계획해야 하며, 부모에게 정기적으로 아동의 진도를 알려 줄 방법을 계획해야 한다.

- 개별화교육계획에는 교육목표 달성 여부에 대한 평가계획 포함
- 평가계획은 평가 담당자, 평가 시기와 같은 일반 사항과, 교육목표 달성 여부를 어떻게 판단할 것인가에 관한 평가 준거 포함
- 평가 결과를 보고하고, 평가 결과에 대한 최종 진술 필요
- 평가는 객관적인 결론을 내릴 수 있도록 다양하고 타당한 방법을 사용해야 하며, 평가 준거를 제시할 때는 측정 가능한 방법 제시(교육인적자원부, 2008)

(7) 특수교육 관련서비스의 내용과 방법

장애아동의 경우 특수교육 이외에도 여러 분야로부터 폭넓은 지원을 받아야 하기 때문에 장애아동의 교육을 효율적으로 수행하기 위해서 관련서비스가 필요하다. 관련서비스란 장애아동이 최대한의 혜택을 받을 수 있도록 제공하는 추가적인 지원 서비스로 「장애인 등에 대한 특수교육법」 제2조는 "'특수교육 관련서비스'란 특수교육대상자의 교육을 효율적으로 실시하기 위하여 필요한 인적·물적 자원을 제공하는 서비스로서 상담지원·가족지원·치료지원·보조인력지원·보조공학기기지원·학습보조기기지원·통학지원 및 정보접근지원 등을 말한다."라고 명시하고 있다. 또한 이와 관련된 서비스 내용은 같은 법 제28조(특수교육 관련서비스), 같은 법 시행령 제23조~제29조에 따르면 다음과 같다.

- 특수교육 관련서비스 내용: 가족지원(가족상담 등), 치료지원(물리치료, 작업치료 등), 보조인력 제공, 설비 제공(장애인용 각종 교구, 각종 학습보조기, 보조공학기기 등), 통학지원(통학차량 지원, 통학비 지원, 통학 보조인력의 지원 등) 기숙사를 설치·운영하는 특수학교에는 자격이 있는 생활지도원을 두는 것 외에 간호사 또

는 간호조무사 배치, 각종 정보 제공 시 특수교육대상자의 장애유형에 적합한 방식으로 제공

- 특수교육 관련서비스 제공 방법: 관련서비스의 유형, 서비스의 제공 기간, 서비스 제공 담당자, 관련서비스의 목표 및 평가 계획 명시

이 외에도 필요한 경우 개별화교육지원팀이 공유해야 하는 정보를 개별화교육계획에 포함시키는 것이 바람직하다. 〈표 13-6〉은 특수교육 관련서비스의 예시를 보여주고 있다.

표 13-6 특수교육 관련서비스 예시

제공 서비스	시작일/ 종료일	장소	참여 요일 및 시간	담당자	목 표	평가기준	평가 방법	평가 결과
치료지원 (언어치료)	16.01.12~ 16.08.31	언어 치료실	월, 수 14:00~ 14:30	임○○	일상생활에서 쉽게 접하는 과일 모형을 제시했을 때 과일 이름을 말할 수 있다.	10개 과일 모형 중에서 7개의 과일 이름을 정확히 말할 수 있다.	T, O	△

* 평가방법: T-Tests(평가지, 체크리스트); O-Observation(관찰, 일화기록); W-Daily Work(아동 작업결과물); *-Others(기타)
* 평가결과: ○-독립적 수행; △-도움받아 수행; ×-수행 불가

4) 개별화교육계획 실행

개별화교육계획이 개별화교육지원팀에 의해 작성되면 특수교육대상자가 속한 학교장의 결재를 득한 후, 개별화교육계획에 기록된 교육지원 내용을 시작일부터 종료일까지 실행에 옮겨야 한다. 교사는 작성한 장단기 목표가 성취될 수 있도록 복합적이고 다양한 교육방법을 사용하여 지도하여야 한다.

구체적인 개별화교육 프로그램 실행과정은 〈표 13-7〉과 같다.

표 13-7   개별화교육 프로그램 실행과정

① 개별화교육계획이 작성되면 개별화교육지원팀 구성원들은 작성된 개별화교육계획에 각자 서명을 한다.
② 개별화교육계획의 내용에 기록된 교육지원을 담당하는 모든 교사와 담당 인력 및 보호자에게 복사본을 제공한다.
③ 개별화교육계획 최종안은 법률적으로 중요한 문서일 뿐만 아니라 실제 수업에 적용해야 하는 실질적인 수업 계획이다.
④ 매일의 수업 목표가 성취되고, 이것이 누적되면 개별화교육계획의 교육목표를 달성할 수 있도록 작성하여야 한다.
⑤ 교사는 개별화교육계획상의 교육목표들이 교육과정을 담아낼 것인지 계획하여야 하며, 이 때 다양한 교수지원이 필요하다.

출처: 교육인적자원부(2008).

5) 개별화교육계획 평가 및 검토

개별화교육 프로그램이 실행되고 난 후에는 개별화교육계획에 대한 평가 및 검토가 이루어져야 한다. 개별화교육에서의 평가 목적은 장애 영유아의 전반적인 발달 수준과 성취도를 파악하여 개별화교육프로그램이 계획대로 잘 진행되고 있는지의 여부를 검토하고, 상황에 따라 적절하게 수정하고자 함이다(임경옥, 2016). 이에 「장애인 등에 대한 특수교육법 시행규칙」 제4조에서는 "각급학교의 장은 매 학기마다 개별화교육계획에 따른 각각의 특수교육대상자의 학업성취도 평가를 실시하고, 그 결과를 특수교육대상자 또는 보호자에게 통보하여야 한다."고 명시하고 있다. 따라서 평가 시에는 목표 중심의 구체적이고 객관성 있는 평가가 시행되어야 한다. 〈표 13-8〉은 개별화교육 프로그램 성취도 평가서의 예시를 보여 주고 있다.

표 13-8   개별화교육 프로그램 성취도 평가서 예시

영역	장기목표	단기목표	지원전략	평가방법	평가결과
인지					

수용언어				
표현언어				
사회성				
대근육운동				
소근육운동				
신변처리	신발을 혼자서 신고 벗을 수 있다.	신발의 오른쪽과 왼쪽을 구분할 수 있다.	• 시범 보이기 • 신체적 촉진 • 언어적 촉진	○
		신발의 오른쪽과 왼쪽을 구분하여 바닥에 내려놓고 발을 넣을 수 있다.		○

* 지원전략: 언어적 촉진, 신체적 촉진, 시범 보이기, 또래지원, 환경적 지원, 아동의 선호도 이용 등
* 평가방법: T-Tests(평가지, 체크리스트); O-Observation(관찰, 일화기록); W-Daily Work(아동 작업결과물);
*-Others(기타)
* 평가결과: ○-독립적 수행; △-도움받아 수행; ×-수행 불가

4. 장애 영유아를 위한 삽입교수

통합 보육환경에서 장애 영유아의 참여를 촉진하기 위해서는 비장애 영유아를 위한 보육 프로그램을 기반으로 이에 대한 교수적 수정이 선행되어야 한다. 이를 통하여 장애 영유아가 활동에 참여하고 또래와 적절하게 상호작용을 할 수 있을 뿐만 아니라 교육적 요구도 충족시켜 줄 수 있기 때문이다. 따라서 장애 영유아가 특정 활동뿐만 아니라 여러 가지 활동에 자연스럽게 참여할 수 있도록 하기 위해서는 하루 일과 중 적절한 시기에 개별화 교육목표를 '삽입'해 주는 교수적 수정, 즉 삽입교수

(Embedded Learning Opportunities: ELO)가 이루어져야 한다. '삽입(embedding)'이란 유아에게 의미 있고 흥미로운 활동을 확장하거나 수정하거나 조정함으로써 유아에게 교수목표를 연습할 기회를 제공하는 것을 의미한다(Horn et al., 2000; Pretti-Frontczak & Bricker, 2004: 이소현, 2011 재인용). 따라서 활동중심 삽입교수는 일반 유아교육과정을 운영하는 중에 장애 영유아에 대한 교수활동을 삽입하여 실시함으로써 장애 영유아의 일반교육과정 접근과 함께 개별 교수목표를 동시에 성취할 수 있게 해 주는 교수 접근이다(이소현, 2011).

이소현(2011)은 구체적인 삽입교수 실시를 위한 실행 지침을 다음과 같이 제시하였다. 첫째, 삽입교수는 하루 일과와 활동 중 삽입된 학습 기회를 이용한다. 둘째, 삽입교수는 그 성과를 보장하기 위하여 학습 기회가 충분히 주어지도록 계획되고 실행되어야 한다. 셋째, 삽입교수는 그 성과를 보장하기 위해서 체계적인 계획과 실행을 필요로 한다.

통합된 유아교육환경 내에서 현재의 교실 활동 및 일과의 흐름에 따라 자연스럽게 개별적인 학습목표를 교수하는 것은 통합의 성과를 극대화할 뿐만 아니라 장애 영유아의 발달과 성취를 촉진시키는 데 중요한 요인이 된다(Hemmer, 2000). 따라서 통합환경에서 장애 영유아를 지도할 경우에는 계획된 일과활동 과정 속에 교수적 수정(예: 비장애 영유아가 미술 영역에서 가위로 도형을 오리는 작업을 할 때 장애 영유아에게는 마구오리기를 시킬 수 있다.)을 통하여 장애 영유아의 개별화교육의 목표에 접근하려는 노력을 기울여야 한다. 장애 영유아의 참여 증진을 위하여 개별 교수목표 적용을 지원하는 효과적 방법 중 하나인 삽입교수는 [그림 13-2]와 같은 절차로 진행된다.

1단계	IEP와 개별교수 목표 검토 및 수정	전략 1: 개별 교수목표 검토 전략 2: 개별 교수목표 수정
2단계	교수 기회 선정	전략 1: 목표 기술을 가르칠 활동 선정 전략 2: 활동-기술 도표 작성
3단계	삽입교수 계획	전략 1: 활동 및 환경 구성 계획 전략 2: 교수를 위한 상호작용 계획 전략 3: 삽입교수 계획안 작성
4단계	삽입교수 실행 및 진도 점검	전략 1: 삽입교수 실행 전략 2: 진도 점검 전략 3: 수정 및 재계획

[그림 13-2] **삽입교수 절차**

출처: 보건복지가족부(2008), p. 80.

 요 점정리

1. 개별화교육 프로그램의 개념 - '개별화교육'이란 각급학교의 장이 특수교육대상자 개인의 능력을 계발하기 위하여 장애유형 및 장애특성에 적합한 교육목표, 교육방법, 교육내용, 특수교육 관련서비스 등이 포함된 계획을 수립하여 실시하는 교육(「장애인 등에 대한 특수교육법」)

2. 개별화교육계획의 구성요소와 수립·운영 절차
   1) 개별화교육계획의 구성요소 - 인적사항, 현재 학습 수행수준, 교육목표, 교육내용, 교육방법, 평가계획, 특수교육 관련서비스의 내용과 방법
   2) 개별화교육계획의 수립·운영 절차 - 의뢰, 진단·평가, 선정, 배치, 개별화교육계획 작성, 개별화교육계획 실행, 개별화교육계획 평가 및 검토로 이루어짐

3. 개별화교육계획 작성
   1) 개별화교육지원팀 구성 - 매 학년의 시작일부터 2주 이내에 각각의 특수교육대상자에

대한 개별화교육지원팀 구성 및 매 학기의 시작일부터 30일 이내에 IEP 작성
2) 특수교육대상자에 대한 정보 수집 - 정보 수집 방법은 상담, 관찰, 형식적 · 비형식적 평가 등이며, 정보 수집 내용은 대상자에 대한 광범위한 정보를 말함
3) 구성요소에 따른 개별화교육계획 작성
    (1) 특수교육대상자의 인적사항 - 생육사와 장애 유형 및 정도, 장애특성, 개별화교육계획의 시작일과 종료일, 진단 · 평가 결과, 아동의 강점 약점 등 기록
    (2) 현행수준 - 현행수준을 정확하게 파악하여 장단기 교수목표 설정
    (3) 교육목표 - 1년 동안 이루어야 할 포괄적인 장기목표와 연간교수목표를 성취하기 위해 측정 가능한 문장으로 단기목표 설정
    (4) 교육내용 - 실제 교육목표에 도달할 수 있는 교육내용을 선정하여 지도하여야 하며, 인지, 언어, 사회성, 대근육 · 소근육 운동, 자조기술 영역이 포함되어야 함
    (5) 교육방법 - 교수-학습방법, 교수 매체 및 자료, 집단 형태를 고려해야 함
    (6) 평가계획 - 객관적인 결론을 내릴 수 있는 타당성과 측정 가능한 방법 제시
    (7) 특수교육 관련서비스의 내용과 방법 - 관련서비스 내용은 가족지원, 치료지원, 보조인력 제공, 설비 제공, 통학지원 등이며, 제공방법은 서비스의 유형, 제공 기간, 제공 담당자, 목표 및 평가계획 명시
4) 개별화교육계획 실행 - 개별화교육계획이 개별화교육지원팀에 의해 작성되면 특수교육대상자가 속한 학교장의 결재를 득한 후, 개별화교육계획에 기록된 교육지원 내용을 시작일부터 종료일까지 실행에 옮겨야 함
5) 개별화교육계획 평가 및 검토 - IEP가 계획대로 잘 진행되고 있는지의 여부를 검토하고, 상황에 따라 적절하게 수정하기 위한 평가 및 검토가 이루어져야 함

4. 장애 영유아를 위한 삽입교수 - 1단계: IEP와 개별교수 목표검토 및 수정, 2단계: 교수기회 선정, 3단계: 삽입교수 계획, 4단계: 삽입교수 실행 및 진도 점검으로 진행

 생각 나누기

1. 개별화교육 프로그램의 중요성에 대해 의견을 나누어 봅시다.
2. 삽입교수가 필요한 이유에 대하여 토의해 봅시다.
3. 인지, 언어, 사회성, 대근육 · 소근육 운동, 신변처리 영역 중 하나를 선택해서 장기교육목표와 단기교육목표를 작성해 봅시다.

추천자료

- 국립특수교육원(http://www.knise.kr): 특수교육에 관한 전반적인 정보, 특수교육과정 및 교수-학습 자료, 특수교육 정보화에 관한 정보 등 제공
- 전국장애아동보육시설협의회 (www.kaedac.or.kr): 장애아동 개별화교육 프로그램 등 장애아 보육 지원
- 서울특별시교육청 특수교육지원센터(http://sedu.go.kr): 지역 특수교육지원센터, 특수교육서비스 지원, 개별화교육 프로그램 등 제공

 참고문헌

교육과학기술부(2009). 개별화교육계획 수립 · 운영자료.

교육부(2007). 장애인 등에 대한 특수교육법.

교육부(2007). 장애인 등에 대한 특수교육법시행규칙.

교육부(2015). 나이스 교무업무 사용자 매뉴얼-개별화교육계획(중학교)-. 한국교육학술정보원.

교육인적자원부(2008). 개별화교육계획 수립 · 운영자료.

보건복지가족부(2008). 장애아 보육프로그램 운영 매뉴얼. 육아정책개발센터.

이소현 (2011). 개별화 교육과정: 장애 유아를 위한 일반 유아교육과정 기반의 교수적 접근. 서울: 학지사.

제주특별자치도장애인종합복지관(2014). 개별화교육프로그램(발달지원계획서) 운영 매뉴얼. 제주특별자치도장애인종합복지관.

임경옥(2016). 장애통합보육실제. 원장 일반직무교육(한국보육교사교육연합회 편). 경기: 양성원.

Education for All Handicapped Children Act of 1975, P. L. 94-142.

Hemmer, M. L. (2000). Classroom-based intervention: Evaluating the past and looking toward the future. *Topics in Early Childhood Special Education, 20*(1), 56-61.

Individuals with Disabilities Education Act of 1990, P. L. 101-476.

Individuals with Disabilities Education Act of 1997, P. L. 105-17.

Strickland, B. B., & Turnbull, A. P. (1993). *Developing and implementing Individualized Education Programs* (3rd ed.). Upper Saddle River, NJ: Merrill/Prentice Hall.

Turnbull, H. R., & Turnbull, A. P. (2000). *Free Appropriate Public Education.* Denver: Love Publishing.

찾아보기

인 명

황순영 98

Abraham, M. R.　47
Algozzine, B.　346
Aneshensel, C. S.　154

Bagnato, S. J.　346
Bailey, D. B.　63
Beckman, P.　321
Berman, W.　329, 330
Berthelsen, D.　66
Bleuler, E.　285
Boardamn, A.　135
Bondurant-Utz, J. A.　346
Bowe, F. G.　47
Braille, L.　246
Bricker, D. D.　55
Brown, I.　84
Brownlee, J.　66

Carpenter, C. D.　28
Chambers, A.　63
Chan, L. K. S.　67
Chisholm, R. W.　100
Clark, G. M.　101
Cohen, L. G.　345
Cole, P. G.　67
Cook, R. E.　319, 320
Crass, A. H.　321
Cullinan, D.　156

Deal, A. G.　330, 331
Dunst, C. J.　324, 328, 329, 330, 331, 334, 336

Ellis, E. S.　99

Faye, E.　235
Fisher, D.　62
Fletcher, J. M.　135

Gallagher, J. J.　18, 24, 321
Gallagher, P. A.　322
Gartner, A.　46
Goodman, J.　134
Grossman, F. K.　321, 322
Grunfast, K. M.　263, 264
Guralnick, M. J.　62

Hallahan, D. P.　18, 46, 53
Hammem, C.　154
Heward, W. L.　24
Hickman, P.　133
Hittie, M. M.　61
Hollowood, T. M.　62

Janney, R.　49, 65
Johnson, C. P.　292
Johnson, L. J.　54, 68, 348
Jones, B.　125

Kagan, S. L.　328
Kanner, L.　285
Kauffman, J. M.　18, 46, 53, 57, 157
Kerzner-Lipsky, D.　46
Kirk, S.　18, 24
Klein, M. D.　319, 320
Klingner, J. K.　135
Kluth, P.　303

내 용

저자소개

임경옥(Lim Kyoungook)
경기대학교 교육대학원 유아교육 석사
강남대학교 교육대학원 유아특수교육 석사
단국대학교 대학원 유아특수교육 박사
전 무지개특수아동교육원 원장
현 수원여자대학교 사회복지과 아동복지전공 교수

〈주요 저서〉
장애영유아발달영역별 지침서1~5권(공저, 학지사, 2010)
원장 일반직무교육(공저, 양성원, 2016)
보육교사 일반직무교육(공저, 양성원, 2016)

〈주요 논문〉
발달지체유아아버지의 가족지원 인식 및 요구에 관한 연구(박사논문, 단국대학교, 2011)
예비보육교사들의 실습경험에 대한 이야기(한국콘텐츠학회, 2016)
아동복지전공 예비보육교사들이 보육실습에서 경험하는 딜레마에 대한 탐색
(한국콘텐츠학회, 2016)

박경화(Park Kyungwha)
숭실대학교 교육대학원 교육학 석사
단국대학교 일반대학원 교육학 박사 수료
현 수원여자대학교 사회복지과 겸임교수

〈주요 논문〉
민간보육시설 보육교사의 직무만족도 연구(석사논문, 숭실대학교, 2011)

조현정(Cho Hyunjung)
인천대학교 교육대학원 유아교육전공 석사
가톨릭대학교 교육대학원 특수교육전공 석사
단국대학교 일반대학원 유아특수교육전공 박사
전 시립 일산 해당은어린이집 원장
현 사회복지법인 백십자사 혜림어린이집 원장

〈주요 저서〉
장애아 보육 프로그램(공저, 한국보육진흥원, 2012)

〈주요 논문〉
장애영유아 미술치료 연구동향 분석(특수아동연구, 2013)
장애영유아와 노인요양센터 노인에 관한 내러티브 탐구(유아특수교육학회지, 2014)
장애아전문 보육교직원의 인식 및 요구 분석(한국보육학회지, 2015)

특수교육학개론
Special Education

2017년 2월 20일 1판 1쇄 발행
2023년 8월 10일 1판 10쇄 발행

지은이 • 임경옥 · 박경화 · 조현정
펴낸이 • 김진환
펴낸곳 • ㈜ 학지사

　　　　04031 서울특별시 마포구 양화로 15길 20 마인드월드빌딩
대표전화 • 02-330-5114　　팩스 • 02-324-2345
등록번호 • 제313-2006-000265호

홈페이지 • http://www.hakjisa.co.kr
인스타그램 • https://www.instagram.com/hakjisabook

ISBN 978-89-997-1164-0 93370

정가 19,000원

출판미디어기업 학지사

간호보건의학출판 **학지사메디컬** www.hakjisamd.co.kr
심리검사연구소 **인싸이트** www.inpsyt.co.kr
학술논문서비스 **뉴논문** www.newnonmun.com
교육연수원 **카운피아** www.counpia.com